탁월한 적중률! 합격의 동반자!

# 채한태
# 명품
# 공직선거법
## 조문해설집

# 머리말 PREFACE

> 헌법조문의 내용과
> 헌법이론, 헌법재판소의 판례를
> 유기적으로 정리한 교재

최근 헌법시험에서 헌법조문의 중요성이 날로 증가되고 있습니다.

헌법조문의 내용을 체계적으로 숙지하는 것은 고득점으로 가는 지름길이라고 할 수 있습니다.
본서는 헌법조문의 내용과 헌법이론, 헌법재판소의 판례를 유기적으로 정리한 교재입니다.

본서의 특징은 다음과 같습니다.

**1** 헌법이론의 방대한 이론 중에서 핵심적인 내용을 명료하게 정리하였습니다.

**2** 헌법조문과 관련되는 헌법재판소의 주요 판례내용을 유기적으로 정리하였습니다.

**3** 헌법조문의 내용 중에서 출제예상이 되는 영역을 입체적으로 기술하였습니다.

헌법에 관해 궁금한 점이나, 합격을 위한 효율적인 박스 방법에 대한 상담, 그밖에 수험 고민등은 다음 카페 채한태헌법 교실(http://cafe.daum.net/cht016) 게시판이나 이메일 cht016@hanmail.net 으로 질문하면 직접 신속하게 성실한 답변 성실하게 답변해 드릴 것을 약속한다. 농부가 밭에서 씨앗을 뿌리는 심정으로 손 공부에 매진하길 바라는 바이다.

본서의 출간에 성원해주신 Daum 카페 채한태헌법교실의 4만 여명의 회원, 채한태 공법연구소의 연구원 김&장 및 메가스터디교육(주) 출판사의 임직원 여러분께 감사드린다.

## 盡人事待天命

수험생 여러분의 합격을 기원하는 바입니다.

다산공무원시험 합격연구소법학박사
채한태 배상

# 합격자 추천 후기 RECOMMENDATION

**2023년 경찰(순경직)**
**서울경찰청**
👤 김○○

헌법을 처음 공부할 때는 기본강의 이후 기출문제만 반복하다 보니 일정 수준 이상의 점수를 벗어나기가 어려웠습니다.
단순 기출 반복이 아닌 적용된 법이나 원리의 이해를 바탕으로 지문 하나하나의 쟁점을 파악하며 문제 푸는 연습을 하였습니다.
그 결과 모의고사에서도 여러 차례 50점 만점을 받을 수 있었고 헌법이라는 과목에 자신감이 생겼습니다.
특히 앞서 말씀드린 것처럼 매일 전과목을 공부하고 기록하는 방법은 채한태 교수님께서 강조하여 말씀해 주신 방법이기에 반드시 지켜야겠다는 생각으로 매일매일 전과목을 공부했습니다.
채한태 교수님이 면접의 노하우를 지도해 주셔서 면접에서도 합격을 할 수 있습니다. 감사합니다.

**2023년 9급**
**선관위직 합격**
👤 이○○

명품공직선거법 시리즈 강의를 통해서 고득점으로 합격하였습니다. 감사합니다.

**2023년**
**국회(속기직)**
👤 문○○

헌법은 채한태 박사님 기본강의 들었습니다.
이해하면 외워지는 스타일이라 기출 풀 때 초반 문제 다지기에 집중했습니다.
저는 법 과목은 일단 기본서를 정독하고 판례에 저만의 코멘트를 달며 저의 언어로 법을 이해하며 학습했습니다. 법 과목은 해설도 난해한 용어로 적혀 있고, 두 번 꼬아서 말을 하기에 회독 시 이해 시간을 줄이기 위해 제가 이해한 내용대로 옆에 열심히 필기해 놓으며 저의 것으로 만들려고 노력했습니다.
처음엔 시간이 많이 걸리는 과목이지만 개인적으로 헌법이 제일 재밌는 것 같습니다. (박사님의 훌륭하신 강의 덕분에 95점 받았습니다) 공부는 입력도 중요하지만 출력은 더더욱 중요합니다. 꼭 하프, 모고 등 출력의 과정을 거치시고 자신의 학습수준을 점검하셔서 더욱 효율적으로 공부하시기 바랍니다. 자신이 공부할 때 어떤 스타일인지 메타인지를 키우셔서 적용하시면 빠르게 합격하실 거라 생각합니다.
헌법 시작부터 합격까지 면접도 채한태 박사님의 도움으로 합격을 할 수 있었습니다.

자소서는 채한태 박사님께 첨삭 지도받았습니다. 부족한 부분을 잘 캐치해 주셔서 더 완성도 높은 자소서와, 면접 마인드를 배울 수 있었습니다. 대단히 감사드립니다!
오직 국회만 바라보고 준비해서 많은 부담감이 있었으나 면접일 2일 전부터 이러한 마음을 내려놓고 마인드컨트롤에 집중하였습니다.
긴장을 많이 하는 편이라 인데놀 복용하였습니다. 면접 당일 준비한 답변들 마음속으로 중얼거리며 연습하였습니다. 저는 긴장을 조금이라도 낮추기 위해 면접장 문 열고 들어갔을 때 제가 면접 씬을 찍는 배우라 생각하고 현실의 압박을 내려놓으려 했습니다.
면접관님들께서 미소를 띠며 질문해 주셔서 저도 똑같이 미소를 띠고 답변했습니다.
(면접 때 안 웃으셔도 되지만, 전 인상이 안 웃으면 화나 보인다고 해서 미소를 신경썼습니다)
준비해 간 답변들이 채한태 박사님께서 지도해 주신 것과 같이 '국회사랑, 공직자 마인드, 나라사랑'에 중점을 둔 답변이라서 정말 제가 국회를 사랑하고, 합격한다면 정말 나라와 국민을 위해 헌신하여 일하겠다는 의지와 모습을 최대한 보여드렸습니다.
국회 면접은 제로베이스라고 알고 있었고, 면접장에서 만난 다른 면접자분들 인상이 훌륭하셔서 여기서 돋보이지 않으면 끝이겠구나 판단하였고 최선을 다해서 쉬운 질문이더라도 저라는 사람을 보여드릴 수 있는, 특히 평정표에서 점수를 얻을 수 있는 답변을 하였습니다.
또한 면접관님께서 질문하실 때 눈을 쳐다보고 살짝 고개를 끄덕이는 등 집중하는 시그널, 긍정적인 모습을 보여드리려 노력했습니다.
끝까지 포기하지 않고 왔더니 합격하게 되었습니다.
사실 아직도 실감은 안 나지만 괴로웠던 모든 과정이 끝났다는 게 너무 기쁘고 벅찹니다!
꿈을 이루기까지 많이 힘드시겠지만 조금만 더 힘내시고 꼭 합격하시길 바라겠습니다.
채한태 박사님께 다시 한번 존경과 감사의 말씀 올립니다.
박사님의 자소서 첨삭 지도가 면접 준비 방향을 잡는 데 정말 많은 도움이 되었습니다.
감사드립니다.

# 합격자 추천 후기 RECOMMENDATION

**2023년 7급
국가직
👤 김○○**

명품헌법으로 공부하여 단기간에 고득점으로 합격하였습니다. 다양한 사례와 방대한 판례를 공식으로 만들어 주셔서 감사드립니다.

**2023년 7급
대구시 지방직
👤 이○○**

명품헌법 시리즈를 구해서 반복적으로 공부하여 합격하게 되었습니다. 명품헌법은 정리가 잘 되어 있어 시간을 줄일 수 있습니다.

**2023년 상반기
비상계획관
👤 김○○ 대령**

채한태 박사님께서 헌법재판소 판례비교 정리를 잘해주셔서 단기간에 총정리하여 좋은 결과가 왔습니다. 감사드려요.

**2023년
국회8급
👤 이○○**

명품헌법 종합기출문제집 특강과 헌법 기출지문 OX 4700제로 헌법고득점을 하였습니다.
채한태교수님의 도표정리가 많은 도움이 되었습니다.

**2023년 상반기 순경직
순경 공채필기 합격
👤 최○○**

명품헌법으로 공부하고 고득점하여 꿈을 이루었습니다.
최신판례와 시사적인 내용을 신속하게 정리하여 주어 많은 도움이 되었습니다.

**2023 사무관
승진합격
👤 김○○**

명품헌법 채한태 박사님의 강의는 전체적인 개요와 도표를 통한 설명은 자신감을 높일 수 있었습니다. 단기간에 고득점을 할 수 있습니다. 감사드립니다.

**2023 경정승진
합격
👤 이○○**

방대한 헌법재판소의 판례를 체계적으로 정리해 주시고 판례공식을 알려주어 부담을 줄일 수 있었습니다. 채한태 박사님 강의를 통해서 목표를 이루었습니다.

**2022년 상반기
서울지방경찰청 순경 공채 합격
👤 서○○**

순경준비하던 수험생으로서 시작이 가장 힘든 과목이었습니다. 채한태 교수님 명품 헌법을 들으면서 시작하였습니다. 적지 않은 시험 범위에 걱정이 많이 되었지만, 채한태교수님이 차근차근 명쾌하게 설명해 주시면서 출제예상 판례와 이론 위주의 수업은 시간을 절약해야 하는 저에게 큰 도움이 되었습니다.

첫 2회전을 돌렸어도 여전히 기출을 바로 풀기에는 무리였으나, 올해 1월쯤 시작한 〈명품헌법 기출지문 4700제 OX〉를 풀고 나서 완전히 달라졌습니다. 문제가 이해가 되고 보이기 시작하였습니다. 그래서 짧은 기간 내 6회전을 바로 돌렸고, 그제서야 헌법 종합 기출문제가 쉽게 풀리기 시작하였습니다. 마지막 달에 해주신 예상 판례 특강을 통해서 마지막 복습 정리를 하여서 출제예상 문제에 좀 더 집중할 수 있었습니다. 많은 수험생 여러분도 채한태 교수님 헌법 커리큘럼을 믿고 따라오시면 합격 점수는 보장해 주실 겁니다.

**2022년 상반기
비상계획관 합격
👤 김○○ 대령**

채한태 박사님 명품헌법 기본심화 강의와 헌법재판소판례 특강을 통해서 방대한 헌법을 정복하였습니다.

**2022년
국회 8급 합격
👤 이○○**

명품헌법 시리즈특강을 통해서 고득점을 할 수 있었습니다. 국회직 면접까지 박사님이 지도해 주셔서 최종합격할 수 있었습니다.

**2022년
법원서기보 합격
👤 박○○**

법과목 중에서 헌법분량이 많지만 채한태 선생님이 요약정리해 주셔서 고득점하였습니다.

**2022년 9급
선관위직 필기 합격
👤 이○○**

명품 공직선거법 교재와 채한태샘 강의 듣고 합격을 했습니다. 도표정리가 많은 도움이 되었어요.

# 합격자 추천 후기 RECOMMENDATION

**2022년 9급
선관위직 필기 합격
👤 김ㅇㅇ**

방대한 공직선거법 조문을 잘 정리해 주셔서 단기간에 고득점했습니다.

**2021년 7급
국가직 합격
👤 김ㅇㅇ**

국가공무원 7급 시험을 준비하고 있는 수험생입니다. 박사님의 명품헌법 기본강의, 기출강의, 최신판례 강의, 모의고사 강의 등을 통해서 헌법 만점을 얻었습니다. 이번 2차 시험에서 헌법 만점을 받을 수 있었습니다. 좋은 가르침에 진심으로 감사드립니다.

**2021년
비상계획관 합격
👤 김ㅇㅇ**

채한태 박사님 명품헌법 기본서 · 종합기출문제집 · 헌법재판소 판례특강을 메가공무원 홈페이지에서 인터넷 강의를 통해 반복적으로 수강하였습니다. 독학으로 알아내기 어려웠던 명쾌한 부분들을 짚어주신 덕분에 고득점으로 합격을 했습니다.

**2021
경찰승진 합격
👤 최ㅇㅇ**

박사님의 헌법재판소 판례강의와 기본이론 명품헌법강의는 주제별로 총정리가 잘 되어 있기에 단기간에 원하는 목표를 얻을 수 있었습니다.

**2021
법원직 합격
👤 이ㅇㅇ**

비전공자에게 법적인 마인드 함양과 법해석의 방법을 선생님께서 쉽고 자세하게 설명해 주셔서 법원직 헌법 과목에서 좋은 점수를 득점할 수 있었습니다.

**2021
국회직 합격
👤 정ㅇㅇ**

헌법이론과 시사적인 내용을 하나로 연결하여 이해하기 쉽게 설명을 해주신 덕분에 단기간에 헌법을 쉽게 이해할 수 있었습니다.

**2020년 상반기
비상계획관 합격
👤 조ㅇㅇ**

사실 저는 현직에 근무하면서 학습시간의 부족으로 퇴근 후 학습시간은 주로 헌법과 법령 위주로 공부하여 면접에 많은 시간을 투자할 시간을 가지지는 못했습니다. 면접과 관련한 기본적 지식은 제가 다녔던 비상계획관 학원 강의를 통해 배운 내용을 주요 키워드 위주로 정리 암기하였으며 면접 PT 작성요령, 답변 방법, 자세, 기타 면접 노하우 등은 채한태 박사님께서 운영하는 면접 특강을 2회 수강하면서 가르쳐주신 방법을 전적으로 믿고 면접 당일 그대로 적용하려 노력하였으며 그 결과 첫 시험치고는 괜찮은 면접 성적을 얻었다고 생각합니다. 채한태 박사님께 문자로 질문하였고 박사님의 친절하신 답변이 많은 도움이 되었습니다. 박사님과의 면접 실습을 통한 저의 약점 보완은 제게 커다란 도움이 되었습니다. 박사님의 노하우 담긴 조언과 개별적인 눈높이 교육은 정말 큰 도움이 되리라 믿습니다. 박사님의 도움이 커다란 힘이 되었음에 깊은 감사를 드립니다.

**2020년 국가직 7급 합격**
이○○

경찰 간부후보생 시험 합격 후 경찰 승진 준비를 하면서 채한태 박사님 책을 보게 되었습니다. 기초가 부족하고 헌법을 처음 접해 보는 사람에게 무조건 추천해 드리고 싶습니다. 시간이 되신다면 박사님 강의를 병행하면서 짧은 시간에 큰 효과를 거둘 수 있습니다. 박사님 책을 보면서 더욱 수험생 혹은 승진 대상자들을 배려하는 세심한 설명과 자세한 자료를 보면서 매년 더욱 만족하고 있습니다.

**2019년 선거직 9급 합격**
박○○

저는 법학 전공이 아니지만 공직선거법을 채한태 박사님 강의를 듣고 고득점했어요. 중요 내용을 도표로 정리해 주는 최적화된 강의 감사해요.

**2019년 선거직 7급 합격**
김○○

명품 공직선거법의 기본서와 단원별 객관식 문제집으로 공부하여 합격의 영광을 얻게 되었어요. 면접까지도 채한태 박사님이 지도해 주셔서 최종 합격했어요. 감사드려요.

**2019년 국가직 7급 합격**
김○○

채한태 박사님의 명품헌법 강의를 듣고 헌법에 대한 이해와 자신감을 가지게 되었습니다. 헌법에 대해서 어려움을 가지고 계신 분들은 채한태 박사님의 강의를 통해서 해결할 수 있습니다.

# 합격자 추천 후기 RECOMMENDATION

**2019년
국회직 8급 합격
👤 이○○**

어려운 헌법 과목을 가장 이해하기 쉽게 가르쳐 주십니다. 핵심 정리와 암기 공식을 제시하여 헌법이 고득점 과목이 되었습니다.

**2018년
비상계획관 합격
👤 김○○**

명품헌법 기본서와 채한태 박사님 강의로 방대한 헌법을 단기간에 해결하여 비상계획관 시험에서 합격의 영광을 얻게 되었어요. 질문할 때마다 친절하게 도와주셨던 채한태 박사님 고맙습니다.

**2018년
소방간부후보생 합격
👤 이○○**

공대생이라 법 과목이 너무나 힘들었으나 쉽고 명쾌하게 강의하시는 채한태 교수님 명품헌법 덕분에 합격할 수 있었습니다.

**2018년
법원직 합격
👤 김○○**

채한태닷컴에서 동영상으로 명품헌법 기본강의를 반복적으로 공부하여 합격했습니다. 명품헌법 교재는 중요 내용의 밑줄 처리와 색감 처리가 잘 되어 있어 가독성이 탁월합니다. 동영상으로 강의 듣기에도 편리합니다.

**2018년
법국회직 8급 합격
👤 이○○**

합격한 선배님의 추천으로 명품헌법 기본서로 강의를 듣고 합격하였습니다. 중요 내용의 도표 정리와 기출문제의 반복적인 설명 등을 채한태 교수님이 잘해주셔서 헌법에서 고득점을 하였습니다.

**2018년
서울시 7급 합격
👤 박○○**

명품헌법과 헌법 종합 기출문제집을 반복적으로 공부하여 단기간에 고득점을 하였습니다. 복잡한 헌법재판소 판례가 주제별로 잘 정리되어 보기에 편했습니다. 실전에서도 문제 푸는 데 많은 도움이 되었습니다.

**2017년 국가직 7급
출입국관리직 합격
👤 김○○**

추상적이고 방대한 양의 헌법에 처음엔 힘이 들었지만 채교수님의 체계적인 강의 덕분에 어려운 헌법 용어 및 개념들을 쉽게 이해할 수 있게 되었으며 또한 핵심적인 부분만을 가르쳐주시는 수험적합적 강의 덕분에 짧은 시간에 무리 없이 고득점을 확보할 수 있었다고 생각합니다.

탁월한 **적중률!** 합격의 **동반자!**
채한태 법학박사의 **명품공직선거법**

**2017년 국가직 7급
외무영사직 합격**
👤 이○○

채한태 교수님 강의가 최고라고 생각합니다. 강의는 기본강의 들어보시면 판례도 비슷한 판례를 비교해서 정리도 잘해주시고, 체계도 잘 잡아주십니다. 저는 특히 강의에서 테마별 · 주제별로 정리해 주시는 부분이 가장 마음에 들었습니다. 그거 그대로 단권화할 때 써먹으시면 됩니다.

**2017년
서울시 7급 합격**
👤 김○○

채한태 박사님의 명품헌법 강의를 통해 어디에서도 배울 수 없었던 남다른 팁과 정리표, 1:1 관리 등으로 실전 감각을 유지할 수 있었고 가벼운 마음으로 자신감 있게 합격할 수 있었습니다.

**2015년 상반기
비상계획관 합격**
👤 오○

간결하고 명쾌하며 풍부한 시사 상식을 접목시키는 박사님의 명품 강의는 시간 가는 줄 모르고 헌법 공부에 몰입할 수 있게 해주었습니다. 저는 헌법 용어와 개념이 취약했기 때문에 채한태 명품헌법 기본서를 충실하게 공부하며 기출문제집, 모의고사 문제집에 시간을 많이 투자했습니다. 저자가 다른 여러 헌법 서적을 보라는 조언들이 있었지만 저는 부화뇌동하지 않았습니다. 채한태 명품헌법의 강의가 가장 알차고, 기본서는 가장 충실하며, 언제든지 궁금한 점이 있으면 답변을 받을 수 있었기에, 저는 꾸준히 강의를 듣고 기본서를 중심으로 공부하면서 문제집을 공략하였습니다. 든든한 언덕이 되어 주신 채한태 박사님으로부터 헌법을 배울 수 있었던 것은 행운이었습니다.

**2014년 서울시 7급 일반행정직
최연소(당시 21세) 합격**
👤 김○○

채한태 교수님 강의 덕분에 기본 개념부터 충분히 인지할 수 있었고 특히 채한태 교수님 카페에 가입하며 메일로 최신 판례를 받아볼 수 있었던 점이 도움이 됐습니다. 헌법은 최신판례가 많이 반영되기 때문에 수험생들이 최신판례 공부를 철저히 한 뒤 시험에 임하는 것이 좋을 것 같습니다. 또한 헌법은 비슷한 개념이 많이 나오는 편인만큼, 유사 개념들을 표로 정리해 특징을 정리하고 헷갈리는 부분들을 점검할 수 있어서 마무리까지 많은 도움이 됐습니다.

# 합격자 추천 후기 RECOMMENDATION

**2014년 교정직 7급**
**최연장(당시 51세) 합격**
👤 조○○

성실한 강의, 헌법의 핵심과 출제경향을 꿰뚫는 강의, 채한태 박사님의 강의를 직접 확인하신다면 헌법에 대한 시야는 확 달라질 것입니다.

**2014년 국가직 7급**
**세무직 차석 합격**
👤 박○○

법에 대해서 아무것도 몰랐던 저도 채한태 선생님의 명품헌법을 보고 헌법을 정복할 수 있었습니다. 채한태 선생님의 체계적인 강의와 더불어 이 책을 함께 보신다면 여러분 또한 합격의 길로 들어서실 수 있습니다.

**2014년 국가직**
**우정사업본부 합격**
👤 조○○

말이 필요하겠습니까. 결과가 보여줍니다. 국가직 헌법 고득점의 1등 공신 역할은 명품헌법이었습니다.

**2014년**
**국회사무처 8급 합격**
👤 박○○

헌법의 기본이론을 강의를 들으면서 총정리하고 반복하여 공부하여 정복했습니다. 최신판례특강과 모의고사 문제풀이를 통해서 마무리 정리하여 효과를 보았습니다.

**2014년**
**비상계획관 합격**
👤 오○○

채한태 박사님의 헌법 강의를 듣지 않았으면, 앞으로 6개월은 더 학습을 해야 할 상황이었습니다. 무조건 특강이든, 수업이든 참석했습니다. 강의는 기본이지만 간간이 들려주시는 시사성 있는 멘트들은 웃음을 자아냈고, 봉사활동 등 말씀을 들으며 많이 배웠습니다. 공부야 시험 보고 나면 합격으로 끝나지만 인생은 오래 가니까. 헌법 공부하시는 분들~ 명품을 믿고 그리고 추가 공부!

**2013년**
**외무영사직**
👤 수강생

이번에 시험 보면서 교수님이 적중률이 정말 높다는 것을 새삼 실감했어요. 헌법이 어려웠다고 한 학생들은 처음 보는 게 많아서 그랬다고 하는데 저는 교수님 덕분에 처음 보는 문제는 하나도 없었던 거 같아요. 봤던 문제, 중요하다고 하셨던 문제가 다 나와서 시간 절약이 많이 된 과목이었어요. 정말 감사드립니다!

탁월한 **적중률**! 합격의 **동반자**!
채한태 법학박사의 **명품공직선거법**

**2013년 국가직 7급
일반행정직 합격
👤 홍○○**

2013년 외무영사직 수강생법 과목을 처음 접해본 저에게 채한태 박사님의 명품헌법은 그야말로 명쾌한 해답으로 다가왔습니다. 정확하고 깔끔한 강의! 합격생으로서 감히 여러분께 추천드립니다.

**2013년 국가직 7급
일반행정직 합격
👤 소○○**

헌법은 당연히 100점을 맞고 합격했습니다. 합격하고 나서 생각해보니 헌법이란 과목을 채한태 박사님께 배운 것은 큰 행운이었습니다. 헌법은 화학과를 나온 저에게도 합격할 때까지 항상 효자 과목이었습니다. 박사님 감사합니다!

**2013년 국가직
회계직 합격
👤 김○○**

제가 수험 2년차에 명품헌법을 처음 접하고 나서 "헌법이 쉽다"라고 감히 생각할 수 있었습니다. 풍부한 사례를 통해 추상적인 헌법을 생활 속에 숨 쉬게 해줍니다. 믿고 따라가신다면 합격의 전략과목 중 하나가 헌법이 될 것입니다. 꼭 합격하시길 바랍니다.

**2013년
외무영사직 합격
👤 신○○**

법 공부를 처음 접했던 저에게 헌법은 굉장히 낯선 과목이었습니다. 채한태 쌤 수업을 들으면서 시사를 예로 들면서 명료하게 진행하시는 것을 느꼈고 헌법 공부를 재밌게 할 수 있었습니다. 더하여 언제나 합격할 수 있다는 자신감을 심어주신 쌤께 진심으로 감사드립니다.
명품헌법 + 채한태 쌤 강의를 통해 훌륭한 공무원이 되기 위한 첫걸음을 시작하시길 바라며, 합격을 기원합니다.

**2013년
외무영사직 합격
👤 임○○**

수험공부를 하면서 가장 좋았던 책을 꼽으라면 고민 없이 명품헌법을 꼽을 수가 있습니다. 정리와 요약이 잘 되어 있고, 기출문제 표기도 들어 있어서 다른 책을 볼 필요가 없었습니다. 명품헌법 한 권에 단권화를 하여 시험 당일까지 들고 다니시면 무적의 파트너를 만난 기분이실 것입니다. 헌법 공부는 시작부터 마무리까지 명품헌법 한 권으로 잡아낼 수 있으니 걱정 마시고 명품헌법을 나만의 책으로 만들어 보세요.

# 합격자 추천 후기 RECOMMENDATION

**2013년 국가직 7급 일반행정직 합격 / 심○○**

명품헌법은 헌법을 처음 접하는 수험생도 체계적이고 효율적으로 공부할 수 있도록 합니다. 강의만 믿고 따라가시면 헌법 고득점은 보장되어 있습니다. 믿고 따라가십시오! 합격의 문이 열립니다!

**2012년 7급 국가직 일반행정직 합격 / 이○○**

헌법은 단연 만점으로 합격했습니다. 비(非)법대생인 저도 이해하기 쉽고 체계적으로 공부할 수 있게 해준 명서입니다. 특히 기출표시는 2회독부터 그 진가를 발휘하더군요. 정말 유용했습니다. 명품헌법에 있던 문장들을 그대로 시험장에서 봤을 때의 그 희열을 잊지 못할 것입니다. 명품헌법! 경험한 만큼 자신 있게 추천드립니다.

**2012년 국가직 7급 세무직 합격 / 권○○**

명품헌법 덕분에 저의 전략 과목이었던 헌법은 당연하게 100점 맞고 최종 합격하였습니다. 이해를 시켜주는 교재였기 때문에 처음 공부하는 헌법이 막막하지 않았고, 뜬구름 잡는 듯한 느낌이 없었습니다. 법 과목은 기본기가 중요하다는 것이 공부를 할수록 무슨 말인지 알겠더군요. 앞으로도 계속 예비 공무원들의 합격 길라잡이로서 명성을 이어나갈 것을 확신합니다.

**2012년 서울시 7급 일반행정직 합격 / 박○○**

9급 합격 후 이제 그만 현실에 안주하고 싶던 즈음에 친구의 권유로 박사님께 상담받고 조금 더 도전하자 스스로를 다독이며, 주저 없이 명품헌법을 선택하여 최종 합격까지 무난히 올 수 있었습니다. 돌이켜 생각해 보아도 정말 다행입니다. 처음 공부할 때와는 달리 목표의식이 다소 희박해졌을 때인데 명품헌법을 선택하고 시행착오 없이, 더불어 헌법 공부도 짧지만 강렬하게 할 수 있었습니다. 남들보다 빨리 헌법 고득점을 원하신다면 명품헌법 추천해 드립니다.

**2010년 국가직 7급 세무직 합격 / 이○○**

명품헌법은 헌법의 사용설명서다!! 헌법을 어디서부터 어떻게 시작해야 할지 모를 때 나의 지침서가 되어 주었기 때문에~ 기본서 위주로 공부한 나한테 꼭 맞는 맞춤서였습니다~ 쉽지만 속이 꽉 찬~ 단권화를 위한 필수 기본서!! 강추합니다~~^^

탁월한 **적중률!** 합격의 **동반자!**
채한태 법학박사의 **명품공직선거법**

---

**2010년 국가직 7급
세무직 합격
👤 김○○**

저는 처음부터 헌법은 시행착오 없이 바로 명품헌법으로 공부하였습니다. 기본서를 선택하기 위해 여러 가지 책을 살펴보고 강의도 청취해 보았습니다. 그중에서 명품헌법의 틀이 체계적으로 잡혀있었고, 헷갈리기 쉬운 것들이나 같이 묶어서 외우면 편리할 것들이 잘 정리되어 좋았습니다. 이 점에서는 명품헌법을 공부하신 분들은 누구나 인정하더군요. 그리고 다른 책들과는 달리 불필요하다고 생각되는 내용이 없더군요. 명품헌법 보시고 고득점 하세요.

**2010년 국가직 7급
세무직 합격
👤 권○○**

시간이 부족한 7급 수험생에게 헌법은 특히 효율적으로 공부할 필요성이 있는 과목입니다. 명품헌법은 난해한 법 이론과 법조문 및 판례가 보기 쉽게 집필되어 있으며, 사이사이에 핵심요약 정리가 되어 있어 공부하기 편리합니다. 명품헌법 교재와 함께 교수님의 명품 강의는 합격을 위한 필수죠! 간명하게 이해시켜 주신 뒤에 핵심정리 및 암기 공식을 제공. 그리고 매시간마다 치러지는 쪽지시험, 매주 있는 모의시험을 통해 헌법이 효자 과목이 되었던 것 같습니다.

**2010년
비상계획관 합격
👤 정○○**

명품헌법 교재는 법 공부를 처음 공부하는 초학자도 단기간에 쉽게 이해할 수 있도록 정리가 잘 되어 있습니다. 시험 합격하는 데 큰 힘이 되어 준 명품 교재입니다.

**2010년
비상계획관 합격
👤 강○○**

채한태 박사님 헌법 강의의 가장 큰 특징은 헌법을 처음 접한 사람도 박사님의 강의를 한 번만 들으면 자신감을 가지고 공부를 할 수 있도록 과목의 구성이 체계적이며, 단계적으로 헌법을 공부할 수 있도록 지도해 주시며, 무엇보다 어렵고 낯선 헌법 과목을 가장 이해하기 쉽게 가르치시며, 혼신의 불타는 열정을 가지고 한 가지라도 더 알려주고자 하는 대한민국 최고의 명품 강사이십니다. 박사님의 명품헌법 책자 발간을 다시 한번 축하드립니다.

최신 개정 주요 내용 총정리

# 신구조문대조표

| 공직선거법<br>[법률 제19228호, 2023. 3. 4. 타법개정] | 공직선거법<br>[법률 제19234호, 2023. 3. 14. 타법개정] |
|---|---|
| 제218조의14 【국외선거운동 방법에 관한 특례】 ① ~ ③ (생 략) | 제218조의14 【국외선거운동 방법에 관한 특례】 ① ~ ③ (현행과 같음) |
| ④ 중앙선거관리위원회는 대통령선거 및 임기만료에 따른 비례대표국회의원선거에서 정당·후보자에 대한 정보를 재외선거인등에게 알리기 위하여 중앙선거관리위원회규칙으로 정하는 바에 따라 정당·후보자 정보자료를 작성하여 다음 각 호에 따른 방법으로 재외선거인등에게 제공하여야 한다. | ④ 중앙선거관리위원회는 대통령선거 및 임기만료에 따른 비례대표국회의원선거에서 정당·후보자에 대한 정보를 재외선거인등에게 알리기 위하여 중앙선거관리위원회규칙으로 정하는 바에 따라 정당·후보자 정보자료를 작성하여 다음 각 호에 따른 방법으로 재외선거인등에게 제공하여야 한다. |
| 1. (생 략) | 1. (현행과 같음) |
| 2. 중앙선거관리위원회, 외교부 및 공관의 인터넷 홈페이지 게시 | 2. 중앙선거관리위원회, 외교부, 재외동포청 및 공관의 인터넷 홈페이지 게시 |
| 3. (생 략) | 3. (현행과 같음) |
| ⑤ (생 략) | ⑤ (현행과 같음) |
| ⑥ 다음 각 호의 어느 하나에 해당하는 단체의 상근 임직원 및 이들 단체의 대표자는 재외선거권자를 대상으로 선거운동을 할 수 없다. | ⑥ 다음 각 호의 어느 하나에 해당하는 단체의 상근 임직원 및 이들 단체의 대표자는 재외선거권자를 대상으로 선거운동을 할 수 없다. |
| 1.·2. (생 략) | 1.·2. (현행과 같음) |
| 3. 「재외동포재단법」에 따라 설립된 재외동포재단 | 〈삭 제〉 |
| ⑦ (생 략) | ⑦ (현행과 같음) |
| 제176조 【사전투표·거소투표 및 선상투표의 접수·개표】 | 제176조 【사전투표·거소투표 및 선상투표의 접수·개표】 |
| ①·② (생 략) | ①·② (현행과 같음) |
| ③ 구·시·군선거관리위원회는 제1항에 따른 우편투표함과 제2항에 따른 사전투표함을 「개인정보 보호법」 제2조제7호에 따른 영상정보처리기기가 설치된 장소에 보관하여야 하고, 해당 영상정보는 해당 선거의 선거일 후 6개월까지 보관하여야 한다. | ③ 구·시·군선거관리위원회는 제1항에 따른 우편투표함과 제2항에 따른 사전투표함을 「개인정보 보호법」 제2조제7호에 따른 고정형 영상정보처리기기가 설치된 장소에 보관하여야 하고, 해당 영상정보는 해당 선거의 선거일 후 6개월까지 보관하여야 한다. |
| ④·⑤ (생 략) | ④·⑤ (현행과 같음) |

| 공직선거법<br>[법률 제19234호, 2023. 3. 14., 타법개정] | 공직선거법<br>[법률 제19325호, 2023. 3. 29., 일부개정] |
| --- | --- |
| 제155조【투표시간】① ~ ⑤ (생 략) | 제155조【투표시간】① ~ ⑤ (생 략) |
| ⑥ 제1항 본문 및 제2항 전단에도 불구하고 격리자등이 선거권을 행사할 수 있도록 격리자등에 한정하여서는 투표소를 오후 6시 30분에 열고 오후 7시 30분에 닫으며, 사전투표소(제148조제1항제3호에 따라 설치하는 사전투표소를 제외하고 사전투표기간 중 둘째 날의 사전투표소에 한정한다. 이하 이 항에서 같다)는 오후 6시 30분에 열고 오후 8시에 닫는다. 다만, 농산어촌 지역에 거주하는 고령자ㆍ장애인ㆍ임산부 등 교통약자인 격리자등은 관할 보건소로부터 일시적 외출의 필요성을 인정받은 경우 오후 6시 전에도 투표소 또는 사전투표소에서 투표할 수 있다. | ⑥ 제1항 본문 및 제2항 전단에도 불구하고 격리자등이 선거권을 행사할 수 있도록 격리자등에 한정하여서는 투표소를 오후 6시 30분(보궐선거등에 있어서는 오후 8시 30분)에 열고 오후 7시 30분(보궐선거등에 있어서는 오후 9시 30분)에 닫으며, 사전투표소(제148조제1항제3호에 따라 설치하는 사전투표소를 제외하고 사전투표기간 중 둘째 날의 사전투표소에 한정한다. 이하 이 항에서 같다)는 오후 6시 30분에 열고 오후 8시에 닫는다. 다만, 농산어촌 지역에 거주하는 고령자ㆍ장애인ㆍ임산부 등 교통약자인 격리자등은 관할 보건소로부터 일시적 외출의 필요성을 인정받은 경우 투표소 또는 사전투표소에서 오후 6시(보궐선거등에 있어서는 투표소에서 오후 8시) 전에도 투표할 수 있다. |
| ⑦ 제6항 본문에 따라 투표하는 경우 제5항, 제176조제4항, 제218조의16제2항 및 제218조의24제2항부터 제4항까지의 규정 중 "선거일 오후 6시"를 각각 "선거일 오후 7시 30분"으로 본다. | ⑦ 제6항 본문에 따라 투표하는 경우 제5항, 제176조제4항, 제218조의16제2항 및 제218조의24제2항부터 제4항까지의 규정 중 "선거일 오후 6시"는 각각 "선거일 오후 7시 30분"으로, "오후 8시"는 각각 "오후 9시 30분"으로 본다. |
| 제218조의16【재외선거의 투표방법】① · ② (생 략) | 제218조의16【재외선거의 투표방법】① · ② (현행과 같음) |
| ③ 제218조의17제1항에 따른 재외투표기간 개시일 전에 귀국한 재외선거인등은 재외투표기간 개시일 전에 귀국한 사실을 증명할 수 있는 서류를 첨부하여 주소지 또는 최종 주소지(최종 주소지가 없는 사람은 등록기준지를 말한다)를 관할하는 구ㆍ시ㆍ군선거관리위원회에 신고한 후 선거일에 해당 선거관리위원회가 지정하는 투표소에서 투표할 수 있다. | ③ 제218조의13제1항에 따라 재외선거인명부등에 등재된 사람이 재외투표소에서 투표를 하지 아니하고 귀국한 때에는 선거일 전 8일부터 선거일까지 주소지 또는 최종 주소지(최종 주소지가 없는 사람은 등록기준지를 말한다)를 관할하는 구ㆍ시ㆍ군선거관리위원회에 신고한 후 선거일에 해당 선거관리위원회가 지정하는 투표소에서 투표할 수 있다. |
| ④ (생 략) | ④ (현행과 같음) |

## 최신 개정 주요 내용 총정리
# 신구조문대조표

| 공직선거법<br>[법률 제19325호, 2023. 3. 29. 일부개정] | 공직선거법<br>[법률 제19696호, 2023. 8. 30. 일부개정] |
|---|---|
| 제57조의6 【공무원 등의 당내경선운동 금지】 ① 제60조제1항에 따라 선거운동을 할 수 없는 사람은 당내경선에서 경선운동을 할 수 없다. 다만, 소속 당원만을 대상으로 하는 당내경선에서 당원이 될 수 있는 사람이 경선운동을 하는 경우에는 그러하지 아니하다.<br><br>② (생 략) | 제57조의6 【공무원 등의 당내경선운동 금지】 ① 제60조제1항에 따라 선거운동을 할 수 없는 사람(제60조제1항제5호의 경우에는 「지방공기업법」 제2조에 규정된 지방공사와 지방공단의 상근직원은 제외한다)은 당내경선에서 경선운동을 할 수 없다. 다만, 소속 당원만을 대상으로 하는 당내경선에서 당원이 될 수 있는 사람이 경선운동을 하는 경우에는 그러하지 아니하다.<br><br>② (현행과 같음) |
| 제68조 【어깨띠 등 소품】 ① 후보자와 그 배우자(배우자 대신 후보자가 그의 직계존비속 중에서 신고한 1인을 포함한다), 선거사무장, 선거연락소장, 선거사무원, 후보자와 함께 다니는 활동보조인 및 회계책임자는 선거운동기간 중 후보자의 사진·성명·기호 및 소속 정당명, 그 밖의 홍보에 필요한 사항을 게재한 어깨띠나 중앙선거관리위원회규칙으로 정하는 규격 또는 금액 범위의 윗옷(上衣)·표찰(標札)·수기(手旗)·마스코트, 그 밖의 소품을 붙이거나 입거나 지니고 선거운동을 할 수 있다.<br><br>② 누구든지 제1항의 경우를 제외하고는 선거운동기간 중 어깨띠, 모양과 색상이 동일한 모자나 옷, 표찰·수기·마스코트·소품, 그 밖의 표시물을 사용하여 선거운동을 할 수 없다.<br><br>③ 제1항에 따른 어깨띠의 규격 또는 그 밖에 필요한 사항은 중앙선거관리위원회규칙으로 정한다. | 제68조 【어깨띠 등 소품】 ① 후보자와 그 배우자(배우자 대신 후보자가 그의 직계존비속 중에서 신고한 1인을 포함한다), 선거사무장, 선거연락소장, 선거사무원, 후보자와 함께 다니는 활동보조인 및 회계책임자는 선거운동기간 중 후보자의 사진·성명·기호 및 소속 정당명, 그 밖의 홍보에 필요한 사항을 게재한 어깨띠나 중앙선거관리위원회규칙으로 정하는 규격 또는 금액 범위의 윗옷(上衣)·표찰(標札)·수기(手旗)·마스코트, 그 밖의 소품(이하 "소품등"이라 한다)을 붙이거나 입거나 지니고 선거운동을 할 수 있다.<br><br>② 선거운동을 할 수 있는 사람은 선거운동기간 중 중앙선거관리위원회규칙으로 정하는 규격 범위의 소형의 소품등을 본인의 부담으로 제작 또는 구입하여 몸에 붙이거나 지니고 선거운동을 할 수 있다.<br><br>③ 제1항 및 제2항에 따른 소품등의 규격과 그 밖에 필요한 사항은 중앙선거관리위원회규칙으로 정한다. |

| 공직선거법<br>[법률 제19325호, 2023. 3. 29. 일부개정] | 공직선거법<br>[법률 제19696호, 2023. 8. 30. 일부개정] |
| --- | --- |
| **제82조의6【인터넷언론사 게시판·대화방 등의 실명확인】**<br>① 인터넷언론사는 선거운동기간 중 당해 인터넷홈페이지의 게시판·대화방 등에 정당·후보자에 대한 지지·반대의 문자·음성·화상 또는 동영상 등의 정보(이하 이 조에서 "정보등"이라 한다)를 게시할 수 있도록 하는 경우에는 행정안전부장관 또는 「신용정보의 이용 및 보호에 관한 법률」 제2조제5호가목에 따른 개인신용평가회사(이하 이 조에서 "개인신용평가회사"라 한다)가 제공하는 실명인증방법으로 실명을 확인받도록 하는 기술적 조치를 하여야 한다. 다만, 인터넷언론사가 「정보통신망 이용촉진 및 정보보호 등에 관한 법률」 제44조의5에 따른 본인확인조치를 한 경우에는 그 실명을 확인받도록 하는 기술적 조치를 한 것으로 본다.<br>② 정당이나 후보자는 자신의 명의로 개설·운영하는 인터넷홈페이지의 게시판·대화방 등에 정당·후보자에 대한 지지·반대의 정보등을 게시할 수 있도록 하는 경우에는 제1항의 규정에 따른 기술적 조치를 할 수 있다.<br>③ 행정안전부장관 및 개인신용평가회사는 제1항 및 제2항의 규정에 따라 제공한 실명인증자료를 실명인증을 받은 자 및 인터넷홈페이지별로 관리하여야 하며, 중앙선거관리위원회가 그 실명인증자료의 제출을 요구하는 경우에는 지체 없이 이에 따라야 한다.<br>④ 인터넷언론사는 제1항의 규정에 따라 실명인증을 받은 자가 정보등을 게시한 경우 당해 인터넷홈페이지의 게시판·대화방 등에 "실명인증" 표시가 나타나도록 하는 기술적 조치를 하여야 한다.<br>⑤ 인터넷언론사는 당해 인터넷홈페이지의 게시판·대화방 등에서 정보등을 게시하고자 하는 자에게 주민등록번호를 기재할 것을 요구하여서는 아니된다.<br>⑥ 인터넷언론사는 당해 인터넷홈페이지의 게시판·대화방 등에 "실명인증"의 표시가 없는 정당이나 후보자에 대한 지지·반대의 정보등이 게시된 경우에는 지체 없이 이를 삭제하여야 한다. | 〈삭 제〉 |

최신 개정 주요 내용 총정리
# 신구조문대조표

| 공직선거법<br>[법률 제19325호, 2023. 3. 29, 일부개정] | 공직선거법<br>[법률 제19696호, 2023. 8. 30, 일부개정] |
|---|---|
| ⑦ 인터넷언론사는 정당·후보자 및 각급선거관리위원회가 제6항의 규정에 따른 정보등을 삭제하도록 요구한 경우에는 지체 없이 이에 따라야 한다. | |
| **제90조【시설물설치 등의 금지】** ① 누구든지 선거일 전 180일(보궐선거등에서는 그 선거의 실시사유가 확정된 때)부터 선거일까지 선거에 영향을 미치게 하기 위하여 이 법의 규정에 의한 것을 제외하고는 다음 각 호의 어느 하나에 해당하는 행위를 할 수 없다. 이 경우 정당(창당준비위원회를 포함한다)의 명칭이나 후보자(후보자가 되려는 사람을 포함한다. 이하 이 조에서 같다)의 성명·사진 또는 그 명칭·성명을 유추할 수 있는 내용을 명시한 것은 선거에 영향을 미치게 하기 위한 것으로 본다. | **제90조【시설물설치 등의 금지】** ① 누구든지 선거일 전 120일(보궐선거등에서는 그 선거의 실시사유가 확정된 때)부터 선거일까지 선거에 영향을 미치게 하기 위하여 이 법의 규정에 의한 것을 제외하고는 다음 각 호의 어느 하나에 해당하는 행위를 할 수 없다. 이 경우 정당(창당준비위원회를 포함한다)의 명칭이나 후보자(후보자가 되려는 사람을 포함한다. 이하 이 조에서 같다)의 성명·사진 또는 그 명칭·성명을 유추할 수 있는 내용을 명시한 것은 선거에 영향을 미치게 하기 위한 것으로 본다. |
| 1. ~ 3. (생 략) | 1. ~ 3. (현행과 같음) |
| ② (생 략) | ② (현행과 같음) |
| **제93조【탈법방법에 의한 문서·도화의 배부·게시 등 금지】** ① 누구든지 선거일전 180일(補闕選擧 등에 있어서는 그 選擧의 실시사유가 확정된 때)부터 선거일까지 선거에 영향을 미치게 하기 위하여 이 법의 규정에 의하지 아니하고는 정당(創黨準備委員會와 政黨의 政綱·정책을 포함한다. 이하 이 條에서 같다) 또는 후보자(候補者가 되고자 하는 者를 포함한다. 이하 이 條에서 같다)를 지지·추천하거나 반대하는 내용이 포함되어 있거나 정당의 명칭 또는 후보자의 성명을 나타내는 광고, 인사장, 벽보, 사진, 문서·도화, 인쇄물이나 녹음·녹화테이프 그 밖에 이와 유사한 것을 배부·첩부·살포·상영 또는 게시할 수 없다. 다만, 다음 각 호의 어느 하나에 해당하는 행위는 그러하지 아니하다. | **제93조【탈법방법에 의한 문서·도화의 배부·게시 등 금지】** ① 누구든지 선거일 전 120일(補闕選擧 등에 있어서는 그 選擧의 실시사유가 확정된 때)부터 선거일까지 선거에 영향을 미치게 하기 위하여 이 법의 규정에 의하지 아니하고는 정당(創黨準備委員會와 政黨의 政綱·정책을 포함한다. 이하 이 條에서 같다) 또는 후보자(候補者가 되고자 하는 者를 포함한다. 이하 이 條에서 같다)를 지지·추천하거나 반대하는 내용이 포함되어 있거나 정당의 명칭 또는 후보자의 성명을 나타내는 광고, 인사장, 벽보, 사진, 문서·도화, 인쇄물이나 녹음·녹화테이프 그 밖에 이와 유사한 것을 배부·첩부·살포·상영 또는 게시할 수 없다. 다만, 다음 각 호의 어느 하나에 해당하는 행위는 그러하지 아니하다. |
| 1.·2. (생 략) | 1.·2. (현행과 같음) |
| ②·③ (생 략) | ②·③ (현행과 같음) |

| 공직선거법<br>[법률 제19325호, 2023. 3. 29, 일부개정] | 공직선거법<br>[법률 제19696호, 2023. 8. 30, 일부개정] |
|---|---|
| 제103조【각종집회 등의 제한】〈신 설〉 | 제103조【각종집회 등의 제한】① 누구든지 선거기간 중 선거운동을 위하여 이 법에 규정된 것을 제외하고는 명칭 여하를 불문하고 집회나 모임을 개최할 수 없다. |
| ② (생 략) | ② (현행과 같음) |
| ③ 누구든지 선거기간 중 선거에 영향을 미치게 하기 위하여 향우회·종친회·동창회·단합대회 또는 야유회, 그 밖의 집회나 모임을 개최할 수 없다. | ③ 누구든지 선거기간 중 선거에 영향을 미치게 하기 위하여 향우회·종친회·동창회·단합대회 또는 야유회 또는 참가 인원이 25명을 초과하는 그 밖의 집회나 모임을 개최할 수 없다. |
| ④·⑤ (생 략) | ④·⑤ (현행과 같음) |
| 제255조【부정선거운동죄】① 다음 각 호의 어느 하나에 해당하는 자는 3년 이하의 징역 또는 600만원 이하의 벌금에 처한다. | 제255조【부정선거운동죄】① 다음 각 호의 어느 하나에 해당하는 자는 3년 이하의 징역 또는 600만원 이하의 벌금에 처한다. |
| 1. ~ 4. (생 략) | 1. ~ 4. (현행과 같음) |
| 5. 제68조제2항 또는 제3항(어깨띠의 규격을 말한다)을 위반하여 어깨띠, 모자나 옷, 표찰·수기·마스코트·소품, 그 밖의 표시물을 사용하여 선거운동을 한 사람 | 5. 제68조제2항 또는 제3항(소품등의 규격을 말한다)을 위반하여 소품등을 사용한 선거운동을 한 사람 |
| 6. ~ 20. (생 략) | 6. ~ 20. (현행과 같음) |
| ② ~ ⑤ (생 략) | ② ~ ⑤ (현행과 같음) |
| 제256조【각종제한규정위반죄】①·② (생 략) | 제256조【각종제한규정위반죄】①·② (현행과 같음) |
| ③ 다음 각 호의 어느 하나에 해당하는 자는 2년 이하의 징역 또는 400만원 이하의 벌금에 처한다. | ③ 다음 각 호의 어느 하나에 해당하는 자는 2년 이하의 징역 또는 400만원 이하의 벌금에 처한다. |
| 1. 선거운동과 관련하여 다음 각 목의 어느 하나에 해당하는 자 | 1. 선거운동과 관련하여 다음 각 목의 어느 하나에 해당하는 자 |
| 가. ~ 차. (생 략) | 가. ~ 차. (현행과 같음) |

최신 개정 주요 내용 총정리
# 신구조문대조표

| 공직선거법<br>[법률 제19325호, 2023. 3. 29. 일부개정] | 공직선거법<br>[법률 제19696호, 2023. 8. 30. 일부개정] |
|---|---|
| 카. 제103조(各種集會등의 制限)제3항 내지 제5항의 규정에 위반하여 각종집회등을 개최하거나 하게 한 자 | 카. 제103조(各種集會등의 制限)제1항 및 제3항 내지 제5항의 규정에 위반하여 각종집회등을 개최하거나 하게 한 자 |
| 타. ~ 너. (생 략) | 타. ~ 너. (현행과 같음) |
| 2. ~ 4. (생 략) | 2. ~ 4. (현행과 같음) |
| ④·⑤ (생 략) | ④·⑤ (현행과 같음) |
| 제261조【과태료의 부과·징수 등】①·② (생 략) | 제261조【과태료의 부과·징수 등】①·② (현행과 같음) |
| ③ 다음 각 호의 어느 하나에 해당하는 행위를 한 자에게는 1천만원 이하의 과태료를 부과한다. | ③ 다음 각 호의 어느 하나에 해당하는 행위를 한 자에게는 1천만원 이하의 과태료를 부과한다. |
| 1. ~ 3의3. (생 략) | 1. ~ 3의3. (현행과 같음) |
| 4. 제82조의6제1항을 위반하여 기술적 조치를 하지 아니한 자 | 〈삭 제〉 |
| 4의2.·5. (생 략) | 4의2.·5. (현행과 같음) |
| ④·⑤ (생 략) | ④·⑤ (현행과 같음) |
| ⑥ 다음 각 호의 어느 하나에 해당하는 행위를 한 자는 300만원 이하의 과태료를 부과한다. | ⑥ 다음 각 호의 어느 하나에 해당하는 행위를 한 자는 300만원 이하의 과태료를 부과한다. |
| 1.·2. (생 략) | 1.·2. (현행과 같음) |
| 3. 제82조의6제6항을 위반하여 실명인증의 표시가 없는 문자·음성·화상 또는 동영상 등의 정보를 삭제하지 아니한 자 | 〈삭 제〉 |
| 4. (생 략) | 4. (현행과 같음) |
| ⑦ ~ ⑫ (생 략) | ⑦ ~ ⑫ (현행과 같음) |

| 공직선거법<br>[법률 제19839호, 2023. 12. 26. 타법개정] | 공직선거법<br>[법률 제19855호, 2023. 12. 28. 일부개정] |
|---|---|
| 제60조의3【예비후보자 등의 선거운동】① 예비후보자는 다음 각호의 어느 하나에 해당하는 방법으로 선거운동을 할 수 있다.<br>1. ~ 4. (생 략)<br>5. 선거운동을 위하여 어깨띠 또는 예비후보자임을 나타내는 표지물을 착용하는 행위<br>6.·7. (생 략)<br>② ~ ⑥ (생 략) | 제60조의3【예비후보자 등의 선거운동】① 예비후보자는 다음 각호의 어느 하나에 해당하는 방법으로 선거운동을 할 수 있다.<br>1. ~ 4. (현행과 같음)<br>5. 선거운동을 위하여 어깨띠 또는 예비후보자임을 나타내는 표지물을 <u>착용하거나 소지하여 내보이는</u> 행위<br>6.·7. (현행과 같음)<br>② ~ ⑥ (현행과 같음) |
| 제82조의4【정보통신망을 이용한 선거운동】①·② (생 략)<br>③ 각급선거관리위원회(읍·면·동선거관리위원회를 제외한다) 또는 후보자는 이 법의 규정에 위반되는 정보가 인터넷 홈페이지 또는 그 게시판·대화방 등에 게시되거나, 정보통신망을 통하여 전송되는 사실을 발견한 때에는 당해 정보가 게시된 인터넷 홈페이지를 관리·운영하는 자에게 해당 정보의 삭제를 요청하거나, 전송되는 정보를 취급하는 인터넷 홈페이지의 관리·운영자 또는 「정보통신망 이용촉진 및 정보보호 등에 관한 법률」 제2조제1항제3호의 규정에 의한 정보통신서비스제공자(이하 "정보통신서비스제공자"라 한다)에게 그 취급의 거부·정지·제한을 요청할 수 있다. 이 경우 인터넷 홈페이지 관리·운영자 또는 정보통신서비스 제공자가 후보자의 요청에 따르지 아니하는 때에는 해당 후보자는 관할 선거구선거관리위원회에 서면으로 그 사실을 통보할 수 있으며, 관할 선거구선거관리위원회는 후보자가 삭제요청 또는 취급의 거부·정지·제한을 요청한 정보가 이 법의 규정에 위반된다고 인정되는 때에는 해당 인터넷 홈페이지 관리·운영자 또는 정보통신서비스 제공자에게 삭제요청 또는 취급의 거부·정지·제한을 요청할 수 있다.<br>④ 제3항에 따라 선거관리위원회로부터 요청을 받은 인터넷 홈페이지 관리·운영자 또는 정보통신서비스제공자는 지체없이 이에 따라야 한다.<br>⑤ ~ ⑦ (생 략) | 제82조의4【정보통신망을 이용한 선거운동】①·② (현행과 같음)<br>③ 각급선거관리위원회(읍·면·동선거관리위원회를 제외한다) 또는 후보자는 이 법의 규정에 위반되는 정보가 인터넷 홈페이지 또는 그 게시판·대화방 등에 게시되거나, 정보통신망을 통하여 전송되는 사실을 발견한 때에는 <u>해당 정보를 게시한 자 또는</u> 해당 정보가 게시된 인터넷 홈페이지를 관리·운영하는 자에게 해당 정보의 삭제를 요청하거나, 전송되는 정보를 취급하는 인터넷 홈페이지의 관리·운영자 또는 「정보통신망 이용촉진 및 정보보호 등에 관한 법률」 제2조제1항제3호의 규정에 의한 정보통신서비스제공자(이하 "정보통신서비스제공자"라 한다)에게 그 취급의 거부·정지·제한을 요청할 수 있다. 이 경우 인터넷 홈페이지 관리·운영자 또는 정보통신서비스 제공자가 후보자의 요청에 따르지 아니하는 때에는 해당 후보자는 관할 선거구선거관리위원회에 서면으로 그 사실을 통보할 수 있으며, 관할 선거구선거관리위원회는 후보자가 삭제요청 또는 취급의 거부·정지·제한을 요청한 정보가 이 법의 규정에 위반된다고 인정되는 때에는 해당 인터넷 홈페이지 관리·운영자 또는 정보통신서비스 제공자에게 삭제요청 또는 취급의 거부·정지·제한을 요청할 수 있다.<br>④ 제3항에 따라 선거관리위원회로부터 요청을 받은 <u>해당 정보의 게시자,</u> 인터넷 홈페이지 관리·운영자 또는 정보통신서비스제공자는 지체없이 이에 따라야 한다.<br>⑤ ~ ⑦ (현행과 같음) |

## 신구조문대조표

최신 개정 주요 내용 총정리

| 공직선거법<br>[법률 제19839호, 2023. 12. 26. 타법개정] | 공직선거법<br>[법률 제19855호, 2023. 12. 28. 일부개정] |
|---|---|
| 〈신 설〉 | 제82조의8 【딥페이크영상등을 이용한 선거운동】 ① 누구든지 선거일 전 90일부터 선거일까지 선거운동을 위하여 인공지능 기술 등을 이용하여 만든 실제와 구분하기 어려운 가상의 음향, 이미지 또는 영상등(이하 "딥페이크영상등"이라 한다)을 제작·편집·유포·상영 또는 게시하는 행위를 하여서는 아니 된다.<br>② 누구든지 제1항의 기간이 아닌 때에 선거운동을 위하여 딥페이크영상등을 제작·편집·유포·상영 또는 게시하는 경우에는 해당 정보가 인공지능 기술 등을 이용하여 만든 가상의 정보라는 사실을 명확하게 인식할 수 있도록 중앙선거관리위원회규칙으로 정하는 바에 따라 해당 사항을 딥페이크영상등에 표시하여야 한다. |
| 제250조 【허위사실공표죄】 ① ~ ③ (생 략)<br>〈신 설〉 | 제250조 【허위사실공표죄】 ① ~ ③ (현행과 같음)<br>④ 제82조의8제2항을 위반하여 중앙선거관리위원회규칙으로 정하는 사항을 딥페이크영상등에 표시하지 아니하고 제1항에 규정된 행위를 한 자는 5년 이하의 징역 또는 5천만원 이하의 벌금에, 제2항에 규정된 행위를 한 자는 7년 이하의 징역 또는 1천만원 이상 5천만원 이하의 벌금에 처한다. |
| 제255조 【부정선거운동죄】 ① ~ ④ (생 략)<br>⑤ 제85조제1항을 위반한 자는 5년 이하의 징역 또는 2천만원 이하의 벌금에 처한다.<br>〈신 설〉 | 제255조 【부정선거운동죄】 ① ~ ④ (현행과 같음)<br>⑤ 제82조의8제1항을 위반한 자는 7년 이하의 징역 또는 1천만원 이상 5천만원 이하의 벌금에 처한다.<br>⑥ 제85조제1항을 위반한 자는 5년 이하의 징역 또는 2천만원 이하의 벌금에 처한다. |

| 공직선거법<br>[법률 제19839호, 2023. 12. 26. 타법개정] | 공직선거법<br>[법률 제19855호, 2023. 12. 28. 일부개정] |
|---|---|
| 제260조【양벌규정】① 정당·회사, 그 밖의 법인·단체(이하 이 조에서 "단체등"이라 한다)의 대표자, 그 대리인·사용인, 그 밖의 종업원과 정당의 간부인 당원이 그 단체등의 업무에 관하여 제230조제1항부터 제4항까지·제6항부터 제8항까지, 제231조, 제232조제1항·제2항, 제235조, 제237조제1항·제5항, 제240조제1항, 제241조제1항, 제244조, 제245조제2항, 제246조제2항, 제247조제1항, 제248조제1항, 제250조부터 제254조까지, 제255조제1항·제2항·제4항·제5항, 제256조, 제257조제1항부터 제3항까지, 제258조, 제259조의 어느 하나에 해당하는 위반행위를 하면 그 행위자를 벌하는 외에 그 단체등에도 해당 조문의 벌금형을 과(科)한다. 다만, 단체등이 그 위반행위를 방지하기 위하여 해당 업무에 관하여 상당한 주의와 감독을 게을리하지 아니한 경우에는 그러하지 아니하다.<br>② (생 략) | 제260조【양벌규정】① 정당·회사, 그 밖의 법인·단체(이하 이 조에서 "단체등"이라 한다)의 대표자, 그 대리인·사용인, 그 밖의 종업원과 정당의 간부인 당원이 그 단체등의 업무에 관하여 제230조제1항부터 제4항까지·제6항부터 제8항까지, 제231조, 제232조제1항·제2항, 제235조, 제237조제1항·제5항, 제240조제1항, 제241조제1항, 제244조, 제245조제2항, 제246조제2항, 제247조제1항, 제248조제1항, 제250조부터 제254조까지, 제255조제1항·제2항, 같은 조 제4항부터 제6항까지, 제256조, 제257조제1항부터 제3항까지, 제258조, 제259조의 어느 하나에 해당하는 위반행위를 하면 그 행위자를 벌하는 외에 그 단체등에도 해당 조문의 벌금형을 과(科)한다. 다만, 단체등이 그 위반행위를 방지하기 위하여 해당 업무에 관하여 상당한 주의와 감독을 게을리하지 아니한 경우에는 그러하지 아니하다.<br>② (현행과 같음) |
| 제261조【과태료의 부과·징수 등】① · ② (생 략)<br>③ 다음 각 호의 어느 하나에 해당하는 행위를 한 자에게는 1천만원 이하의 과태료를 부과한다.<br>1. ~ 3의3. (생 략)<br>4. 삭제<br><br><br>4의2. · 5. (생 략)<br>④ ~ ⑫ (생 략) | 제261조【과태료의 부과·징수 등】① · ② (현행과 같음)<br>③ 다음 각 호의 어느 하나에 해당하는 행위를 한 자에게는 1천만원 이하의 과태료를 부과한다.<br>1. ~ 3의3. (현행과 같음)<br>4. 제82조의8제2항을 위반하여 중앙선거관리위원회규칙으로 정하는 사항을 딥페이크영상등에 표시하지 아니한 자<br>4의2. · 5. (현행과 같음)<br>④ ~ ⑫ (현행과 같음) |
| 제273조【재정신청】① 제230조부터 제234조까지, 제237조부터 제239조까지, 제248조부터 제250조까지, 제255조제1항제1호·제2호·제10호·제11호 및 제3항·제5항, 제257조 또는 제258조의 죄에 대하여 고발을 한 후보자와 정당(중앙당에 한한다) 및 해당 선거관리위원회는 그 검사 소속의 지방검찰청 소재지를 관할하는 고등법원에 그 당부에 관한 재정을 신청할 수 있다.<br>② ~ ④ (생 략) | 제273조【재정신청】① 제230조부터 제234조까지, 제237조부터 제239조까지, 제248조부터 제250조까지, 제255조제1항제1호·제2호·제10호·제11호 및 제3항·제5항·제6항, 제257조 또는 제258조의 죄에 대하여 고발을 한 후보자와 정당(중앙당에 한한다) 및 해당 선거관리위원회는 그 검사 소속의 지방검찰청 소재지를 관할하는 고등법원에 그 당부에 관한 재정을 신청할 수 있다.<br>② ~ ④ (현행과 같음) |

## 차 례 CONTENTS

- 제1장 | 총칙     28
- 제2장 | 선거권과 피선거권     53
- 제3장 | 선거구역과 의원정수     59
- 제4장 | 선거기간과 선거일     72
- 제5장 | 선거인명부     76
- 제6장 | 후보자     86
- 제6장의2 | 정당의 후보자 추천을 위한 당내경선     107
- 제7장 | 선거운동     114
- 제8장 | 선거비용     199
- 제9장 | 선거와 관련있는 정당활동의 규제     210

- 제10장 | 투표　　　　　　　　　　　　　　　218

- 제11장 | 개표　　　　　　　　　　　　　　　241

- 제12장 | 당선인　　　　　　　　　　　　　　252

- 제13장 | 재선거와 보궐선거　　　　　　　　　263

- 제14장 | 동시선거에 관한 특례　　　　　　　　270

- 제14장의2 | 재외선거에 관한 특례　　　　　　276

- 제15장 | 선거에 관한 쟁송　　　　　　　　　　297

- 제16장 | 벌칙　　　　　　　　　　　　　　　308

- 제17장 | 보칙　　　　　　　　　　　　　　　331

| 일부 개정 2022. 4. 20. 법률 제18841호 |

# 제 1 장 총칙

**제1조【목적】** 이 법은 「대한민국헌법」과 「지방자치법」에 의한 선거가 국민의 자유로운 의사와 민주적인 절차에 의하여 공정히 행하여지도록 하고, 선거와 관련한 부정을 방지함으로써 민주정치의 발전에 기여함을 목적으로 한다.

(1) 목적
① 국민의 자유로운 의사와 민주적인 절차에 의한 공정성 확보
② 선거부정방지
③ 민주정치발전에 기여 (쿠데타 방지 ×)

✦ **제2조【적용범위】** 이 법은 대통령선거 · 국회의원선거 · 지방의회의원 및 지방자치단체의 장의 선거에 적용한다.

(1) 적용범위
① 대통령선거
② 국회의원선거
③ 지방의회의원선거
④ 지방자치단체장선거
🔍 교육감·교육의원 선거에는 적용 ×

✦✦ **제3조【선거인의 정의】** 이 법에서 "선거인"이란 선거권이 있는 사람으로서 선거인명부 또는 재외선거인명부에 올라 있는 사람을 말한다.

| 선거권자 | 선거인 |
|---|---|
| • 선거권 보유<br>• 선거인 명부 또는 재외 선거인명부 등재 여부 불문 | • 선거권 보유<br>• 선거인 명부 또는 재외선거인 명부 등재 요 |

### 기출지문

☒ '선거인'이란 선거권이 있는 사람으로서 선거인명부 또는 재외선거인명부에 오를 자격이 있는 사람을 말한다. (×) [2013. 국가직 9급]

**⁺PLUS** 공직선거법에서 "선거인"이란 선거권이 있는 사람으로서 선거인명부 또는 재외선거인명부에 올라 있는 사람을 말한다(제3조).

---

**제4조 【인구의 기준】** 이 법에서 선거사무관리의 기준이 되는 인구는 「주민등록법」에 따른 주민등록표에 따라 조사한 국민의 최근 인구통계에 의한다. 이 경우 지방자치단체의 의회의원 및 장의 선거에서는 제15조 제2항 제3호에 따라 선거권이 있는 외국인의 수를 포함한다.

(1) 선거 사무관리의 기준이 되는 인구의 기준일은 예비후보자 등록신청 개시일이 속하는 달의 전전달 말일로 한다(공직선거관리규칙 제2조 제1항).

(2) 구청장·시장·군수는 선거가 실시되는 때마다 인구의 기준일 현재의 인구수, 세대수, 18세 이상의 주민수를 인구의 기준일 후 15일까지 당해 구·시·군선거관리위원회에 통보하여야 한다. 이 경우 지방자치단체의 의회의원 및 장의 선거에 있어서는 외국인 선거권자의 수와 그 세대수를 포함하여야 한다(규칙 제2조 제2항).

**제5조 【선거사무협조】** 관공서 기타 공공기관은 선거사무에 관하여 선거관리위원회의 협조요구를 받은 때에는 우선적으로 이에 따라야 한다.

(1) 공공기관의 의미

여기서 공공기관에는 행정기관뿐만 아니라 정부투자기관 기타 공공업무를 수행하는 기관도 포함된다고 해석된다. 중앙선거관리위원회와 시·도선거관리위원회 등 각급 선거관리기관 간의 선거사무에 대한 지시나 협조요구에 관하여는 선거관리위원회법 제16조에서 별도의 규정을 두고 있다.

**제6조 【선거권행사의 보장】** ① 국가는 선거권자가 선거권을 행사할 수 있도록 필요한 조치를 **취하여야 한다**.(취할 수 있다 ×) [2020. 국가직 9급]

✚✚ ② 각급선거관리위원회(읍·면·동선거관리위원회는 제외한다)는 선거인의 투표참여를 촉진하기 위하여 교통이 불편한 지역에 거주하는 선거인 또는 노약자·장애인 등 거동이 불편한 선거인에 대한 교통편의 제공에 필요한 대책을 수립·시행하여야 하고, 투표를 마친 선거인에게 국공립 유료시설의 이용요금을 면제·할인하는 등의 필요한 대책을 수립·시행할 수 있다. 이 경우 공정한 실시방법 등을 정당·후보자와 미리 **협의**하여야 한다.(합의 ×)

③ 공무원·학생 또는 다른 사람에게 고용된 자가 선거인명부를 열람하거나 투표하기 위하여 필요한 시간은 보장되어야 하며, 이를 휴무 또는 휴업으로 보지 아니한다.
④ 선거권자는 성실하게 선거에 참여하여 선거권을 행사하여야 한다.
✦✦ ⑤ 선거의 중요성과 의미를 되새기고 주권의식을 높이기 위하여 매년 5월 10일을 유권자의 날로, 유권자의 날부터 1주간을 유권자 주간으로 하고, 각급선거관리위원회(읍·면·동선거관리위원회는 제외한다)는 공명선거 추진활동을 하는 기관 또는 단체 등과 함께 유권자의 날 의식과 그에 부수되는 행사를 개최할 수 있다. (➤ 유권자의 날: 매년 5월 10일, 유권자 주간: 5월 10일부터 1주간)

---

**기출지문**

- ◎ 공무원·학생 또는 다른 사람에게 고용된 자가 선거인명부를 열람하거나 투표하기 위하여 필요한 시간은 보장되어야 하며, 이를 휴무 또는 휴업으로 보지 아니한다(제6조 제3항). [2017·2015. 국가직 9급]
- ◎ 각급선거관리위원회(읍·면·동선거관리위원회는 제외한다)는 공명선거 추진활동을 하는 기관 또는 단체 등과 함께 유권자의 날 의식과 그에 부수되는 행사를 개최할 수 있다(제6조 제5항). [2023. 국가직 7급, 2017. 국가직 9급]
- ◎ 구·시·군선거관리위원회는 공명선거 추진활동을 하는 기관 또는 단체 등과 함께 유권자의 날 의식과 그에 부수되는 행사를 개최할 수 있다(제6조 제5항). [2015. 국가직 9급]
- ❌ 읍·면·동선거관리위원회는 선거인의 투표참여를 촉진하기 위하여 교통이 불편한 지역에 거주하는 선거인 또는 노약자·장애인 등 거동이 불편한 선거인에게 교통편의를 제공할 수 있다. (×) [2023. 국가직 7급, 2015. 국가직 9급]

   > **PLUS** 읍·면·동선거관리위원회는 제외한 각급선거관리위원회는 선거인의 투표참여를 촉진하기 위하여 교통이 불편한 지역에 거주하는 선거인 또는 노약자·장애인 등 거동이 불편한 선거인에 대한 교통편의 제공에 필요한 대책을 수립·시행하여야 하고, 투표를 마친 선거인에게 국공립 유료시설의 이용요금을 면제·할인하는 등의 필요한 대책을 수립·시행할 수 있다. 이 경우 공정한 실시방법 등을 정당·후보자와 미리 협의하여야 한다(제6조 제2항).

**관련판례** 투표일을 유급의 휴일로 하는 규정을 만들어야 할 입법의무가 헌법의 해석상 곧바로 도출된다고 보기는 어렵다(헌재 2013.7.25, 2012헌마815). [2016·2015. 국가직 9급]

✦✦ **제6조의2 【다른 자에게 고용된 사람의 투표시간 보장】** ① 다른 자에게 고용된 사람이 사전투표기간 및 선거일에 모두 근무를 하는 경우에는 투표하기 위하여 필요한 시간을 고용주에게 청구할 수 있다. (▶ 근로자는 고용주에게 투표시간을 청구할 수 있다)

② 고용주는 제1항에 따른 청구가 있으면 고용된 사람이 투표하기 위하여 필요한 시간을 보장하여 주어야 한다.

③ 고용주는 고용된 사람이 투표하기 위하여 필요한 시간을 청구할 수 있다는 사실을 <u>선거일 전 7일부터 선거일 전 3일까지</u> 인터넷 홈페이지, 사보, 사내게시판 등을 통하여 알려야 한다.

**제6조의3 【감염병환자 등의 선거권 보장】** ①「감염병의 예방 및 관리에 관한 법률」제41조 제1항 또는 제2항에 따라 입원치료, 자가(自家)치료 또는 시설치료 중이거나 같은 법 제42조제2항제1호에 따라 자가 또는 시설에 격리 중인 사람(이하 "격리자등"이라 한다)은 선거권 행사를 위하여 활동할 수 있다.

② 국가와 지방자치단체는 격리자등의 선거권 행사가 원활하게 이루어질 수 있도록 교통편의 제공 및 그 밖에 필요한 방안을 마련하여야 한다. [본조신설 2022. 2. 16.]

> **기출지문**
>
> ◉ 피고용인이 사전투표기간 및 선거일에 모두 근무를 하는 경우에는 투표하기 위하여 필요한 시간을 고용주에게 청구할 수 있다(제6조의2 제1항). [2017. 국가직 9급]
>
> ◉ 고용주는 피고용인이 투표하기 위하여 필요한 시간을 청구할 수 있다는 사실을 선거일 전 7일부터 선거일 전 3일까지 인터넷 홈페이지, 사보, 사내게시판 등을 통하여 알려야 한다(제6조의2 제3항). [2023. 국가직 7급, 2017. 국가직 9급]
>
> ✗ 다른 사람에게 고용된 자가 선거인명부를 열람하거나 투표하기 위하여 필요한 시간은 보장되어야 하며, 사전투표기간 및 선거일에 모두 근무하는 경우 고용주는 고용된 사람의 요청에 관계 없이 고용된 사람에게 투표에 필요한 시간을 보장해 주어야 한다. (✗)
> [2015. 국가직 7급]
>
> ✚ **PLUS** 다른 자에게 고용된 사람이 사전투표기간 및 선거일에 모두 근무를 하는 경우에는 투표하기 위하여 필요한 시간을 고용주에게 청구할 수 있으며, 고용주는 청구가 있으면 고용된 사람이 투표하기 위하여 필요한 시간을 보장하여 주어야 한다(제6조의2 제1·2항).

**제7조 【정당·후보자 등의 공정경쟁의무】** ✦ ① 선거에 참여하는 정당·후보자(후보자가 되고자 하는 자를 포함한다. 이하 이 조에서 같다) 및 후보자를 위하여 선거운동을 하는 자는 선거운동을 함에 있어 이 법을 준수하고 공정하게 경쟁하여야 하며, 정당의 정강·정책이나 후보자의 정견을 지지·선전하거나 이를 비판·반대함에 있어 선량한 풍속 기타 사회질서를 해하는 행위를 하여서는 아니된다.

② 각급선거관리위원회(읍·면·동선거관리위원회는 제외한다)는 정책선거의 촉진을 위하여 필요한 사항을 적극적으로 홍보하여야 하며, 중립적으로 정책선거 촉진활동을 추진하는 단체에 그 활동에 필요한 경비를 지원할 수 있다. (▶ 읍·면·동선관위는 정책선거촉진홍보에서 제외)

**제8조【언론기관의 공정보도의무】** 방송·신문·통신·잡지 기타의 간행물을 경영·관리하거나 편집·취재·집필·보도하는 자와 제8조의5(인터넷선거보도심의위원회) 제1항의 규정에 따른 인터넷언론사가 정당의 정강·정책이나 후보자(후보자가 되고자 하는 자를 포함한다. 이하 이 조에서 같다)의 정견 기타사항에 관하여 보도·논평을 하는 경우와 정당의 대표자나 후보자 또는 그의 대리인을 참여하게 하여 대담을 하거나 토론을 행하고 이를 방송·보도하는 경우에는 공정하게 하여야 한다.

#### (1) 보도와 논평의 의미

여기서 '보도'란 선거에 관한 객관적 사실의 전달을 말하는 것이고, '논평'이란 정당·후보자 등의 정강·정책·정견 등을 대상으로 이를 논의·비판하는 것을 말한다.

✦✦ **제8조의2【선거방송심의위원회】**✦ ① 「방송통신위원회의 설치 및 운영에 관한 법률」 제18조 제1항에 따른 방송통신심의위원회(이하 "방송통신심의위원회"라 한다)는 선거방송의 공정성을 유지하기 위하여 다음 각 호의 구분에 따른 기간 동안 <u>선거방송심의위원회를 설치·운영하여야 한다.</u>
  ↳ ★ 필수적 규정

1. 임기만료에 의한 선거
   제60조의2 제1항에 따른 예비후보자등록신청개시일 전일부터 선거일 후 30일까지
2. 보궐선거 등
   선거일 전 60일(선거일 전 60일 후에 실시사유가 확정된 보궐선거 등의 경우에는 그 선거의 실시사유가 확정된 후 10일)부터 선거일 후 30일까지

✦ ② 선거방송심의위원회는 국회에 교섭단체를 구성한 정당과 중앙선거관리위원회가 추천하는 각 1명, 방송사(제70조 제1항에 따른 방송시설을 경영 또는 관리하는 자를 말한다. 이하 이 조 및 제8조의4에서 같다)·방송학계·대한변호사협회·언론인단체 및 시민단체 등이 추천하는 사람을 포함하여 9명 이내의 위원으로 구성한다. 이 경우 선거방송심의위원회를 구성한 후에 국회에 교섭단체를 구성한 정당의 수가 증가하여 위원정수를 초과하게 되는 경우에는 현원을 위원정수로 본다. (▶ 선거방송심의위원회 위원 : 9명 이내)

✦✦ ③ 선거방송심의위원회의 위원은 정당에 가입할 수 없다. (▶ 정치적 중립성 보장)

✦✦ ④ 선거방송심의위원회는 선거방송의 정치적 중립성·형평성·객관성 및 제작기술상의 균형유지와 권리구제 기타 선거방송의 공정을 보장하기 위하여 필요한 사항을 정하여 이를 <u>공표하여야 한다.</u>
  ↳ ★ 의무적 규정

✦✦ ⑤ 선거방송심의위원회는 선거방송의 공정여부를 조사하여야 하고, 조사결과 선거방송의 내용이 공정하지 아니하다고 인정되는 경우에는 「방송법」 제100조 제1항 각 호에 따른 제재조치 등을 정하여 이를 「방송통신위원회의 설치 및 운영에 관한 법률」 제3조 제1항에 따른 방송통신위원회에 통보하여야 하며, 방송통신위원회는 불공정한 선거방송을 한 방송사에 대하여 통보받은 제재조치 등을 지체없이 명하여야 한다. (▶ 방송통신위원회: 불공정한 방송사에 대하여 제재조치를 명하여야 한다)

⑥ 후보자 및 후보자가 되려는 사람은 제1항에 따라 선거방송심의위원회가 설치된 때부터 선거방송의 내용이 불공정하다고 인정되는 경우에는 선거방송심의위원회에 그 시정을 요구할 수 있고, 선거방송심의위원회는 지체없이 이를 심의·의결하여야 한다.

⑦ 선거방송심의위원회의 구성과 운영 그 밖에 필요한 사항은 방송통신심의위원회규칙으로 정한다.

> 기출지문

◎ 선거방송심의위원회는 방송통신심의위원회가, 선거기사심의위원회는 언론중재위원회가, 인터넷선거보도심의위원회는 중앙선거관리위원회가 각각 설치·운영한다(제8조의2, 제8조의3, 제8조의5). [2014. 국가직 7급, 2022·2013. 국가직 9급]

◎ 선거방송심의위원회가 조사결과 선거방송의 내용이 공정하지 아니하다고 인정하여 「방송법」에 따른 제재조치 등을 정하여 방송통신위원회에 통보한 경우, 방송통신위원회는 불공정한 선거방송을 한 방송사에 대하여 통보받은 제재조치 등을 지체 없이 명하여야 한다(제8조의2 제5항). [2014. 국가직 7급]

**제8조의3 【선거기사심의위원회】** ✦✦ ① 「언론중재 및 피해구제 등에 관한 법률」 제7조에 따른 언론중재위원회(이하 "언론중재위원회"라 한다)는 선거기사(사설·논평·광고 그 밖에 선거에 관한 내용을 포함한다. 이하 이 조에서 같다)의 공정성을 유지하기 위하여 제8조의2 제1항 각 호의 구분에 따른 기간 동안 선거기사심의위원회를 <u>설치·운영하여야 한다.</u>
↳ 필수적 기구

✦ ② 선거기사심의위원회는 국회에 교섭단체를 구성한 정당과 중앙선거관리위원회가 추천하는 각 1명, 언론학계·대한변호사협회·언론인단체 및 시민단체 등이 추천하는 사람을 포함하여 9명 이내의 위원으로 구성한다. 이 경우 위원정수에 관하여는 제8조의2 제2항 후단을 준용한다. (▶ 선거기사심의위원회 위원: 9명 이내)

③ 선거기사심의위원회는 「신문 등의 진흥에 관한 법률」 제2조제1호에 따른 신문, 「잡지 등 정기간행물의 진흥에 관한 법률」 제2조제1호에 따른 잡지·정보간행물·전자간행물·기타간행물 및 「뉴스통신진흥에 관한 법률」 제2조제1호에 따른 뉴스통신(이하 이 조 및 제8조의4에

서 "정기간행물등"이라 한다)에 게재된 선거기사의 공정 여부를 조사하여야 하고, 조사결과 선거기사의 내용이 공정하지 아니하다고 인정되는 경우에는 해당 기사의 내용에 대하여 다음 각 호의 어느 하나에 해당하는 제재조치를 결정하여 이를 언론중재위원회에 통보하여야 하며, 언론중재위원회는 불공정한 선거기사를 게재한 정기간행물등을 발행한 자(이하 이 조 및 제8조의4에서 "언론사"라 한다)에 대하여 통보받은 제재조치를 지체 없이 명하여야 한다.
1. 정정보도문 또는 반론보도문 게재
2. 경고결정문 게재
3. 주의사실 게재
4. 경고, 주의 또는 권고

④ 정기간행물을 발행하는 자가 제1항에 규정된 선거기사심의위원회의 운영기간 중에 「신문 등의 진흥에 관한 법률」제2조 제1호 가목 또는 다목의 규정에 따른 일반일간신문 또는 일반주간신문을 발행하는 때에는 그 정기간행물 1부를, 그 외의 정기간행물을 발행하는 때에는 선거기사심의위원회의 요청이 있는 경우 1부를 지체없이 선거기사심의위원회에 제출하여야 한다.

⑤ 제4항의 규정에 의하여 정기간행물을 제출한 자의 요구가 있는 때에는 선거기사심의위원회는 정당한 보상을 하여야 한다. (▶ 정당한 보상 : 선거기사심의위원회)

⑥ 제8조의2(선거방송심의위원회) 제3항·제4항 및 제6항의 규정은 선거기사심의위원회에 관하여 이를 준용한다.

⑦ 선거기사심의위원회의 구성과 운영에 관하여 필요한 사항은 언론중재위원회가 정한다.

**(1) 선거기사심의위원회의 운영기간**
① 임기만료에 의한 선거 : 예비후보자등록신청개시일 전일부터 선거일 후 30일까지
② 보궐선거 등의 경우
- 선거일 전 60일부터 선거일 후 30일
- 선거일 전 60일 후에 실시사유가 확정된 경우에는 실시사유가 확정된 후 10일부터 선거일 후 30일

**기출지문**

- 임기만료에 의한 대통령선거의 경우, 선거기사심의위원회는 선거일 전 240일의 전일부터 선거일 후 30일까지 설치·운영되어야 한다(제8조의3 제1항, 제8조의2 제1항, 제60조의2 제1항). [2016. 국가직 7급]
- 선거기사심의위원회는 9명 이내의 위원으로 구성하되, 선거기사심의위원회를 구성한 후에 국회에 교섭단체를 구성하는 정당의 수가 증가하여 위원정수를 초과하게 되는 경우에는 현원을 위원정수로 본다(제8조의3 제2항, 제8조의2 제2항). [2016. 국가직 7급]
- 중앙선거관리위원회는 사설·논평·광고 그 밖에 선거에 관한 내용을 포함하는 선거기사의 공정성을 유지하기 위하여 선거기사심의위원회를 설치·운영하여야 한다. (×) [2018·2016. 국가직 7급, 2022. 국가직 9급]

**⁺PLUS** 선거기사심의위원회는 중앙선거관리위원회가 아닌 언론중재위원회가 그 설치 주체이다. 언론중재 및 피해구제 등에 관한 법률 제7조에 따른 언론중재위원회(이하 "언론중재위원회"라 한다)는 선거기사(사설·논평·광고 그 밖에 선거에 관한 내용을 포함한다. 이하 이 조에서 같다)의 공정성을 유지하기 위하여 제8조의2 제1항 각 호의 구분에 따른 기간 동안 선거기사심의위원회를 설치·운영하여야 한다(제8조의3 제1항).

**관련판례** 선거기사심의위원회의 결정을 통하여 불공정한 선거기사를 게재한 언론사에 사과문을 게재 하도록 하고, 사과문 게재를 지체 없이 이행하지 않을 경우 발행인 등을 형사처벌하는 것은 언론사의 인격권을 침해한다(헌재 2015.7.30, 2013헌가8). [2016·2015. 국가직 7급, 2022. 국가직 9급]

---

**제8조의4 【선거보도에 대한 반론보도청구】** ✦✦ ① 선거방송심의위원회 또는 선거기사심의위원회가 설치된 때부터 선거일까지 방송 또는 정기간행물 등에 공표된 인신공격, 정책의 왜곡선전 등으로 피해를 받은 정당(중앙당에 한한다. 이하 이 조에서 같다) 또는 후보자(후보자가 되고자 하는 자를 포함한다. 이하 이 조에서 같다)는 그 방송 또는 기사게재가 있음을 안 날부터 10일 이내에 서면으로 당해 방송을 한 방송사에 반론보도의 방송을, 당해 기사를 게재한 언론사에 반론보도문의 게재를 각각 청구할 수 있다. 다만, 그 방송 또는 기사게재가 있은 날부터 30일이 경과한 때에는 그러하지 아니하다. (▶ 선거보도에 대한 반론보도청구권 인정) [2020. 국가직 9급]

✦✦ ② 방송사 또는 언론사는 제1항의 청구를 받은 때에는 지체없이 당해 정당, 후보자 또는 그 대리인과 반론보도의 내용·크기·횟수 등에 관하여 협의한 후, **방송에 있어서는 이를 청구받은 때부터 48시간 이내에 무료로 반론보도의 방송을 하여야 하며**, 정기간행물 등에 있어서는 편집이 완료되지 아니한 같은 정기간행물 등의 다음 발행호에 무료로 반론보도문의 게재를 하여야 한다. 이 경우 정기간행물에 있어서 다음 발행호가 선거일 후에 발행·배부되는 경우에는 반론보도의 청구를 받은 때부터 48시간 이내에 당해 정기간행물이 배부된 지역에

배부되는 「신문 등의 진흥에 관한 법률」 제2조(정의) 제1호 가목에 따른 일반일간신문에 이를 게재하여야 하며, 그 비용은 당해 언론사의 부담으로 한다. (▶ 48시간 이내에 무료 반론보도방송)
③ 제2항의 규정에 의한 협의가 이루어지지 아니한 때에는 당해 정당, 후보자, 방송사 또는 언론사는 선거방송심의위원회 또는 선거기사심의위원회에 지체없이 이를 회부하고, 선거방송심의위원회 또는 선거기사심의위원회는 회부받은 때부터 48시간 이내에 심의하여 각하·기각 또는 인용결정을 한 후 지체없이 이를 당해 정당 또는 후보자와 방송사 또는 언론사에 통지하여야 한다. 이 경우 반론보도의 인용결정을 하는 때에는 반론방송 또는 반론보도문의 내용·크기·횟수 기타 반론보도에 필요한 사항을 함께 결정하여야 한다.
④ 「언론중재 및 피해구제 등에 관한 법률」 제15조(정정보도청구권의 행사) 제1항·제4항 내지 제7항의 규정은 반론보도청구에 이를 준용한다. 이 경우 "정정보도청구"는 "반론보도청구"로, "정정"은 "반론"으로, "정정보도청구권"은 "반론보도청구권"으로, "정정보도"는 "반론보도"로, "정정보도문"은 "반론보도문"으로 본다.

### 기출지문

- ◎ 인신공격, 정책의 왜곡선전 등으로 피해를 받은 후보자는 그 방송 또는 기사 게재가 있은 날부터 30일 이내에, 이를 안 날부터 10일 이내에 반론보도를 청구할 수 있다(제8조의4 제1항). [2014. 국가직 9급]
- ◎ 선거방송심의위원회가 설치된 때부터 선거일까지 방송에 공표된 인신공격, 정책의 왜곡선전 등으로 피해를 받은 경우 그 방송이 있음을 안 날부터 10일 이내에 서면으로 당해 방송을 한 방송사에 반론보도의 방송을 청구할 수 있으나, 방송이 있은 날부터 30일이 경과한 때에는 그러하지 아니하다(제8조의4 제1항). [2015. 국가직 7급]
- ◎ 반론보도의 청구는 중앙당, 후보자, 후보자가 되고자 하는 자가 할 수 있다(제8조의4 제1항). [2015. 국가직 7급]
- ◎ 정기간행물을 발행하는 언론사는 정당(중앙당에 한함)·후보자 또는 그 대리인과 반론보도에 관한 협의 후, 선거일까지 발행·배부되는 같은 정기간행물의 다음 발행호에 무료로 반론보도문을 게재하여야 한다(제8조의4 제2항). [2014. 국가직 9급]
- ◎ 방송사는 정당(중앙당에 한함)·후보자 또는 그 대리인과 협의 후, 반론보도의 청구를 받은 때부터 48시간 이내에 무료로 반론보도의 방송을 하여야 한다(제8조의4 제2항). [2014. 국가직 9급]
- ◎ 선거방송심의위원회는 반론보도청구를 회부 받은 때부터 48시간 이내에 심의하여 각하·기각 또는 인용결정을 하여야 한다(제8조의4 제3항). [2015. 국가직 7급]
- ✗ 선거방송심의위원회 또는 선거기사심의위원회가 설치된 때부터 선거일까지 방송 또는 정기간행물 등에 공표된 인신공격, 정책의 왜곡선전 등으로 피해를 받은 정당 또는 후보자는 그 방송 또는 기사게재가 있음을 안 날부터 10일 이내에 서면으로 당해 방송사 또는 언론

사에 반론보도를 청구할 수 있는데, 지방선거의 경우 중앙당뿐만 아니라 시·도당도 반론보도를 청구할 수 있다. (×) [2014. 국가직 7급]

> **PLUS** 정당이 선거보도에 대한 반론보도청구를 할 경우 중앙당에 한한다(제8조의4 제1항).

☒ 방송사는 반론보도의 청구를 받은 때에는 지체 없이 당해 정당, 후보자 또는 그 대리인과 반론보도의 내용·크기·횟수 등에 관하여 협의한 후, 이를 청구 받은 때부터 48시간 이내에 반론보도의 방송을 하여야 하나, 그 비용은 반론보도 청구자가 부담하여야 한다. (×) [2015. 국가직 7급]

> **PLUS** 방송사 또는 언론사는 반론보도의 청구를 받은 때에는 지체없이 당해 정당, 후보자 또는 그 대리인과 반론보도의 내용·크기·횟수 등에 관하여 협의한 후, 방송에 있어서는 이를 청구받은 때부터 48시간 이내에 무료로 반론보도의 방송을 하여야 하며, 정기간행물 등에 있어서는 편집이 완료되지 아니한 같은 정기간행물 등의 다음 발행호에 무료로 반론보도문의 게재를 하여야 한다. 이 경우 정기간행물 등에 있어서 다음 발행호가 선거일 후에 발행·배부되는 경우에는 반론보도의 청구를 받은 때부터 48시간 이내에 당해 정기간행물 등이 배부된 지역에 배부되는 「신문 등의 진흥에 관한 법률」 제2조(정의) 제1호 가목에 따른 일반일간신문에 이를 게재하여야 하며, 그 비용은 당해 언론사의 부담으로 한다(제8조의4 제2항).

☒ 반론보도에 관한 협의가 이루어지지 아니한 때에는 후보자에 한하여 선거방송심의위원회 또는 선거기사심의위원회에 반론보도청구를 회부할 수 있다. (×) [2014. 국가직 9급]

> **PLUS** 반론보도에 관한 협의가 이루어지지 아니한 때에는 당해 정당(중앙당에 한함), 후보자(후보자가 되고자 하는 자 포함), 방송사 또는 언론사는 선거방송심의위원회 또는 선거기사심의위원회에 지체없이 이를 회부하고, 선거방송심의위원회 또는 선거기사심의위원회는 회부받은 때부터 48시간 이내에 심의하여 각하·기각 또는 인용결정을 한 후 지체없이 이를 당해 정당 또는 후보자와 방송사 또는 언론사에 통지하여야 한다. 이 경우 반론보도의 인용결정을 하는 때에는 반론방송 또는 반론보도문의 내용·크기·횟수 기타 반론보도에 필요한 사항을 함께 결정하여야 한다(제8조의4 제3항).

---

## 제8조의5 【인터넷선거보도심의위원회】 ✦✦ ① 중앙선거관리위원회는 인터넷언론사[「신문 등의 진흥에 관한 법률」 제2조(정의) 제4호에 따른 인터넷신문사업자 그 밖에 정치·경제·사회·문화·시사 등에 관한 보도·논평·여론 및 정보 등을 전파할 목적으로 취재·편집·집필한 기사를 인터넷을 통하여 보도·제공하거나 매개하는 인터넷홈페이지를 경영·관리하는 자와 이와 유사한 언론의 기능을 행하는 인터넷홈페이지를 경영·관리하는 자를 말한다. 이하 같다]의 인터넷홈페이지에 게재된 선거보도[사설·논평·사진·방송·동영상 기타 선거에 관한 내용을 포함한다. 이하 이 조 및 제8조의6(인터넷언론사의 정정보도 등)에서 같다]의 공정성을 유지하기 위하여 인터넷선거보도심의위원회를 설치·운영하여야 한다.

✦✦ ② 인터넷선거보도심의위원회는 국회에 교섭단체를 구성한 정당이 추천하는 각 1인과 방송통신심의위원회, 언론중재위원회, 학계, 법조계, 인터넷 언론단체 및 시민단체 등이 추천하는 자를 포함하여 중앙선거관리위원회가 위촉하는 11인 이내의 위원으로 구성하며, 위원의 임기는 3년으로 한다. 이 경우 위원정수에 관하여는 제8조의2 제2항 후단을 준용한다.
③ 인터넷선거보도심의위원회에 위원장 1인을 두되, 위원장은 위원 중에서 호선한다.
④ 인터넷선거보도심의위원회에 상임위원 1인을 두되, 중앙선거관리위원회가 인터넷선거보도심의위원회의 위원 중에서 지명한다.
✦✦ ⑤ 정당의 당원은 인터넷선거보도심의위원회의 위원이 될 수 없다.
⑥ 인터넷선거보도심의위원회는 인터넷 선거보도의 정치적 중립성·형평성·객관성 및 권리구제 기타 선거보도의 공정을 보장하기 위하여 필요한 사항을 정하여 이를 공표하여야 한다.
⑦ 인터넷선거보도심의위원회는 업무수행을 위하여 필요하다고 인정하는 때에는 관계 공무원 또는 전문가를 초청하여 의견을 듣거나 관련 기관·단체 등에 자료 및 의견제출 등 협조를 요청할 수 있다.
⑧ 인터넷선거보도심의위원회의 사무를 처리하기 위하여 선거관리위원회 소속 공무원으로 구성하는 사무국을 둔다.
⑨ 인터넷선거보도심의위원회의 구성·운영, 위원 및 상임위원의 대우, 사무국의 조직·직무범위 기타 필요한 사항은 중앙선거관리위원회규칙으로 정한다.

**(1) 인터넷선거보도심의위원회**
 ① 위원 임기 : 3년
 ② 위원장 : 1인, 위원 중 호선
 ③ 상임위원 : 1인, 중앙선거관리위원회가 위원 중에서 지명
 ④ 정당의 당원은 인터넷선거보도심의위원회의 위원이 될 수 없다.

**기출지문**

- 국회에 교섭단체를 구성한 정당은 인터넷선거보도심의위원회 위원으로 각 1인을 추천할 수 있다(제8조의5 제2항). [2022·2013. 국가직 7급]
- 인터넷선거보도심의위원회는 선거방송심의위원회나 선거기사심의위원회와 달리 상임위원 1인을 두어야 한다(제8조의5 제4항). [2014. 국가직 7급]
- 정당의 당원은 인터넷선거보도심의위원회의 위원이 될 수 없다(제8조의5 제5항). [2014. 국가직 9급]

**✦✦ 제8조의6 【인터넷언론사의 정정보도 등】 ✦** ① 인터넷선거보도심의위원회는 인터넷언론사의 인터넷홈페이지에 게재된 선거보도의 공정 여부를 조사하여야 하며, 조사결과 선거보도의 내용이 공정하지 아니하다고 인정되는 때에는 당해 인터넷언론사에 대하여 해당 선거보도의 내용에 관한 정정보도문의 게재 등 필요한 조치를 명하여야 한다.

**✦✦** ② 정당 또는 후보자(후보자가 되고자 하는 자를 포함한다. 이하 이 조에서 같다)는 인터넷언론사의 선거보도가 불공정하다고 인정되는 때에는 그 보도가 있음을 안 날부터 10일 이내에 인터넷선거보도심의위원회에 서면으로 이의신청을 할 수 있다.

③ 인터넷선거보도심의위원회는 제2항의 규정에 의한 이의신청을 받은 때에는 지체없이 이의신청 대상이 된 선거보도의 공정여부를 심의하여야 하며, 심의결과 선거보도가 공정하지 아니하다고 인정되는 때에는 당해 인터넷언론사에 대하여 해당 선거보도의 내용에 관한 정정보도문의 게재 등 필요한 조치를 명하여야 한다.

④ 인터넷언론사의 왜곡된 선거보도로 인하여 피해를 받은 정당 또는 후보자는 그 보도의 공표가 있음을 안 날부터 10일 이내에 서면으로 당해 인터넷언론사에 반론보도의 방송 또는 반론보도문의 게재(이하 이 조에서 "반론보도"라 한다)를 청구할 수 있다. 이 경우 그 보도의 공표가 있은 날부터 30일이 경과한 때에는 반론보도를 청구할 수 없다.

**✦** ⑤ 인터넷언론사는 제4항의 청구를 받은 때에는 지체없이 당해 정당이나 후보자 또는 그 대리인과 반론보도의 형식·내용·크기 및 횟수 등에 관하여 협의한 후, 이를 청구받은 때부터 12시간 이내에 당해 인터넷언론사의 부담으로 반론보도를 하여야 한다.

⑥ 제5항의 규정에 의한 반론보도 협의가 이루어지지 아니하는 경우에 당해 정당 또는 후보자는 인터넷선거보도심의위원회에 즉시 반론보도청구를 할 수 있으며, 인터넷선거보도심의위원회는 이를 심의하여 각하·기각 또는 인용결정을 한 후 당해 정당·후보자 및 인터넷언론사에 그 결정내용을 통지하여야 한다. 이 경우 반론보도의 인용결정을 하는 때에는 그 형식·내용·크기·횟수 기타 필요한 사항을 함께 결정하여 통지하여야 하며, 통지를 받은 인터넷언론사는 지체없이 이를 이행하여야 한다.

⑦ 「언론중재 및 피해구제 등에 관한 법률」제15조(정정보도청구권의 행사) 제1항·제4항부터 제6항까지 및 제8항은 그 성질에 반하지 아니하는 한 인터넷언론사의 선거보도에 관한 반론보도청구에 이를 준용한다. 이 경우 "정정보도청구"는 "반론보도청구"로, "정정"은 "반론"으로, "정정보도청구권"은 "반론보도청구권"으로, "정정보도"는 "반론보도"로, "정정보도문"은 "반론보도문"으로 본다.

기출지문

◎ 인터넷선거보도심의위원회는 인터넷언론사의 인터넷홈페이지에 게재된 선거보도의 공정 여부를 조사하여야 하며, 조사결과 선거보도의 내용이 공정하지 아니하다고 인정되는 때에는 당해 인터넷언론사에 대하여 해당 선거보도의 내용에 관한 정정보도문의 게재 등 필요한 조치를 명하여야 한다(제8조의6 제1항). [2022·2015. 국가직 7급]

제8조의7 【선거방송토론위원회】 ✦ ① 각급선거관리위원회(읍·면·동선거관리위원회를 제외한다. 이하 이 조에서 같다)는 제82조의2(선거방송토론위원회 주관 대담·토론회)의 규정에 의한 대담·토론회와 제82조의3(선거방송토론위원회 주관 정책토론회)의 규정에 의한 정책토론회(이하 이 조에서 "대담·토론회 등"이라 한다)를 공정하게 주관·진행하기 위하여 각각 선거방송토론위원회(이하 이 조에서 "각급선거방송토론위원회"라 한다)를 설치·운영하여야 한다. 다만, 구·시·군선거관리위원회에 설치하는 구·시·군선거방송토론위원회(이하 "구·시·군선거방송토론위원회"라 한다)는 지역구국회의원선거구단위 또는 「방송법」에 의한 종합유선방송사업자의 방송권역단위로 설치·운영할 수 있다.
② 각급선거방송토론위원회는 다음 각 호에 따라 구성하며, 위원의 임기는 제2호 후단의 경우를 제외하고는 3년으로 한다. 이 경우 위원정수에 관하여는 제8조의2제2항 후단을 준용한다. 〈개정 2022. 1. 21.〉

1. 중앙선거관리위원회에 설치하는 중앙선거방송토론위원회(이하 "중앙선거방송토론위원회"라 한다)
국회에 교섭단체를 구성한 정당, 공영방송사(한국방송공사와 「방송문화진흥회법」에 따른 방송문화진흥회가 최다출자자인 방송사업자를 말한다. 이하 같다), 지상파방송사(공영방송사가 아닌 지상파방송사업자로서 중앙선거관리위원회규칙으로 정하는 방송사업자를 말한다. 이하 같다)가 포함된 단체로서 중앙선거관리위원회규칙으로 정하는 단체가 추천하는 각 1명, 방송통신심의위원회·학계·법조계·시민단체가 추천하는 사람 등 학식과 덕망이 있는 사람 중에서 중앙선거관리위원회가 위촉하는 사람을 포함하여 11명 이내의 위원

1의2. 특별시·광역시·특별자치시·도·특별자치도(이하 "시·도"라 한다)선거관리위원회에 설치하는 시·도선거방송토론위원회(이하 "시·도선거방송토론위원회"라 한다)
국회에 교섭단체를 구성한 정당, 공영방송사, 지상파방송사가 추천하는 각 1명, 방송통신심의위원회·학계·법조계·시민단체가 추천하는 사람 등 학식과 덕망이 있는 사람 중에서 시·도선거관리위원회가 위촉하는 사람을 포함하여 9명 이내의 위원

2. 구·시·군선거방송토론위원회
해당 구·시·군선거관리위원회의 위원장 및 정당추천위원을 포함한 위원 3명(정당추천위원의 수가 3명 이상인 경우에는 그 위원을 모두 포함한 수를 말한다), 학계·법조계·시민단체·전문언론인 중에서 해당 구·시·군선거관리위원회가 위촉하는 사람을 포함하여 9

명 이내의 위원. 이 경우 구·시·군선거관리위원회 위원을 겸하는 위원의 임기는 「선거관리위원회법」 제8조에 따른 재임기간으로 한다.
③ 각급선거방송토론위원회에 위원장 1인을 두되, 위원장은 위원 중에서 호선한다. 다만, 구·시·군선거방송토론위원회 위원장은 해당 구·시·군선거관리위원회 위원장이 겸한다.
④ 중앙선거방송토론위원회에 상임위원 1인을 두되, 중앙선거관리위원회가 중앙선거방송토론위원회의 위원 중에서 지명한다.
✦✦ ⑤ 정당의 당원은 선거방송토론위원회의 위원이 될 수 없다.
⑥ 중앙선거방송토론위원회는 대담·토론회 등의 주관·진행 기타 공정성을 보장하기 위하여 필요한 사항을 정하여 공표하여야 한다.
⑦ 각급선거방송토론위원회는 대담·토론회 등의 업무수행을 위하여 필요한 때에는 공영방송사 또는 관련 기관·단체등에 대하여 협조요구를 할 수 있으며, 그 협조요구를 받은 공영방송사는 우선적으로 이에 응하여야 한다.
⑧ 중앙선거방송토론위원회 또는 시·도선거방송토론위원회에 그 사무를 처리하게 하기 위하여 선거관리위원회 소속 공무원으로 구성하는 사무국을 둔다.
⑨ 선거방송토론위원회는 업무수행을 위하여 필요하다고 인정하는 때에는 관계 행정기관 또는 관련 기관·단체 등의 장과 협의하여 그 소속 공무원 또는 임·직원을 파견받거나 관계 행정기관 소속 공무원으로 하여금 제8항의 규정에 의한 사무국의 소속 공무원의 직을 겸임하게 할 수 있다.
⑩ 각급선거방송토론위원회의 구성·운영, 위원 및 상임위원의 대우, 사무국의 조직·직무범위 기타 필요한 사항은 중앙선거관리위원회규칙으로 정한다.

> (1) 위원정수 정리
> ① 선거방송심의위원회 : 9명 이내
> ② 선거기사심의위원회 : 9명 이내
> ③ 인터넷선거보도심의위원회 : 11명 이내
> ④ • 중앙선거방송토론위원회 : 11명 이내
> 　• 시·도선거방송토론위원회 : 9명 이내
> 　• 구·시·군선거방송토론위원회 : 9명 이내
> (2) 선거방송심의위원회 위원, 선거기사심의위원회 위원 : 정당 가입 금지
> (3) 정당의 당원은 인터넷선거보도위원회와 선거방송토론위원회의 위원이 될 수 없다.
> (4) 선거방송토론위원회 위원
> 　① 위원장 : 각급선거방송토론위원회에 위원장 1인을 두되, 위원장은 위원 중에서 호선한다. 다만, 구·시·군선거방송토론위원회 위원장은 해당 구·시·군선거관리위원회 위원장이 겸한다.

② 상임위원 : 중앙선거방송토론위원회에 상임위원 1인을 두되, 중앙선거관리위원회가 중앙선거방송토론위원회의 위원 중에서 지명한다.
③ 위원의 임기 : 3년(단, 구·시·군선거관리위원회 위원을 겸하는 위원 : 6년)
④ 위원정수 준용 : 선거방송토론위원회를 구성한 후에 국회에 교섭단체를 구성한 정당의 수가 증가하여 위원정수를 초과하게 되는 경우에는 현원을 위원정수로 본다.
⑤ 위원 결격 : 정당의 당원은 선거방송토론위원회의 위원이 될 수 없다.

> **기출지문**
>
> ◉ 선거방송토론위원회는 읍·면·동선거관리위원회를 제외한 각급선거관리위원회가 설치·운영한다(제8조의7 제1항). [2013. 국가직 9급]
> ◉ 정당의 당원은 선거방송토론위원회의 위원이 될 수 없다(제8조의7 제5항). [2014. 국가직 9급]

## 제8조의8【선거여론조사심의위원회】 ✦✦

① 중앙선거관리위원회와 시·도선거관리위원회는 선거에 관한 여론조사의 객관성·신뢰성을 확보하기 위하여 선거여론조사심의위원회를 각각 설치·운영하여야 한다.

② 중앙선거관리위원회에 설치하는 선거여론조사심의위원회(이하 "중앙선거여론조사심의위원회"라 한다) 및 시·도선거관리위원회에 설치하는 선거여론조사심의위원회(이하 "시·도선거여론조사심의위원회"라 한다)는 국회에 교섭단체를 구성한 정당이 추천하는 각 1명과 학계, 법조계, 여론조사 관련 기관·단체의 전문가 등을 포함하여 중립적이고 공정한 사람 중에서 중앙선거관리위원회 또는 시·도선거관리위원회가 위촉하는 사람으로 총 9명 이내의 위원으로 각각 구성하며, 위원의 임기는 3년으로 한다. 이 경우 위원정수에 관하여는 제8조의2 제2항 후단을 준용한다.

③ 선거여론조사심의위원회에 위원장 1명을 두되, 위원장은 위원 중에서 호선한다.

④ 중앙선거여론조사심의위원회에 상임위원 1명을 두되, 중앙선거관리위원회가 중앙선거여론조사심의위원회의 위원 중에서 지명한다.

✦ ⑤ 정당의 당원은 선거여론조사심의위원회의 위원이 될 수 없다.

⑥ 중앙선거여론조사심의위원회는 공표 또는 보도를 목적으로 하는 선거에 관한 여론조사의 객관성·신뢰성을 확보하기 위하여 필요한 사항(이하 "선거여론조사기준"이라 한다)을 정하여 공표하여야 한다.

⑦ 선거여론조사심의위원회의 직무는 다음 각 호와 같다.
1. 제108조 제4항에 따른 이의신청에 대한 심의 및 같은 조 제7항에 따른 등록 처리
2. 선거에 관한 여론조사가 이 법 또는 선거여론조사기준을 위반하였는지 여부에 대한 심의 및 조치

3. 제8조의9에 따른 선거여론조사기관 등록 등 처리
⑧ 다음 각 호의 어느 하나에 해당하는 여론조사는 이 법에 따른 선거에 관한 여론조사로 보지 아니한다.
✦ 1. 정당이 그 대표자 등 당직자를 선출하기 위하여 실시하는 여론조사
2. 후보자(후보자가 되려는 사람을 포함한다)의 성명이나 정당(창당준비위원회를 포함한다)의 명칭을 나타내지 아니하고 정책·공약 개발을 위하여 실시하는 여론조사
3. 국회의원 및 지방의회의원이 의정활동과 관련하여 실시하는 여론조사. 다만, 제60조의2 제1항에 따른 해당 선거의 예비후보자등록신청개시일부터 선거일까지 실시하는 여론조사는 제외한다.
4. 정치, 선거 등 분야에서 순수한 학술·연구 목적으로 실시하는 여론조사
5. 단체 등이 의사결정을 위하여 그 구성원만을 대상으로 실시하는 여론조사
⑨ 선거여론조사심의위원회가 심의하는 관할 여론조사는 다음 각 호와 같다.
1. 중앙선거여론조사심의위원회 : 전국 또는 2 이상 시·도의 선거구민을 대상으로 하는 여론조사
2. 시·도선거여론조사심의위원회 : 해당 시·도의 선거구민을 대상으로 하는 여론조사
⑩ 선거여론조사심의위원회는 선거에 관한 여론조사가 이 법 또는 선거여론조사기준을 위반하였다고 인정되는 때에는 그 위반행위를 한 자에게 시정명령·경고·정정보도문의 게재명령 등 필요한 조치를 하되, 그 위반행위가 선거의 공정성을 현저하게 해치는 것으로 인정되거나 시정명령·정정보도문의 게재명령을 불이행한 때에는 고발 등 필요한 조치를 하여야 하고 이를 관할 선거구선거관리위원회에 통보하여야 한다.
⑪ 선거여론조사심의위원회가 이 법 또는 선거여론조사기준을 위반한 여론조사에 대하여 조사 등을 하는 경우에는 제272조의2를 준용한다. 이 경우 "각급선거관리위원회" 또는 "선거관리위원회"는 "선거여론조사심의위원회"로, "각급선거관리위원회 위원·직원" 또는 "선거관리위원회 위원·직원"은 "선거여론조사심의위원회 위원·직원"으로, "선거범죄" 또는 "범죄"는 "선거에 관한 여론조사에 있어서 이 법 또는 선거여론조사기준 위반행위"로 본다.
⑫ 선거여론조사심의위원회는 업무수행을 위하여 필요하다고 인정하는 때에는 관계 공무원 또는 전문가를 초청하여 의견을 듣거나 관련 기관·단체 등에 자료 및 의견 제출 등 협조를 요청할 수 있다.
⑬ 선거여론조사공정심의위원회에 그 사무를 처리하기 위하여 선거관리위원회 소속 공무원으로 구성하는 사무국을 둘 수 있다.
⑭ 선거여론조사공정심의위원회의 구성·운영, 위원 및 상임위원의 대우, 사무국의 조직·직무범위, 선거여론조사기준의 공표방법, 그 밖에 필요한 사항은 중앙선거관리위원회규칙으로 정한다.

(1) 선거여론조사심의위원회 설치·운영의 주체
   ① 중앙선거관리위원회
   ② 시·도선거관리위원회
(2) 목적
   선거에 관하여 정당에 대한 지지도나 당선인을 예상하게 하는 여론조사의 객관성·신뢰성의 확보
(3) 선거여론조사심의위원회 종류
   ① 중앙선거여론조사심의위원회 : 중앙선거관리위원회에 설치
   ② 시·도선거여론조사심의위원회 : 시·도선거관리위원회에 설치
(4) 선거여론조사심의위원회 위원 자격 및 정수
   국회에 교섭단체를 구성한 정당이 추천하는 각 1명과 학계, 법조계, 여론조사 관련 기관·단체의 전문가 등을 포함하여 중립적이고 공정한 사람 중에서 중앙선거관리위원회 또는 시·도선거관리위원회가 위촉하는 사람으로 총 9명 이내의 위원으로 각각 구성한다.
(5) 위원 임기
   3년(위원회 구성 후에 국회에 교섭단체를 구성한 정당의 수가 증가하여 위원정수를 초과하게 되는 경우에는 현원을 위원정수로 본다)
(6) 위원장
   선거여론조사심의위원회에 1명, 위원 중에서 호선
(7) 상임위원
   중앙선거여론조사심의위원회에 상임위원 1명을 두되, 중앙선거관리위원회가 중앙선거여론조사심의위원회의 위원 중에서 지명한다.
(8) 위원 자격 배제
   정당의 당원은 선거여론조사심의위원회의 위원이 될 수 없다.

---

### 기출지문

- 선거여론조사심의위원회에 그 사무를 처리하기 위하여 선거관리위원회 소속 공무원으로 구성하는 사무국을 둘 수 있다(제8조의8 제11항). [2016. 국가직 9급]
- 중앙선거관리위원회에 설치하는 선거여론조사심의위원회는 총 9명 이내의 위원으로 구성하며 위원 중에는 국회에 교섭단체를 구성한 정당이 추천하는 각 1명이 포함되어야 하므로, 정당의 당원도 위원이 될 수 있다. (×) [2022. 국가직 7급, 2016. 국가직 9급]
   †PLUS 정당의 당원은 선거여론조사심의위원회의 위원이 될 수 없다(제8조의8 제5항).

☒ 선거여론조사심의위원회는 전국 일간지에 게재된 선거기사의 공정여부를 조사하고 보도된 선거에 관한 여론조사가 선거여론조사기준을 위반하였는지 심의한다. (×) [2016. 국가직 9급]
  ⁺ᴾᴸᵁˢ 전국 일간지에 게재된 선거기사의 공정여부를 조사하는 것은 선거기사심의위원회의 직무이다(제8조의3 제3항).

☒ 시·도선거관리위원회가 설치하는 선거여론조사심의위원회는 선거에 관한 여론조사가 「공직선거법」을 위반한 혐의가 있다고 인정되는 경우에는 중앙선거관리위원회에 통보하여야 한다. (×) [2016. 국가직 9급]
  ⁺ᴾᴸᵁˢ 선거여론조사심의위원회는 선거에 관한 여론조사가 이 법 또는 선거여론조사기준을 위반하였다고 인정되는 때에는 그 위반행위를 한 자에게 시정명령·경고·정정보도문의 게재명령 등 필요한 조치를 하되, 그 위반행위가 선거의 공정성을 현저하게 해치는 것으로 인정되거나 시정명령·정정보도문의 게재명령을 불이행한 때에는 고발 등 필요한 조치를 하여야 하고 이를 관할 선거구선거관리위원회에 통보하여야 한다(제8조의8 제10항).

✦✦ **제8조의9【여론조사 기관·단체의 등록 등】** ① 여론조사 기관·단체가 공표 또는 보도를 목적으로 선거에 관한 여론조사를 실시하려는 때에는 조사시스템, 분석전문인력, 그 밖에 중앙선거관리위원회규칙으로 정하는 요건을 갖추어 관할 선거여론조사심의위원회에 서면으로 그 등록을 신청하여야 한다.
② 제1항에 따른 등록신청을 받은 관할 선거여론조사심의위원회는 그 신청을 접수한 날부터 7일 이내에 등록을 수리하고 등록증을 교부하여야 한다.
③ 선거여론조사심의위원회는 제2항에 따라 등록증을 교부한 여론조사 기관·단체(이하 "선거여론조사기관"이라 한다)에 관한 정보로서 중앙선거관리위원회규칙으로 정하는 정보를 지체 없이 중앙선거여론조사심의위원회 홈페이지에 공개하여야 한다.
④ 제1항에 따른 등록신청 사항 중 변경이 생긴 때에는 선거여론조사기관은 14일 이내에 관할 선거여론조사심의위원회에 변경등록을 신청하여야 한다.
⑤ 선거여론조사기관(그 대표자 및 구성원을 포함한다)이 다음 각 호의 어느 하나에 해당하는 경우 관할 선거여론조사심의위원회는 해당 선거여론조사기관의 등록을 취소한다. 이 경우 제3호에 해당하여 등록이 취소된 선거여론조사기관은 그 등록이 취소된 날부터 1년 이내에는 등록을 신청할 수 없다.
1. 거짓이나 그 밖의 부정한 방법으로 등록한 경우
2. 제1항에 따른 등록 요건을 갖추지 못하게 된 경우
3. 선거에 관한 여론조사와 관련된 죄를 범하여 징역형 또는 100만원 이상의 벌금형의 선고를 받은 경우
⑥ 등록신청서 및 등록증의 서식, 제3항에 따른 정보공개의 절차, 등록변경·등록취소 절차, 그 밖에 필요한 사항은 중앙선거관리위원회규칙으로 정한다.

제9조【공무원의 중립의무 등】 ① 공무원 기타 정치적 중립을 지켜야 하는 자(기관·단체를 포함한다)는 선거에 대한 부당한 영향력의 행사 기타 선거결과에 영향을 미치는 행위를 하여서는 아니된다.

② 검사(군검찰관을 포함한다) 또는 국가경찰공무원(검찰수사관 및 군사법경찰관리를 포함한다)은 이 법의 규정에 위반한 행위가 있다고 인정되는 때에는 신속·공정하게 단속·수사를 하여야 한다.

### 기출지문

🔍 제9조 제1항 관련 판례 기출지문

- 국가공무원법은 정무직 공무원들의 일반적인 정치활동을 허용하는 데 반하여, 공직선거법 제9조 제1항은 그들로 하여금 정치활동 중 '선거에 영향을 미치는 행위'만을 금지하고 있으므로, 이 법률조항은 선거영역에서의 특별법으로서 일반법인 국가공무원법 조항에 우선하여 적용된다(헌재 2008.1.17, 2007헌마700). [2017. 국가직 7급]
- 대통령은 행정부의 수반으로서 공정한 선거가 실시될 수 있도록 총괄·감독해야 할 의무가 있으므로, 당연히 선거에서의 중립의무를 지는 공직자에 해당하는 것이고, 공직선거법 제9조 제1항의 '공무원'에 포함된다(헌재 2004.5.14, 2004헌나1). [2017. 국가직 7급]
- 정당의 대표자이자 선거운동의 주체로서의 지위로 말미암아, 선거에서의 정치적 중립성이 요구될 수 없는 국회의원과 지방의회의원은 공직선거법 제9조 제1항의 '공무원'에 해당하지 않는다(헌재 2004.5.14, 2004헌나1). [2017. 국가직 7급, 2016. 국가직 9급]
- ✗ 공직선거법 제9조 제1항은 단순한 선언적·주의적 규정이기 때문에 일반 공무원이 동 조항을 위반한 경우라도 구체적 법률효과를 발생시키지 않는다. (✗) [2017. 국가직 7급]

  ✚PLUS 일반 공무원이 공직선거법 제9조 제1항을 위반한 경우에는 직무상의 의무(다른 법령에서 공무원의 신분으로 인하여 부과된 의무 포함) 위반이나 직무태만으로 징계사유가 되고(국가공무원법 제78조 제1항 제2호), 대통령의 경우 탄핵사유가 될 수 있으므로 위 법률조항의 위반에 대한 제재가 전혀 없다고 볼 수도 없다. 따라서 이 사건 법률조항이 구체적 법률효과를 발생시키지 않는 단순한 선언적·주의적 규정이라고 볼 수 없다(헌재 2008.1.17, 2007헌마700).

---

✦✦ 제10조【사회단체 등의 공명선거추진활동】 ① 사회단체 등은 선거부정을 감시하는 등 공명선거추진활동을 할 수 있다. 다만, 다음 각 호의 어느 하나에 해당하는 단체는 그 명의 또는 그 대표의 명의로 공명선거추진활동을 할 수 없다.

✦✦ 1. 특별법에 의하여 설립된 국민운동단체로서 국가 또는 지방자치단체의 출연 또는 보조를 받는 단체(바르게살기운동협의회·새마을운동협의회·한국자유총연맹을 말한다)

2. 법령에 의하여 정치활동이나 공직선거에의 관여가 금지된 단체

✦✦ 3. 후보자(후보자가 되고자 하는 자를 포함한다. 이하 이 조에서 같다), 후보자의 배우자와 후보자 또는 그 배우자의 직계존·비속과 형제자매나 후보자의 직계비속 및 형제자매의 배우자(이하 "후보자의 가족"이라 한다)가 설립하거나 운영하고 있는 단체
4. 특정 정당(창당준비위원회를 포함한다. 이하 이 조에서 같다) 또는 후보자를 지원하기 위하여 설립된 단체
5. 삭제 〈2005.8.4.〉
✦✦ 6. 선거운동을 하거나 할 것을 표방한 노동조합 또는 단체

② 사회단체 등이 공명선거추진활동을 함에 있어서는 항상 공정한 자세를 견지하여야 하며, 특정 정당이나 후보자의 선거운동에 이르지 아니하도록 유의하여야 한다.
③ 각급선거관리위원회(읍·면·동선거관리위원회를 제외한다)는 사회단체 등이 불공정한 활동을 하는 때에는 경고·중지 또는 시정명령을 하여야 하며, 그 행위가 선거운동에 이르거나 선거관리위원회의 중지 또는 시정명령을 이행하지 아니하는 때에는 고발 등 필요한 조치를 하여야 한다.

**기출지문**

- ⭕ 후보자가 되고자 하는 자의 배우자의 형제자매의 배우자는 「공직선거법」상의 "후보자의 가족"에 해당하지 아니한다(제10조 제1항 제3호). [2014. 국가직 7급]
- ❌ 선거운동을 하거나 할 것을 표방한 노동조합은 그 명의로는 공명선거추진활동을 할 수 없으나, 그 대표의 명의로는 가능하다. (×) [2014. 국가직 7급]
  - ➕PLUS 선거운동을 하거나 할 것을 표방한 노동조합 또는 단체는 그 명의 또는 그 대표의 명의로 공명선거추진활동을 할 수 없다(제10조 제1항 제6호).
- ❌ 한국자유총연맹은 단체의 명의로 선거부정을 감시하는 등 공명선거추진활동을 할 수 없으나, 바르게살기운동협의회는 단체의 명의로 공명선거추진활동을 할 수 있다. (×) [2014. 국가직 7급]
  - ➕PLUS 바르게살기운동협의회·새마을운동협의회·한국자유총연맹은 그 명의 또는 그 대표의 명의로 공명선거추진활동을 할 수 없다(제10조 제1항 제1호).
- ❌ 읍·면·동선거관리위원회는 사회단체 등이 불공정한 활동을 하는 때에는 경고·중지 또는 시정명령을 하여야 하며, 그 행위가 선거운동에 이른 경우에는 고발 등 필요한 조치를 하여야 한다. (×) [2014. 국가직 7급]
  - ➕PLUS 각급선거관리위원회(읍·면·동선거관리위원회를 제외한다)는 사회단체 등이 불공정한 활동을 하는 때에는 경고·중지 또는 시정명령을 하여야 하며, 그 행위가 선거운동에 이르거나 선거관리위원회의 중지 또는 시정명령을 이행하지 아니하는 때에는 고발 등 필요한 조치를 하여야 한다(제10조 제3항).

✦✦ **제10조의2 【공정선거지원단】** ① 각급선거관리위원회(읍·면·동선거관리위원회는 제외한다)는 선거부정을 감시하고 공정선거를 지원하기 위하여 공정선거지원단을 둔다.
✦✦ ② 공정선거지원단은 선거운동을 할 수 있는 자로서 정당의 당원이 아닌 중립적이고 공정한 자 중에서 중앙선거관리위원회규칙으로 정하는 바에 따라 10명 이내로 구성한다. 다만, 선거일 전 60일(선거일 전 60일 후에 실시사유가 확정된 보궐선거등의 경우 그 선거의 실시사유가 확정된 때)부터 선거일 후 10일까지는 중앙선거관리위원회 및 시·도선거관리위원회는 10인 이내의, 구·시·군선거관리위원회는 20인 이내의 인원을 추가하여 구성할 수 있다.
③ 삭제 〈2008. 2. 29.〉
④ 삭제 〈2008. 2. 29.〉
⑤ 삭제 〈2008. 2. 29.〉
⑥ 공정선거지원단은 관할 선거관리위원회의 지휘를 받아 이 법에 위반되는 행위에 대하여 증거자료를 수집하거나 조사활동을 할 수 있다.
⑦ 공정선거지원단의 소속원에 대하여는 예산의 범위 안에서 수당 또는 실비를 지급할 수 있다.
⑧ 공정선거지원단의 구성·활동방법 및 수당·실비의 지급 기타 필요한 사항은 중앙선거관리위원회규칙으로 정한다.

> **기출지문**
>
> ◎ 읍·면·동선거관리위원회를 제외한 각급선거관리위원회는 선거부정을 감시하기 위하여 선거공정감시단을 둔다(제10조의2 제1항). [2018.4.6 개정] [2013. 국가직 9급]
> ◎ 선거공정감시단은 관할선거관리위원회의 지휘를 받아서 「공직선거법」 위반행위에 대하여 증거자료를 수집하거나 조사활동을 할 수 있다(제10조의2 제6항). [2022·2014. 국가직 9급]

✦✦ **제10조의3 【사이버공정선거지원단】** ① 중앙선거관리위원회는 인터넷을 이용한 선거 부정을 감시하고 공정선거를 지원하기 위하여 중앙선거관리위원회규칙으로 정하는 바에 따라 5인 이상 10인 이하로 구성된 사이버공정선거지원단을 설치·운영하여야 한다. 다만, 선거일 전 60일(선거일 전 60일 후에 실시사유가 확정된 보궐선거등의 경우 그 선거의 실시사유가 확정된 때)부터 선거일 후 10일까지는 10인 이내의 인원을 추가하여 구성할 수 있다.
[2020. 국가직 9급]
② 시·도선거관리위원회는 인터넷을 이용한 선거부정을 감시하고 공정선거를 지원하기 위하여 선거일전 120일(선거일전 120일후에 실시사유가 확정된 보궐선거등에 있어서는 그 선거의 실시사유가 확정된 후 5일)부터 선거일까지 30인 이내로 구성된 사이버공정선거지원단을 설치·운영하여야 한다.

③ 사이버공정선거지원단은 정당의 당원이 아닌 중립적이고 공정한 자로 구성한다.
④ 제10조의2 제6항부터 제8항까지의 규정은 사이버공정선거지원단에 준용한다. 이 경우 "공정선거지원단"은 "사이버공정선거지원단"으로 본다.

> **기출지문**
>
> ◎ 중앙선거관리위원회는 원칙적으로 5인 이상 10인 이하로 구성된 사이버선거공정감시단을 설치·운영하여야 한다(제10조의3 제1항). [2013. 국가직 9급]
> ◎ 선거공정감시단과 사이버선거부정감시단은 관할 선거관리위원회의 지휘를 받아 공직선거법에 위반되는 행위에 대하여 증거자료를 수집할 수 있다(제10조의2 제6항·제10조의3 제4항). [2013. 국가직 9급]
> ☒ 사이버선거부정감시단은 선거운동을 할 수 있는 자로서 정당의 당원이 아닌 중립적인 사람으로 구성한다. (×) [2022·2013. 국가직 9급]
>
> ⁺PLUS 사이버선거부정감시단은 정당의 당원이 아닌 중립적이고 공정한 자로 구성한다(제10조의3 제3항).

**✦✦ 제11조 【후보자 등의 신분보장】** ① 대통령선거의 후보자는 후보자의 등록이 끝난 때부터 개표종료시까지 사형·무기 또는 장기 7년 이상의 징역이나 금고에 해당하는 죄를 범한 경우를 제외하고는 현행범인이 아니면 체포 또는 구속되지 아니하며, 병역소집의 유예를 받는다.
② 국회의원선거, 지방의회의원 및 지방자치단체의 장의 선거의 후보자는 후보자의 등록이 끝난 때부터 개표종료시까지 사형·무기 또는 장기 5년 이상의 징역이나 금고에 해당하는 죄를 범하였거나 제16장 벌칙에 규정된 죄를 범한 경우를 제외하고는 현행범인이 아니면 체포 또는 구속되지 아니하며, 병역소집의 유예를 받는다.
③ 선거사무장·선거연락소장·선거사무원·회계책임자·투표참관인·사전투표참관인과 개표참관인(예비후보자가 선임한 선거사무장·선거사무원 및 회계책임자는 제외한다)은 해당 신분을 취득한 때부터 개표종료시까지 사형·무기 또는 장기 3년 이상의 징역이나 금고에 해당하는 죄를 범하였거나 제230조부터 제235조까지 및 제237조부터 제259조까지의 죄를 범한 경우를 제외하고는 현행범인이 아니면 체포 또는 구속되지 아니하며, 병역소집의 유예를 받는다.

**제12조 【선거관리】** ① 중앙선거관리위원회는 이 법에 특별한 규정이 있는 경우를 제외하고는 선거사무를 통할·관리하며, 하급선거관리위원회(투표관리관 및 사전투표관리관을 포함한다. 이하 이 조에서 같다) 및 제218조에 따른 재외선거관리위원회와 제218조의2에 따른 재외투표관리관의 위법·부당한 처분에 대하여 이를 취소하거나 변경할 수 있다.
② 시·도선거관리위원회는 지방의회의원 및 지방자치단체의 장의 선거에 관한 하급선거관리위원회의 위법·부당한 처분에 대하여 이를 취소하거나 변경할 수 있다.

③ 구·시·군선거관리위원회는 당해 선거에 관한 하급선거관리위원회의 위법·부당한 처분에 대하여 이를 취소하거나 변경할 수 있다.
④ 이 법에 규정된 구·시·군선거관리위원회에는 그 성질에 반하지 아니하는 범위에서 세종특별자치시선거관리위원회가 포함된 것으로 본다.

> **기출지문**
>
> ◎ 중앙선거관리위원회는 「공직선거법」에 특별한 규정이 있는 경우를 제외하고 선거사무를 통할·관리하며, 하급선거관리위원회·재외선거관리위원회·재외투표관리관의 위법·부당한 처분을 취소하거나 변경할 수 있다(제12조 제1항). [2015. 국가직 7급, 2018. 국가직 7급]

**제13조 【선거구선거관리】** ① 선거구선거사무를 행할 선거관리위원회(이하 "선거구선거관리위원회"라 한다)는 다음 각 호와 같다.
1. 대통령선거 및 비례대표전국선거구국회의원(이하 "비례대표국회의원"이라 한다)선거의 선거구선거사무는 중앙선거관리위원회
2. 특별시장·광역시장·특별자치시장·도지사(이하 "시·도지사"라 한다)선거와 비례대표선거구시·도의회의원(이하 "비례대표시·도의원"이라 한다)선거의 선거구선거사무는 시·도선거관리위원회
3. 지역선거구국회의원(이하 "지역구국회의원"이라 한다)선거, 지역선거구시·도의회의원(이하 "지역구시·도의원"이라 한다)선거, 지역선거구자치구·시·군의회의원(이하 "지역구자치구·시·군의원"이라 한다)선거, 비례대표선거구자치구·시·군의회의원(이하 "비례대표자치구·시·군의원"이라 한다)선거 및 자치구의 구청장·시장·군수(이하 "자치구·시·군의 장"이라 한다)선거의 선거구선거사무는 그 선거구역을 관할하는 구·시·군선거관리위원회[제29조(지방의회의원의 증원선거) 제3항 또는 「선거관리위원회법」 제2조(설치) 제6항의 규정에 의하여 선거구선거사무를 행할 구·시·군선거관리위원회가 지정된 경우에는 그 지정을 받은 구·시·군선거관리위원회를 말한다]

② 제1항에서 "선거구선거사무"라 함은 선거에 관한 사무중 후보자등록 및 당선인결정 등과 같이 당해 선거구를 단위로 행하여야 하는 선거사무를 말한다.
✦✦ ③ 선거구선거관리위원회 또는 직근 상급선거관리위원회는 선거관리를 위하여 특히 필요하다고 인정하는 때에는 중앙선거관리위원회가 정하는 바에 따라 당해 선거에 관하여 관할선거구 안의 선거관리위원회가 행할 선거사무의 범위를 조정하거나 하급선거관리위원회 또는 그 위원으로 하여금 선거구선거관리위원회의 직무를 행하게 할 수 있다.
✦✦ ④ 제3항의 규정에 의하여 선거구선거사무를 행하는 하급선거관리위원회의 위원은 선거구선거관리위원회위원의 정수에 산입하지 아니하며, 선거구선거관리위원회의 의결에 참가할 수 없다.

⑤ 구·시·군선거관리위원회 또는 읍·면·동선거관리위원회가 천재·지변 기타 부득이한 사유로 그 기능을 수행할 수 없는 때에는 직근 상급선거관리위원회는 직접 또는 다른 선거관리위원회로 하여금 당해 선거관리위원회의 기능이 회복될 때까지 그 선거사무를 대행하거나 대행하게 할 수 있다. 다른 선거관리위원회로 하여금 대행하게 하는 경우에는 대행할 업무의 범위도 함께 정하여야 한다.
⑥ 제5항의 규정에 의하여 선거사무를 대행하거나 대행하게 한 때에는 대행할 선거관리위원회와 그 업무의 범위를 지체없이 공고하고, 상급선거관리위원회에 보고하여야 한다.

(1) 선거관리위원회 위원
  ① 임기 : 6년
  ② 중앙선관위와 시·도선관위는 상임위원 각 1명을 둔다.
  ③ 법관·법원공무원·교육공무원 이외의 공무원은 선관위 위원이 될 수 없다.

(2) 각 선거별 선거구선거사무관리

| 선거 | 관리위원회 |
|---|---|
| 대통령선거 | 중앙선거관리위원회 |
| 비례대표 국회의원선거 | |
| 시·도지사선거 | 시·도 선거관리위원회 |
| 비례대표시·도 의회의원선거 | |
| 지역구 국회의원선거 | 구·시·군 선거관리위원회 |
| 지역구시·도 의회의원선거 | |
| 자치구·시·군 의회의원선거 | |
| 자치구청장·시장·군수선거 | |

> 기출지문

◎ 대통령선거, 비례대표국회의원선거의 선거구선거사무는 중앙선거관리위원회가 행한다(제13조 제1항 제1호). [2015. 국가직 7급]

**제14조 【임기개시】** ① 대통령의 임기는 전임대통령의 임기만료일의 다음날 0시부터 개시된다. 다만, 전임자의 임기가 만료된 후에 실시하는 선거와 궐위로 인한 선거에 의한 대통령의 임기는 당선이 결정된 때부터 개시된다.

② 국회의원과 지방의회의원(이하 이 항에서 "의원"이라 한다)의 임기는 총선거에 의한 전임의원의 임기만료일의 다음 날부터 개시된다. 다만, 의원의 임기가 개시된 후에 실시하는 선거와 지방의회의원의 증원선거에 의한 의원의 임기는 당선이 결정된 때부터 개시되며 전임자 또는 같은 종류의 의원의 잔임기간으로 한다.

③ 지방자치단체의 장의 임기는 전임지방자치단체의 장의 임기만료일의 다음 날부터 개시된다. 다만, 전임지방자치단체의 장의 임기가 만료된 후에 실시하는 선거와 제30조(지방자치단체의 폐치·분합시의 선거 등) 제1항 제1호 내지 제3호에 의하여 새로 선거를 실시하는 지방자치단체의 장의 임기는 당선이 결정된 때부터 개시되며 전임자 또는 같은 종류의 지방자치단체의 장의 잔임기간으로 한다.

> **기출지문**
>
> ◎ 전임자의 임기가 만료된 후에 실시하는 선거와 궐위로 인한 선거에 의한 대통령의 임기는 당선이 결정된 때부터 개시된다(제14조 제1항). [2017. 국가직 9급, 2013. 국가직 7급]
>
> ◎ 지방의회의원의 증원선거에 의한 의원의 임기는 당선이 결정된 때부터 개시되며 전임자 또는 같은 종류의 의원의 잔임기간으로 한다(제14조 제2항). [2015. 국가직 9급, 2013. 국가직 7급]
>
> ✕ 총선거에 의한 국회의원의 임기는 당선이 결정된 날의 다음 날부터 개시된다. (✕)
> [2013. 국가직 7급]
>
> > **PLUS** 국회의원과 지방의회의원의 임기는 총선거에 의한 전임의원의 임기만료일의 다음 날부터 개시된다(제14조 제2항).
>
> ✕ 전임지방자치단체장의 임기가 만료되기 전에 선거가 실시된 경우에 지방자치단체의 장의 임기는 전임지방자치단체장의 임기만료일부터 개시된다. (✕) [2013. 국가직 7급]
>
> > **PLUS** 전임지방자치단체장의 임기가 만료되기 전에 선거가 실시된 경우에 지방자치단체의 장의 임기는 전임지방자치단체장의 임기만료일의 다음날부터 개시된다(제14조 제3항).

# 제 2 장 선거권과 피선거권

✦✦ **제15조 【선거권】** ① 18세 이상의 국민은 대통령 및 국회의원의 선거권이 있다. 다만, 지역구국회의원의 선거권은 18세 이상의 국민으로서 제37조 제1항에 따른 선거인명부작성기준일 현재 다음 각 호의 어느 하나에 해당하는 사람에 한하여 인정된다.
1. 「주민등록법」 제6조 제1항 제1호 또는 제2호에 해당하는 사람으로서 해당 국회의원지역선거구 안에 주민등록이 되어 있는 사람
2. 「주민등록법」 제6조 제1항 제3호에 해당하는 사람으로서 주민등록표에 3개월 이상 계속하여 올라 있고 해당 국회의원지역선거구 안에 주민등록이 되어 있는 사람

② 18세 이상으로서 제37조 제1항에 따른 선거인명부작성기준일 현재 다음 각 호의 어느 하나에 해당하는 사람은 그 구역에서 선거하는 지방자치단체의 의회의원 및 장의 선거권이 있다.
1. 「주민등록법」 제6조 제1항 제1호 또는 제2호에 해당하는 사람으로서 해당 지방자치단체의 관할 구역에 주민등록이 되어 있는 사람
2. 「주민등록법」 제6조 제1항 제3호에 해당하는 사람으로서 주민등록표에 3개월 이상 계속하여 올라 있고 해당 지방자치단체의 관할구역에 주민등록이 되어 있는 사람
3. 「출입국관리법」 제10조에 따른 영주의 체류자격 취득일 후 3년이 경과한 외국인으로서 같은 법 제34조에 따라 해당 지방자치단체의 외국인등록대장에 올라 있는 사람 (▶ 외국인 선거운동도 인정)

### (1) 주소요건
지방선거에 있어서는 국적 및 연령요건 외에도 당해 지방자치단체의 관할구역 안에 주민등록이 되어 있어야 하는 주소요건까지 구비해야 선거권이 있다. 주민등록이 되어 있어야 하는 시점은 선거인명부작성기준일(대통령선거는 선거일 전 28일, 나머지 선거는 선거일 전 22일) 현재이다.

| 대통령선거 | 지역구 국회의원선거 | 지방의회의원선거,<br>지방자치단체장선거 |
| --- | --- | --- |
| 18세 이상의 국민 | 18세 이상의 국민으로서 다음 어느 하나에 해당<br>1. 「주민등록법」 제6조 제1항 제1호 또는 제2호에 해당하는 사람으로서 | 18세 이상으로서 다음 어느 하나에 해당<br>1. 「주민등록법」 제6조 제1항 제1호 또는 제2호에 해당하는 사람으로서 |

|  | 해당 국회의원지역선거구 안에 주민등록이 되어 있는 사람<br>2. 「주민등록법」 제6조 제1항 제3호에 해당하는 사람으로서 주민등록표에 3개월 이상 계속하여 올라 있고 해당 국회의원지역선거구 안에 주민등록이 되어 있는 사람 | 해당 지방자치단체의 관할 구역에 주민등록이 되어 있는 사람<br>2. 「주민등록법」 제6조 제1항 제3호에 해당하는 사람으로서 주민등록표에 3개월 이상 계속하여 올라 있고 해당 지방자치단체의 관할구역에 주민등록이 되어 있는 사람<br>3. 출입국관리법에 따른 영주의 체류자격 취득일 후 3년이 경과한 외국인으로서 해당 지방자치단체의 외국인등록대장에 올라 있는 사람 |
|---|---|---|

🔍 주민등록법 제6조 제1항 제1호 및 제1호 : 주민등록법거주자, 거주불명자
🔍 주민등록법 제6조 제1항 제3호 : 재외국민(주민등록신고한 경우)

---

**기출지문**

◉ 「출입국관리법」에 따라 5년 이상 국내에 체류하여 영주자격(F-5)을 취득한 날 후 3년이 경과한 외국인으로서 해당 지방자치단체의 외국인등록대장에 올라 있는 사람에게 지방자치단체의 의회의원 및 장의 선거권이 인정된다(제15조 제2항 제3호). [2023. 국가직 9급, 2015. 국가직 7급]

◉ 지역구국회의원선거 후보자의 일본국적을 가진 배우자는 일정한 요건이 갖추어지면 지방자치단체의 의회의원 및 장의 선거권이 있다(제15조 제2항 제3호). [2013. 국가직 9급]

⊠ 출입국관리법 제10조에 따른 영주의 체류자격 취득일 후 3년이 경과한 외국인은 대통령선거의 선거권이 인정된다. (×) [2015. 국가직 9급]

   **+PLUS** 「출입국관리법」 제10조에 따른 영주의 체류자격 취득일 후 3년이 경과한 18세 이상의 외국인으로서 같은 법 제34조에 따라 해당 지방자치단체의 외국인등록대장에 올라 있는 사람은 그 구역에서 선거하는 지방자치단체의 의회의원 및 장의 선거권이 있다(제15조 제2항 제3호).

🏛 관련판례 선거권조항과 재외선거인 등록신청조항이 재외선거인의 임기만료지역구국회의원선거권을 인정하지 않은 것이 재외선거인의 선거권을 침해하거나 보통선거원칙에 위배된다고 볼 수 없다(헌재 2014.7.24, 2009헌마256). [2016. 국가직 9급]

🏛 관련판례 재외선거인은 대의기관을 선출할 권리가 있는 국민으로서 대의기관의 의사결정에 대해 승인할 권리가 있으므로, 국민투표권자에는 재외선거인이 포함된다(헌재 2014.7.24, 2009헌마256). [2016. 국가직 9급]

제16조 【피선거권】 ① 선거일 현재 5년 이상 국내에 거주하고 있는 40세 이상의 국민은 대통령의 피선거권이 있다. 이 경우 공무로 외국에 파견된 기간과 국내에 주소를 두고 일정기간 외국에 체류한 기간은 국내거주기간으로 본다.
② 18세 이상의 국민은 국회의원의 피선거권이 있다. 〈개정 2022. 1. 18.〉
③ 선거일 현재 계속하여 60일 이상(공무로 외국에 파견되어 선거일전 60일후에 귀국한 자는 선거인명부작성기준일부터 계속하여 선거일까지) 해당 지방자치단체의 관할구역에 주민등록이 되어 있는 주민으로서 18세 이상의 국민은 그 지방의회의원 및 지방자치단체의 장의 피선거권이 있다. 이 경우 60일의 기간은 그 지방자치단체의 설치·폐지·분할·합병 또는 구역변경(제28조 각 호의 어느 하나에 따른 구역변경을 포함한다)에 의하여 중단되지 아니한다. 〈개정 2022. 1. 18.〉
④ 제3항 전단의 경우에 지방자치단체의 사무소 소재지가 다른 지방자치단체의 관할 구역에 있어 해당 지방자치단체의 장의 주민등록이 다른 지방자치단체의 관할 구역에 있게 된 때에는 해당 지방자치단체의 관할구역에 주민등록이 되어 있는 것으로 본다.

### 기출지문

- 지역구국회의원선거 후보자의 일본국적을 가진 배우자는 대통령 및 국회의원의 피선거권 뿐만 아니라, 지방의회의원 및 지방자치단체의 장의 피선거권이 없다(제16조). [2013. 국가직 9급]
- 선거일 현재 5년 이상 국내에 거주하고 있는 40세 이상의 국민은 대통령의 피선거권이 있으며, 이 경우 공무로 외국에 파견된 기간과 국내에 주소를 두고 일정기간 외국에 체류한 기간은 국내거주기간으로 본다(제16조 제1항). [2023. 국가직 7급, 2015. 국가직 9급]
- 선거일 현재 계속하여 90일 이상 당해 지방자치단체의 관할구역 안에 주민등록이 되어 있는 주민으로서 18세 이상의 국민은 그 지방의회의원 및 지방자치단체의 장의 피선거권이 있다. (×) [2013. 국가직 9급]
  - ⁺PLUS 선거일 현재 계속하여 60일 이상(공무로 외국에 파견되어 선거일 전 60일 후에 귀국한 자는 선거인명부작성기준일부터 계속하여 선거일까지) 당해 지방자치단체의 관할구역 안에 주민등록이 되어 있는 주민으로서 18세 이상의 국민은 그 지방의회의원 및 지방자치단체의 장의 피선거권이 있다(제16조 제3항).
- 국회의원 및 지방의회의원 선거에서 피선거권의 연령을 18세 이상으로 정한 공직선거법 규정은 18세 미만인 자의 공무 담임권 및 평등권을 침해한다. (×) [2015. 국가직 9급]
  - ⁺PLUS 입법자가 국회의원 및 지방의회의원에게 요구되는 능력 및 이러한 능력을 갖추기 위하여 요구되는 교육과정 등에 소요되는 최소한의 기간, 선출직공무원에게 납세 및 병역의무의 이행을 요구하는 국민의 기대와 요청을 고려하여 국회의원 및 지방의회의원의 피선거권 행사연령을 18세 이상으로 정한 것은 합리적이고 입법형성권의 한계 내에 있으므로 18세 미만인 사람의 공무담임권 및 평등권을 침해한다고 볼 수 없다(헌재 2013.8.29, 2012헌마288).

제17조【연령산정기준】선거권자와 피선거권자의 연령은 선거일 현재로 산정한다.

✦✦ 제18조【선거권이 없는 자】① 선거일 현재 다음 각 호의 어느 하나에 해당하는 자는 선거권이 없다.
1. 금치산선고를 받은 자
2. 1년 이상의 징역 또는 금고의 형의 선고를 받고 그 집행이 종료되지 아니하거나 그 집행을 받지 아니하기로 확정되지 아니한 사람. 다만, 그 형의 집행유예를 선고받고 유예기간 중에 있는 사람은 제외한다.
3. 선거범,「정치자금법」제45조(정치자금부정수수죄) 및 제49조(선거비용관련 위반행위에 관한 벌칙)에 규정된 죄를 범한 자 또는 대통령·국회의원·지방의회의원·지방자치단체의 장으로서 그 재임중의 직무와 관련하여「형법」(「특정범죄가중처벌 등에 관한 법률」제2조에 의하여 가중처벌되는 경우를 포함한다) 제129조(수뢰, 사전수뢰) 내지 제132조(알선수뢰)·「특정범죄가중처벌 등에 관한 법률」제3조(알선수재)에 규정된 죄를 범한 자로서, 100만원 이상의 벌금형의 선고를 받고 그 형이 확정된 후 5년 또는 형의 집행유예의 선고를 받고 그 형이 확정된 후 10년을 경과하지 아니하거나 징역형의 선고를 받고 그 집행을 받지 아니하기로 확정된 후 또는 그 형의 집행이 종료되거나 면제된 후 10년을 경과하지 아니한 자(형이 실효된 자도 포함한다)
4. 법원의 판결 또는 다른 법률에 의하여 선거권이 정지 또는 상실된 자

② 제1항 제3호에서 "선거범"이라 함은 제16장 벌칙에 규정된 죄와「국민투표법」위반의 죄를 범한 자를 말한다.

③「형법」제38조에도 불구하고 제1항 제3호에 규정된 죄와 다른 죄의 경합범에 대하여는 이를 분리 선고하고, 선거사무장·선거사무소의 회계책임자(선거사무소의 회계책임자로 선임·신고되지 아니한 사람으로서 후보자와 통모하여 해당 후보자의 선거비용으로 지출한 금액이 선거비용제한액의 3분의 1 이상에 해당하는 사람을 포함한다) 또는 후보자(후보자가 되려는 사람을 포함한다)의 직계존비속 및 배우자에게 제263조 및 제265조에 규정된 죄와 이 조 제1항 제3호에 규정된 죄의 경합범으로 징역형 또는 300만원 이상의 벌금형을 선고하는 때(선거사무장, 선거사무소의 회계책임자에 대하여는 선임·신고되기 전의 행위로 인한 경우를 포함한다)에는 이를 분리 선고하여야 한다.

**(1) 선거권**
- 금치산자 : 불인정
- 한정치산자 : 인정

> **기출지문**

- 지방의회의원으로서 그 재임 중의 직무와 관련하여 특정범죄 가중처벌 등에 관한 법률 상의 알선수재죄를 범한 자로서 징역형의 선고를 받고 그 집행을 받지 아니하기로 확정된 후 10년을 경과하지 아니한 자는 선거권이 없다(제18조 제1항 제3호). [2017. 국가직 9급]
- 1년 이상의 징역형을 선고받고 그 집행이 종료되지 않은 사람의 선거권을 제한하는 것은 해당 수형자의 선거권을 침해한 것이다. (×) [2017. 국가직 7급]
  > **PLUS** 1년 이상의 징역의 형의 선고를 받고 그 집행이 종료되지 아니한 사람의 선거권을 제한하는 것은 과잉금지원칙을 위반하여 선거권을 침해하지 아니한다(헌재 2017.5.25, 2016헌마292).

✦✦ **제19조 【피선거권이 없는 자】** 선거일 현재 다음 각 호의 어느 하나에 해당하는 자는 피선거권이 없다.
1. 제18조(선거권이 없는 자) 제1항 제1호·제3호 또는 제4호에 해당하는 자
2. 금고 이상의 형의 선고를 받고 그 형이 실효되지 아니한 자
3. 법원의 판결 또는 다른 법률에 의하여 피선거권이 정지되거나 상실된 자
4. 「국회법」 제166조(국회 회의 방해죄)의 죄를 범한 자로서 다음 각 목의 어느 하나에 해당하는 자(형이 실효된 자를 포함한다)
   가. 500만원 이상의 벌금형의 선고를 받고 그 형이 확정된 후 5년이 경과되지 아니한 자
   나. 형의 집행유예의 선고를 받고 그 형이 확정된 후 10년이 경과되지 아니한 자
   다. 징역형의 선고를 받고 그 집행을 받지 아니하기로 확정된 후 또는 그 형의 집행이 종료되거나 면제된 후 10년이 경과되지 아니한 자
5. 제230조 제6항의 죄를 범한 자로서 벌금형의 선고를 받고 그 형이 확정된 후 10년을 경과하지 아니한 자(형이 실효된 자도 포함한다)

(1) 법원의 판결 또는 다른 법률에 의하여 선거권이 정지 또는 상실된 자
'법원의 판결에 의하여 선거권이 정지 또는 상실된 자'라 함은 형법 제43조(형의 선고와 자격상실, 자격정지) 또는 제44조(자격정지)의 규정에 의하여 전부 또는 일부의 선거권에 관하여 자격정지 또는 자격상실을 선고받은 자를 말한다.

| 일반 범죄 | 금고 이상의 형의 선고 | 집행이 종료되지 아니한 자 : 금고 이상의 형의 선고를 받고 복역 중에 있는 자나 가석방된 자로서 잔여형기를 경과하지 아니한 자(2014.1.28, 헌법재판소에서 헌법불합치결정) |
|---|---|---|

| | | |
|---|---|---|
| | | 집행을 받지 아니하기로 확정되지 아니한 자 : 금고 이상의 형의 선고를 받고 그 형의 집행유예 기간중에 있는 자나 형의 시효가 완성되지 아니한 자(2014.1.28, 헌법재판소에서 위헌결정) |
| | 법원의 판결 또는 다른 법률에 의하여 선거권이 정지·상실된 자 | 형법 제43조(형의 선고와 자격상실, 자격정지) 또는 제44조(자격정지)의 규정 등에 의하여 전부 또는 일부의 선거권에 관하여 자격정지 또는 자격상실을 선고받은 자 |
| 선거범 등 | 100만원 이상 벌금형의 선고 | 벌금형이 확정된 후 5년이 경과하지 아니한 자 |
| | 집행유예의 선고 | 형의 집행유예가 확정된 후 10년을 경과하지 아니한 자 |
| | 징역형의 선고 | 징역형의 집행을 받지 아니하기로 확정된 후 10년을 경과하지 아니한 자 |
| | | 징역형의 집행이 종료되거나 면제된 후 10년이 경과하지 아니한 자 |

#### 기출지문

- ◎ 법원의 판결에 의하여 선거권이 정지된 자는 피선거권이 없다(제19조 제1호).
  [2017. 국가직 9급]
- ◎ 금치산선고를 받은 자(제19조 제1호), 선거범으로서 100만원 이상의 벌금형의 선고를 받고 그 형이 확정된 후 5년을 경과하지 아니한 자(제19조 제1호), 금고 이상의 형의 선고를 받고 그 형이 실효되지 아니한 자(제19조 제2호), 법원의 판결에 의하여 피선거권이 정지된 자(제19조 제3호)는 선거일 현재 피선거권이 없다. [2023. 국가직 9급, 2013. 국가직 7급]
- ☒ 국회법 상의 국회 회의 방해죄의 죄를 범한 자로서 500만원 이상의 벌금형의 선고를 받고 그 형이 확정된 후 10년이 경과되지 아니한 자는 피선거권이 없다. (×) [2017. 국가직 9급]
  - ⁺PLUS 「국회법」제166조(국회 회의 방해죄)의 죄를 범한 자로서 500만원 이상의 벌금형의 선고를 받고 그 형이 확정된 후 5년이 경과되지 아니한 자는 피선거권이 없다(공직선거법 제19조 제4호 가목).
- ☒ 국회법 제166조(국회 회의 방해죄)의 죄를 범한 자로서 금고형의 선고를 받고 그 집행을 받지 아니하기로 확정된 후 또는 그 형의 집행이 종료되거나 면제된 후 10년이 경과되지 아니한 자는 피선거권이 없다. (×) [2023·2015. 국가직 9급]
  - ⁺PLUS 제19조 제4호 다목에 따르면 금고형이 아닌 징역형의 선고이다.

# 제 3 장 선거구역과 의원정수

**제20조【선거구】** ① 대통령 및 비례대표국회의원은 전국을 단위로 하여 선거한다.

② 비례대표시·도의원은 당해 시·도를 단위로 선거하며, 비례대표자치구·시·군의원은 당해 자치구·시·군을 단위로 선거한다.

③ 지역구국회의원, 지역구지방의회의원(지역구시·도의원 및 지역구자치구·시·군의원을 말한다. 이하 같다)은 당해 의원의 선거구를 단위로 하여 선거한다.

④ 지방자치단체의 장은 당해 지방자치단체의 관할구역을 단위로 하여 선거한다.

**기출지문**

O 대통령 및 비례대표국회의원은 전국을 단위로 하여 선거하며, 비례대표시·도의원은 당해 시·도를 단위로 선거한다(제20조 제1·2항). [2014. 국가직 7급]

X 비례대표국회의원 및 비례대표시·도의원은 전국을 단위로 하여 선거한다. (×) [2014. 국가직 9급]

⁺PLUS 비례대표국회의원은 전국을 단위로 하여 선거하나, 비례대표시·도의원은 당해 시·도를 단위로 선거한다(제20조 제1·2항).

**제21조【국회의 의원정수】** ① 국회의 의원정수는 지역구국회의원과 비례대표국회의원을 합하여 300명으로 한다.

② 하나의 국회의원지역선거구(이하 "국회의원지역구"라 한다)에서 선출할 국회의원의 정수는 1인으로 한다.

(1) 국회의원 정수의 변경은 법률개정사항이나, 200인 미만으로 할 경우에는 헌법을 개정해야 한다.

**제22조【시·도의회의 의원정수】** ① 시·도별 지역구시·도의원의 총 정수는 그 관할구역 안의 자치구·시·군(하나의 자치구·시·군이 2 이상의 국회의원지역구로 된 경우에는 국회의원지역구를 말하며, 행정구역의 변경으로 국회의원지역구와 행정구역이 합치되지 아니하게 된 때에는 행정구역을 말한다)수의 2배수로 하되, 인구·행정구역·지세·교통, 그 밖의 조건을 고려하여 100분의 20의 범위에서 조정할 수 있다. 다만, 인구가 5만명 미만인 자치구·시·군의 지역구시·도의원정수는 최소 1명으로 하고, 인구가 5만명 이상인 자치

구·시·군의 지역구시·도의원정수는 최소 2명으로 한다.
② 제1항에도 불구하고 「지방자치법」 제10조 제2항에 따라 시와 군을 통합하여 도농복합형태의 시로 한 경우에는 시·군통합후 최초로 실시하는 임기만료에 의한 시·도의회의원선거에 한하여 해당 시를 관할하는 도의회의원의 정수 및 해당 시의 도의회의원의 정수는 통합 전의 수를 고려하여 이를 정한다.
③ 제1항 및 제2항의 기준에 의하여 산정된 의원정수가 19명 미만이 되는 광역시 및 도는 그 정수를 19명으로 한다.
④ 비례대표시·도의원정수는 제1항 내지 제3항의 규정에 의하여 산정된 지역구시·도의원정수의 100분의 10으로 한다. 이 경우 단수는 1로 본다. 다만, 산정된 비례대표시·도의원정수가 3인 미만인 때에는 3인으로 한다.

### 기출지문

☒ 시·도별 지역구시·도의원의 총 정수는 그 관할구역 안의 자치구·시·군(하나의 자치구·시·군이 2 이상의 국회의원지역구로 된 경우에는 국회의원지역구를 말하며, 행정구역의 변경으로 국회의원지역구와 행정구역이 합치되지 아니하게 된 때에는 행정구역을 말한다)수의 2배수로 하되, 100분의 20의 범위에서만 조정할 수 있으므로, 의원정수는 19명 미만이 될 수 있다. (×) [2016. 국가직 7급]

  ⁺PLUS 시·도의원정수 기준에 의하여 산정된 의원정수가 19명 미만이 되는 광역시 및 도는 그 정수를 19명으로 한다(제22조 제3항).

☒ 비례대표시·도의원정수는 지역구시·도의원정수의 100분의 10으로 하기 때문에 비례대표시·도의원정수가 3인 미만일 수 있다. (×) [2016. 국가직 7급]

  ⁺PLUS 산정된 비례대표사도의원정수가 3인 미만인 때에는 3인으로 한다(제22조 제4항).

---

**제23조 【자치구·시·군의회의 의원정수】** ① 시·도별 자치구·시·군의회 의원의 총정수는 별표 3과 같이 하며, 자치구·시·군의회의 의원정수는 당해 시·도의 총정수 범위 내에서 제24조(선거구획정위원회)의 규정에 따른 당해 시·도의 자치구·시·군의원선거구획정위원회가 자치구·시·군의 인구와 지역대표성을 고려하여 중앙선거관리위원회규칙이 정하는 기준에 따라 정한다.
② 자치구·시·군의회의 최소정수는 7인으로 한다.
✦ ③ 비례대표자치구·시·군의원정수는 자치구·시·군의원 정수의 100분의 10으로 한다. 이 경우 단수는 1로 본다.

| 선거유형 | | 선거구 | 의원정수 |
|---|---|---|---|
| 국회의원 | 지역구 | 당해 선거구 | 지역구의원과 비례대표의원을 합하여 300인 |
| | 비례대표 | 전국 | 국회의원 총정수－지역구국회의원 정수＝비례대표국회의원 정수 |
| 시·도의원 | 지역구 | 당해 선거구 | 관할구역 안의 자치구·시·군의 수의 2배, 단, 자치구·시·군의 시·도의원 정수는 최소 1명 |
| | 비례대표 | 당해 시·도 | 지역구시·도의원 정수의 100분의 10 |
| 자치구·시·군의원 | 지역구 | 당해 선거구 | 당해 시·도의 총정수 범위 내에서 자치구·시·군의원선거구획위원회가 결정 |
| | 비례대표 | 당해 자치구·시·군 | 지역구자치구·시·군의원 정수의 100분의 10 |

✦ **제24조【국회의원선거구획정위원회】** ① 국회의원지역구의 공정한 획정을 위하여 임기만료에 따른 국회의원선거의 선거일 전 18개월부터 해당 국회의원선거에 적용되는 국회의원지역구의 명칭과 그 구역이 확정되어 효력을 발생하는 날까지 국회의원선거구획정위원회를 설치·운영한다.

✦✦ ② 국회의원선거구획정위원회는 중앙선거관리위원회에 두되, 직무에 관하여 독립의 지위를 가진다.

✦ ③ 국회의원선거구획정위원회는 중앙선거관리위원회위원장이 위촉하는 9명의 위원으로 구성하되, 위원장은 위원 중에서 호선한다.

④ 국회의 소관 상임위원회 또는 선거구획정에 관한 사항을 심사하는 특별위원회(이하 이 조 및 제24조의2에서 "위원회"라 한다)는 중앙선거관리위원회위원장이 지명하는 1명과 학계·법조계·언론계·시민단체·정당 등으로부터 추천받은 사람 중 8명을 의결로 선정하여 국회의원선거구획정위원회 설치일 전 10일까지 중앙선거관리위원회위원장에게 통보하여야 한다.

⑤ 중앙선거관리위원회위원장은 국회의원선거구획정위원회 위원의 결원이 발생하는 때에는 위원회에 위원을 선정하여 통보하여 줄 것을 요청하여야 한다. 이 경우 위원의 선정 등에 관하여는 제4항을 준용한다.

✦ ⑥ 국회의원선거구획정위원회 위원의 임기는 국회의원선거구획정위원회의 존속기간으로 한다.

✦ ⑦ 국회의원 및 정당의 당원(제1항에 따른 국회의원선거구획정위원회의 설치일부터 과거 1년 동안 정당의 당원이었던 사람을 포함한다)은 위원이 될 수 없다.

⑧ 위원은 명예직으로 하되, 위원에게 일비·여비 그 밖의 실비를 지급할 수 있다.

⑨ 국회의원선거구획정위원회로부터 선거구획정업무에 필요한 자료의 요청을 받은 국가기관 및 지방자치단체는 지체 없이 이에 따라야 한다.
⑩ 국회의원선거구획정위원회는 국회의원지역구를 획정함에 있어서 국회에 의석을 가진 정당에게 선거구획정에 대한 의견진술의 기회를 부여하여야 한다.
✦ ⑪ 국회의원선거구획정위원회는 제25조 제1항에 규정된 기준에 따라 작성되고 재적위원 3분의 2 이상의 찬성으로 의결한 선거구획정안과 그 이유 및 그 밖에 필요한 사항을 기재한 보고서를 임기만료에 따른 국회의원선거의 선거일 전 13개월까지 국회의장에게 제출하여야 한다.
✦ ⑫ 국회의원선거구획정위원회에 그 사무를 지원하기 위한 조직(이하 "지원 조직"이라 한다)을 국회의원선거구획정위원회 설치일 전 30일부터 둘 수 있다. 이 경우 지원 조직은 중앙선거관리위원회 소속 공무원으로 구성하되, 국회의원선거구획정위원회가 설치된 후 필요하다고 판단되면 국회의원선거구획정위원회위원장은 관계 국가기관에 그 소속 공무원의 파견을 요청할 수 있다.
⑬ 국회의원선거구획정위원회 위원 또는 위원이었던 사람은 그 직무상 알게 된 비밀을 누설하여서는 아니 된다. 국회의원선거구획정위원회 지원 조직의 직원 또한 같다.
⑭ 그 밖에 국회의원선거구획정위원회 및 지원 조직의 운영 등에 필요한 사항은 중앙선거관리위원회규칙으로 정한다.

(1) 공직자 선거별 선거구

| | |
|---|---|
| 대통령 및 비례대표국회의원 | 전국 |
| 비례대표시 · 도의회의원 | 당해 시 · 도 |
| 지역구국회의원선거, 지역구시 · 도의회의원선거 및 자치구 · 시 · 군의회의원선거 | 당해 의원의 선거구 |
| 지방자치단체장 | 당해 지방자치단체의 관할구역 |

**기출지문**

- ◎ 임기만료에 따른 국회의원선거의 선거일 전 (18)개월부터 해당 국회의원선거에 적용되는 국회의원지역구의 명칭과 그 구역이 확정되어 효력을 발생하는 날까지 국회의원선거구획정위원회를 설치·운영한다(제24조 제1항). [2022. 국가직 7급, 2018·2016. 국가직 9급]
- ◎ 국회의 소관 상임위원회 또는 선거구획정에 관한 사항을 심사하는 특별위원회는 중앙선거관리위원회위원장이 지명하는 1명과 학계·법조계·언론계·시민단체·정당 등으로부터 추천 받은 사람 중 8명을 의결로 선정하여 국회의원선거구획정위원회 설치일 전 10일까지 중앙선거관리위원회위원장에게 통보하여야 한다(제24조 제4항). [2017. 국가직 9급]
- ◎ 국회의원 및 정당의 당원과 국회의원선거구획정위원회의 설치일부터 과거 1년 동안 정당의 당원이었던 사람은 국회의원 선거구획정위원회의 위원이 될 수 없다(제24조 제7항). [2017. 국가직 7급, 2014. 국가직 9급]
- ✖ 국회의원지역구의 공정한 획정을 위하여 임기만료에 따른 국회의원선거의 선거일 전 18개월부터 해당 국회의원선거에 적용되는 국회의원지역구의 명칭과 그 구역이 확정되어 효력이 발생된 후 실시한 첫 선거의 선거일까지 국회의원 선거구획정위원회를 설치·운영한다. (✕) [2017. 국가직 7급]
  - ✚PLUS 국회의원지역선거구의 공정한 획정을 위하여 임기만료에 따른 국회의원선거의 선거일 전 18개월부터 해당 국회의원선거에 적용되는 국회의원지역선거구의 명칭과 그 구역이 확정되어 효력을 발생하는 날까지 국회의원선거구획정위원회를 설치·운영한다(제24조 제1항).
- ✖ 국회의원선거구획정위원회는 국회의장이 국회에 의석을 가진 정당의 대표의원과 협의하여 11인 이내의 위원으로 구성한다. (✕) [2015. 국가직 9급, 2013. 국가직 7급]
  - ✚PLUS 국회의원선거구획정위원회는 중앙선거관리위원회위원장이 위촉하는 9명의 위원으로 구성하되, 위원장은 위원 중에서 호선한다(제24조 제3항).
- ✖ 국회의원선거구획정위원회는 선거구획정안을 마련함에 있어서 등록된 정당에게 선거구획정에 대한 의견진술의 기회를 부여 하여야 한다. (✕) [2015. 국가직 9급]
  - ✚PLUS 국회의원선거구획정위원회는 국회의원지역구를 획정함에 있어서 국회에 의석을 가진 정당에게 선거구획정에 대한 의견진술의 기회를 부여하여야 한다(제24조 제10항).

---

**제24조의2【국회의원지역구 확정】** ① 국회는 국회의원지역구를 선거일 전 1년까지 확정하여야 한다.

② 국회의장은 제24조 제11항에 따라 제출된 선거구획정안을 위원회에 회부하여야 한다.

③ 제2항에 따라 선거구획정안을 회부받은 위원회는 이를 지체 없이 심사하여 국회의원지역구의 명칭과 그 구역에 관한 규정을 개정하는 법률안(이하 "선거구법률안"이라 한다)을 제안하여야 한다. 이 경우 위원회는 국회의원선거구획정위원회가 제출한 선거구획정안을 그대로 반영하되, 선거구획정안이 제25조 제1항의 기준에 명백하게 위반된다고 판단하는 경우에는 그 이

유를 붙여 재적위원 3분의 2 이상의 찬성으로 국회의원선거구획정위원회에 선거구획정안을 다시 제출하여 줄 것을 한 차례만 요구할 수 있다.
④ 제3항에 따른 요구를 받은 국회의원선거구획정위원회는 그 요구를 받은 날부터 10일 이내에 새로이 선거구획정안을 마련하여 국회의장에게 제출하여야 한다. 이 경우 선거구획정안의 위원회 회부에 관하여는 제2항을 준용한다.
⑤ 선거구법률안 중 국회의원지역구의 명칭과 그 구역에 한해서는 「국회법」 제86조에 따른 법제사법위원회의 체계와 자구에 대한 심사 대상에서 제외한다.
⑥ 국회의장은 선거구법률안 또는 선거구법률안이 포함된 법률안이 제안된 후 처음 개의하는 본회의에 이를 부의하여야 한다. 이 경우 본회의는 「국회법」 제95조 제1항 및 제96조에도 불구하고 선거구법률안 또는 선거구법률안이 포함된 법률안을 수정 없이 바로 표결한다.

**제24조의3【자치구·시·군의원선거구획정위원회】** ① 자치구·시·군의원지역선거구(이하 "자치구·시·군의원지역구"라 한다)의 공정한 획정을 위하여 시·도에 자치구·시·군의원선거구획정위원회를 둔다.
② 자치구·시·군의원선거구획정위원회는 11명 이내의 위원으로 구성하되, 학계·법조계·언론계·시민단체와 시·도의회 및 시·도선거관리위원회가 추천하는 사람 중에서 시·도지사가 위촉하여야 한다.
③ 지방의회의원 및 정당의 당원은 자치구·시·군의원선거구획정위원회의 위원이 될 수 없다.
④ 자치구·시·군의원선거구획정위원회는 선거구획정안을 마련함에 있어서 국회에 의석을 가진 정당과 해당 자치구·시·군의 의회 및 장에 대하여 의견진술의 기회를 부여하여야 한다.
⑤ 자치구·시·군의원선거구획정위원회는 제26조 제2항에 규정된 기준에 따라 선거구획정안을 마련하고, 그 이유나 그 밖의 필요한 사항을 기재한 보고서를 첨부하여 임기만료에 따른 자치구·시·군의원선거의 선거일 전 6개월까지 시·도지사에게 제출하여야 한다.
⑥ 시·도의회가 자치구·시·군의원지역구에 관한 조례를 개정하는 때에는 자치구·시·군의원선거구획정위원회의 선거구획정안을 존중하여야 한다.
⑦ 제24조 제8항 및 제9항은 자치구·시·군의원선거구획정위원회에 관하여 이를 준용한다.
⑧ 자치구·시·군의원선거구획정위원회의 구성 및 운영, 그 밖에 필요한 사항은 중앙선거관리위원회규칙으로 정한다.

> 기출지문

- ⭕ 자치구·시·군의원선거구획정위원회는 11인 이내의 위원으로 구성하되, 학계·법조계·언론계·시민단체와 시·도의회 및 시·도선거관리위원회가 추천하는 자 중에서 시·도지사가 위촉하여야 한다(제24조의3 제2항). [2016. 국가직 9급, 2014. 국가직 7급]
- ⭕ 지방의회의원 및 정당의 당원은 자치구·시·군의원선거구 획정위원회의 위원이 될 수 없다(제24조의3 제3항). [2017. 국가직 7급]
- ⭕ 자치구·시·군의원선거구획정위원회는 선거구획정안을 마련함에 있어서 국회에 의석을 가진 정당과 당해 자치구·시·군의 의회 및 장에 대하여 의견진술의 기회를 부여하여야 한다(제24조의3 제4항). [2015. 국가직 9급]
- ❌ 자치구·시·군의원선거구획정위원회는 선거구획정안을 마련함에 있어서 시·도의회에 의석을 가진 정당과 해당 자치구·시·군의 의회 및 장에 대하여 의견진술의 기회를 부여하여야 한다. (×) [2016. 국가직 9급]
  - ✚PLUS 자치구·시·군의원선거구획정위원회는 선거구획정안을 마련함에 있어서 국회에 의석을 가진 정당과 해당 자치구·시·군의 의회 및 장에 대하여 의견진술의 기회를 부여하여야 한다(제24조의3 제4항).
- ❌ 국회의원지역선거구와 자치구·시·군의원지역선거구의 공정한 획정을 위하여 국회에 국회의원선거구획정위원회를, 자치구·시·군에 자치구·시·군의원선거구획정위원회를 각각 둔다. (×) [2015. 국가직 9급, 2014. 국가직 7급]
  - ✚PLUS 국회의원선거구획정위원회는 중앙선거관리위원회에 두고(제24조 제2항), 자치구·시·군의원선거구획정위원회는 시·도에 둔다(제24조의3 제1항).

제25조【국회의원지역구의 획정】✦✦ ① 국회의원지역구는 시·도의 관할구역 안에서 인구·행정구역·지리적 여건·교통·생활문화권 등을 고려하여 다음 각 호의 기준에 따라 획정한다.
1. 국회의원지역구 획정의 기준이 되는 인구는 선거일 전 15개월이 속하는 달의 말일 현재 「주민등록법」 제7조 제1항에 따른 주민등록표에 따라 조사한 인구로 한다.
2. 하나의 자치구·시·군의 일부를 분할하여 다른 국회의원지역구에 속하게 할 수 없다. 다만, 인구범위(인구비례 2:1의 범위를 말한다. 이하 이 조에서 같다)에 미달하는 자치구·시·군으로서 인접한 하나 이상의 자치구·시·군의 관할구역 전부를 합하는 방법으로는 그 인구범위를 충족하는 하나의 국회의원지역구를 구성할 수 없는 경우에는 그 인접한 자치구·시·군의 일부를 분할하여 구성할 수 있다.
② 국회의원지역구의 획정에 있어서는 제1항 제2호의 인구범위를 벗어나지 아니하는 범위에서 농산어촌의 지역대표성이 반영될 수 있도록 노력하여야 한다.
③ 국회의원지역구의 명칭과 그 구역은 별표 1과 같이 한다.

(1) 인구편차 ±50%를 기준으로 국회의원지역선거구를 정하고 있는 공직선거법상 국회의원지역선거구 구역표는 그 전체가 합치되지 않는다.
국회의원지역선거구의 인구편차의 기준을 인구편차 ±33⅓%, 인구비례 2 : 1을 넘어서지 않는 것으로 변경하는 것이 타당하다(헌재 2014.10.30, 2012헌마192).

> 기출지문

- 국회의원지역구는 시·도의 관할구역 안에서 인구·행정구역·지세·교통 기타 조건을 고려하여 법률상 기준에 따라 획정한다(제25조 제1항). [2018. 국가직 9급, 2014. 국가직 9급 변형]
- 국회의원지역구 획정의 기준이 되는 인구는 선거일 전 15개월이 속하는 달의 말일 현재 주민등록법 제7조 제1항에 따른 주민등록표에 따라 조사한 인구로 한다(제25조 제1항 제1호). [2017. 국가직 7급]
- 국회의원지역선거구를 획정할 때 인구비례 2 : 1의 범위에 미달하는 자치구·시·군으로서 인접한 하나 이상의 자치구·시·군의 관할구역 전부를 합하는 방법으로는 그 인구범위를 충족하는 하나의 국회의원지역구를 구성할 수 없는 경우에는 그 인접한 자치구·시·군의 일부를 분할하여 구성할 수 있다(제25조 제1항 제2호 단서). [2013. 국가직 7급 변형]

제26조【지방의회의원선거구의 획정】① 시·도의회의원지역선거구(이하 "시·도의원지역구"라 한다)는 인구·행정구역·지세·교통 그 밖의 조건을 고려하여 자치구·시·군(하나의 자치구·시·군이 2 이상의 국회의원지역구로 된 경우에는 국회의원지역구를 말하며, 행정구역의 변경으로 국회의원지역구와 행정구역이 합치되지 아니하게 된 때에는 행정구역을 말한다)을 구역으로 하거나 분할하여 이를 획정하되, 하나의 시·도의원지역구에서 선출할 지역구시·도의원정수는 1명으로 하며, 그 시·도의원지역구의 명칭과 관할구역은 별표 2와 같이 한다.

✦ ② 자치구·시·군의원지역구는 인구·행정구역·지세·교통 그 밖의 조건을 고려하여 획정하되, 하나의 자치구·시·군의원지역구에서 선출할 지역구자치구·시·군의원정수는 2인 이상 4인 이하로 하며, 그 자치구·시·군의원지역구의 명칭·구역 및 의원정수는 시·도조례로 정한다.

③ 제1항 또는 제2항의 규정에 따라 시·도의원지역구 또는 자치구·시·군의원지역구를 획정하는 경우 하나의 읍·면(「지방자치법」 제7조 제3항에 따라 행정면을 둔 경우에는 행정면을 말한다. 이하 같다)·동(「지방자치법」 제7조 제4항에 따라 행정동을 둔 경우에는 행정동을 말한다. 이하 같다)의 일부를 분할하여 다른 시·도의원지역구 또는 자치구·시·군의원지역구에 속하게 하지 못한다.

④ 자치구·시·군의원지역구는 하나의 시·도의원지역구 내에서 획정하여야 한다.

> 기출지문

- 지방의회의원 선거구획정에 관하여 국회 및 시·도의회의 광범한 재량이 인정된다고 하여도, 선거구획정이 헌법적 통제로부터 자유로울 수는 없으므로 그 재량에는 평등선거의 실현이라는 헌법적 한계가 존재한다(헌재 2009.3.26, 2006헌마14). [2017. 국가직 9급]
- 헌법재판소는 자치구·시·군의원지역선거구의 획정에 있어서 자치구·시·군의회의원 1인당 평균인구수 대비 상하 50%의 인구편차를 헌법상 허용되는 기준으로 삼고 있다(헌재 2018.6.28, 2014헌마166). [2016. 국가직 9급]
- 자치구·시·군의원지역구는 인구·행정구역·지세·교통 그 밖의 조건을 고려하여 획정하되, 하나의 자치구·시·군의원지역구에서 선출할 지역구자치구·시·군의원정수는 2인 이상 4인 이하로 하며, 그 자치구·시·군의원지역구의 명칭·구역 및 의원정수는 시·도조례로 정한다(제26조 제2항). [2016. 국가직 9급]

✦✦ **제27조 【임기 중 국회의원지역구를 변경한 때의 선거유예】** 인구의 증감 또는 행정구역의 변경에 따라 별표 1의 개정에 의한 국회의원지역구의 변경이 있더라도 임기만료에 의한 총선거를 실시할 때까지는 그 증감된 국회의원지역구의 선거는 이를 실시하지 아니한다.

> 기출지문

- 인구의 증감 또는 행정구역의 변경에 따라 국회의원지역구의 변경이 있더라도 임기만료에 의한 총선거를 실시할 때까지는 그 증감된 국회의원지역구의 선거는 이를 실시하지 아니한다(제27조). [2013. 국가직 7급]

✦ **제28조 【임기 중 지방의회의 의원정수의 조정 등】** 인구의 증감 또는 행정구역의 변경에 따라 지방의회의 의원정수·선거구 또는 그 구역의 변경이 있더라도 임기만료에 의한 총선거를 실시할 때까지는 그 증감된 선거구의 선거는 이를 실시하지 아니한다. 다만, 지방자치단체의 구역변경이나 설치·폐지·분할 또는 합병이 있는 때에는 다음 각 호에 의하여 당해 지방의회의 의원정수를 조정하고, 제3호 단서·제5호 또는 제6호의 경우에는 증원선거를 실시한다.
  1. 지방자치단체의 구역변경으로 선거구에 해당하는 구역의 전부가 다른 지방자치단체에 편입된 때에는 그 편입된 선거구에서 선출된 지방의회의원은 종전의 지방의회의원의 자격을 상실하고 새로운 지방의회의원의 자격을, 선거구에 해당하는 구역의 일부가 다른 지방자치단체에 편입된 때에는 그 편입된 구역이 속하게 된 선거구에서 선출된 지방의회의원은 그 구역이 변경된 날부터 14일 이내에 자신이 속할 지방의회를 선택하여 당해 지방의회에 서면으로 신고하여야 하며 그 선택한 지방의회가 종전의 지방의회가 아닌 때에는 종전의 지방의회의원의 자격을 상실하고 새로운 지방의회의원의 자격을 취득하되, 그 임기는 종전의 지방의회의원의 잔임기간

으로 하며, 그 재임기간에는 제22조(시·도의회의 의원정수) 또는 제23조(자치구·시·군의회의 의원정수)의 규정에 불구하고 그 재직의원수를 각각 의원정수로 한다. 이 경우 새로운 지방의회의원의 자격을 취득한 지방의회의원의 주민등록이 종전의 지방자치단체의 관할구역 안에 되어 있는 때에는 그 구역이 변경된 날부터 14일 이내에 새로운 지방자치단체의 관할구역으로 주민등록을 이전하여야 하며, 그 구역이 변경된 날부터 14일 이내에 자신이 속할 지방의회를 신고하지 아니한 때에는 그 구역이 변경된 날부터 14일이 되는 날 현재 당해 지방의회의원의 주민등록지를 관할하는 지방자치단체의 지방의회에 신고한 것으로 본다.

2. 2 이상의 지방자치단체가 합하여 새로운 지방자치단체가 설치된 때에는 종전의 지방의회의원은 같은 종류의 새로운 지방자치단체의 지방의회의원으로 되어 잔임기간 재임하며, 그 잔임기간에는 제22조 또는 제23조의 규정에 불구하고 그 재직의원수를 각각 의원정수로 한다.

3. 하나의 지방자치단체가 분할되어 2 이상의 지방자치단체가 설치된 때에는 종전의 지방의회 의원은 후보자등록 당시의 선거구를 관할하게 되는 지방자치단체의 지방의회의원으로 되어 잔임기간 재임하며, 그 잔임기간에는 제22조 또는 제23조의 규정에 불구하고 그 재직의원수를 각각 의원정수로 한다. 이 경우 비례대표시·도의원은 당해 시·도가 분할·설치된 날부터 14일 이내에 자신이 속할 시·도의회를 선택하여 당해 시·도의회에 서면으로 신고하여야 하고, 비례대표자치구·시·군의원은 당해 자치구·시·군이 분할·설치된 날부터 14일 이내에 자신이 속할 자치구·시·군의회를 선택하여 당해 자치구·시·군의회에 서면으로 신고하여야 한다. 다만, 재직의원수가 제22조 또는 제23조의 규정에 의한 새로운 의원정수의 3분의 2에 미달하는 때에는 의원정수에 미달하는 수만큼의 증원선거를 실시한다.

4. 시가 광역시로 된 때에는 종전의 시의회의원과 당해 지역에서 선출된 도의회의원은 종전의 지방의회의원의 자격을 각각 상실하고 광역시의회의원의 자격을 취득하되, 그 임기는 종전의 도의회의원의 잔임기간으로 하며, 그 잔임기간에는 제22조의 규정에 불구하고 그 재직의원수를 의원정수로 한다.

5. 읍 또는 면이 시로 된 때에는 시의회를 새로 구성하되, 최초로 선거하는 의원의 수는 당해 시·도의 자치구·시·군의원선거구획정위원회가 새로 정한 의원정수로부터 당해 지역에서 이미 선출된 군의회의원정수를 뺀 수로 하고, 종전의 당해 지역에서 선출된 군의회의원은 시의회의원이 된다. 이 경우 새로 선출된 의원정수를 합한 수를 제23조의 규정에 따른 시·도별 자치구·시·군의회의원의 총정수로 한다.

6. 제4호의 경우 자치구가 아닌 구가 자치구로 된 때에는 자치구의회를 새로 구성하며, 그 의원정수는 당해 시·도의 자치구·시·군의원선거구획정위원회가 새로 정한다. 이 경우 새로 정한 의원 정수를 합한 수를 제23조의 규정에 따른 시·도별자치구·시·군의회의원의 총정수로 한다.

기출지문

◎ 하나의 지방자치단체가 분할되어 2 이상의 지방자치단체가 설치된 때에는 종전의 지방의회의원은 후보자등록 당시의 선거구를 관할하게 되는 지방자치단체의 지방의회의원으로 되어 잔임기간 그 재직의원수를 각각 의원정수로 한다(제28조 제3호). [2018 · 2016. 국가직 7급]

제29조 【지방의회의원의 증원선거】 ① 제28조(임기중 지방의회의 의원정수의 조정 등) 제3호 단서 · 제5호 또는 제6호의 규정에 의한 증원선거는 제22조(시 · 도의회의 의원정수) · 제23조(자치구 · 시 · 군의회의 의원정수) 또는 제26조(지방의회의원선거구의 획정)의 규정에 의하여 새로 획정한 선거구에 의하되, 종전 지방의회의원이 없거나 종전 지방의회의원의 수가 그 선거구의 의원정수에 미달되는 선거구에 대하여 실시한다.
② 제1항의 선거구획정에 있어서 종전 지방의회의원의 선거구는 그 의원의 후보자등록 당시의 주소지를 관할하는 선거구로 하며, 새로 획정한 하나의 선거구 안에 종전 지방의회의원의 수가 그 선거구의 새로 정한 의원정수를 넘는 때에는 임기만료에 의한 총선거를 실시할 때까지 제22조 또는 제23조의 규정에 불구하고 그 넘는 의원수를 합한 수를 당해 선거구의 의원정수로 한다.
③ 제1항의 증원선거에 관한 사무는 당해 구 · 시 · 군선거관리위원회가 설치되지 아니한 경우에는 시 · 도선거관리위원회가 지정하거나 그 구역을 관할하던 종전의 구 · 시 · 군선거관리위원회로 하여금 그 선거사무를 행하게 할 수 있다.

(1) 예외적 증원선거 실시사유
① 하나의 지방자치단체가 분할되어 2 이상의 지방자치단체로 설치된 경우에 새로 설치된 지방자치단체의 재직의원의 수가 법규상의 의원정수의 3분의 2에 미달하는 때에는 그 수만큼의 증원선거를 실시
② 읍 또는 면이 시로 된 경우에 새로 구성된 시의회의 시의회의원(종전의 군의회의원)의 수가 법규상의 시의회 의원정수에 미달하는 때에는 그 수만큼의 증원선거를 실시
③ 자치구가 아닌 구가 자치구로 된 경우에 새로 구성된 자치구의회의 법규상의 의원정수에 해당하는 수만큼의 증원선거를 실시

> **기출지문**
>
> ☒ 읍 또는 면이 시로 된 때에는 시의회를 새로 구성하되, 최초로 선거하는 의원의 수는 당해 시·도의 자치구·시·군의원선거구획정위원회가 새로 정한 의원정수로부터 당해 지역에서 이미 선출된 군의회의원정수를 뺀 수로 하되, 증원선거는 실시하지 않는다. (×)
> [2016. 국가직 7급]
>
> ✚ PLUS  읍 또는 면이 시로 된 때에는 시의회를 새로 구성하되, 최초로 선거하는 의원의 수는 당해 시·도의 자치구·시·군의원선거구획정위원회가 새로 정한 의원정수로부터 당해 지역에서 이미 선출된 군의회의원정수를 뺀 수로 하고, 종전의 당해 지역에서 선출된 군의회의원은 시의회의원이 된다. 이 경우 새로 선출된 의원정수를 합한 수를 제23조의 규정에 따른 시·도별 자치구·시·군의회의원의 총정수로 한다(공직선거법 제28조 제5호). 제28조(임기중 지방의회의 의원정수의 조정 등) 제5호의 규정에 의한 증원선거는 제22조(시·도의회의 의원정수)·제23조(자치구·시·군의회의 의원정수) 또는 제26조(지방의회의원선거구의 획정)의 규정에 의하여 새로 획정한 선거구에 의하되, 종전 지방의회의원이 없거나 종전 지방의회의원의 수가 그 선거구의 의원정수에 미달되는 선거구에 대하여 실시한다(제29조 제1항).

**제30조【지방자치단체의 폐치·분합시의 선거 등】** ① 지방자치단체의 설치·폐지·분할 또는 합병이 있는 때에는 다음 각 호에 의하여 당해 지방자치단체의 장을 선거한다.
1. 시·자치구 또는 광역시가 새로 설치된 때에는 당해 지방자치단체의 장은 새로 선거를 실시한다.
2. 하나의 지방자치단체가 분할되어 2 이상의 같은 종류의 지방자치단체로 된 때에는 종전의 지방자치단체의 장은 새로 설치된 지방자치단체중 종전의 지방자치단체의 사무소가 위치한 지역을 관할하는 지방자치단체의 장으로 되며, 그 다른 지방자치단체의 장은 새로 선거를 실시한다. 이 경우 종전의 지방자치단체의 사무소가 다른 지방자치단체의 관할구역 안에 있는 때에는 지방자치단체의 분할에 관한 법률제정시 새로 선거를 실시할 지방자치단체를 정하여야 한다.
3. 2 이상의 같은 종류의 지방자치단체가 합하여 새로운 지방자치단체가 설치된 때에는 종전의 지방자치단체의 장은 그 직을 상실하고, 새로운 지방자치단체의 장에 대해서는 새로 선거를 실시한다.
4. 지방자치단체가 다른 지방자치단체에 편입됨으로 인하여 폐지된 때에는 그 폐지된 지방자치단체의 장은 그 직을 상실한다.

② 지방자치단체의 명칭만 변경된 경우에는 종전의 지방자치단체의 장은 변경된 지방자치단체의 장이 되며, 변경 당시의 잔임기간 재임한다.

③ 이 법에서 "같은 종류의 지방자치단체"라 함은 「지방자치법」 제2조(지방자치단체의 종류) 제1항에 의한 같은 종류의 지방자치단체를 말한다.

> 기출지문

- ◎ 시·자치구 또는 광역시가 새로 설치된 때에는 당해 지방자치단체의 장은 새로 선거를 실시한다(제30조 제1항 제1호). [2017. 국가직 9급]
- ◎ 하나의 지방자치단체가 분할되어 2 이상의 같은 종류의 지방자치단체로 된 때에는 종전의 지방자치단체의 장은 새로 설치된 지방자치단체 중 종전의 지방자치단체의 사무소가 위치한 지역을 관할하는 지방자치단체의 장이 된다(제30조 제1항 제2호). [2017. 국가직 9급]
- ◎ 지방자치단체가 다른 지방자치단체에 편입됨으로 인하여 폐지된 때에는 그 폐지된 지방자치단체의 장은 그 직을 상실한다(제30조 제1항 제4호). [2015. 국가직 7급]
- ✕ 2개의 같은 종류의 지방자치단체가 합하여 새로운 지방자치단체가 설치된 경우 종전의 지방자치단체의 장은 그 직을 상실하지 않는다. (✕) [2015. 국가직 7급]
  - ⁺PLUS 2 이상의 같은 종류의 지방자치단체가 합하여 새로운 지방자치단체가 설치된 때에는 종전의 지방자치단체의 장은 그 직을 상실하고, 새로운 지방자치단체의 장에 대해서는 새로 선거를 실시한다(제30조 제1항 제3호).
- ✕ 지방자치단체의 명칭만 변경된 경우라도 새로 선거를 실시하므로 종전의 지방자치단체의 장은 당시의 잔임기간 동안 변경된 지방자치단체의 장이 될 수 없다. (✕) [2015. 국가직 7급]
  - ⁺PLUS 지방자치단체의 명칭만 변경된 경우에는 종전의 지방자치단체의 장은 변경된 지방자치단체의 장이 되며, 변경 당시의 잔임기간 재임한다(제30조 제2항).

✦ **제31조【투표구】** ✦ ① 읍·면·동에 투표구를 둔다.

② 구·시·군선거관리위원회는 하나의 읍·면·동에 2 이상의 투표구를 둘 수 있다. 이 경우 읍·면의 리(「지방자치법」 제7조 제4항에 따라 행정리를 둔 경우에는 행정리를 말한다. 이하 같다)의 일부를 분할하여 다른 투표구에 속하게 할 수 없다.

✦ ③ 투표구를 설치 또는 변경하거나 선거를 실시하는 때에는 구·시·군선거관리위원회는 중앙선거관리위원회규칙이 정하는 바에 따라 투표구의 명칭과 그 구역을 공고하여야 한다.

**제32조【구역의 변경 등】** ① 제37조(명부작성) 제1항의 선거인명부작성기준일부터 선거일까지의 사이에 선거구의 구역·행정구역 또는 투표구의 구역이 변경된 경우에도 당해 선거에 관한 한 그 구역은 변경되지 아니한 것으로 본다.

② 지방자치단체나 그 행정구역의 관할구역의 변경없이 그 명칭만 변경된 경우에는 별표 1·별표 2·별표 3 및 제26조(지방의회의원선거구의 획정) 제2항의 규정에 의한 시·도조례 중 국회의원지역구명·선거구명 및 그 구역의 행정구역명은 변경된 지방자치단체명이나 행정구역명으로 변경된 것으로 본다.

# 제 4 장  선거기간과 선거일

✦✦ **제33조 【선거기간】** ① 선거별 선거기간은 다음 각 호와 같다.
1. 대통령선거는 23일
2. 국회의원선거와 지방자치단체의 의회의원 및 장의 선거는 14일
3. 삭제 〈2002.3.7.〉

② 삭제 〈2004.3.12.〉

③ "선거기간"이란 다음 각 호의 기간을 말한다.
1. 대통령선거 : 후보자등록마감일의 다음 날부터 선거일까지
2. 국회의원선거와 지방자치단체의 의회의원 및 장의 선거 : 후보자등록마감일 후 6일부터 선거일까지

> **기출지문**
>
> ○ 대통령선거의 선거기간은 23일이며, 국회의원선거의 선거기간은 14일이다(제33조 제1항).
> [2023·2016. 국가직 9급]
>
> ○ 지방자치단체 의회의원 선거의 선거기간은 ( 14 )일이다(제33조 제1항). [2016. 국가직 9급]
>
> ✕ 대통령선거와 국회의원선거의 선거기간은 후보자등록 마감일의 다음 날부터 선거일까지이다. (✕) [2023. 국가직 9급, 2017. 국가직 7급]
>
> ⁺PLUS 대통령선거의 선거기간은 후보자등록마감일의 다음 날부터 선거일까지, 국회의원선거와 지방자치단체의 의회의원 및 장의 선거의 선거기간은 후보자등록마감일 후 6일부터 선거일까지이다(제33조 제3항). [2018. 국가직 9급]

✦✦✦ **제34조 【선거일】** ① 임기만료에 의한 선거의 선거일은 다음 각 호와 같다.
1. 대통령선거는 그 임기만료일 전 70일 이후 첫번째 수요일
2. 국회의원선거는 그 임기만료일 전 50일 이후 첫번째 수요일
3. 지방의회의원 및 지방자치단체의 장의 선거는 그 임기만료일 전 30일 이후 첫번째 수요일

② 제1항의 규정에 의한 선거일이 국민생활과 밀접한 관련이 있는 민속절 또는 공휴일인 때와 선거일 전일이나 그 다음날이 공휴일인 때에는 그 다음주의 수요일로 한다. (▶ 한식 ✕)

> 기출지문

> ◎ 국회의원의 임기만료에 의한 선거의 선거일은 그 임기 만료일 전 ( 50 )일 이후 첫번째 수요일로 한다(제34조 제1항 제2호).

**제35조 【보궐선거 등의 선거일】** ① 대통령의 궐위로 인한 선거 또는 재선거(제3항의 규정에 의한 재선거를 제외한다. 이하 제2항에서 같다)는 그 선거의 실시사유가 확정된 때부터 60일 이내에 실시하되, 선거일은 늦어도 선거일 전 50일까지 대통령 또는 대통령권한대행자가 공고하여야 한다.

② 보궐선거·재선거·증원선거와 지방자치단체의 설치·폐지·분할 또는 합병에 의한 지방자치단체의 장 선거의 선거일은 다음 각 호와 같다.

1. 국회의원·지방의회의원의 보궐선거·재선거 및 지방의회의원의 증원선거는 매년 1회 실시하고, 지방자치단체의 장의 보궐선거·재선거는 매년 2회 실시하되, 다음 각 목에 따라 실시한다. 이 경우 각 목에 따른 선거일에 관하여는 제34조 제2항을 준용한다.

   가. 국회의원·지방의회의원의 보궐선거·재선거 및 지방의회의원의 증원선거는 4월 첫 번째 수요일에 실시한다. 다만, 3월 1일 이후 실시사유가 확정된 선거는 그 다음 연도의 4월 첫 번째 수요일에 실시한다.

   나. 지방자치단체의 장의 보궐선거·재선거 중 전년도 9월 1일부터 2월 말까지 실시사유가 확정된 선거는 4월 첫 번째 수요일에 실시한다.

   다. 지방자치단체의 장의 보궐선거·재선거 중 3월 1일부터 8월 31일까지 실시사유가 확정된 선거는 10월 첫 번째 수요일에 실시한다.

2. 지방자치단체의 설치·폐지·분할 또는 합병에 따른 지방자치단체의 장 선거는 그 선거의 실시사유가 확정된 때부터 60일 이내의 기간 중 관할선거구선거관리위원회 위원장이 해당 지방자치단체의 장(직무대행자를 포함한다)과 협의하여 정하는 날. 이 경우 관할선거구선거관리위원회 위원장은 선거일 전 30일까지 그 선거일을 공고하여야 한다.

✦✦ ③ 제197조(선거의 일부무효로 인한 재선거)의 규정에 의한 재선거는 확정판결 또는 결정의 통지를 받은 날부터 30일 이내에 실시하되, 관할선거구선거관리위원회가 그 재선거일을 정하여 공고하여야 한다.

④ 이 법에서 "보궐선거 등"이라 함은 제1항 내지 제3항 및 제36조(연기된 선거 등의 선거일)의 규정에 의한 선거를 말한다.

⑤ 이 법에서 "선거의 실시사유가 확정된 때"라 함은 다음 각 호에 해당하는 날을 말한다.

1. 대통령의 궐위로 인한 선거는 그 사유가 발생한 날
2. 지역구국회의원의 보궐선거는 중앙선거관리위원회, 지방의회의원 및 지방자치단체의 장의 보궐선거는 관할선거구선거관리위원회가 그 사유의 통지를 받은 날

3. 재선거는 그 사유가 확정된 날(법원의 판결 또는 결정에 의하여 확정된 경우에는 관할선거구선거관리위원회가 그 판결이나 결정의 통지를 받은 날). 이 경우 제195조(재선거) 제2항의 규정에 의한 재선거에 있어서는 보궐선거의 실시사유가 확정된 때를 재선거의 실시사유가 확정된 때로 본다.
4. 지방의회의원의 증원선거는 새로 정한 선거구에 관한 별표 2 또는 시·도조례의 효력이 발생한 날
5. 지방자치단체의 설치·폐지·분할 또는 합병에 의한 지방자치단체의 장 선거는 당해 지방자치단체의 설치·폐지·분할 또는 합병에 관한 법률의 효력이 발생한 날
6. 연기된 선거는 제196조(선거의 연기) 제3항의 규정에 의하여 그 선거의 연기를 공고한 날
7. 재투표는 제36조의 규정에 의하여 그 재투표일을 공고한 날

(1) 선거별 선거실시기한

| 구분 | 선거실시기한 | 공고권자 | 공고기한 |
| --- | --- | --- | --- |
| 대통령의 궐위로 인한 선거·재선거 | 선거의 실시사유가 확정된 때부터 60일 이내 | 대통령 또는 대통령권한대행자 | 늦어도 선거일 전 50일 |
| 지방자치단체의 폐치·분합시의 지방자치단체장 선거 | 선거의 실시사유가 확정된 때부터 60일 이내 | 관할선거구선관위원장이 지방자치단체장과 협의 | 늦어도 선거일 전 30일까지 |
| 선거의 일부 무효로 인한 재선거 | 확정판결 또는 결정의 통지를 받은 날부터 30일 이내 | 관할선거구선거관리위원회 | 늦어도 선거기간개시일 전일까지 |

### 기출지문

- ⭕ 선거의 일부무효로 인한 재선거는 확정판결 또는 결정의 통지를 받은 날부터 30일 이내에 실시하되, 관할선거구선거관리위원회가 그 재선거일을 정하여 공고하여야 한다(제35조 제3항). [2016 · 2014. 국가직 9급]
- ⭕ 대통령의 궐위로 인한 선거는 그 사유가 발생한 날을 선거의 실시사유가 확정된 때로 본다(제35조 제5항 제1호). [2015. 국가직 7급]
- ⭕ 법원의 판결에 의하여 재선거가 확정된 경우에는 관할선거구선거관리위원회가 그 판결의 통지를 받은 날을 선거의 실시사유가 확정된 때로 본다(제35조 제5항 제3호). [2015. 국가직 7급]
- ⭕ 천재·지변 등으로 인한 재투표는 그 재투표일을 공고한 날을 그 실시사유가 확정된 때로 본다(제35조 제5항 제7호). [2015. 국가직 7급]
- ❌ 지방자치단체의 설치·폐지·분할 또는 합병에 의한 지방자치단체의 장 선거는 그 선거의 실시사유가 확정된 때부터 60일 이내에 실시하되, 선거일은 관할선거구선거관리위원회위원장이 해당 지방자치단체의 장과 협의하여 선거일 전 20일까지 공고하여야 한다. (×) [2016. 국가직 9급]
  - **PLUS** 지방자치단체의 설치·폐지·분할 또는 합병에 따른 지방자치단체의 장 선거는 그 선거의 실시사유가 확정된 때부터 60일 이내의 기간 중 관할선거구선거관리위원회 위원장이 해당 지방자치단체의 장(직무대행자를 포함한다)과 협의하여 정하는 날에 실시한다. 이 경우 관할선거구선거관리위원회 위원장은 선거일 전 30일까지 그 선거일을 공고하여야 한다(제35조 제2항 제2호).
- ❌ 지역구국회의원의 보궐선거는 해당 선거구역을 관할하는 구·시·군선거관리위원회가 그 사유의 통지를 받은 날을 선거의 실시사유가 확정된 때로 본다. (×) [2015. 국가직 7급]
  - **PLUS** 지역구국회의원의 보궐선거는 중앙선거관리위원회가 그 사유의 통지를 받은 날을 선거의 실시사유가 확정된 때로 본다(제35조 제5항 제2호).
- ❌ 지방자치단체의 설치·폐지·분할 또는 합병에 의한 지방자치단체의 장 선거는 당해 지방자치단체의 설치·폐지·분할 또는 합병에 관한 법률이 공포된 날을 선거의 실시사유가 확정된 때로 본다. (×) [2023 · 2015. 국가직 7급]
  - **PLUS** 지방자치단체의 설치·폐지·분할 또는 합병에 의한 지방자치단체의 장 선거는 당해 지방자치단체의 설치·폐지·분할 또는 합병에 관한 법률의 효력이 발생한 날을 선거의 실시사유가 확정된 때로 본다(제35조 제5항 제5호).

✦✦ **제36조【연기된 선거 등의 선거일】** 제196조(선거의 연기)의 규정에 의한 연기된 선거를 실시하는 때에는 대통령선거 및 국회의원선거에 있어서는 대통령이, 지방의회의원 및 지방자치단체의 장의 선거에 있어서는 관할선거구선거관리위원회위원장이 각각 그 선거일을 정하여 공고하여야 하며, 제198조(천재·지변 등으로 인한 재투표)의 규정에 의한 재투표를 실시하는 때에는 관할선거구선거관리위원회위원장이 재투표일을 정하여 공고하여야 한다.

# 제5장 선거인명부

**제37조【명부작성】** ① 선거를 실시하는 때마다 구(자치구가 아닌 구를 포함한다)·시(구가 설치되지 아니한 시를 말한다)·군(이하 "구·시·군"이라 한다)의 장은 대통령선거에서는 선거일 전 28일, 국회의원선거와 지방자치단체의 의회의원 및 장의 선거에서는 선거일 전 22일(이하 "선거인명부작성기준일"이라 한다) 현재 제15조에 따라 그 관할 구역에 주민등록이 되어 있는 선거권자(지방자치단체의 의회의원 및 장의 선거의 경우 제15조 제2항 제3호에 따른 외국인을 포함하고, 제218조의13에 따라 확정된 재외선거인명부 또는 다른 구·시·군의 국외부재자신고인명부에 올라 있는 사람은 제외한다)를 투표구별로 조사하여 선거인명부작성기준일부터 5일 이내(이하 "선거인명부작성기간"이라 한다)에 선거인명부를 작성하여야 한다. 이 경우 제218조의13에 따라 확정된 국외부재자신고인명부에 올라 있는 사람은 선거인명부의 비고란에 그 사실을 표시하여야 한다.
② 선거인명부에는 선거권자의 성명·주소·성별 및 생년월일 기타 필요한 사항을 기재하여야 한다.
③ 누구든지 같은 선거에 있어 2 이상의 선거인명부에 오를 수 없다.
④ 구·시·군의 장은 선거인명부를 작성한 때에는 즉시 그 전산자료 복사본을 관할구·시·군선거관리위원회에 송부하여야 한다.
⑤ 하나의 투표구의 선거권자의 수가 1천인을 넘는 때에는 그 선거인명부를 선거인수가 서로 엇비슷하게 분철할 수 있다.
⑥ 제1항의 규정에 의한 선거인명부의 작성은 전산조직에 의할 수 있다.
⑦ 행정안전부장관은 제1항에 따른 선거인명부의 작성을 지원하기 위하여 「주민등록법」 제7조의2제1항에 따른 주민등록번호, 「출입국관리법」 제31조제5항에 따른 외국인등록번호 및 「재외동포의 출입국과 법적 지위에 관한 법률」 제7조제1항에 따른 국내거소신고번호를 처리할 수 있고, 처리한 사항을 구·시·군의 장 등에게 제공할 수 있다. 이 경우 행정안전부장관은 관계 행정기관의 장 또는 그 밖의 공공기관의 장에게 필요한 자료를 요청할 수 있고, 요청을 받은 자는 특별한 사유가 없으면 이에 따라야 한다. 〈신설 2022.1.21.〉
⑧ 선거인명부의 서식 기타 필요한 사항은 중앙선거관리위원회규칙으로 정한다. 〈개정 2022.1.21.〉

(1) 선거인 명부작성방법의 종류 : 영구명부제와 수시명부제
  ① 영구명부제
    일정한 시기에 작성하여 일정한 기간 동안 그 효력을 지속시켜 그 기간 내에 실시되는 모든 선거에 사용하는 명부제도로서 정기적으로 명부에 정정·증보를 가하여 영구 비치하는 영구명부제와 일정한 기간마다 명부를 작성하여 일정한 기간 동안 비치하는 정기명부제가 있다.
  ② 수시명부제
    개개의 선거에 대하여 선거가 실시될 때마다 수시로 작성하여 사용하는 명부제도로서 우리나라는 이 제도를 채택하고 있다.
(2) 선거인명부 작성권자
  구(자치구가 아닌 구를 포함한다)·시(구가 설치되지 아니한 시를 말한다)·군의 장이 선거인명부를 작성하여야 한다.

**기출지문**

- 선거인명부는 구·구가 설치되지 아니한 시·군의 장이 작성한다(제37조 제1항).
  [2023·2018·2015. 국가직 7급]
- 선거인명부에는 선거권자의 성명·주소·성별 및 생년월일 기타 필요한 사항을 기재하여야 한다(제37조 제2항). [2015. 국가직 9급]
- 누구든지 같은 선거에 있어 2 이상의 선거인명부에 오를 수 없다(제37조 제3항).
  [2015. 국가직 9급]
- ✗ 지역구국회의원이 궐원되어 실시하는 보궐선거에서는 당초 임기만료선거에 사용된 선거인명부를 사용한다. (✗) [2013. 국가직 9급]
  ⁺PLUS 선거인명부는 선거를 실시할 때마다 작성하여야 한다(제37조 제1항).

✦✦ **제38조【거소·선상투표신고】** ① 선거인명부에 오를 자격이 있는 국내에 거주하는 사람으로서 제4항 제1호부터 제5호까지 또는 제5호의2에 해당하는 사람(제15조 제2항 제3호에 따른 외국인은 제외한다)은 선거인명부작성기간 중 구·시·군의 장에게 서면이나 해당 구·시·군이 개설·운영하는 인터넷 홈페이지를 통하여 신고(이하 "거소투표신고"라 한다)를 할 수 있다. 이 경우 우편에 의한 거소투표신고는 등기우편으로 처리하되, 그 우편요금은 국가 또는 해당 지방자치단체가 부담한다. 〈개정 2009.2.12, 2014.1.17, 2022.2.15.〉
② 대통령선거와 임기만료에 따른 국회의원선거에서 선거인명부에 오를 자격이 있는 사람으로서 다음 각 호의 어느 하나에 해당하는 선박에 승선할 예정이거나 승선하고 있는 선원이 사전투

표소 및 투표소에서 투표할 수 없는 경우 선거인명부작성기간 중 구·시·군의 장에게 서면[승선하고 있는 선원이 해당 선박에 설치된 팩시밀리(전자적 방식을 포함한다. 이하 같다)로 신고하는 경우를 포함한다]이나 제1항에 따른 인터넷 홈페이지를 통하여 신고(이하 "선상투표신고"라 한다)를 할 수 있다. 이 경우 우편에 의한 방법으로 선상투표신고를 하는 경우에는 제1항 후단을 준용한다. 〈신설 2012.2.29, 2013.3.23, 2014.1.17, 2015.8.13, 2018.4.6, 2022.2.16.〉

1. 다음 각 목의 어느 하나에 해당하는 선박으로서 대한민국 국민이 선장을 맡고 있는「선박법」제2조에 따른 대한민국 선박[대한민국국적취득조건부 나용선(裸傭船)을 포함한다]
    가.「원양산업발전법」제6조 제1항에 따라 해양수산부장관의 허가를 받아 원양어업에 사용되는 선박
    나.「해운법」제4조 제1항에 따라 해양수산부장관의 면허를 받아 외항 여객운송사업에 사용되는 선박
    다.「해운법」제24조 제2항에 따라 해양수산부장관에게 등록하여 외항 화물운송사업에 사용되는 선박
2.「해운법」제33조 제1항에 따라 해양수산부장관에게 등록하여 선박관리업을 경영하는 자가 관리하는 외국국적 선박 중 대한민국 국민이 선장을 맡고 있는 선박

③ 거소투표신고 또는 선상투표신고를 하려는 사람은 해당 신고서에 다음 각 호의 사항을 적어야 하고, 제4항 제1호 및 제2호에 해당하는 사람은 소속기관이나 시설의 장의, 제4항 제3호에 해당하는 사람(「장애인복지법」제32조에 따라 등록된 장애인은 제외한다)은 통·리 또는 반의 장의, 제4항제5호의2에 해당하는 사람으로서 입원치료, 시설치료 또는 시설격리 중인 사람은 해당 시설의 장의, 제4항 제6호에 해당하는 선원은 해당 선박 소유자(제2항 제2호에 따른 선박의 경우에는 선박관리업을 경영하는 자를 말한다) 또는 해당 선박 선장의 확인을 받아야 한다. 이 경우 구·시·군의 장은 선거인명부작성기준일 전 10일까지 제4항 제3호에 해당하는 사람 중에서「장애인복지법」제32조에 따라 등록된 장애인에게 거소투표신고에 관한 안내문과 거소투표신고서를 발송하여야 한다. 〈개정 2004.3.12, 2005.8.4, 2008.2.29, 2009.2.12, 2012.2.29, 2014.1.17, 2015.8.13, 2022.2.16.〉

1. 거소투표 또는 선상투표 사유
2. 성명, 성별, 생년월일
3. 주소, 거소(제4항 제6호에 해당하는 선원의 경우 해당 선박의 명칭과 팩시밀리 번호를 말한다)

④ 다음 각 호의 어느 하나에 해당하는 사람은 거소(제6호에 해당하는 선원의 경우 선상을 말한다)에서 투표할 수 있다. 〈개정 2004.3.12, 2005.8.4, 2012.2.29, 2014.1.17, 2022.2.16.〉

1. 법령에 따라 영내 또는 함정에 장기기거하는 군인이나 경찰공무원 중 사전투표소 및 투표소에 가서 투표할 수 없을 정도로 멀리 떨어진 영내(營內) 또는 함정에 근무하는 자
2. 병원·요양소·수용소·교도소 또는 구치소에 기거하는 사람

3. 신체에 중대한 장애가 있어 거동할 수 없는 자
4. 사전투표소 및 투표소에 가기 어려운 멀리 떨어진 외딴 섬 중 중앙선거관리위원회규칙으로 정하는 섬에 거주하는 자
5. 사전투표소 및 투표소를 설치할 수 없는 지역에 장기기거하는 자로서 중앙선거관리위원회규칙으로 정하는 자
5의2. 격리자등
6. 제2항에 해당하는 선원

✚✚ ⑤ 거소투표신고 또는 선상투표신고가 있는 때에는 구·시·군의 장은 해당 신고서의 신고사항을 확인한 후 정당한 거소투표신고 또는 선상투표신고인 때에는 선거인명부에 이를 표시하고 거소투표신고인명부와 선상투표신고인명부(이하 "거소·선상투표신고인명부"라 한다)를 각각 따로 작성하여야 한다. [개정 2014.1.17]

⑥ 구·시·군의 장은 거소·선상투표신고인명부를 작성한 때에는 즉시 그 등본(전산자료 복사본을 포함한다) 각 1통을 관할구·시·군선거관리위원회에 송부하여야 한다. [개정 2009.2.12, 2012.2.29, 2014.1.17]

⑦ 제37조(명부작성) 제6항의 규정은 거소·선상투표신고인명부의 작성에 이를 준용한다. [개정 2012.2.29, 2014.1.17]

⑧ 거소투표신고서·선상투표신고서의 서식, 거소·선상투표신고인명부의 서식, 거소투표·선상투표 사유의 확인절차, 그 밖에 필요한 사항은 중앙선거관리위원회규칙으로 정한다.

(1) 헌재 2007.6.28, 2004헌마644
① 국내거주자에게만 부재자 신고를 허용하는 것은 재외국민의 선거권 침해
② 국내거주 재외국민이 지방선거선거권 제한은 국내거주 재외국민의 지방의회의원선거권 침해
③ 주민등록을 요건으로 재외국민의 국정선거권 제한은 선거권 침해

(2) 헌재 2007.6.28, 2005헌마772
해상에 장기기거하는 선원들은 부재자투표 대상자로 규정하지 않은 것은 선거권 침해(헌법불합치결정)

(3) 거소·선상투표 대상

| 거소·선상투표 대상자 | 거소·선상투표신고서 확인자 |
|---|---|
| • 법령에 따라 영내 또는 함정에 장기기거하는 군인이나 경찰공무원 중 사전투표소 및 투표소에 가서 투표할 수 없을 정도로 멀리 떨어진 영내 또는 함정에 근무하는 자<br>• 병원·요양소·수용소·교도소 또는 구치소에 기거하는 사람 | 소속기관이나 시설의 장 |

| | |
|---|---|
| 신체에 중대한 장애가 있어 거동할 수 없는 자(장애인등록자 제외) | 통·리 또는 반의 장 |
| 선상투표 신고한 선원 | 해당 선박 선장 |
| • 사전투표소 및 투표소에 가기 어려운 멀리 떨어진 외딴 섬 중 중앙선거관리위원회규칙으로 정하는 섬에 거주하는 자<br>• 사전투표소 및 투표소를 설치할 수 없는 지역에 장기기거하는 자로서 중앙선거관리위원회규칙으로 정하는 자 | 공직선거관리규칙 |

### 기출지문

- 해운법에 따라 해양수산부장관의 면허를 받아 외항 여객운송사업에 사용되는 선박(대한민국 국민이 선장을 맡고 있는 선박법 제2조에 따른 대한민국 선박)에 승선한 선원이 선거권을 가진 경우, 임기만료에 따른 국회의원선거에서 사전투표소 및 투표소에 가서 투표할 수 없을 때 선거인명부작성기간 중 팩시밀리로 선상 투표신고를 할 수 있다(제38조 제2항). [2017. 국가직 7급]
- 거소투표의 사유, 성명, 성별, 생년월일, 주소, 거소는 모두 거소투표신고를 위한 신고서의 필요적 기재사항이다(제38조 제3항). [2014. 국가직 7급]
- 대통령 선거에서 신체에 중대한 장애가 있어 거동할 수 없는 자는 자택 등 자신의 거소에서 투표할 수 있다(제38조 제4항 제3호). [2015. 국가직 9급]
- 장애인복지법에 따라 등록된 장애인이 아니라도 신체에 중대한 장애가 있어 거동할 수 없는 사람은 거소에서 투표할 수 있다(제38조 제4항 제3호). [2013. 국가직 9급]
- 선거권이 있는 국내거주 외국인도 선거일에 투표소에서 투표할 수 없는 경우에는 거소투표신고를 하고 거소투표를 할 수 있다. (×) [2015. 국가직 7급]
  - PLUS 출입국관리법 제10조에 따른 영주의 체류자격 취득일 후 3년이 경과한 18세 이상의 외국인으로서 해당 지방자치단체의 외국인등록대장에 올라 있는 사람은 지방자치단체의 의회의원 및 장의 선거권을 갖는데, 거소투표는 할 수 없다(제38조 제1항).
- 「장애인복지법」 제32조에 따라 등록된 장애인이 거소투표신고를 하려는 경우에는 해당 통·리 또는 반의 장의 확인을 받아야 한다. (×) [2014. 국가직 7급]
  - PLUS 「장애인복지법」 제32조에 따라 등록된 장애인이 거소투표신고를 하려는 경우에는 해당 통리 또는 반의 장의 확인을 받을 필요없다(제38조 제3항).
- 구·시·군의 장은 선거인명부작성기준일 전 10일까지 신체에 중대한 장애가 있어 거동할 수 없는 자에게 거소투표신고에 관한 안내문과 거소투표신고서를 발송하여야 한다. (×) [2015. 국가직 9급]
  - PLUS 구·시·군의 장은 선거인명부작성기준일 전 10일까지 신체에 중대한 장애가 있어 거동할 수 없는 사람 중에서 「장애인복지법」 제32조에 따라 등록된 장애인에게 거소투표신고에 관한 안내문과 거소투표신고서를 발송하여야 한다(제38조 제3항).

- ☒ 병원 또는 요양소에 기거하는 선거권자 중에서 거동할 수 없는 사람만이 시설의 장의 확인을 받아 거소투표를 할 수 있다. (×) [2017. 국가직 7급]
  - ⁺PLUS 병원·요양소에 기거하는 선거권자는 시설의 장의 확인을 받아 거소투표를 할 수 있다 (제38조 제4항 제2호).
- ☒ 사전투표소 및 투표소에 가기 어려운 멀리 떨어진 외딴 섬에 거주하는 자는 해당 구·시·군의 장의 허락을 받아야 거소에서 투표할 수 있다. (×) [2014. 국가직 7급]
  - ⁺PLUS 사전투표소 및 투표소에 가기 어려운 멀리 떨어진 외딴 섬 중 중앙선거관리위원회규칙으로 정하는 섬에 거주하는 자는 거소투표를 신고하고 거소투표할 수 있다(제38조 제4항 제4호). 해당 구·시·군의 장의 허락을 요하지 않는다.
- ☒ 거소투표신고와 선상투표신고가 있는 경우 구·시·군의 장은 해당 신고서의 신고사항을 확인하여 정당한 거소투표신고인 때에는 선거인명부에 이를 표시하고 거소투표신고인명부와 선상투표신고인명부를 통합하여 작성하여야 한다. (×) [2014. 국가직 7급]
  - ⁺PLUS 거소투표신고 또는 선상투표신고가 있는 때에는 구·시·군의 장은 해당 신고서의 신고사항을 확인한 후 정당한 거소투표신고 또는 선상투표신고인 때에는 선거인명부에 이를 표시하고 거소투표신고인명부와 선상투표신고인명부를 각각 따로 작성하여야 한다(제38조 제5항).

---

## ✦✦ 제39조【명부작성의 감독 등】

① 선거인명부(거소·선상투표신고인명부를 포함한다. 이하 이 조에서 같다)의 작성에 관하여는 관할구·시·군선거관리위원회 및 읍·면·동선거관리위원회가 이를 감독한다.

② 선거인명부작성에 종사하는 공무원이 임면된 때에는 당해 구·시·군의 장은 지체없이 관할구·시·군선거관리위원회에 그 사실을 통보하여야 한다.

✦ ③ 선거인명부작성기간중에 선거인명부작성에 종사하는 공무원을 해임하고자 하는 때에는 그 임면권자는 관할구·시·군선거관리위원회 또는 직근 상급선거관리위원회와 협의하여야 한다.

④ 선거인명부작성에 종사하는 공무원이 정당한 사유없이 선거인명부작성에 관하여 관할구·시·군선거관리위원회 또는 읍·면·동선거관리위원회의 지시·명령 또는 시정요구에 불응하거나 그 직무를 태만히 한 때 또는 위법·부당한 행위를 한 때에는 관할구·시·군선거관리위원회 또는 직근 상급선거관리위원회는 임면권자에게 그 교체를 요구할 수 있다.

⑤ 제4항의 교체요구가 있는 때에는 임면권자는 정당한 사유가 없는 한 이에 따라야 한다.

⑥ 삭제 〈1998.4.30.〉

⑦ 삭제 〈1998.4.30.〉

⑧ 누구든지 선거인명부작성사무를 방해하거나 기타 어떠한 방법으로든지 선거인명부작성에 영향을 주는 행위를 하여서는 아니된다.

⑨ 선거인명부작성에 종사하는 공무원의 임면사항 통보 등 기타 필요한 사항은 중앙선거관리위원회규칙으로 정한다.

**제40조【명부열람】**✦ ① 구·시·군의 장은 선거인명부작성기간 만료일의 다음 날부터 3일간 장소를 정하여 선거인명부를 열람할 수 있도록 하여야 한다. 이 경우 구·시·군의 장은 해당 구·시·군이 개설·운영하는 인터넷 홈페이지에서 선거권자가 선거인명부를 열람할 수 있도록 기술적 조치를 하여야 한다.

✦ ② 선거권자는 누구든지 선거인명부를 자유로이 열람할 수 있다. 다만, 제1항의 규정에 따른 인터넷홈페이지에서의 열람은 선거권자 자신의 정보에 한한다.

✦ ③ 구·시·군의 장은 열람개시일 전 3일까지 제1항의 장소, 기간, 인터넷홈페이지 주소 및 열람방법을 공고하여야 한다.

> **기출지문**
>
> ◎ 구·시·군의 장은 선거인명부작성기간 만료일의 다음 날부터 3일간 장소를 정하여 선거인명부를 열람할 수 있도록 하여야 한다(제40조 제1항). [2022. 국가직 7급, 2022·2015. 국가직 9급]
> ◎ 선거권자는 누구든지 열람기간 중 선거인명부를 자유로이 열람할 수 있으나, 인터넷홈페이지에서의 열람은 선거권자 자신의 정보에 한해서 열람할 수 있다(제40조 제2항).
> [2018·2015. 국가직 7급]

✦✦ **제41조【이의신청과 결정】** ① 선거권자는 누구든지 선거인명부에 누락 또는 오기가 있거나 자격이 없는 선거인이 올라 있다고 인정되는 때에는 열람기간 내에 구술 또는 서면으로 당해 구·시·군의 장에게 이의를 신청할 수 있다.

② 제1항의 신청이 있는 때에는 구·시·군의 장은 그 신청이 있는 날의 다음 날까지 심사·결정하되, 그 신청이 이유있다고 결정한 때에는 즉시 선거인명부를 정정하고 신청인·관계인과 관할구·시·군선거관리위원회에 통지하여야 하며, 이유없다고 결정한 때에는 그 뜻을 신청인과 관할구·시·군선거관리위원회에 통지하여야 한다.

(1) 선거인명부 이의신청 및 결과
① 열람기간 내 구술 또는 서면신청
② 구·시·군의 장은 신청 다음날까지 심사 및 결정 후
→ 이유 있다 : 선거인명부정정 후 신청인, 관계인, 관할 구·시·군선관위에 통지
→ 이유 없다 : 신청인, 관할 구·시·군선관위에 통지
③ 불복신청
위 결정에 대한 불복이 있을 경우 신청인, 관계인이 관할 구·시·군선관위에 서면으로 신청

> 기출지문

- ◎ 선거권자는 누구든지 선거인명부에 누락 또는 자격이 없는 선거인이 올라 있다고 인정되는 경우 열람기간 내에 당해 구·시·군의 장에게 이의신청을 할 수 있다(제41조 제1항). [2017·2015. 국가직 7급, 2022. 국가직 9급]
- ✗ 대통령선거에서 선거인명부에 대해서 선거권자나 정당이 이의신청을 할 수 있다. (✗) [2015. 국가직 7급, 2022. 국가직 9급]
  - ⁺PLUS 이의신청은 선거권자가 할 수 있다(제41조 제1항).
- ✗ 선거권자는 누구든지 선거인명부에 자격이 없는 선거인이 올라 있다고 인정되는 때에는 열람기간 후에도 구술 또는 서면으로 당해 구·시·군의 장에게 이의를 신청할 수 있다. (✗) [2015. 국가직 9급]
  - ⁺PLUS 선거권자는 누구든지 선거인명부에 누락 또는 오기가 있거나 자격이 없는 선거인이 올라 있다고 인정되는 때에는 열람기간내에 구술 또는 서면으로 당해 구·시·군의 장에게 이의를 신청할 수 있다(제41조 제1항).

✦✦ **제42조 【불복신청과 결정】** ① 제41조(이의신청과 결정) 제2항의 결정에 대하여 불복이 있는 이의신청인이나 관계인은 그 통지를 받은 날의 다음 날까지 관할구·시·군선거관리위원회에 서면으로 불복을 신청할 수 있다.

② 제1항의 신청이 있는 때에는 관할구·시·군선거관리위원회는 그 신청이 있는 날의 다음 날까지 심사·결정하되, 그 신청이 이유있다고 결정한 때에는 즉시 관계 구·시·군의 장에게 통지하여 선거인명부를 정정하게 하고 신청인과 관계인에게 통지하여야 하며, 이유없다고 결정한 때에는 그 뜻을 신청인과 관계구·시·읍·면의 장에게 통지하여야 한다.

**제43조 【명부누락자의 구제】** ✦ ① 제41조 제1항의 이의신청기간만료일의 다음 날부터 제44조 제1항의 선거인명부확정일 전일까지 구·시·군의 장의 착오 등의 사유로 인하여 정당한 선거권자가 선거인명부에 누락된 것이 발견된 때에는 해당 선거권자 또는 구·시·군의 장은 주민등록표등본 등 소명자료를 첨부하여 관할구·시·군선거관리위원회에 서면으로 선거인명부 등재신청을 할 수 있다. [2018. 국가직 7급]

② 제1항의 신청이 있는 때에는 관할구·시·군선거관리위원회는 그 신청이 있는 날의 다음 날까지 심사·결정하되, 그 신청이 이유있다고 결정한 때에는 즉시 관계구·시·군의 장에게 통지하여 선거인명부를 정정하게 하고 신청인에게 통지하여야 하며, 이유없다고 결정한 때에는 그 뜻을 신청인과 관계구·시·군의 장에게 통지하여야 한다.

제44조【명부의 확정과 효력】✦ ① 선거인명부는 선거일 전 12일에, 거소·선상투표신고인명부는 선거인명부작성기간만료일의 다음 날에 각각 확정되며 해당 선거에 한하여 효력을 가진다.
✦ ② 구·시·군의 장은 선거권자가 선거인명부확정일의 다음 날부터 선거일의 투표마감시각까지 해당 구·시·군이 개설·운영하는 인터넷 홈페이지에서 자신이 선거인명부에 올라 있는지 여부, 선거인명부 등재번호 및 투표소의 위치를 확인할 수 있도록 기술적 조치를 하여야 한다.
③ 구·시·군의 장은 제40조 제3항에 따른 공고를 할 때 제2항에 따른 확인에 필요한 인터넷 홈페이지 주소, 확인기간 및 확인방법을 함께 공고하여야 한다.

> 기출지문

☒ 선거인명부는 선거일 전 12일에, 거소·선상투표신고인명부는 선거인명부작성기간만료일에 각각 확정되며 해당 선거에 한하여 효력을 가진다. (×) [2022·2017. 국가직 7급]

⁺PLUS 선거인명부는 선거일 전 12일에, 거소·선상투표신고인명부는 선거인명부작성기간만료일의 다음 날에 각각 확정되며 해당 선거에 한하여 효력을 가진다(제44조 제1항).

✦✦ 제44조의2【통합선거인명부의 작성】✦✦ ① 중앙선거관리위원회는 사전투표소에서 사용하기 위하여 확정된 선거인명부의 전산자료 복사본을 이용하여 하나의 선거인명부(이하 "통합선거인명부"라 한다)를 작성한다. (▶ 통합선거인명부작성 : 중앙선관위 관할)
✦ ② 중앙선거관리위원회는 통합선거인명부를 작성하는 경우 같은 사람이 2회 이상 투표할 수 없도록 필요한 기술적 조치를 하여야 한다.
✦ ③ 통합선거인명부는 전산조직을 이용하여 작성한다.
④ 읍·면·동선거관리위원회는 선거일에 투표소에서 사용하기 위하여 제148조 제1항에 따른 사전투표기간 종료 후 중앙선거관리위원회가 제2항에 따라 기술적 조치를 한 선거인명부를 출력한 다음 해당 읍·면·동선거관리위원회위원장이 이를 봉함·봉인하여 보관하여야 하며, 그 보관과정에 정당추천위원이 참여하여 지켜볼 수 있도록 하여야 한다. 이 경우 정당추천위원이 그 시각까지 참여하지 아니한 때에는 참여를 포기한 것으로 본다.
⑤ 누구든지 제4항에 따라 출력한 선거인명부를 이 법에서 정하지 아니한 방법으로 열람·사용 또는 유출하여서는 아니된다.
⑥ 통합선거인명부의 작성, 선거일 투표소에서 사용하기 위하여 출력한 선거인명부의 보관방법, 그 밖에 필요한 사항은 중앙선거관리위원회규칙으로 정한다.

제45조【명부의 재작성】① 천재지변, 그 밖의 사고로 인하여 선거인명부(거소·선상투표신고인명부를 포함한다. 이하 이 조에서 같다)가 멸실·훼손된 경우 선거의 실시를 위하여 필요한 때에는 구·시·군의 장은 다시 선거인명부를 작성하여야 한다. 다만, 제38조 제6항에 따라 송부한 거소·선상투표신고인명부의 등본이 있는 때에는 거소·선상투표신고인명부를 다시 작성하지 아니할 수 있다. [개정 2009.2.12, 2012.2.29, 2014.1.17, 2018.4.6]
② 제1항 본문의 규정에 의한 선거인명부의 재작성·열람·확정 및 유효기간 기타 필요한 사항은 중앙선거관리위원회규칙으로 정한다.

제46조【명부사본의 교부】① 구·시·군의 장은 후보자[비례대표국회의원후보자 및 비례대표지방의회의원(비례대표시·도의원 및 비례대표자치구·시·군의원을 말한다. 이하 같다)후보자를 제외한다]·선거사무장(비례대표국회의원선거 및 비례대표지방의회의원선거의 선거사무장을 제외한다) 또는 선거연락소장의 신청이 있는 때에는 작성된 선거인명부 또는 거소·선상투표신고인명부의 사본이나 전산자료복사본을 후보자별로 1통씩 24시간 이내에 신청인에게 교부하여야 한다.
② 제1항에 따른 명부의 사본이나 전산자료복사본의 교부신청은 선거기간개시일까지 해당 구·시·군의 장에게 서면으로 하여야 한다.
③ 제2항에 따라 명부의 사본이나 전산자료복사본의 교부신청을 하는 자는 그 사본작성비용을 교부신청과 함께 납부하여야 한다.
④ 누구든지 제1항에 따라 교부된 명부의 사본 또는 전산자료복사본을 다른 사람에게 양도 또는 대여할 수 없으며 재산상의 이익 기타 영리를 목적으로 사용할 수 없다.
⑤ 제2항 및 제3항에 따른 교부신청과 비용납부 기타 필요한 사항은 중앙선거관리위원회규칙으로 정한다.

## 제 6 장 후보자

✦✦ **제47조【정당의 후보자추천】** ① 정당은 선거에 있어 선거구별로 선거할 정수범위 안에서 그 소속당원을 후보자(이하 "정당추천후보자"라 한다)로 추천할 수 있다. 다만, 비례대표자치구·시·군의원의 경우에는 그 정수 범위를 초과하여 추천할 수 있다.

② 정당이 제1항에 따라 후보자를 추천하는 때에는 민주적인 절차에 따라야 한다.

✦✦ ③ 정당이 비례대표국회의원선거 및 비례대표지방의회의원선거에 후보자를 추천하는 때에는 그 후보자 중 100분의 50 이상을 여성으로 추천하되, 그 후보자명부의 순위의 매 홀수에는 여성을 **추천하여야 한다.**
              ↳ 강행규정

✦✦ ④ 정당이 임기만료에 따른 지역구국회의원선거 및 지역구지방의회의원선거에 후보자를 추천하는 때에는 각각 전국지역구총수의 100분의 30 이상을 여성으로 **추천하도록 노력하여야 한다.**
                                                                         ↳ 임의규정

⑤ 정당이 임기만료에 따른 지역구지방의회의원선거에 후보자를 추천하는 때에는 지역구시·도의원선거 또는 지역구자치구·시·군의원선거 중 어느 하나의 선거에 국회의원지역구(군지역을 제외하며, 자치구의 일부지역이 다른 자치구 또는 군지역과 합하여 하나의 국회의원지역구로 된 경우에는 그 자치구의 일부지역도 제외한다)마다 1명 이상을 여성으로 추천하여야 한다.

> **기출지문**
>
> 🅞 정당이 비례대표국회의원선거 및 비례대표지방의회의원선거에 후보자를 추천하는 때에는 그 후보자 중 100분의 50 이상을 여성으로 추천하되, 그 후보자명부의 순위의 매 홀수에는 여성을 추천하여야 한다(제47조 제3항). [2023. 국가직 7급, 2013. 국가직 9급]
>
> 🅞 정당이 임기만료에 따른 지역구국회의원선거에 후보자를 추천하는 때에는 전국지역구총수의 100분의 30 이상을 여성으로 추천하도록 노력하여야 한다(제47조 제4항). [2017. 국가직 9급]
>
> ❌ 국민의 정치적 참여를 목적으로 하는 자발적 조직으로서 정당에게는 정당활동의 자유가 보장되기 때문에 정당의 후보자추천은 사법심사의 대상이 되지 아니한다. (×) [2015. 국가직 7급]
>
> > **PLUS** 정당이 당헌·당규에 따라 당내경선을 실시하고 후보자를 선정하였다면, 정당이 민주적 절차에 의하여 공직선거후보자를 추천하여야 한다고 규정한 공직선거법 제47조 제2항의 입법 취지를 형해화하고 일반적인 선거원칙의 본질을 침해할 정도로 후보자선정이 객관적으로 합리성과 타당성을 현저히 잃은 것으로 평가할 수 있는 등의 특별한 사정이 없는 이상 후보자선정과 이에 따른 후보자등록을 무효라고 볼 수 없다(대판 2015.2.12. 2014수39).

✦ **제47조의2 【정당의 후보자추천 관련 금품수수금지】** ① 누구든지 정당이 특정인을 후보자로 추천하는 일과 관련하여 금품이나 그 밖의 재산상의 이익 또는 공사의 직을 제공하거나 그 제공의 의사를 표시하거나 그 제공을 약속하는 행위를 하거나, 그 제공을 받거나 그 제공의 의사표시를 승낙할 수 없다. 이 경우 후보자(후보자가 되려는 사람을 포함한다)와 그 배우자(이하 이 항에서 "후보자 등"이라 한다), 후보자 등의 직계존비속과 형제자매가 선거일 전 150일부터 선거일 후 60일까지 「정치자금법」에 따라 후원금을 기부하거나 당비를 납부하는 외에 정당 또는 국회의원[「정당법」 제37조(활동의 자유) 제3항에 따른 국회의원지역구 또는 자치구·시·군의 당원협의회 대표자를 포함하며, 이하 이 항에서 "국회의원 등"이라 한다], 국회의원 등의 배우자, 국회의원 등 또는 그 배우자의 직계존비속과 형제자매에게 채무의 변제, 대여 등 명목여하를 불문하고 금품이나 그 밖의 재산상의 이익을 제공한 때에는 정당이 특정인을 후보자로 추천하는 일과 관련하여 제공한 것으로 본다.

② 누구든지 제1항에 규정된 행위에 관하여 지시·권유 또는 요구하거나 알선하여서는 아니 된다.

> **기출지문**
>
> 🅀 누구든지 정당이 특정인을 후보자로 추천하는 일과 관련하여 금품 등 수수 금지하는 규정은 정당활동의 자유의 본질적인 내용을 침해하는 것은 아니다(헌재 2009.10.29, 2008헌바146). [2022 국가직 9급]

**(1) 금지내용**

| 누구든지 | 정당이 특정인을 후보자로 추천하는 일과 관련하여 | 금품이나 그 밖의 재산상의 이익 또는 공사의 직을 | · 제공하는 것<br>· 제공의 의사 표시<br>· 제공을 약속하는 행위<br>· 제공을 받는 것<br>· 제공의 의사표시를 승낙하는 것 | 할 수 없다. |
|---|---|---|---|---|

✦✦ **제48조 【선거권자의 후보자추천】** ① 관할선거구 안에 주민등록이 된 선거권자는 각 선거(비례대표국회의원선거 및 비례대표지방의회의원선거를 제외한다)별로 정당의 당원이 아닌 자를 당해 선거구의 후보자(이하 "무소속후보자"라 한다)로 추천할 수 있다.

✦✦ ② 무소속후보자가 되고자 하는 자는 관할선거구선거관리위원회가 후보자등록신청개시일전 5일(대통령의 임기만료에 의한 선거에 있어서는 후보자등록신청개시일전 30일, 대통령의 궐위로 인한 선거 등에 있어서는 그 사유가 확정된 후 3일)부터 검인하여 교부하는 추천장을 사용하여 다음 각호에 의하여 선거권자의 추천을 받아야 한다.

1. 대통령선거
   5 이상의 시·도에 나누어 하나의 시·도에 주민등록이 되어 있는 선거권자의 수를 700인 이상으로 한 3천500인 이상 6천인 이하
2. 지역구국회의원선거 및 자치구·시·군의 장 선거
   300인 이상 500인 이하
3. 지역구시·도의원선거
   100인 이상 200인 이하
4. 시·도지사선거
   당해 시·도안의 3분의 1 이상의 자치구·시·군에 나누어 하나의 자치구·시·군에 주민등록이 되어 있는 선거권자의 수를 50인 이상으로 한 1천인 이상 2천인 이하
5. 지역구자치구·시·군의원선거
   50인 이상 100인 이하. 다만, 인구 1천인 미만의 선거구에 있어서는 30인 이상 50인 이하
③ 제2항의 경우 다음 각 호의 어느 하나에 해당하는 행위를 하여서는 아니 된다.
1. 검인되지 아니한 추천장에 의하여 추천을 받는 행위
2. 추천선거권자수의 상한수를 넘어 추천을 받는 행위
3. 추천선거권자의 서명이나 인영을 위조·변조하는 등의 방법으로 허위의 추천을 받는 행위
④ 제2항에 따른 추천장 검인·교부신청은 공휴일에도 불구하고 매일 오전 9시부터 오후 6시까지 할 수 있다.
⑤ 선거권자의 추천장의 서식·교부신청 및 교부 기타 필요한 사항은 중앙선거관리위원회규칙으로 정한다.

---

**기출지문**

◉ 관할선거구 안에 주민등록이 된 선거권자는 각 선거(비례대표국회의원선거 및 비례대표지방의회의원선거를 제외한다)별로 정당의 당원이 아닌 자를 당해 선거구의 후보자로 추천할 수 있다(제48조 제1항). [2022·2014. 국가직 7급, 2017·2013. 국가직 9급]

◉ 무소속후보자가 되고자 하는 자는 관할선거구선거관리위원회가 검인하여 교부하는 추천장을 사용하여 선거권자의 추천을 받아야 하며, 추천선거권자수의 상한수를 넘어 추천을 받아서는 아니 된다(제48조 제3항). [2017. 국가직 7급]

◉ 무소속후보자가 되고자 하는 자는 관할선거구선거관리위원회가 검인하여 교부하는 추천장을 사용하여 선거권자의 추천을 받되, 지역구자치구·시·군의원선거의 경우 1천인 미만의 선거구에서는 30인 이상 50인 이하의 추천을 받아야 한다(제48조 제2항 제5호). [2018. 국가직 7급, 2017. 국가직 9급]

◉ 추천장의 검인과 교부신청은 공휴일에도 불구하고 매일 오전 9시부터 오후 6시까지 할 수 있다(제48조 제4항). [2018. 국가직 7급, 2017. 국가직 9급]

☒ 지역구국회의원선거의 무소속후보자가 되고자 하는 자는 관할 선거구선거관리위원회가 후보자등록신청개시일 전 5일부터 검인하여 교부하는 추천장을 사용하여 300인 이상 500인 이하의 선거권자의 추천을 받아야 하며, 이 경우 추천선거권자 수의 상한수를 넘어 추천을 받아도 된다. (×) [2023. 국가직 9급, 2016. 국가직 7급]

> ⁺PLUS 검인되지 아니한 추천장에 의하여 추천을 받거나 추천선거권자수의 상한수를 넘어 추천을 받아서는 아니된다(제48조 제3항).

✦✦ **제49조【후보자등록 등】** ✦✦ ① 후보자의 등록은 대통령선거에서는 선거일 전 24일, 국회의원선거와 지방자치단체의 의회의원 및 장의 선거에서는 선거일 전 20일(이하 "후보자등록신청개시일"이라 한다)부터 2일간(이하 "후보자등록기간"이라 한다) 관할선거구선거관리위원회에 서면으로 신청하여야 한다.

② 정당추천후보자의 등록은 대통령선거와 비례대표국회의원선거 및 비례대표지방의회의원선거에 있어서는 그 추천정당이, 지역구국회의원선거와 지역구지방의회의원 및 지방자치단체의 장의 선거에 있어서는 정당추천후보자가 되고자 하는 자가 신청하되, 추천정당의 당인(黨印) 및 그 대표자의 직인이 날인된 추천서와 본인승낙서(대통령선거와 비례대표국회의원선거 및 비례대표지방의회의원선거에 한한다)를 등록신청서에 첨부하여야 한다. 이 경우 비례대표국회의원후보자와 비례대표지방의회의원후보자의 등록은 추천정당이 그 순위를 정한 후보자명부를 함께 첨부하여야 한다.

③ 무소속후보자가 되고자 하는 자는 제48조에 따라 선거권자가 기명하고 날인(무인을 허용하지 아니한다)하거나 서명한 추천장[단기(單記) 또는 연기(連記)로 하며 간인(間印)을 요하지 아니한다]을 등록신청서에 첨부하여야 한다. [개정 2011.7.28, 2015.12.24]

✦✦ ④ 제1항부터 제3항까지의 규정에 따라 후보자등록을 신청하는 자는 다음 각 호의 서류를 제출하여야 하며, 제56조 제1항에 따른 기탁금을 납부하여야 한다.

1. 중앙선거관리위원회규칙이 정하는 피선거권에 관한 증명서류
2. 「공직자윤리법」 제10조의2(공직선거후보자 등의 재산공개) 제1항의 규정에 의한 등록대상재산에 관한 신고서
3. 「공직자 등의 병역사항신고 및 공개에 관한 법률」 제9조(공직선거후보자의 병역사항신고 및 공개) 제1항의 규정에 의한 병역사항에 관한 신고서
4. 최근 5년간의 후보자, 그의 배우자와 직계존비속(혼인한 딸과 외조부모 및 외손자녀를 제외한다)의 소득세(「소득세법」 제127조 제1항에 따라 원천징수하는 소득세는 제출하려는 경우에 한정한다) · 재산세 · 종합부동산세의 납부 및 체납(10만원 이하 또는 3월 이내의 체납은 제외한다)에 관한 신고서. 이 경우 후보자의 직계존속은 자신의 세금납부 및 체납에 관한 신고를 거부할 수 있다.

5. 벌금 100만원 이상의 형의 범죄경력(실효된 형을 포함하며, 이하 "전과기록"이라 한다)에 관한 증명서류
6. 「초·중등교육법」 및 「고등교육법」에서 인정하는 정규학력(이하 "정규학력"이라 한다)에 관한 최종학력 증명서와 국내 정규학력에 준하는 외국의 교육기관에서 이수한 학력에 관한 각 증명서(한글번역문을 첨부한다). 이 경우 증명서의 제출이 요구되는 학력은 제60조의3 제1항 제4호의 예비후보자홍보물, 제60조의4의 예비후보자공약집, 제64조의 선거벽보, 제65조의 선거공보(같은 조 제9항의 후보자정보공개자료를 포함한다), 제66조의 선거공약서 및 후보자가 운영하는 인터넷 홈페이지에 게재하였거나 게재하고자 하는 학력에 한한다.
7. 대통령선거·국회의원선거·지방의회의원 및 지방자치단체의 장의 선거와 교육의원선거 및 교육감선거에 후보자로 등록한 경력[선거가 실시된 연도, 선거명, 선거구명, 소속 정당명(정당의 후보자추천이 허용된 선거에 한정한다), 당선 또는 낙선 여부를 말한다]에 관한 신고서

⑤ 후보자등록을 신청하는 자는 제60조의2 제2항에 따라 예비후보자등록을 신청하는 때에 제출한 서류는 제4항에도 불구하고 제출하지 아니할 수 있다. 다만, 그 서류 중 변경사항이 있는 경우에는 후보자등록을 신청하는 때까지 추가하거나 보완하여야 한다.

⑥ 정당의 당원인 자는 무소속후보자로 등록할 수 없으며, 후보자등록기간중(후보자등록신청시를 포함한다) 당적을 이탈·변경하거나 2 이상의 당적을 가지고 있는 때에는 당해 선거에 후보자로 등록될 수 없다. 소속정당의 해산이나 그 등록의 취소 또는 중앙당의 시·도당창당 승인취소로 인하여 당원자격이 상실된 경우에도 또한 같다.

✦✦ ⑦ 후보자등록신청서의 접수는 공휴일에 불구하고 매일 오전 9시부터 오후 6시까지로 한다.

⑧ 관할선거구선거관리위원회는 후보자등록신청이 있는 때에는 즉시 이를 수리하여야 하되, 등록신청서·정당의 추천서와 본인승낙서·선거권자의 추천장·기탁금 및 제4항제2호 내지 제5호의 규정에 의한 서류를 갖추지 아니하거나 제47조제3항에 따른 여성후보자 추천의 비율과 순위를 위반한 등록신청은 이를 수리할 수 없다. 다만, 후보자의 피선거권에 관한 증명서류가 첨부되지 아니한 경우에는 이를 수리하되, 당해 선거구선거관리위원회가 그 사항을 조사하여야 하며, 그 조사를 의뢰받은 기관 또는 단체는 지체없이 그 사실을 확인하여 당해 선거구선거관리위원회에 회보하여야 한다.

⑨ 관할선거구선거관리위원회는 「공직자윤리법」제9조에 따른 해당 공직자윤리위원회의 요청이 있는 경우 당선인결정 후 15일 이내에 해당 당선인이 제4항 제2호에 따라 제출한 등록대상재산에 관한 신고서의 사본을 송부하여야 한다.

✦✦ ⑩ 후보자가 되고자 하는 자 또는 정당은 선거기간개시일 전 150일부터 본인 또는 후보자가 되고자 하는 소속 당원의 전과기록을 국가경찰관서의 장에게 조회할 수 있으며, 그 요청을 받은 국가경찰관서의 장은 지체없이 그 전과기록을 회보(回報)하여야 한다. 이 경우 회보받은 전과기록은 후보자등록시 함께 제출하여야 하며 관할선거구선거관리위원회는 그 확인이 필요

하다고 인정되는 후보자에 대하여는 후보자등록마감 후 지체없이 해당 선거구를 관할하는 검찰청의 장에게 그 후보자의 전과기록을 조회할 수 있고, 당해 검찰청의 장은 그 전과기록의 진위여부를 지체없이 회보하여야 한다.

✦ ⑪ 누구든지 선거기간중 관할선거구선거관리위원회가 제10항의 규정에 의하여 회보받은 전과기록을 열람할 수 있다.

✦ ⑫ 관할선거구선거관리위원회는 제4항 제2호부터 제7호까지와 제10항의 규정에 의하여 제출받거나 회보받은 서류를 선거구민이 알 수 있도록 공개하여야 한다. 다만, 선거일 후에는 이를 공개하여서는 아니된다.

⑬ 삭제 〈2005. 8. 4.〉

⑭ 삭제 〈2005. 8. 4.〉

⑮ 후보자의 등록신청서와 추천서의 서식, 세금납부 및 체납에 관한 신고서의 서식, 제출·회보받은 서류의 공개방법 그 밖에 필요한 사항은 중앙선거관리위원회규칙으로 정한다.

### 기출지문

- 후보자의 등록은 대통령선거에서는 선거일 전 24일, 국회의원 선거와 지방자치단체의 의회의원 및 장의 선거에서는 선거일 전 20일부터 2일간 관할선거구선거관리위원회에 서면으로 신청하여야 한다(제49조 제1항). [2022·2013. 국가직 7급, 2023·2017. 국가직 9급]
- 비례대표국회의원선거에서 정당추천후보자의 등록은 그 추천 정당이 신청하되, 추천정당의 당인 및 그 대표자의 직인이 날인된 추천서, 본인승낙서 그리고 추천정당이 그 순위를 정한 후보자명부를 등록신청서에 첨부하여야 한다(제49조 제2항). [2015. 국가직 9급]
- 정당의 당원인 자는 무소속후보자로 등록할 수 없으며, 후보자 등록기간 중 당적을 이탈·변경하거나 2 이상의 당적을 가지고 있는 때에는 당해 선거에 후보자로 등록될 수 없다(제49조 제6항). [2017. 국가직 9급]
- 정당이 비례대표국회의원후보자, 비례대표지방의회의원선거에 후보자를 추천하는 때에는 그 후보자 중 100분의 50 이상을 여성으로 추천하되, 그 후보자명부의 순위의 매 홀수에는 여성을 추천하여야 하며, 이에 따른 여성후보자 추천의 비율과 순위를 위반한 등록신청에 대하여 관할선거구선거관리위원회는 이를 수리할 수 없다(제49조 제8항). [2017. 국가직 9급]
- 후보자등록신청을 하는 때에 등록대상재산, 병역사항, 최근 5년 간 세금 납부 및 체납에 관한 신고서와 벌금 100만원 이상의 전과기록에 관한 증명서류 중 어느 하나라도 첨부하지 않으면 관할선거구선거관리위원회는 그 등록신청을 수리할 수 없다(제49조 제8항). [2022·2015. 국가직 7급]
- ✗ 후보자의 등록은 대통령선거에서는 선거일 전 23일, 국회의원선거와 지방자치단체의 의회의원 및 장의 선거에서는 선거일 전 14일부터 2일간 관할선거구선거관리위원회에 서면으로 신청하여야 한다. (×) [2014. 국가직 9급]

> **PLUS** 후보자의 등록은 대통령선거에서는 선거일 전 24일, 국회의원선거와 지방자치단체의 의회의원 및 장의 선거에서는 선거일 전 20일부터 2일간 관할선거구선거관리위원회에 서면으로 신청하여야 한다(제49조 제1항).

❌ 지역구지방의회의원 및 지방자치단체의 장의 선거에 있어서 정당추천후보자의 등록은 정당추천후보자가 되고자 하는 자가 신청하되, 추천정당의 당인(黨印) 및 그 대표자의 직인이 날인된 추천서와 본인승낙서를 등록신청서에 첨부하여야 한다. (×) [2016. 국가직 7급]

> **PLUS** 지역구지방의회의원 및 지방자치단체의 장의 선거에 있어서 본인승낙서는 첨부하지 않아도 된다(제49조 제2항).

❌ 후보자를 추천하지 아니하기로 한 정당의 당원인 자는 무소속후보자로 등록할 수 있으며, 그 정당의 당원경력을 표시할 수 있다. 두 정당이 후보 단일화를 위하여 1인의 후보자를 공동으로 등록할 수 있다. (×) [2014. 국가직 9급]

> **PLUS** 정당의 당원인 자는 무소속후보자로 등록할 수 없으며, 후보자등록기간 중(후보자등록신청시를 포함한다) 당적을 이탈·변경하거나 2 이상의 당적을 가지고 있는 때에는 당해 선거에 후보자로 등록될 수 없다. 소속정당의 해산이나 그 등록의 취소 또는 중앙당의 시·도당창당승인취소로 인하여 당원자격이 상실된 경우에도 또한 같다(제49조 제6항).

❌ 후보자등록신청서의 접수는 매일 오전 9시부터 오후 6시까지로 하는데, 마감일이 공휴일인 경우에는 다음날까지 연장된다. (×) [2022. 국가직 7급, 2014. 국가직 9급]

> **PLUS** 후보자등록신청서의 접수는 공휴일에 불구하고 매일 오전 9시부터 오후 6시까지로 한다(제49조 제7항).

❌ 정당이 비례대표국회의원선거 및 비례대표지방의회의원선거에 후보자를 추천하는 때에는 그 후보자 중 100분의 50 이상을 여성으로 추천하되, 그 후보자명부의 순위의 매 홀수에는 여성을 추천하여야 하며, 비례대표국회의원선거 및 비례대표지방의회의원선거에서 이를 위반한 때에는 등록신청을 할 수 없고 등록 후에도 등록을 무효로 한다. (×)
[2023·2016. 국가직 7급]

❌ 후보자가 제출한 등록대상재산, 병역사항, 최근 5년 간 세금 납부 및 체납에 관한 신고서와 벌금 100만원 이상의 전과기록에 관한 증명서류는 당선인의 임기 중 선거구민에게 공개한다. (×) [2015. 국가직 7급]

> **PLUS** 관할선거구선거관리위원회는 등록대상재산에 관한 신고서, 병역사항에 관한 신고서, 최근 5년간의 후보자·그의 배우자와 직계존비속(혼인한 딸과 외조부모 및 외손자녀를 제외)의 소득세·재산세·종합부동산세의 납부 및 체납(10만원 이하 또는 3월 이내의 체납은 제외)에 관한 신고서, 벌금 100만원 이상의 형의 범죄경력에 관한 증명서류, 정규학력에 관한 최종학력 증명서와 국내 정규학력에 준하는 외국의 교육기관에서 이수한 학력에 관한 각 증명서(한글번역문을 첨부), 대통령선거·국회의원선거·지방의회의원 및 지방자치단체의 장의 선거와 교육의원선거 및 교육감선거에 후보자로 등록한 경력에 관한 신고서를 선거구민이 알 수 있도록 공개하여야 한다. 다만, 선거일 후에는 이를 공개하여서는 아니된다(제49조 제12항).

◎ 임명에 의한 정무직공무원과 비교할 때 공직선거에서 후보자 등록을 신청하는 자에게만 실효된 형을 포함하여 벌금 100만 원 이상의 형의 범죄경력에 관한 증명서류를 제출하도록 하는 것은 합리적 이유가 있는 차별이다(헌재 2008.4.24, 2006헌마402). [2017. 국가직 7급]

✦✦ **제50조【후보자추천의 취소와 변경의 금지】** ① 정당은 후보자등록 후에는 등록된 후보자에 대한 추천을 취소 또는 변경할 수 없으며, 비례대표국회의원후보자명부(비례대표지방의회의원후보자명부를 포함한다. 이하 이 항에서 같다)에 후보자를 추가하거나 그 순위를 변경할 수 없다. 다만, 후보자등록기간 중 정당추천후보자가 사퇴·사망하거나, 소속정당의 제명이나 중앙당의 시·도당창당승인취소외의 사유로 인하여 등록이 무효로 된 때에는 예외로 하되, 비례대표국회의원후보자명부에 후보자를 추가할 경우에는 그 순위는 이미 등록된 자의 다음으로 한다.
② 선거권자는 후보자에 대한 추천을 취소 또는 변경할 수 없다.

> **기출지문**
>
> ◎ 후보자등록기간 중에 정당추천후보자가 사망한 경우 비례대표 국회의원후보자명부에 후보자를 추가할 경우 그 순위는 이미 등록된 자의 다음으로 한다(제50조). [2017. 국가직 9급]
> ◎ 정당은 중앙당의 시·도당창당승인취소의 사유로 인하여 등록이 무효로 된 때에는 후보자등록 후에 등록된 후보자에 대한 추천을 취소 또는 변경할 수 없다(제50조 제1항). [2017. 국가직 7급]
> ⊠ 후보자등록기간 중 정당추천후보자가 사망한 경우에 정당은 후보자에 대한 추천을 변경할 수 있으나, 후보자가 사퇴한 경우에는 변경할 수 없다. (×) [2014. 국가직 9급]
>> ✚PLUS 정당은 후보자등록 후에는 등록된 후보자에 대한 추천을 취소 또는 변경할 수 없으며, 비례대표국회의원후보자명부(비례대표지방의회의원후보자명부 포함)에 후보자를 추가하거나 그 순위를 변경할 수 없다. 다만, 후보자등록기간 중 정당추천후보자가 사퇴·사망하거나, 소속정당의 제명이나 중앙당의 시·도당창당승인취소 외의 사유로 인하여 등록이 무효로 된 때에는 예외로 하되, 비례대표국회의원후보자명부(비례대표지방의회의원후보자명부 포함)에 후보자를 추가할 경우에는 그 순위는 이미 등록된 자의 다음으로 한다(제50조 제1항).

✦ **제51조【추가등록】** 대통령선거에 있어서 정당추천후보자가 후보자등록기간 중 또는 후보자등록기간이 지난 후에 사망한 때에는 후보자등록마감일 후 5일까지 제47조(정당의 후보자추천) 및 제49조(후보자등록 등)의 규정에 의하여 후보자등록을 신청할 수 있다.

> 기출지문

❌ 대통령선거의 정당추천후보자가 후보자등록기간이 지난 후에 사망한 때에는 추가로 후보자등록을 신청할 수 없다. ( × ) [2022·2017·2015. 국가직 9급]

> ➕PLUS 대통령선거에 있어서 정당추천후보자가 후보자등록기간중 또는 후보자등록기간이 지난 후에 사망한 때에는 후보자등록마감일후 5일까지 제47조(정당의 후보자추천) 및 제49조(후보자등록 등)의 규정에 의하여 후보자등록을 신청할 수 있다(제51조).

✦✦ **제52조【등록무효】** ① 후보자등록후에 다음 각 호의 어느 하나에 해당하는 사유가 있는 때에는 그 후보자의 등록은 무효로 한다.
1. 후보자의 피선거권이 없는 것이 발견된 때
2. 제47조(정당의 후보자추천) 제1항 본문의 규정에 위반하여 선거구별로 선거할 정수범위를 넘어 추천하거나, 같은 조 제3항에 따른 여성후보자 추천의 비율과 순위를 위반하거나, 제48조(선거권자의 후보자추천) 제2항의 규정에 의한 추천인수에 미달한 것이 발견된 때
3. 제49조 제4항 제2호부터 제5호까지의 규정에 따른 서류를 제출하지 아니한 것이 발견된 때
4. 제49조 제6항의 규정에 위반하여 등록된 것이 발견된 때
5. 제53조 제1항부터 제3항까지 또는 제5항을 위반하여 등록된 것이 발견된 때
6. 정당추천후보자가 당적을 이탈·변경하거나 2 이상의 당적을 가지고 있는 때(후보자등록신청시에 2 이상의 당적을 가진 경우를 포함한다), 소속정당의 해산이나 그 등록의 취소 또는 중앙당의 시·도당창당승인취소가 있는 때
7. 무소속후보자가 정당의 당원이 된 때
8. 제57조의2 제2항 또는 제266조 제2항·제3항을 위반하여 등록된 것이 발견된 때
9. 정당이 그 소속 당원이 아닌 사람이나「정당법」제22조에 따라 당원이 될 수 없는 사람을 추천한 것이 발견된 때
10. 다른 법률에 따라 공무담임이 제한되는 사람이나 후보자가 될 수 없는 사람에 해당하는 것이 발견된 때
11. 정당 또는 후보자가 정당한 사유 없이 제65조 제9항을 위반하여 후보자정보공개자료를 제출하지 아니한 것이 발견된 때

② 제47조 제5항을 위반하여 등록된 것이 발견된 때에는 그 정당이 추천한 해당 국회의원지역구의 지역구시·도의원후보자 및 지역구자치구·시·군의원후보자의 등록은 모두 무효로 한다. 다만, 제47조 제5항에 따라 여성후보자를 추천하여야 하는 지역에서 해당 정당이 추천한 지역구시·도의원후보자의 수와 지역구자치구·시·군의원후보자의 수를 합한 수가 그 지역구시·도의원 정수와 지역구자치구·시·군의원 정수를 합한 수의 100분의 50에 해당하는 수

(1 미만의 단수는 1로 본다)에 미달하는 경우와 그 여성후보자의 등록이 무효로 된 경우에는 그러하지 아니하다.
③ 후보자가 같은 선거의 다른 선거구나 다른 선거의 후보자로 등록된 때에는 그 등록은 모두 무효로 한다.
④ 후보자의 등록이 무효로 된 때에는 관할선거구선거관리위원회는 지체없이 그 후보자와 그를 추천한 정당에 등록무효의 사유를 명시하여 이를 통지하여야 한다.

### (1) 등록무효사유
① 후보자의 피선거권이 없는 것이 발견된 때
② 선거구별로 선거할 정수범위를 넘어 추천하거나, 비례대표지방의회의원선거에 있어 여성후보자 추천의 비율과 순위를 위반하거나, 선거권자의 후보자 추천인수에 미달한 것이 발견된 때
③ 등록대상재산에 관한 신고서, 병역사항에 관한 신고서, 최근 5년간의 후보자, 그의 배우자와 직계존비속의 소득세・재산세・종합부동산세의 납부 및 체납에 관한 신고서, 전과기록에 관한 증명서류를 제출하지 아니한 것이 발견된 때
④ 정당의 당원이 무소속후보자로 등록된 것이 발견된 때, 후보자등록기간 중 당적을 이탈・변경하거나 2 이상의 당적을 가지고 등록된 것이 발견된 때, 소속정당의 해산이나 그 등록의 취소 또는 중앙당의 시・도당창당승인취소로 인하여 당원자격이 상실되었지만 등록된 것이 발견된 때
⑤ 공무원 등의 입후보시 사퇴규정(제53조 제1항부터 제3항까지 또는 제5항)을 위반하여 등록된 것이 발견된 때
⑥ 정당추천후보자가 당적을 이탈・변경하거나 2 이상의 당적을 가지고 있는 때(후보자등록신청시에 2 이상의 당적을 가진 경우 포함), 소속정당의 해산이나 그 등록의 취소 또는 중앙당의 시・도당창당승인취소가 있는 때
⑦ 무소속후보자가 정당의 당원이 된 때
⑧ 정당의 당내경선후보자로서 탈락 후 당해 선거의 같은 선거구에 후보자로 등록된 것이 발견된 때
⑨ 선거비용의 초과지출 또는 선거사무장 등의 선거범죄로 당선무효 된 사람(그 기소 후 확정판결 전에 사직한 사람 포함)이나 당선되지 않은 사람(후보자가 되려던 사람 포함)으로서 선거사무장 등의 죄로 당선무효에 해당하는 형이 확정된 사람이 당선인의 당선무효로 실시사유가 확정된 재선거의 후보자로 등록된 것이 발견된 때
⑩ 다른 공직선거에 입후보하기 위하여 임기 중 그 직을 그만 둔 국회의원・지방의회의원 및 지방자치단체의 장으로서 그 사직으로 인한 보궐선거의 후보자로 등록된 것이 발견된 때
⑪ 정당이 그 소속 당원이 아닌 사람이나 당원이 될 수 없는 사람을 추천한 것이 발견된 때

⑫ 다른 법률에 따라 공무담임이 제한되는 사람이나 후보자가 될 수 없는 사람에 해당하는 것이 발견된 때
⑬ 정당 또는 후보자가 정당한 사유 없이 후보자정보공개자료를 제출하지 아니한 것이 발견된 때
⑭ 정당이 임기만료에 따른 지역구지방의회의원선거에 후보자를 추천하는 때에는 지역구시·도의원선거 또는 지역구자치구·시·군의원선거 중 어느 하나의 선거에 국회의원지역구마다 1명 이상을 여성으로 추천하도록 한 것을 위반하여 등록된 것이 발견된 때에는 그 정당이 추천한 해당 국회의원지역구의 지역구시·도의원후보자 및 지역구자치구·시·군의원후보자의 등록은 모두 무효로 한다. (단, 여성후보자를 추천하여야 하는 지역에서 해당 정당이 추천한 지역구시·도의원후보자의 수와 지역구자치구·시·군의원후보자의 수를 합한 수가 그 지역구시·도의원 정수와 지역구자치구·시·군의원 정수를 합한 수의 100분의 50에 해당하는 수에 미달하는 경우와 그 여성후보자의 등록이 무효로 된 경우 제외)
⑮ 후보자가 같은 선거의 다른 선거구나 다른 선거의 후보자로 등록된 때

---

**기출지문**

◉ 정당이 비례대표국회의원 선거에서 여성후보자 추천의 비율과 순위를 위반한 경우에는 후보자의 등록이 무효로 한다(제52조 제1항 제2호). [2017. 국가직 7급]

◉ 정당이 비례대표자치구·시·군의회의원선거에서 선거구별로 선거할 정수범위를 초과하여 후보자를 추천한 경우에는 후보자의 등록이 무효로 되지 않는다(제52조 제1항 제2호). [2017. 국가직 7급]

◉ 후보자가 혼인한 아들의 최근 5년간의 소득세·재산세·종합부동산세의 납부 및 체납(10만 원 이하 또는 3월 이내의 체납은 제외한다)에 관한 신고서를 제출하지 아니한 것이 발견된 때에는 후보자의 등록이 무효로 된다(제52조 제1항 제3호). [2017. 국가직 7급]

◉ 후보자등록 후에 정당추천후보자가 당적을 이탈·변경하거나 2 이상의 당적을 가지고 있는 때, 또는 소속정당의 해산이나 그 등록의 취소 또는 중앙당의 시·도당창당승인취소가 있는 때에는 그 후보자의 등록은 무효가 된다(제52조 제1항 제6호). [2016. 국가직 7급]

◉ A광역시장에 입후보하기 위하여 임기 중 그 직을 그만둔 국회의원이 그 사직으로 인하여 실시사유가 확정된 국회의원보궐선거의 후보자로 등록한 경우에는 후보자의 등록이 무효로 된다(제52조 제1항 제8호). [2017. 국가직 7급]

◉ 후보자가 같은 선거의 다른 선거구나 다른 선거의 후보자로 등록된 때에는 그 등록은 모두 무효로 한다(제52조 제3항). [2015. 국가직 9급]

☒ 무소속후보자가 되고자 하는 자가 입후보등록을 하면서 추천 선거권자수의 하한수에 미달한 상태로 등록한 것이 발견된 때 그 입후보등록이 무효로 되는 것은 아니다. (×)
[2017. 국가직 9급]

> **PLUS** 제48조(선거권자의 후보자추천) 제2항의 규정에 의한 추천인수에 미달한 것이 발견된 때에 그 후보자의 등록은 무효로 한다(제52조 제1항 제2호).

- A정당은 비례대표지방의회의원선거에 후보자를 추천하면서 1번에 남성후보자를, 2번에 여성후보자를 추천하였다. ; 제52조 제1항 제2호에 따라 후보자등록은 무효가 된다. [2016. 국가직 9급]
- 후보자 甲은 국회의원선거에서 무소속으로 등록한 후 B정당에 당원으로 등록하였다. ; 제52조 제1항 제7호에 따라 후보자등록은 무효가 된다. [2016. 국가직 9급]
- D정당의 당원인 乙은 무소속으로 국회의원선거에 입후보하였다. ; 제52조 제1항 제4호에 따라 후보자등록은 무효가 된다. [2016. 국가직 9급]
- C정당은 비례대표국회의원선거에 후보자를 추천하면서 1번에 남성후보자를, 2번에 여성후보자를 추천하였다. ; 비례대표국회의원선거에 있어서는 후보자등록을 무효로 한다(제52조 제1항 제2호). [2016. 국가직 9급]

---

## ✦✦ 제53조【공무원 등의 입후보】✦✦

① 다음 각 호의 어느 하나에 해당하는 사람으로서 후보자가 되려는 사람은 선거일 전 90일까지 그 직을 그만두어야 한다. 다만, 대통령선거와 국회의원선거에 있어서 국회의원이 그 직을 가지고 입후보하는 경우와 지방의회의원선거와 지방자치단체의 장의 선거에 있어서 당해 지방자치단체의 의회의원이나 장이 그 직을 가지고 입후보하는 경우에는 그러하지 아니하다.

1. 「국가공무원법」 제2조(공무원의 구분)에 규정된 국가공무원과 「지방공무원법」 제2조(공무원의 구분)에 규정된 지방공무원. 다만, 「정당법」 제22조(발기인 및 당원의 자격) 제1항 제1호 단서의 규정에 의하여 정당의 당원이 될 수 있는 공무원(정무직공무원을 제외한다)은 그러하지 아니하다.
✦ 2. 각급선거관리위원회위원 또는 교육위원회의 교육위원
✦ 3. 다른 법령의 규정에 의하여 공무원의 신분을 가진 자
4. 「공공기관의 운영에 관한 법률」 제4조 제1항 제3호에 해당하는 기관 중 정부가 100분의 50 이상의 지분을 가지고 있는 기관(한국은행을 포함한다)의 상근 임원
✦ 5. 「농업협동조합법」·「수산업협동조합법」·「산림조합법」·「엽연초생산협동조합법」에 의하여 설립된 조합의 상근 임원과 이들 조합의 중앙회장
6. 「지방공기업법」 제2조(적용범위)에 규정된 지방공사와 지방공단의 상근 임원
✦ 7. 「정당법」 제22조 제1항 제2호의 규정에 의하여 정당의 당원이 될 수 없는 사립학교교원
8. 「신문 등의 진흥에 관한 법률」 제2조에 따른 신문 및 인터넷신문, 「잡지 등 정기간행물의 진흥에 관한 법률」 제2조에 따른 정기간행물, 「방송법」 제2조에 따른 방송사업을 발행·경영하는 자와 이에 상시 고용되어 편집·제작·취재·집필·보도의 업무에 종사하는 자로서 중앙선거관리위원회규칙으로 정하는 언론인

✦ 9. 특별법에 의하여 설립된 국민운동단체로서 국가 또는 지방자치단체의 출연 또는 보조를 받는 단체(바르게살기운동협의회·새마을운동협의회·한국자유총연맹을 말하며, 시·도 조직 및 구·시·군조직을 포함한다)의 대표자

✦✦ ② 제1항 본문에도 불구하고 다음 각 호의 어느 하나에 해당하는 경우에는 선거일 전 30일까지 그 직을 그만두어야 한다.
1. 비례대표국회의원선거나 비례대표지방의회의원선거에 입후보하는 경우
2. 보궐선거 등에 입후보하는 경우
3. 국회의원이 지방자치단체의 장의 선거에 입후보하는 경우
4. 지방의회의원이 다른 지방자치단체의 의회의원이나 장의 선거에 입후보하는 경우

✦ ③ 제1항 단서에도 불구하고 비례대표국회의원이 지역구국회의원 보궐선거 등에 입후보하는 경우 및 비례대표지방의회의원이 해당 지방자치단체의 지역구지방의회의원 보궐선거 등에 입후보하는 경우에는 후보자등록신청 전까지 그 직을 그만두어야 한다.

④ 제1항부터 제3항까지의 규정을 적용하는 경우 그 소속기관의 장 또는 소속위원회에 사직원이 접수된 때에 그 직을 그만 둔 것으로 본다.

⑤ 제1항 및 제2항에도 불구하고, 지방자치단체의 장은 선거구역이 당해 지방자치단체의 관할구역과 같거나 겹치는 지역구국회의원선거에 입후보하고자 하는 때에는 당해 선거의 선거일 전 120일까지 그 직을 그만두어야 한다. 다만, 그 지방자치단체의 장이 임기가 만료된 후에 그 임기만료일부터 90일 후에 실시되는 지역구국회의원선거에 입후보하려는 경우에는 그러하지 아니하다.

(1) 입후보 전 공직사퇴

| 구분 | 대통령선거 | 국회의원선거 | 지방자치단체장선거 | 지방의회의원선거 |
|---|---|---|---|---|
| 국회의원 | 그 직을 가지고 입후보 | 그 직을 가지고 입후보 | 선거일 전 30일까지 사퇴 | 선거일 전 90일까지 사퇴 |
| 지방자치단체장 | 선거일 전 90일까지 사퇴 | • 같은 관할구역 : 선거일 전 120일까지 사퇴<br>• 다른 관할구역 : 선거일 전 90일까지 사퇴<br>• 비례대표의원 : 선거일 전 30일까지 사퇴 | • 당해 지방 : 그 직을 가지고 입후보<br>• 다른 지방 : 선거일 전 90일까지 사퇴 | • 당해 지방 : 그 직을 가지고 입후보<br>• 다른 지방 : 선거일 전 90일까지 사퇴 |

| 지방의회 의원 | 선거일 전 90일까지 사퇴 | 선거일 전 90일까지 사퇴 | • 당해 지방 : 그 직을 가지고 입후보<br>• 다른 지방 : 선거일 전 30일까지 사퇴 | • 당해 지방 : 그 직을 가지고 입후보<br>• 다른 지방 : 선거일 전 30일까지 사퇴 |

(2) 입후보 제한직(일정기간 이전에 그 직을 그만두어야 하는 자)
  ① 국가공무원과 지방공무원
  ② 다른 법령에 의하여 공무원의 신분을 가지는 자
  ③ 「공공기관의 운영에 관한 법률」 제4조 제1항 제3호에 해당하는 기관 중 정부가 100분의 50 이상의 지분을 가지고 있는 기관(한국은행을 포함한다)의 상근 임원
  ④ 지방공기업법에 의한 지방공사와 지방공단의 상근 임원
  ⑤ 농업협동조합법 · 수산업협동조합법 · 산림조합법 · 엽연초생산협동조합법에 의하여 설립된 조합의 상근 임원과 이들 조합의 중앙회장
  ⑥ 사립학교의 교원
  ⑦ 각급 선거관리위원회의 위원 또는 교육위원회의 교육위원
  ⑧ 특별법에 의하여 설립된 국민운동단체로서 국가 또는 지방자치단체의 출연 또는 보조를 받는 단체(바르게살기운동협의회 · 새마을운동협의회 · 한국자유총연맹을 말하며, 시 · 도조직 및 구 · 시 · 군조직을 포함한다)의 대표자

(3) 사퇴하지 않고 후보자 등록을 할 수 있는 사람
  ① 대통령선거와 국회의원선거에 있어서 국회의원
  ② 지방의회의원선거와 지방자치단체의 장의 선거에 있어서 당해 지방자치단체의 의회의원이나 장
  ③ 국회 부의장의 수석비서관 · 비서관 · 비서 · 행정보조요원
  ④ 국회 상임위원회 · 예산결산특별위원회 · 윤리특별위원회 위원장의 행정보조요원
  ⑤ 국회의원의 보좌관 · 비서관 · 비서
  ⑥ 국회 교섭단체대표의원의 행정비서관
  ⑦ 국회 교섭단체의 정책연구위원 · 행정보조요원
  ⑧ 국공립대학의 총장 · 학장 · 교수 · 부교수 · 조교수 · 강사
  ⑨ 사립대학의 총장 · 부총장 · 학장 · 부학장 · 교수 · 부교수 · 조교수 · 강사

### 기출지문

- 정당의 당원이 될 수 있는 정무직공무원에 해당하는 사람으로서 후보자가 되려는 경우 다른 규정이 없는 한 원칙적으로 선거일 전 90일까지 그 직을 그만두어야 한다(제53조 제1항). [2023. 국가직 7급, 2017. 국가직 9급]
- 대통령선거와 국회의원선거에 있어서 국회의원이 그 직을 가지고 입후보하는 경우와 지방의회의원선거와 지방자치단체의 장의 선거에 있어서 당해 지방자치단체의 의회의원이나 장이 그 직을 가지고 입후보하는 경우에는 그 직을 그만두어야 할 필요가 없다(제53조 제1항 단서). [2014. 국가직 9급]
- 교육위원회의 교육위원이 「공직선거법」상 후보자가 되려는 경우에는 선거일 전 90일까지 그 직을 그만두어야 한다(제53조 제1항 제2호). [2022·2014. 국가직 9급]
- 엽연초생산협동조합중앙회 중앙회장이 광주광역시장선거에서 후보자가 되려면 선거일 전 90일까지 그 직을 그만두어야 한다(제53조 제3항). [2016. 국가직 7급, 2022. 국가직 9급]
- 새마을운동협의회의 대표자는 임기만료에 의한 지역구지방의회 의원선거의 후보자가 되려면 선거일 전 90일까지 그 직을 그만두어야 한다(제53조 제1항 제9호). [2013. 국가직 7급]
- 각급선거관리위원회위원이 보궐선거등에 입후보하는 경우 선거일 전 30일까지 그 직을 그만두어야 한다. [제53조 제2항 제2호] [2023·2017. 국가직 9급]
- 바르게살기운동협의회 대표자가 서울특별시 송파구 국회의원보궐선거에서 후보자가 되려면 선거일 전 30일까지 그 직을 그만두어야 한다(제53조 제2항 제2호). [2016. 국가직 7급]
- 국회의원이 지방자치단체의 장의 선거에 입후보하는 경우 선거일 전 30일까지 그 직을 그만두어야 한다(제53조 제2항 제3호). [2017. 국가직 9급]
- 지방의회의원이 다른 지방자치단체의 의회의원이나 장의 선거에 입후보하는 경우에는, 선거일 전 30일까지 그 직을 그만두어야 한다(제53조 제2항 제4호).
[2023. 국가직 9급, 2014. 국가직 7·9급, 2013. 국가직 7급]
- 비례대표국회의원이 지역구국회의원 보궐선거에 입후보하는 경우에는 후보자등록신청 전까지 그 직을 그만두어야 한다(제53조 제3항). [2016·2013. 국가직 7급]
- ✗ 울산광역시의 자치구·군의 장의 직무를 대행하고 있는 부구청장과 부군수가 공직선거에 입후보하고자 하는 경우에는, 선거일 전 60일까지 그 직을 그만두어야 한다. (×)
[2014. 국가직 7급]
  - **PLUS** 울산광역시의 자치구·군의 장의 직무를 대행하고 있는 부구청장과 부군수는 공직선거법 제53조 제1항 제1호에 해당하는 자로서 공직선거에 입후보하고자 하는 경우에는 선거일 전 90일까지 그 직을 그만두어야 한다(제53조 제1항).
- ✗ 시·도선거관리위원회위원이 국회의원선거에서 후보자가 되려고 하는 경우 후보자등록신청 전까지 그 직을 그만두어야 한다. (×) [2015. 국가직 9급]
  - **PLUS** 각급선거관리위원회위원이 후보자가 되려고 하는 경우 선거일 전 90일까지 그 직을 그만두어야 한다(제53조 제1항 제2호).

- ☒ 국회의원이 지방자치단체의 장의 선거에 입후보하는 경우에는 선거일 전 90일까지 그 직을 그만두어야 한다. (×) [2013. 국가직 7급]
  - ⁺PLUS 국회의원이 지방자치단체의 장의 선거에 입후보하는 경우에는, 선거일 전 30일까지 그 직을 그만두어야 한다(제53조 제2항 제3호). [2014. 국가직 7급]
- ☒ 비례대표국회의원이 지역구국회의원 보궐선거 등에 입후보하는 경우 선거일까지 그 직을 유지할 수 있다. (×) [2022·2017. 국가직 9급]
  - ⁺PLUS 비례대표국회의원이 지역구국회의원 보궐선거등에 입후보하는 경우에는 후보자등록신청 전까지 그 직을 그만두어야 한다(제53조 제3항).
- ☒ 비례대표국회의원이 지역구국회의원 보궐선거 등에 입후보하는 경우 및 비례대표지방의회의원이 해당 지방자치단체의 지역구지방의회의원 보궐선거 등에 입후보하는 경우에는, 당해 선거의 선거일 전 90일까지 그 직을 그만두어야 한다. (×) [2014. 국가직 7급]
  - ⁺PLUS 비례대표국회의원이 지역구국회의원 보궐선거 등에 입후보하는 경우 및 비례대표지방의회의원이 해당 지방자치단체의 지역구지방의회의원 보궐선거 등에 입후보하는 경우에는 후보자등록신청 전까지 그 직을 그만두어야 한다(제53조 제3항).
- ☒ 지방자치단체의 장은 선거구역이 당해 지방자치단체의 관할구역과 같거나 겹치는 지역구국회의원선거에 입후보하고자 하는 때에는 당해 선거의 선거일 전 180일까지 그 직을 그만두어야 한다. (×) [2016. 국가직 7급, 2014. 국가직 9급]
  - ⁺PLUS 지방자치단체의 장은 선거구역이 당해 지방자치단체의 관할구역과 같거나 겹치는 지역구국회의원선거에 입후보하고자 하는 때에는 당해 선거의 선거일 전 120일까지 그 직을 그만두어야 한다. 다만, 그 지방자치단체의 장이 임기가 만료된 후에 그 임기만료일부터 90일 후에 실시되는 지역구국회의원선거에 입후보하려는 경우에는 그러하지 아니하다(제53조 제5항).

✦✦ **제54조【후보자사퇴의 신고】** 후보자가 사퇴하고자 하는 때에는 자신이 직접 당해 선거구선거관리위원회에 가서 서면으로 신고하되, 정당추천후보자가 사퇴하고자 하는 때에는 추천정당의 사퇴승인서를 첨부하여야 한다.

> 기출지문

- ◎ 정당추천후보자가 사퇴하고자 하는 때에는 추천정당의 사퇴 승인서를 첨부하여 자신이 직접 당해 선거구선거관리위원회에 가서 서면으로 신고하여야 한다(제54조). [2022·2015. 국가직 9급]
- ☒ 정당추천후보자가 사퇴하고자 하는 때에는 정당의 대리인이 당해 선거구선거관리위원회에 가서 서면으로 신고할 수 있다. (×) [2022. 국가직 7급, 2014. 국가직 9급]
  - ⁺PLUS 후보자가 사퇴하고자 하는 때에는 자신이 직접 당해 선거구선거관리위원회에 가서 서면으로 신고하되, 정당추천후보자가 사퇴하고자 하는 때에는 추천정당의 사퇴승인서를 첨부하여야 한다(제54조).

✦ **제55조【후보자등록 등에 관한 공고】** 후보자가 등록·사퇴·사망하거나 등록이 무효로 된 때에는 당해 선거구선거관리위원회는 지체없이 이를 공고하고, 상급선거관리위원회에 보고하여야 하며, 하급선거관리위원회에 통지하여야 한다.

✦✦ **제56조【기탁금】** ① 후보자등록을 신청하는 자는 등록신청 시에 후보자 1명마다 다음 각 호의 기탁금(후보자등록을 신청하는 사람이 「장애인복지법」 제32조에 따라 등록한 장애인이거나 선거일 현재 29세 이하인 경우에는 다음 각 호에 따른 기탁금의 100분의 50에 해당하는 금액을 말하고, 30세 이상 39세 이하인 경우에는 다음 각 호에 따른 기탁금의 100분의 70에 해당하는 금액을 말한다)을 중앙선거관리위원회규칙으로 정하는 바에 따라 관할선거구선거관리위원회에 납부하여야 한다. 이 경우 예비후보자가 해당 선거의 같은 선거구에 후보자등록을 신청하는 때에는 제60조의2제2항에 따라 납부한 기탁금을 제외한 나머지 금액을 납부하여야 한다.

1. 대통령선거는 3억원
2. 지역구국회의원선거는 1천500만원
2의2. 비례대표국회의원선거는 500만원
3. 시·도의회의원선거는 300만원
4. 시·도지사선거는 5천만원
5. 자치구·시·군의 장 선거는 1천만원
6. 자치구·시·군의원선거는 200만원

✦✦ ② 제1항의 기탁금은 체납처분이나 강제집행의 대상이 되지 아니한다.
③ 제261조에 따른 과태료 및 제271조에 따른 불법시설물 등에 대한 대집행비용은 제1항의 기탁금(제60조의2 제2항의 기탁금을 포함한다)에서 부담한다.
④ 제1항에 따라 장애인 또는 39세 이하의 사람이 납부하는 기탁금의 감액비율은 중복하여 적용하지 아니한다.

(1) **대통령선거 기탁금 5억원의 위헌여부(헌재 2008.11.27, 2007헌마1024) : 헌법불합치**
① 후보자난립 방지를 위하여 기탁금제도를 두더라도 그 금액이 현저하게 과다하거나 불합리하게 책정된 것이라면 허용될 수 없다. 5억원의 기탁금은 대통령선거 입후보예정자가 조달하기에 매우 높은 액수임이 명백하다. 결국, 이 사건 조항은 개인에게 현저하게 과다한 부담을 초래하며, 이는 고액 재산의 다과에 의하여 공무담임권 행사기회를 비합리적으로 차별하므로, 청구인의 공무담임권을 침해한다.
② 이 사건 조항이 헌법에 위반되는 이유는 기탁금제도 자체에 있는 것이 아니라 기탁금 액수가 지나치게 고액이라는 데에 있으므로, 입법자가 기탁금 액수를 합헌적 범위 내로 조정하는 것과 함께 무소속후보자의 추천요건을 강화하는 방안이 고려될 수 있는바, 이러한 권한은 입법자에게 있으므로 이 사건 조항에 대하여 단순위헌 선언을 하여 조항

자체를 폐지시키는 것보다는 추후 입법자가 여러 사정을 고려하여 합헌적으로 개정할 수 있도록 헌법불합치 선언을 하여야 한다.

〈2012.1.17. 공직선거법 개정으로 대통령선거 기탁금은 3억원으로 하향 조정〉

**(2) 비례대표국회의원선거 기탁금조항(헌재 2016.12.29, 2015헌마1160) : 헌법불합치**
[2017. 국가직 7급]

비례대표국회의원선거 기탁금조항은 그 입법목적이 정당하고, 기탁금 요건을 마련하는 것은 그 입법목적을 달성하기 위한 적합한 수단에 해당된다. 그러나 정당에 대한 선거로서의 성격을 가지는 비례대표국회의원선거는 인물에 대한 선거로서의 성격을 가지는 지역구국회의원선거와 근본적으로 그 성격이 다르고, 비례대표 기탁금조항은 공직선거법상 허용된 선거운동을 통하여 선거의 혼탁이나 과열을 초래할 여지가 지역구국회의원선거보다 훨씬 적다고 볼 수 있음에도 지역구국회의원선거에서의 기탁금과 동일한 고액의 기탁금을 설정하고 있어 최소성원칙과 법익균형성원칙에도 위반되어 공무담임권을 침해한다.

---

**기출지문**

◎ 공직선거에서 기탁금은 체납처분이나 강제집행의 대상이 되지 아니한다(제56조 제2항). [2016·2013. 국가직 7급]

◎ 후보자가 「공직선거법」을 위반하여 과태료를 부과받은 경우, 과태료가 반환해야 할 기탁금을 넘지 않는다면 관할 선거구선거관리위원회는 반환해야 할 기탁금에서 과태료를 공제하고 반환한다(제56조 제3항). [2016. 국가직 7급]

---

**개정 제57조【기탁금의 반환 등】** ✦ ① 관할선거구선거관리위원회는 다음 각 호의 구분에 따른 금액을 선거일 후 30일 이내에 기탁자에게 반환한다. 이 경우 반환하지 아니하는 기탁금은 국가 또는 지방자치단체에 귀속한다.

1. 대통령선거, 지역구국회의원선거, 지역구지방의회의원선거 및 지방자치단체의 장선거
   가. 후보자가 당선되거나 사망한 경우와 유효투표총수의 100분의 15 이상(후보자가 「장애인복지법」 제32조에 따라 등록한 장애인이거나 선거일 현재 39세 이하인 경우에는 유효투표총수의 100분의 10 이상을 말한다)을 득표한 경우에는 기탁금 전액
   나. 후보자가 유효투표총수의 100분의 10 이상 100분의 15 미만(후보자가 「장애인복지법」 제32조에 따라 등록한 장애인이거나 선거일 현재 39세 이하인 경우에는 유효투표총수의 100분의 5 이상 100분의 10 미만을 말한다)을 득표한 경우에는 기탁금의 100분의 50에 해당하는 금액
   다. 예비후보자가 사망하거나, 당헌·당규에 따라 소속 정당에 후보자로 추천하여 줄 것을 신청하였으나 해당 정당의 추천을 받지 못하여 후보자로 등록하지 않은 경우에는 제60조의2제2항에 따라 납부한 기탁금 전액

2. 비례대표국회의원선거 및 비례대표지방의회의원선거
　　당해 후보자명부에 올라 있는 후보자 중 당선인이 있는 때에는 기탁금 전액. 다만, 제189조 및 제190조의2에 따른 당선인의 결정 전에 사퇴하거나 등록이 무효로 된 후보자의 기탁금은 제외한다.
② 제56조 제3항에 따라 기탁금에서 부담하여야 할 비용은 제1항에 따라 기탁금을 반환하는 때에 공제하되, 그 부담비용이 반환할 기탁금을 넘는 사람은 그 차액을, 기탁금 전액이 국가 또는 지방자치단체에 귀속되는 사람은 그 부담비용 전액을 해당 선거구선거관리위원회의 고지에 따라 그 고지를 받은 날부터 10일 이내에 납부하여야 한다.
③ 관할선거구선거관리위원회는 제2항의 납부기한까지 해당자가 그 금액을 납부하지 아니한 때에는 관할세무서장에게 징수를 위탁하고, 관할세무서장은 국세 체납처분의 예에 따라 이를 징수하여 국가 또는 해당 지방자치단체에 납입하여야 한다. 이 경우 제271조에 따른 불법시설물 등에 대한 대집행비용은 우선 해당 선거관리위원회가 지출한 후 관할세무서장에게 그 징수를 위탁할 수 있다.
④ 삭제〈2000.2.16.〉
⑤ 기탁금의 반환 및 귀속 기타 필요한 사항은 중앙선거관리위원회규칙으로 정한다.

### (1) 기탁금 반환요건

| 대통령선거, 지역구국회의원선거, 지역구지방의회의원선거 및 지방자치단체의 장선거 | 비례대표국회의원선거 및 비례대표지방의회의원선거 |
|---|---|
| ① 후보자가 당선되거나 사망한 경우와 유효투표총수의 100분의 15 이상을 득표한 경우 : 기탁금 전액<br>② 후보자가 유효투표총수의 100분의 10이상 100분의 15 미만을 득표한 경우 : 기탁금의 100분의 50에 해당하는 금액<br>③ 예비후보자가 사망하거나 제57조의2 제2항 본문에 따라 후보자로 등록될 수 없는 경우에는 제60조의2 제2항에 따라 납부한 기탁금 전액 | 당해 후보자명부에 올라 있는 후보자 중 당선인이 있는 때 : 기탁금 전액<br>다만, 제189조 및 제190조의2에 따른 당선인의 결정 전에 사퇴하거나 등록이 무효로 된 후보자의 기탁금은 제외한다. |

### (2) 기탁금반환·국고귀속의 기준을 정한 공선법의 위헌여부(헌재 2001.7.19, 2000헌마91) : 위헌

선거는 그 과정을 통하여 국민의 다양한 정치적 의사가 표출되는 장으로서 낙선한 후보자라고 하여 결과적으로 '난립후보'라고 보아 제재를 가하여서는 아니되므로 기탁금 반환의 기준으로 득표율을 사용하고자 한다면 그 기준득표율은 유효투표총수의 미미한 수준에 머물러야 할 것인바, 공선법 제57조 제1항, 제2항은 지역구국회의원선거에 있어 후보자의 득표수가 유효투표총수를 후보자수로 나눈 수 이상이거나 유효투표총수의 100분의 20 이상인 때에 해당하지 않으면 기탁금을 반환하지 아니하고 국고에 귀속시키도록 하고 있는데, 이러한 기준은 과도하게 높아 진지한 입후보희망자의 입후보를 가로막고 있으며, 또한 일단 입후보한 자로서 진지하게 당선을 위한 노력을 다한 입후보자에게 선거결과에 따라 부당한 제재를 가하는 것이 되고, 특히 2, 3개의 거대정당이 존재하는 경우 군소정당이나 신생정당 후보자로서는 위 기준을 충족하기가 힘들게 될 것이므로 결국 이들의 정치참여 기회를 제약하는 효과를 낳게 된다 할 것이므로 위 조항은 국민의 피선거권을 침해하는 것이다.

📕 **관련판례** 지역구국회의원선거에 있어서 예비후보자가 당의 공천심사에서 탈락하고 후보자등록을 하지 않았을 경우 예비후보자가 납부한 기탁금을 반환하지 아니 하는 것은 입법형성권의 범위를 벗어난 과도한 제한이라 할 수 있다(헌재 2018.1.25, 2016헌마541). [2023. 국가직 7급]

### 기출지문

- ⭕ 후보자가 사망한 경우에 기탁금에서 부담하여야 할 비용을 공제한 기탁금 전액을 반환받을 수 있다(제57조). [2013. 국가직 7급]
- ⭕ 지역구국회의원선거 예비후보자가 본선거의 후보자로 등록을 한 후 그 선거에서 당선되거나 유효투표총수의 100분의 15 이상을 득표한 경우에는 그가 납부한 기탁금 전액을 반환받게 된다(제57조 제1항 제1호). [2023. 국가직 9급, 2017. 국가직 7급]
- ⭕ 지역구국회의원후보자와 비례대표국회의원후보자 간에 기탁금 반환의 조건이 다르다(제57조 제1항). [2017. 국가직 7급]
- ❌ 자치구·시·군의 장선거에 출마한 후보자가 당선되지 않고 유효투표총수의 100분의 13을 득표한 경우에 반환받는 기탁금은 100만원이다. (×) [2016. 국가직 7급]
  - ➕ PLUS 후보자가 유효투표총수의 100분의 10 이상 100분의 15 미만을 득표한 경우에는 기탁금의 100분의 50에 해당하는 금액을 반환하므로 500만원을 반환받는다(제57조 제1항 제1호 나목).
- ❌ 예비후보자가 사망하거나 당내경선에서 탈락하여 후보자로 등록할 수 없는 경우뿐만 아니라 질병으로 인하여 선거운동을 할 수 없어 후보자 등록을 하지 못하는 경우에도 기탁금을 반환한다. (×) [2017. 국가직 7급]
  - ➕ PLUS 예비후보자가 사망하거나 공천심사탈락, 당내경선에서 탈락하여 후보자로 등록할 수 없는 경우에는 제60조의2 제2항에 따라 납부한 기탁금 전액을 반환한다(제57조 제1항 제1호 다목).
- ❌ 예비후보자가 당내경선에서 당해 정당의 후보자로 선출되지 아니하여 후보자로 등록될 수 없는 경우에는 기탁금을 반환 받을 수 없다. (×) [2013. 국가직 7급]
  - ➕ PLUS 예비후보자가 당내경선에서 당해 정당의 후보자로 선출되지 아니하여 후보자로 등록될 수 없는 경우에는 납부한 기탁금 전액을 반환한다(제57조 제1항 제1호 다목).

◎ 예비후보자의 기탁금 반환사유는 후보자 등록을 하지 못할 정도에 이르는 예외적이고 객관적인 사유에 한정함이 상당하다(헌재 2013.11.28, 2012헌마568). [2017. 국가직 7급]

📖 관련판례 예비후보자의 기탁금 반환 사유를 예비후보자의 사망, 당내경선 탈락으로 한정하는 것은 지역구국회의원선거 예비후보자의 재산권을 침해한다(헌재 2018.1.25, 2016헌마541). [2016. 국가직 7급]

# 제6장의2 정당의 후보자 추천을 위한 당내경선

✦ **제57조의2 【당내경선의 실시】** ① 정당은 공직선거후보자를 추천하기 위하여 경선(이하 "당내경선"이라 한다)을 실시할 수 있다.

② 정당이 당내경선[당내경선(여성이나 장애인 등에 대하여 당헌·당규에 따라 가산점 등을 부여하여 실시하는 경우를 포함한다)의 후보자로 등재된 자(이하 "경선후보자"라 한다)를 대상으로 정당의 당헌·당규 또는 경선후보자간의 서면합의에 따라 실시한 당내경선을 대체하는 여론조사를 포함한다]을 실시하는 경우 경선후보자로서 당해 정당의 후보자로 선출되지 아니한 자는 당해 선거의 같은 선거구에서는 후보자로 등록될 수 없다. 다만, 후보자로 선출된 자가 사퇴·사망·피선거권 상실 또는 당적의 이탈·변경 등으로 그 자격을 상실한 때에는 그러하지 아니하다(합헌: 2014.11.27, 2013헌마814).

③ 「정당법」 제22조(발기인 및 당원의 자격)의 규정에 따라 당원이 될 수 없는 자는 당내경선의 선거인이 될 수 없다.

> (1) 당내 경선에도 직접·평등·비밀투표 등 일반적인 선거원칙이 그대로 적용되고 대리투표는 허용되지 않는다(대판 2013.11.28, 2013도5117). **[2017. 국가직 7급]**

### 기출지문

- ◎ 정당이 당내경선을 실시하는 경우 경선후보자로서 당해 정당의 후보자로 선출되지 아니한 자는 당해 선거의 다른 선거구에서는 후보자로 등록할 수 있다(제57조의2 제2항). **[2014. 국가직 7·9급]**
- ◎ 정당이 당헌이나 당규에 따라 당내경선을 대체하는 여론조사를 실시하는 경우에도 경선후보자로서 당해 정당의 후보자로 선출되지 아니한 자는 당해 선거의 같은 선거구에서는 원칙적으로 후보자로 등록될 수 없다(제57조의2 제2항). **[2023·2014. 국가직 9급]**
- ◎ 정당이 당내경선을 실시하는 경우 경선후보자가 당해 정당의 후보자로 선출되지 못하였더라도 후보자로 선출된 자가 당적의 이탈로 그 자격을 상실한 때에는 당해 선거구의 후보자로 등록될 수 있다(제57조의2 제2항). **[2016. 국가직 7급]**
- ◎ 당내경선에 참가하여 당해 정당의 후보자로 선출되지 아니한 자는, 후보자로 선출된 자가 사퇴·사망·피선거권 상실 또는 당적의 이탈·변경 등으로 그 자격을 상실하지 않은 이상, 당해 선거의 같은 선거구에 입후보할 수 없다(제57조의2 제2항). **[2023·2022·2013. 국가직 9급]**
- ◎ 정당이 당내경선을 실시하는 경우 그 정당의 경선후보자(A, B 2인) 중에서 A가 정당의 후보자로 선출된 후 사퇴한 때에는 당해 정당의 후보자로 선출되지 아니한 B가 당해 선거의 같은 선거구에서 후보자로 등록될 수 있다(제57조의2 제2항 단서). **[2013. 국가직 7급]**

- ❌ 공직선거의 선거운동을 할 수 없는 통·리 또는 반의 장은 당내경선의 선거인이 될 수 없다. (×) [2013. 국가직 7급]
    - ⁺PLUS 정당법 제22조(발기인 및 당원의 자격)의 규정에 따라 당원이 될 수 없는 자는 당내경선의 선거인이 될 수 없다(제57조의2 제3항).
- ❌ 정당이 대통령선거 후보경선에서 여론조사 결과를 반영하는 것은 당원들의 헌법상 기본권을 침해한 경우 헌법소원심판의 대상이 되는 공권력의 행사에 해당한다. (×) [2015. 국가직 7급]
    - ⁺PLUS 정당이 공권력 행사의 주체가 아니고, 정당의 대통령선거 후보선출은 자발적 조직 내부의 의사결정에 지나지 아니하므로, 청구인들 주장과 같이 한나라당이 대통령선거 후보경선과정에서 여론조사 결과를 반영한 것을 일컬어 헌법소원심판의 대상이 되는 공권력의 행사에 해당한다 할 수 없다(헌재 2007.10.30, 2007헌마1128).

✦✦ **제57조의3【당내경선운동】** ① 정당이 당원과 당원이 아닌 자에게 투표권을 부여하여 실시하는 당내경선에서는 다음 각 호의 어느 하나에 해당하는 방법 외의 방법으로 경선운동을 할 수 없다.
1. 제60조의3 제1항 제1호·제2호에 따른 방법
2. 정당이 경선후보자가 작성한 1종의 홍보물(이하 이 조에서 "경선홍보물"이라 한다)을 1회에 한하여 발송하는 방법
3. 정당이 합동연설회 또는 합동토론회를 옥내에서 개최하는 방법(경선후보자가 중앙선거관리위원회규칙으로 정하는 바에 따라 그 개최장소에 경선후보자의 홍보에 필요한 현수막 등 시설물을 설치·게시하는 방법을 포함한다)
✦ ② 정당이 제1항 제2호 또는 제3호의 규정에 따른 방법으로 경선홍보물을 발송하거나 합동연설회 또는 합동토론회를 개최하는 때에는 당해 선거의 관할선거구선거관리위원회에 신고하여야 한다.
✦ ③ 제1항의 규정에 위반되는 경선운동에 소요되는 비용은 제119조(선거비용 등의 정의)의 규정에 따른 선거비용으로 본다.
④ 제1항 제2호의 경선홍보물의 작성 및 제2항의 신고 그 밖에 필요한 사항은 중앙선거관리위원회규칙으로 정한다.

> 기출지문

- ⓞ 당원과 당원이 아닌 자에게 투표권을 부여하여 실시하는 당내경선에서는 경선후보자가 작성한 1종의 홍보물을 정당이 1회에 한하여 발송할 수 있다(제57조의3 제1항 제2호).
  [2015. 국가직 7급]
- ⓞ 정당이 당내경선을 위한 경선홍보물을 발송하거나 합동연설회 또는 합동토론회를 개최하는 때에는 당해 선거의 관할선거구선거관리위원회에 신고하여야 한다(제57조의3 제2항).
  [2014. 국가직 9급]

제57조의4 【당내경선사무의 위탁】 ✦ ① 「정치자금법」 제27조(보조금의 배분)의 규정에 따라 보조금의 배분대상이 되는 정당은 당내경선사무 중 경선운동, 투표 및 개표에 관한 사무의 관리를 당해 선거의 관할선거구선거관리위원회에 위탁할 수 있다.
✦ ② 관할선거구선거관리위원회가 제1항에 따라 당내경선의 투표 및 개표에 관한 사무를 수탁관리하는 경우에는 그 비용은 국가가 부담한다. 다만, 투표 및 개표참관인의 수당은 당해 정당이 부담한다.
③ 제1항의 규정에 따라 정당이 당내경선사무를 위탁하는 경우 그 구체적인 절차 및 필요한 사항은 중앙선거관리위원회규칙으로 정한다.

> 기출지문

- ⓞ 정치자금법 제27조의 규정에 따라 보조금의 배분대상이 되는 정당은 당내경선사무 중 경선운동, 투표 및 개표에 관한 사무의 관리를 당해 선거의 관할선거구선거관리위원회에 위탁할 수 있다(제57조의4 제1항). [2022. 국가직 7급, 2015. 국가직 9급]
- ⓞ 관할선거구선거관리위원회가 당내경선의 투표 및 개표에 관한 사무를 수탁관리하는 경우 그 비용은 국가가 부담하나, 투표 및 개표참관인의 수당은 당해 정당이 부담한다(제57조의4 제2항). [2022·2014·2013. 국가직 7급]
- ✗ 최근에 실시된 임기만료에 의한 국회의원선거에 참여하여 국회의원선거의 득표수 비율이 100분의 2 이상이더라도 현재 의석이 없는 정당은 당내경선사무 중 경선운동, 투표 및 개표에 관한 사무의 관리를 당해 선거의 관할선거구선거관리위원회에 위탁할 수 없다. (✗)
  [2014. 국가직 7급]
  > ⁺PLUS 현재 의석이 없더라도 최근에 실시된 임기만료에 의한 국회의원선거에 참여하여 국회의원선거의 득표수 비율이 100분의 2 이상인 정당은 정치자금법 제27조(보조금의 배분)의 규정에 따라 보조금의 배분대상이 되는 정당이므로, 당내경선사무 중 경선운동, 투표 및 개표에 관한 사무의 관리를 당해 선거의 관할선거구선거관리위원회에 위탁할 수 있다(제57조의4 제1항).

**제57조의5 【당원 등 매수금지】** ✦ ① 누구든지 당내경선에 있어 후보자로 선출되거나 되게 하거나 되지 못하게 할 목적으로 경선선거인(당내경선의 선거인명부에 등재된 자를 말한다) 또는 그의 배우자나 직계존·비속에게 명목여하를 불문하고 금품 그 밖의 재산상의 이익 또는 공사의 직을 제공하거나 그 제공의 의사를 표시하거나 그 제공을 약속하는 행위를 할 수 없다. 다만, 중앙선거관리위원회규칙이 정하는 의례적인 행위는 그러하지 아니하다.

② 누구든지 당내경선에 있어 후보자가 되지 아니하게 하거나 후보자가 된 것을 사퇴하게 할 목적으로 후보자(후보자가 되고자 하는 자를 포함한다. 이하 이 항에서 같다)에게 제1항의 규정에 따른 이익제공행위 등을 하여서는 아니되며, 후보자는 그 이익이나 직의 제공을 받거나 제공의 의사표시를 승낙하여서는 아니된다.

③ 누구든지 제1항 및 제2항에 규정된 행위에 관하여 지시·권유 또는 요구를 하여서는 아니된다.

✦✦ (개정) **제57조의6 【공무원 등의 당내경선운동 금지】** ① 제60조 제1항에 따라 선거운동을 할 수 없는 사람(제60조제1항제5호의 경우에는 「지방공기업법」 제2조에 규정된 지방공사와 지방공단의 상근직원은 제외한다)은 당내경선에서 경선운동을 할 수 없다. 다만, 소속 당원만을 대상으로 하는 당내경선에서 당원이 될 수 있는 사람이 경선운동을 하는 경우에는 그러하지 아니하다. 〈개정 2023. 8. 30.〉

② 공무원은 그 지위를 이용하여 당내경선에서 경선운동을 할 수 없다.

> **기출지문**
>
> ◎ 소속 당원만을 대상으로 하는 당내경선에서, 「공직선거법」 제60조 제1항에 따라 선거운동을 할 수 없는 사람이라도 당원이 될 수 있는 사람은 경선운동을 할 수 있다(제57조의6 제1항). [2014. 국가직 7급]
>
> ◎ 소속 당원만을 대상으로 당내경선을 실시하는 경우에는 당원인 공무원은 경선운동을 할 수 있다(제57조의6 제1항 단서). [2013. 국가직 7급]

✦✦ **제57조의7 【위탁하는 당내경선에 있어서의 이의제기】** 정당이 제57조의4에 따라 당내 경선을 위탁하여 실시하는 경우에는 그 경선 및 선출의 효력에 대한 이의제기는 당해 정당에 하여야 한다.

기출지문

- ◎ 정당이 관할선거구선거관리위원회에 당내경선을 위탁하여 실시하는 경우에는 그 경선 및 선출의 효력에 대한 이의제기는 당해 정당에 하여야 한다(제57조의7). [2022 · 2013. 국가직 7급]
- ☒ 당내경선을 위탁하여 실시하는 경우에 그 경선 및 선출의 효력에 대한 이의제기는 관할선거구선거관리위원회에 하여야 한다. (×) [2015. 국가직 7급]
  - ⁺PLUS  정당이 제57조의4에 따라 당내경선을 위탁하여 실시하는 경우에는 그 경선 및 선출의 효력에 대한 이의제기는 당해 정당에 하여야 한다(제57조의7).
- ☒ 당내경선을 위탁하여 실시하는 경우에 그 경선 및 선출의 효력에 대한 이의제기는 당해 정당이나 당해 선거의 관할선거구선거관리위원회에 한다. (×) [2014. 국가직 9급]
  - ⁺PLUS  정당이 당내경선을 위탁하여 실시하는 경우에는 그 경선 및 선출의 효력에 대한 이의제기는 당해 정당에 하여야 한다(제57조의7).

제57조의8 【당내경선 등을 위한 휴대전화 가상번호의 제공】 ① 국회에 의석을 가진 정당은 다음 각 호의 어느 하나에 해당하는 경우에는 관할 선거관리위원회를 경유하여 이동통신사업자에게 이용자의 이동전화번호가 노출되지 아니하도록 생성한 번호(이하 "휴대전화 가상번호"라 한다)를 제공하여 줄 것을 서면(이하 "휴대전화 가상번호 제공 요청서"라 한다)으로 요청할 수 있다.
1. 제57조의2제1항에 따른 당내경선의 경선선거인이 되려는 사람을 모집하거나 당내경선을 위한 여론조사를 실시하는 경우
2. 그 밖에 정당활동을 위하여 여론수렴이 필요한 경우
② 정당은 다음 각 호의 기간까지 관할 선거관리위원회에 휴대전화 가상번호 제공 요청서를 제출하여야 하고, 관할 선거관리위원회는 해당 요청서의 기재사항을 심사한 후 제출받은 날부터 3일 이내에 해당 요청서를 이동통신사업자에게 송부하여야 한다.
1. 제1항 제1호에 따른 당내경선: 해당 당내경선 선거일 전 23일까지
2. 제1항 제2호에 따른 여론수렴: 해당 여론수렴 기간 개시일 전 10일까지
③ 정당이 제1항에 따른 요청을 하는 경우에는 휴대전화 가상번호 제공 요청서에 다음 각 호에 따른 사항을 적어야 한다.
1. 제1항 제1호에 따른 당내경선
  가. 당내경선의 선거명 · 선거구명
  나. 당내경선의 선거일
  다. 당내경선 실시 지역 및 경선선거인(당내경선을 위한 여론조사를 실시하는 경우에는 표본을 말한다. 이하 이 항에서 같다) 수
  라. 이동통신사업자별로 제공하여야 하는 성별 · 연령별 · 지역별 휴대전화 가상번호 수. 이 경우 제공을 요청할 수 있는 휴대전화 가상번호의 총수는 다목에 따른 경선선거인 수의 30배수를 초과할 수 없다.

마. 그 밖에 중앙선거관리위원회규칙으로 정하는 사항
2. 제1항 제2호에 따른 여론수렴
　　　가. 여론수렴의 목적·내용 및 기간
　　　나. 여론수렴 대상 지역 및 대상자 수
　　　다. 이동통신사업자별로 제공하여야 하는 성별·연령별·지역별 휴대전화 가상번호 수. 이 경우 제공을 요청할 수 있는 휴대전화 가상번호의 총수는 나목에 따른 대상자 수의 30배 수를 초과할 수 없다.
　　　라. 그 밖에 중앙선거관리위원회규칙으로 정하는 사항
④ 관할 선거관리위원회는 제출된 휴대전화 가상번호 제공 요청서에 제3항에 따른 기재사항이 누락되었거나 심사를 위하여 추가로 자료가 필요하다고 판단되는 때에는 해당 정당에 휴대전화 가상번호 제공 요청서의 보완 또는 자료의 제출을 요구할 수 있으며, 그 요구를 받은 정당은 지체 없이 이에 따라야 한다.
⑤ 이동통신사업자가 제1항에 따른 요청을 받은 때에는 그 요청을 받은 날부터 7일 이내에 휴대전화 가상번호 제공 요청서에 따라 휴대전화 가상번호를 생성하여 유효기간을 설정한 다음 관할 선거관리위원회를 경유하여 해당 정당에 제공하여야 한다. 다만, 이동통신사업자는 이용자 수의 부족 등으로 제공할 수 있는 휴대전화 가상번호 수가 제공하여야 하는 휴대전화 가상번호 수 보다 적은 때에는 지체 없이 관할 선거관리위원회에 통보하여야 하고, 관할 선거관리위원회는 중앙선거관리위원회규칙으로 정하는 바에 따라 해당 정당과 협의하여 제공하여야 하는 휴대전화 가상번호 수를 조정할 수 있다.
⑥ 이동통신사업자는 중앙선거관리위원회규칙으로 정하는 바에 따라 이용자에게 정당의 당내경선이나 여론수렴 등을 위하여 본인의 이동전화번호가 정당에 휴대전화 가상번호로 제공된다는 사실과 그 제공을 거부할 수 있다는 사실을 알려야 한다.
⑦ 이동통신사업자(그 대표자 및 구성원을 포함한다)가 제5항에 따라 휴대전화 가상번호를 제공할 때에는 다음 각 호의 어느 하나에 해당하는 행위를 하여서는 아니 된다.
1. 휴대전화 가상번호에 유효기간을 설정하지 아니하고 제공하거나 휴대전화 가상번호를 제공하는 날부터 당내경선의 선거일까지의 기간(당내경선을 위한 여론조사를 실시하는 경우에는 그 여론조사기간을 말한다)이나 여론수렴 기간을 초과하는 유효기간을 설정하여 제공하는 행위
2. 요청받은 휴대전화 가상번호 수를 초과하여 휴대전화 가상번호를 제공하는 행위
3. 휴대전화 가상번호, 이용자의 성(성)·연령·거주지역 정보 외의 정보를 제공하는 행위. 이 경우 연령과 거주지역 정보의 범위에 대하여는 중앙선거관리위원회규칙으로 정한다.
4. 휴대전화 가상번호의 제공을 요청한 정당 외의 자에게 휴대전화 가상번호를 제공하는 행위
5. 제6항에 따른 고지를 받고 명시적으로 거부의사를 밝힌 이용자의 휴대전화 가상번호를 제공하는 행위

6. 여론조사의 결과에 영향을 미치게 하기 위하여 특정 정당 또는 후보자가 되려는 사람에게 유리 또는 불리하도록 휴대전화 가상번호를 생성하여 제공하는 행위

⑧ 정당은 제5항에 따라 제공받은 휴대전화 가상번호를 제1항에 따른 여론조사를 실시하거나 여론수렴을 하기 위하여 여론조사 기관·단체에 제공할 수 있다.

⑨ 제5항 본문 또는 제8항에 따라 휴대전화 가상번호를 제공받은 정당(그 대표자 및 구성원을 포함한다) 또는 여론조사 기관·단체(그 대표자 및 구성원을 포함한다)는 다음 각 호의 어느 하나에 해당하는 행위를 하여서는 아니 된다.

1. 제공받은 휴대전화 가상번호를 제1항에 따른 여론조사를 실시하거나 여론수렴을 하기 위한 목적 외의 다른 목적으로 사용하는 행위
2. 제공받은 휴대전화 가상번호를 다른 자에게 제공하는 행위

⑩ 휴대전화 가상번호를 제공받은 자(그 대표자 및 구성원을 포함한다)는 유효기간이 지난 휴대전화 가상번호를 즉시 폐기하여야 한다.

⑪ 이동통신사업자가 제5항에 따라 휴대전화 가상번호를 생성하여 제공하는데 소요되는 비용은 휴대전화 가상번호의 제공을 요청한 해당 정당이 부담한다. 이 경우 이동통신사업자는 휴대전화 가상번호 생성·제공에 소요되는 최소한의 비용을 청구하여야 한다.

⑫ 누구든지 휴대전화 가상번호를 제공한 이동통신사업자에게 당내경선의 결과·효력이나 여론수렴의 결과에 대하여 이의를 제기할 수 없다.

⑬ 휴대전화 가상번호 제공 요청 방법과 절차, 휴대전화 가상번호의 유효기간 설정, 휴대전화 가상번호 제공 요청서 서식, 관할 선거관리위원회, 그 밖에 필요한 사항은 중앙선거관리위원회규칙으로 정한다.

### 기출지문

- 관할 선거관리위원회는 제출된 휴대전화 가상번호 제공 요청서에 기재사항이 누락되었거나 심사를 위하여 추가로 자료가 필요하다고 판단되는 때에는 해당 정당의 휴대전화 가상번호 제공 요청서의 보완 또는 자료의 제출을 요구할 수 있으며, 그 요구를 받은 정당은 지체 없이 이에 따라야 한다(57조의8 제4항). [2016. 국가직 7급]

- 이동통신사업자는 중앙선거관리위원회규칙으로 정하는 바에 따라 이용자에게 정당의 당내경선이나 여론수렴 등을 위하여 본인의 이동전화번호가 정당에 휴대전화 가상번호로 제공된다는 사실과 그 제공을 거부할 수 있다는 사실을 알려야 한다(제57조의8 제6항). [2016. 국가직 7급]

- 휴대전화 가상번호를 제공받은 자(그 대표자 및 구성원을 포함한다)는 유효기간이 지난 휴대전화 가상번호를 즉시 폐기하여야 한다(제57조의8 제10항). [2016. 국가직 7급]

- 누구든지 휴대전화 가상번호를 제공한 이동통신사업자에게 당내경선의 결과·효력이나 여론수렴의 결과에 대하여 이의를 제기할 수 있다. (×) [2016. 국가직 7급]
  - PLUS 누구든지 휴대전화 가상번호를 제공한 이동통신사업자에게 당내경선의 결과효력이나 여론수렴의 결과에 대하여 이의를 제기할 수 없다(제57조의8 제12항).

# 제7장 선거운동

✦✦ **제58조【정의 등】** ✦ ① 이 법에서 "선거운동"이라 함은 당선되거나 되게 하거나 되지 못하게 하기 위한 행위를 말한다. 다만, 다음 각 호의 어느 하나에 해당하는 행위는 선거운동으로 보지 아니한다.
✦ 1. 선거에 관한 단순한 의견개진 및 의사표시
✦ 2. 입후보와 선거운동을 위한 준비행위
  3. 정당의 후보자 추천에 관한 단순한 지지·반대의 의견개진 및 의사표시
  4. 통상적인 정당활동
  5. 삭제 〈2014.5.14.〉
  6. 설날·추석 등 명절 및 석가탄신일·기독탄신일 등에 하는 의례적인 인사말을 문자메시지(그림말·음성·화상·동영상 등을 포함한다. 이하 같다)로 전송하는 행위

② 누구든지 자유롭게 선거운동을 할 수 있다. 그러나 이 법 또는 다른 법률의 규정에 의하여 금지 또는 제한되는 경우에는 그러하지 아니하다.

> **기출지문**
>
> ◎ 선거운동 규제는 법률에서 개별적으로 제한·금지하지 않으면 선거운동을 허용하는 개별적 제한·금지 방식을 취하고 있다(제58조 제2항). [2014. 국가직 7급]
> ☒ 사회복무요원의 경우 선거운동의 내용 및 방법, 근무시간 중에 이루어지는지 여부를 불문하고 일체의 선거운동을 금지하는 것은 과도하다고 볼 수 있어 선거운동의 자유를 침해한다. (×) [2017. 국가직 9급]
>> **PLUS** 선거의 공정성·형평성 확보, 사회복무요원의 정치적 중립성 유지 및 업무전념성 보장이라는 공익은 사회복무요원이 선거운동을 금지당함에 따라 제한받는 사익보다 훨씬 중요하므로, 심판대상조항은 법익의 균형성 원칙에도 위배되지 아니한다. 따라서 사회복무요원이 선거운동을 할 경우 경고처분 및 연장복무를 하게 하는 심판대상조항은 과잉금지원칙에 위배되어 선거운동의 자유를 침해하지 아니한다(헌재 2016.10. 27, 2016헌마252).

✦✦ **제58조의2【투표참여 권유활동】** 누구든지 투표참여를 권유하는 행위를 할 수 있다. 다만, 다음 각 호의 어느 하나에 해당하는 행위의 경우에는 그러하지 아니하다.

✦ 1. 호별로 방문하여 하는 경우
✦✦ 2. 사전투표소 또는 투표소로부터 100미터 안에서 하는 경우
3. 특정 정당 또는 후보자(후보자가 되려는 사람을 포함한다. 이하 이 조에서 같다)를 지지·추천하거나 반대하는 내용을 포함하여 하는 경우
4. 현수막 등 시설물, 인쇄물, 확성장치·녹음기·녹화기(비디오 및 오디오 기기를 포함한다), 어깨띠, 표찰, 그 밖의 표시물을 사용하여 하는 경우(정당의 명칭이나 후보자의 성명·사진 또는 그 명칭·성명을 유추할 수 있는 내용을 나타내어 하는 경우에 한정한다)

✦ **제59조【선거운동기간】** 선거운동은 선거기간개시일부터 선거일 전일까지에 한하여 할 수 있다. 다만, 다음 각 호의 어느 하나에 해당하는 경우에는 그러하지 아니하다.
  ✦ 1. 제60조의3(예비후보자 등의 선거운동) 제1항 및 제2항의 규정에 따라 예비후보자 등이 선거운동을 하는 경우
  2. 문자메시지를 전송하는 방법으로 선거운동을 하는 경우. 이 경우 자동 동보통신의 방법(동시 수신대상자가 20명을 초과하거나 그 대상자가 20명 이하인 경우에도 프로그램을 이용하여 수신자를 자동으로 선택하여 전송하는 방식을 말한다. 이하 같다)으로 전송할 수 있는 자는 후보자와 예비후보자에 한하되, 그 횟수는 8회(후보자의 경우 예비후보자로서 전송한 횟수를 포함한다)를 넘을 수 없으며, 중앙선거관리위원회규칙에 따라 신고한 1개의 전화번호만을 사용하여야 한다.
  ✦✦ 3. 인터넷 홈페이지 또는 그 게시판·대화방 등에 글이나 동영상 등을 게시하거나 전자우편(컴퓨터 이용자끼리 네트워크를 통하여 문자·음성·화상 또는 동영상 등의 정보를 주고받는 통신시스템을 말한다. 이하 같다)을 전송하는 방법으로 선거운동을 하는 경우. 이 경우 전자우편 전송대행업체에 위탁하여 전자우편을 전송할 수 있는 사람은 후보자와 예비후보자에 한한다.
  4. 선거일이 아닌 때에 전화(송·수화자 간 직접 통화하는 방식에 한정하며, 컴퓨터를 이용한 자동 송신장치를 설치한 전화는 제외한다)를 이용하거나 말(확성장치를 사용하거나 옥외집회에서 다중을 대상으로 하는 경우를 제외한다)로 선거운동을 하는 경우
  5. 후보자가 되려는 사람이 선거일 전 180일(대통령선거의 경우 선거일 전 240일을 말한다)부터 해당 선거의 예비후보자등록신청 전까지 제60조의3제1항제2호의 방법(같은 호 단서를 포함한다)으로 자신의 명함을 직접 주는 경우

(1) 선거일에도 문자메시지 및 인터넷을 이용하여 선거운동을 할 수 있다.
(2) 문자메시지를 자동 동보통신의 방법으로 전송하는 경우 후보자와 예비후보자가 전송할 수 있는 횟수를 8회 이내로 한다.

> **기출지문**

- ◎ 공직선거법상 선거운동을 할 수 없는 공립학교 교원이 페이스북을 통해 자신의 정치적 견해나 신념을 외부에 표출하였고, 그 내용이 선거와 관련성이 인정된다고 하더라도, 그 이유만으로 섣불리 선거운동에 해당한다고 속단해서는 안된다(대판 2018.11.29. 2017도2972). [2022. 국가직 9급]
- ◎ 문자메시지를 전송하는 방법으로 선거운동을 하는 경우 자동 동보통신의 방법으로 전송할 수 있는 자는 후보자와 예비 후보자에 한하되, 그 횟수는 8회(후보자의 경우 예비후보자로서 전송한 횟수를 포함한다)를 넘을 수 없다(제59조 제2호). [2017. 국가직 9급]
- ◎ 전자우편을 이용한 선거운동은 비례대표국회의원선거와 지역구국회의원선거의 후보자가 직접 할 수 있는 공통적인 선거운동방법이다(제59조 제3호). [2015. 국가직 7급]
- ◎ 전자우편을 전송하는 방법으로 선거운동을 하는 경우 전자우편 전송대행업체에 위탁하여 전자우편을 전송할 수 있는 사람은 후보자와 예비후보자에 한한다(제59조 제3호). [2022. 국가직 7급, 2015. 국가직 9급]
- ✕ 인터넷 홈페이지 또는 그 게시판·대화방 등에 글이나 동영상 등을 게시하거나 전자우편을 전송하는 방법으로 선거운동을 하는 경우, 전자우편 전송대행업체에 위탁하여 전자우편을 전송할 수 있는 사람은 후보자와 예비후보자 및 그 배우자에 한한다. (✕) [2014. 국가직 7급]
>> **PLUS** 인터넷 홈페이지 또는 그 게시판·대화방 등에 글이나 동영상 등을 게시하거나 전자우편을 전송하는 방법으로 선거운동을 하는 경우. 이 경우 전자우편 전송대행업체에 위탁하여 전자우편을 전송할 수 있는 사람은 후보자와 예비후보자에 한한다(제59조 제3호).

✦✦ **제60조【선거운동을 할 수 없는 자】** ① 다음 각 호의 어느 하나에 해당하는 사람은 선거 운동을 할 수 없다. 다만, 제1호에 해당하는 사람이 예비후보자·후보자의 배우자인 경우와 제4호부터 제8호까지의 규정에 해당하는 사람이 예비후보자·후보자의 배우자이거나 후보자의 직계존비속인 경우에는 그러하지 아니하다.

1. 대한민국 국민이 아닌 자. 다만, 제15조 제2항 제3호에 따른 외국인이 해당 선거에서 선거운동을 하는 경우에는 그러하지 아니하다.
✦ 2. 미성년자(18세 미만의 자를 말한다. 이하 같다)
3. 제18조(선거권이 없는 자) 제1항의 규정에 의하여 선거권이 없는 자
4. 「국가공무원법」 제2조(공무원의 구분)에 규정된 국가공무원과 「지방공무원법」 제2조(공무원의 구분)에 규정된 지방공무원. 다만, 「정당법」 제22조(발기인 및 당원의 자격) 제1항 제1호 단서의 규정에 의하여 정당의 당원이 될 수 있는 공무원(국회의원과 지방의회의원외의 정무직공무원을 제외한다)은 그러하지 아니하다.
5. 제53조제1항제2호 내지 제7호에 해당하는 자(제5호 및 제6호의 경우에는 그 상근직원을 포함한다)

✦ 6. 예비군 중대장급 이상의 간부 (➤ 소대장×)
7. 통·리·반의 장 및 읍·면·동주민자치센터(그 명칭에 관계없이 읍·면·동사무소 기능전환의 일환으로 조례에 의하여 설치된 각종 문화·복지·편익시설을 총칭한다. 이하 같다)에 설치된 주민자치위원회(주민자치센터의 운영을 위하여 조례에 의하여 읍·면·동사무소의 관할구역별로 두는 위원회를 말한다. 이하 같다)위원
✦✦ 8. 특별법에 의하여 설립된 국민운동단체로서 국가 또는 지방자치단체의 출연 또는 보조를 받는 단체(바르게살기운동협의회·새마을운동협의회·한국자유총연맹을 말한다)의 상근 임·직원 및 이들 단체 등(시·도조직 및 구·시·군조직을 포함한다)의 대표자
✦ 9. 선상투표신고를 한 선원이 승선하고 있는 선박의 선장

② 각급선거관리위원회위원·예비군 중대장급 이상의 간부·주민자치위원회위원 또는 통·리·반의 장이 선거사무장, 선거연락소장, 선거사무원, 제62조 제4항에 따른 활동보조인, 회계책임자, 연설원, 대담·토론자 또는 투표참관인이나 사전투표참관인이 되고자 하는 때에는 선거일 전 90일(선거일 전 90일 후에 실시사유가 확정된 보궐선거 등에서는 그 선거의 실시사유가 확정된 때부터 5일 이내)까지 그 직을 그만두어야 하며, 선거일 후 6월 이내(주민자치위원회위원은 선거일까지)에는 종전의 직에 복직될 수 없다. 이 경우 그만둔 것으로 보는 시기에 관하여는 제53조 제4항을 준용한다.

(1) 외국인이 선거운동을 할 수 있는 경우
 ① 출입국관리법에 따른 영주의 체류자격 취득일 후 3년이 경과하고 해당 지방자치단체의 외국인등록대상에 올라 있는 18세 이상의 외국인이 해당 지방자치단체의 의회의원 및 장의 선거에서 선거운동을 하는 경우
 ② 예비후보자·후보자의 배우자인 외국인

(2) 공직선거법 제60조 제1항 제5호 위헌제청(헌재 2016.6.30, 2013헌가1) : 위헌
 ① 언론인의 선거운동을 금지하는 것은 포괄위임금지원칙에 위반된다.
 ② 언론인의 선거운동을 금지하고 위반 시 처벌하도록 규정한 공직선거법 조항은, 정치적 중립성이 요구되지 아니하고 정당 가입이 전면 허용되는 언론인에게 언론매체를 이용하지 아니하고 업무 외적으로 개인적인 판단에 따라 선거운동을 하는 것까지 전면적으로 금지할 필요는 없고, 언론매체를 통한 활동의 측면에서는 이미 다른 조항들에서 충분히 규율하고 있으므로, 언론인의 선거운동의 자유를 침해한다.
  🔍 여전히 언론기관은 특정 정당이나 후보자에 대한 지지·반대의사를 표방할 수 없다.

### 기출지문

- ⭕ 본인이 후보자, 예비 후보자·후보자의 배우자이거나 후보자의 직계존비속인 경우를 제외하고, 국립대학교의 교수는 선거운동을 할 수 있으나, 사립초등학교의 교원, 예비군 중대장, 대학교 동창회는 선거운동을 할 수 없다(제60조). [2022. 국가직 7급, 2013. 국가직 9급]
- ❌ 국회의원선거에서 후보자의 배우자가 외국인인 경우 후보자의 배우자는 후보자를 위한 선거운동을 할 수 없다. (×) [2017. 국가직 7급]
  - **PLUS** 원칙적으로 외국인은 선거운동을 할 수 없으나, 영주의 체류자격 취득일 후 3년이 경과한 외국인으로서 해당 지방자치단체의 외국인등록대장에 올라 있는 사람으로서 그 구역에서 선거하는 지방자치단체의 의회의원 및 장의 선거권이 있는 외국인이 해당 선거에서 선거운동을 하는 경우와 후보자의 배우자인 경우에는 선거운동을 할 수 있다(제60조 제1항 제1호). [2018. 국가직 7급]
- ❌ 지역구국회의원선거 후보자의 일본국적을 가진 배우자는 당해 국회의원선거에서 선거운동을 할 수 없다. (×) [2013. 국가직 9급]
  - **PLUS** 외국인은 선거운동을 할 수 없으나, 예비후보자·후보자의 배우자인 경우와 출입국관리법에 따른 영주의 체류자격 취득일 후 3년이 경과하여 해당 지방자치단체의 외국인등록대장에 올라 있는 18세 이상의 외국인이 그 구역의 지방자치단체의 의회의원 및 장의 선거에서 선거운동을 하는 경우는 가능하다(제60조 제1항 제1호).
- ❌ 미성년자라 하더라도 후보자 또는 예비후보자의 직계비속인 경우에는 선거운동을 할 수 있다. (×) [2014. 국가직 7급]
  - **PLUS** 미성년자는 선거운동을 할 수 없다(제60조 제1항 제2호).
- ❌ 선상투표신고를 한 선원이 승선하고 있는 선박의 선장이 후보자의 직계존속인 경우 그 선장은 선거운동을 할 수 있다. (×) [2017. 국가직 7급, 2022. 국가직 9급]
  - **PLUS** 후보자의 직계존비속인 경우에도 선상투표신고를 한 선원이 승선하고 있는 선박의 선장은 선거운동을 할 수 없다(공직선거법 제60조 제1항 제9호).
- ⭕ 입법자가 선거권 행사 연령에 도달하지 못한 18세 미만인 사람에 대하여 선거운동을 금지하는 것은 정치적 판단능력이 인정되지 않는 사람에게 선거운동의 자유를 인정할 경우에는 정확하고 충분한 정보에 기초하지 않은 선거운동이 행하여질 우려가 있고, 이러한 선거운동에 의하여 유권자가 왜곡된 정치적 결정을 내리게 되어 선거의 공정성을 해할 우려가 있다는 판단에 근거한 것이다(헌재 2014.4.24, 2012헌마287). [2017. 국가직 9급]
- ⭕ 다른 법령들이 그 입법취지에 따라 18세 미만인 사람에게 일정한 능력을 인정하고 있다고 해도 선거운동의 자유가 인정되는 연령을 18세 이상으로 정한 것이 반드시 불합리하다고 볼 수는 없다(헌재 2014.4.24, 2012헌마287). [2017. 국가직 9급]
- ⭕ 연령 기준에 의하여 선거운동을 제한하지 않는 국가들도 존재하지만 다른 나라의 입법례와 단순하게 비교할 수 없고, 입법자가 18세 이상의 사람에게만 선거운동의 자유를 인정해도 이를 입법형성권의 재량범위를 일탈한 것으로 볼 수 없다(헌재 2014.4.24, 2012헌마287). [2017. 국가직 9급]

☒ 대통령령으로 정하는 언론인의 선거운동 자체를 금지하고 위반 시 처벌하는 것으로 선거운동의 주체를 제한하는 법률규정은 언론이 공직선거에 미치는 영향력과 언론인이 가져야 할 고도의 공익성과 사회적 책임성에 근거하므로 언론인의 선거 운동의 자유를 침해하지 아니한다. (×) [2017. 국가직 9급]

+ PLUS 대통령령으로 정하는 언론인의 선거운동 자체를 금지하고 위반 시 처벌하는 심판대상조항들은 목적의 정당성을 인정할 수 있으며 목적 달성에 적합한 수단이다. 그러나 언론인의 선거 개입으로 인한 문제는 언론매체를 통한 활동의 측면에서 즉, 언론인으로서의 지위를 이용하거나 그 지위에 기초한 활동으로 인해 발생 가능한 것이므로, 언론매체를 이용하지 아니한 언론인 개인의 선거운동까지 전면적으로 금지할 필요는 없다. 인터넷신문을 포함한 언론매체가 대폭 증가하고, 시민이 언론에 적극 참여하는 것이 보편화된 오늘날 심판대상조항들에 해당하는 언론인의 범위는 지나치게 광범위한 것으로 선거운동의 자유를 침해한다(헌재 2016.6.30, 2013헌가1).

☒ 국민건강보험공단 상근직원의 선거운동을 금지하는 것은 선거운동의 자유에 대한 본질적인 내용을 침해하여 헌법에 위반된다. (×) [2015. 국가직 7급]

+ PLUS 국민건강보험공단의 직원에 대하여 정치적 활동을 전면적으로 금지하는 것이 아니라 정치적 활동중에서 당선 또는 낙선을 위한 직접적인 활동(즉, 선거운동)만을 부분적으로 금지하고 있는 것이므로, 선거운동이외의 선거에 관한 의견개진, 입후보와 선거운동을 위한 준비행위, 공천과 관련된 활동, 통상적인 정당활동은 허용되고 있으므로 이러한 틀 안에서 국민건강보험공단의 직원에 대하여 선거운동의 금지를 규정한 것이 선거의 공정성 확보라는 입법목적을 위해 필요한 상당성의 범위를 넘었다고 보기 어려우며 일정 범위 내에서는 자유롭게 자신의 정치적인 의사를 표현할 자유를 누리고 있다고 할 것이므로 선거운동의 자유의 본질적인 내용을 침해하였다고 보기도 어렵다(헌재 2004.4.29, 2002헌마467).

☒ 18세 미만인 사람이 선거 및 정당의 후보자 추천에 관하여 단순한 의견개진이나 의사표시 등과 같은 정치적 표현 행위를 하는 것은 제한된다. (×) [2017. 국가직 9급]

+ PLUS 18세 미만의 미성년자는 선거운동을 할 수 없도록 규정하고 있는 공직선거법상 선거운동 제한 조항은 18세 미만인 사람이 선거운동, 즉 공직선거에서 특정후보자를 당선되게 하거나 당선되지 못하게 하는 행위만을 제한하고 있을 뿐, 선거에 관한 단순한 의견개진 및 의사표시, 정당의 후보자 추천에 관한 단순한 지지·반대의 의견개진 및 의사표시 등 특정후보자를 당선되게 하거나 되지 못하게 하는 행위를 제외한 정치적 표현 행위는 전혀 제한하고 있지 않다. 따라서 18세 미만인 사람도 선거 및 정당의 후보자 추천에 관하여 단순한 의견개진이나 의사표시 등과 같은 정치적 표현 행위는 제한 없이 할 수 있다(헌재 2014.4.24, 2012헌마287).

🏛 관련판례 시민단체의 특정 후보자에 대한 낙선운동이 시민불복종운동으로서 정당행위 또는 긴급피난에 해당한다고 볼 수 없다(대판 2004.4.12, 2003다52227). [2022. 국가직 9급]

✦✦ **제60조의2 【예비후보자등록】** ✦✦ ① 예비후보자가 되려는 사람(비례대표국회의원선거 및 비례대표지방의회의원선거는 제외한다)은 다음 각 호에서 정하는 날(그 날 후에 실시사유가 확정된 보궐선거 등에 있어서는 그 선거의 실시사유가 확정된 때)부터 관할선거구선거관리위원회에 예비후보자등록을 서면으로 신청하여야 한다.

✦ 1. 대통령선거
   **선거일** 전 240일
   2. 지역구국회의원선거 및 시·도지사선거
   **선거일** 전 120일
   3. 지역구시·도의회의원선거, 자치구·시의 지역구의회의원 및 장의 선거
   **선거기간개시일** 전 90일
   4. 군의 지역구의회의원 및 장의 선거
   **선거기간개시일** 전 60일

✦✦ ② 제1항에 따라 예비후보자등록을 신청하는 사람은 다음 각 호의 서류를 제출하여야 하며, 제56조제1항에 따른 해당 선거 기탁금의 100분의 20에 해당하는 금액을 중앙선거관리위원회규칙으로 정하는 바에 따라 관할선거구선거관리위원회에 기탁금으로 납부하여야 한다.
   1. 중앙선거관리위원회규칙으로 정하는 피선거권에 관한 증명서류
✦ 2. 전과기록에 관한 증명서류
   3. 제49조 제4항 제6호에 따른 학력에 관한 증명서(한글번역문을 첨부한다)

✦ ③ 제1항의 등록신청을 받은 선거관리위원회는 지체없이 이를 수리하되, 제2항에 따른 기탁금과 전과기록에 관한 증명서류를 갖추지 아니한 등록신청은 수리할 수 없다. 이 경우 피선거권에 관한 증명서류가 첨부되지 아니한 경우에는 이를 수리하되, 피선거권에 관하여 확인이 필요하다고 인정되는 예비후보자에 대하여는 관계기관의 장에게 필요한 사항을 조회할 수 있으며, 그 조회를 받은 관계기관의 장은 지체없이 해당 사항을 조사하여 회보하여야 한다.

✦ ④ 예비후보자등록 후에 다음 각 호의 어느 하나에 해당하는 사유가 있는 때에는 그 예비후보자의 등록은 무효로 한다.
   1. 피선거권이 없는 것이 발견된 때
   1의2. 제2항 제2호에 따른 전과기록에 관한 증명서류를 제출하지 아니한 것이 발견된 때
   2. 제53조 제1항부터 제3항까지 또는 제5항에 따라 그 직을 가지고 입후보할 수 없는 자에 해당하는 것이 발견된 때
   3. 제57조의2 제2항 본문 또는 제266조 제2항·제3항에 따라 후보자가 될 수 없는 자에 해당하는 것이 발견된 때
   4. 다른 법률에 따라 공무담임이 제한되는 사람이나 후보자가 될 수 없는 사람에 해당하는 것이 발견된 때

⑤ 제52조 제3항의 규정은 예비후보자등록에 준용한다. 이 경우 "후보자"는 "예비후보자"로 본다.
✦ ⑥ 예비후보자가 사퇴하고자 하는 때에는 직접 당해 선거구선거관리위원회에 서면으로 신고하여야 한다.
⑦ 제49조에 따라 후보자로 등록한 자는 선거기간개시일 전일까지 예비후보자를 겸하는 것으로 본다. 이 경우 선거운동은 예비후보자의 예에 따른다.
⑧ 예비후보자의 전과기록조회 및 회보에 관하여는 제49조 제10항을 준용한다. 이 경우 "선거기간개시일 전 150일"은 "선거기간개시일 전 150일(대통령선거의 경우 예비후보자등록신청개시일 전 60일을 말한다)"로 본다.
⑨ 제1항의 등록신청을 받은 선거관리위원회는 중앙선거관리위원회규칙으로 정하는 바에 따라 해당 예비후보자의 당적보유 여부를 정당에 요청하여 조회할 수 있으며, 그 요청을 받은 정당은 이를 확인하여 지체 없이 해당 선거관리위원회에 회보하여야 한다.
⑩ 관할선거구선거관리위원회는 제2항 제2호 및 제3호와 제8항에 따라 제출받거나 회보받은 서류를 선거구민이 알 수 있도록 공개하여야 한다. 다만, 후보자등록신청 개시일 이후에는 이를 공개하지 아니한다(제49조 제12항에 따라 공개하는 경우는 제외한다).
⑪ 예비후보자가 제49조에 따라 후보자로 등록하지 않은 때에는 후보자등록마감일의 등록마감시각 후부터 예비후보자의 지위를 상실한다.
⑫ 예비후보자등록신청서의 서식, 피선거권에 관한 증명서류, 제출·회보받은 서류의 공개방법, 그 밖에 필요한 사항은 중앙선거관리위원회규칙으로 정한다.

### (1) 예비후보자 등록신청

예비후보자가 되고자 하는 자(비례대표국회의원선거 및 비례대표지방의회의원선거를 제외한다)는 다음에서 정하는 날(그 날 후에 실시사유가 확정된 보궐선거 등에 있어서는 그 선거의 실시사유가 확정된 때)부터 관할선거구선거관리위원회에 예비후보자등록을 서면으로 신청하여야 한다.

| 구분 | 대통령 선거 | 지역구 국회의원선거 및 시·도지사선거 | 지역구시·도의회의원선거, 자치구·시의 지역구의회의원 및 장의 선거 | 군의 지역구의회 의원 및 장의 선거 |
|---|---|---|---|---|
| 기간 | 선거일 전 240일 | 선거일 전 120일 | 선거기간개시일 전 90일 | 선거기간개시일 전 60일 |

### (2) 예비후보자등록 기탁금(해당 선거 기탁금의 20%)
① 대통령선거 : 6,000만원
② 국회의원선거 : 300만원
③ 시·도의회의원선거 : 60만원

④ 시·도지사선거 : 1,000만원
⑤ 자치구·시·군의 장 선거 : 200만원
⑥ 자치구·시·군의원선거 : 40만원

**(3) 예비후보자등록 신청시 구비서류**
① 중앙선거관리위원회규칙으로 정하는 피선거권에 관한 증명서류
② 전과기록에 관한 증명서류
③ 제49조 제4항 제6호에 따른 학력에 관한 증명서(한글번역문 첨부)

**(4) 예비후보자 등록무효 사유**
① 피선거권이 없는 것이 발견된 때
② 전과기록에 관한 증명서류를 제출하지 아니한 것이 발견된 때
③ 그 직을 가지고 입후보할 수 없는 자에 해당하는 것이 발견된 때
④ 후보자가 될 수 없는 자에 해당하는 것이 발견된 때
⑤ 다른 법률에 따라 공무담임이 제한되는 사람이나 후보자가 될 수 없는 사람에 해당하는 것이 발견된 때

---

**기출지문**

○ 비례대표국회의원선거에서는 누구라도 중앙선거관리위원회에 예비후보자로 등록할 수 없다(제60조의2 제1항). [2017. 국가직 7급]

○ 임기만료에 의한 대통령선거에 예비후보자가 되려는 사람은 선거일 전 240일부터 중앙선거관리위원회에 예비후보자등록을 서면으로 신청하여야 한다(제60조의2 제1항 제1호). [2013. 국가직 9급]

○ 임기만료에 의한 지역구국회의원선거에서 예비후보자가 되려는 사람은 선거일 전 (120)일부터 관할선거구선거 관리위원회에 예비후보자등록을 서면으로 신청하여야 한다(제60조의2 제1항 제2호). [2017. 국가직 9급]

○ 예비후보자등록을 신청하는 사람은 해당 선거 기탁금의 100분의 20에 해당하는 금액을 중앙선거관리위원회규칙으로 정하는 바에 따라 관할선거구선거관리위원회에 기탁금으로 납부하여야 한다(제60조의2 제2항). [2013. 국가직 7급]

○ 지역구국회의원의 예비후보자 등록을 신청하는 사람은 300만 원의 기탁금을 관할선거구선거관리위원회에 납부하여야 한다(제60조의2 제2항). [2017. 국가직 7급]

○ 시·도지사선거에서 예비후보자등록을 신청하는 사람은 1천만원을 관할선거구선거관리위원회에 기탁금으로 납부하여야 한다(제60조의2 제2항). [2013. 국가직 7급]

○ 시·도의회의원선거에 예비후보자등록을 신청하는 사람은 60만원을 중앙선거관리위원회규칙으로 정하는 바에 따라 관할선거구선거관리위원회에 기탁금으로 납부하여야 한다(제60조의2 제2항). [2014. 국가직 7급]

- 예비후보자등록 후 피선거권이 없는 것이 발견된 때 그 예비후보자의 등록은 무효로 한다 (제60조의2 제4항 제1호). [2013. 국가직 9급]
- 예비후보자등록 후에 전과기록에 관한 증명서류를 제출하지 아니한 것이 발견된 때에는 그 예비후보자의 등록은 무효이다(제60조의2 제4항 제1의2호). [2014. 국가직 7급]
- 병역사항에 관한 증명서류를 제출하지 아니한 것이 발견된 경우는 예비후보자 등록 무효 사유에 해당하지 않는다. [2014. 국가직 9급]
- 전과기록에 관한 증명서류를 제출하지 아니한 것이 발견된 경우, 후보자가 당선무효로 실시되는 재선거에서 그 당선무효판결을 받은 자임이 발견된 경우, 「산림조합법」에 의하여 설립된 조합의 상근 임원이 그 직을 가지고 입후보한 사실이 발견된 경우는 예비후보자 등록 무효사유에 해당한다. [2014. 국가직 9급]
- 예비후보자가 사퇴하고자 하는 때에는 직접 당해 선거구선거관리위원회에 서면으로 신고 하여야 한다(제60조의2 제6항). [2014. 국가직 7급, 2013. 국가직 9급]
- 비례대표지방의회의원의 예비후보자가 되려는 사람은 공직선거법에서 정하는 날부터 관할 선거구선거관리위원회에 예비후보자등록을 서면으로 신청하여야 한다. (×) [2015. 국가직 9급]

  <sup>+</sup>PLUS 비례대표국회의원선거 및 비례대표지방의회의원선거는 예비후보자등록에서 제외된다 (제60조의2 제1항).

- 예비후보자등록을 신청하면서 학력에 관한 증명서를 제출하지 아니한 자의 예비후보자등록은 수리되지 아니한다. (×) [2014. 국가직 7급]

  <sup>+</sup>PLUS 예비후보자등록을 신청하면서 전과기록에 관한 증명서류를 갖추지 아니한 등록신청은 수리할 수 없다(제60조의2 제3항).

- 예비후보자 등록신청을 받은 선거관리위원회는 지체없이 이를 수리하되, 기탁금과 전과기록·학력에 관한 증명서류를 갖추지 아니한 등록신청은 수리할 수 없다. (×) [2013. 국가직 9급]

  <sup>+</sup>PLUS 예비후보자 등록신청을 받은 선거관리위원회는 지체없이 이를 수리하되, 기탁금과 전과기록에 관한 증명서류를 갖추지 아니한 등록신청은 수리할 수 없다. 이 경우 피선거권에 관한 증명서류가 첨부되지 아니한 경우에는 이를 수리하되, 피선거권에 관하여 확인이 필요하다고 인정되는 예비후보자에 대하여는 관계기관의 장에게 필요한 사항을 조회할 수 있으며, 그 조회를 받은 관계기관의 장은 지체없이 해당 사항을 조사하여 회보하여야 한다(제60조의2 제3항).

  🔖 관련판례 대통령선거의 예비후보자등록을 신청하는 사람에게 대통령선거 기탁금의 100분의 20에 해당하는 금액인 6,000만 원을 기탁금으로 납부하도록 정한 공직선거법 조항은 공무담임권을 침해하지 않는다(헌재 2015.7.30, 2012헌마402). [2016. 국가직 7급]

✚✚ **제60조의3【예비후보자 등의 선거운동】** ① 예비후보자는 다음 각호의 어느 하나에 해당 하는 방법으로 선거운동을 할 수 있다.

1. 제61조(선거운동기구의 설치) 제1항 및 제6항 단서의 규정에 의하여 선거사무소를 설치하거나 그 선거사무소에 간판·현판 또는 현수막을 설치·게시하는 행위
2. 자신의 성명·사진·전화번호·학력(정규학력과 이에 준하는 외국의 교육과정을 이수한 학력을 말한다. 이하 제4호에서 같다)·경력, 그 밖에 홍보에 필요한 사항을 게재한 길이 9센티미터 너비 5센티미터 이내의 명함을 직접 주거나 지지를 호소하는 행위. 다만, 선박·정기여객자동차·열차·전동차·항공기의 안과 그 터미널·역·공항의 개찰구 안, 병원·종교시설·극장의 옥내(대관 등으로 해당 시설이 본래의 용도 외의 용도로 이용되는 경우는 제외한다)에서 주거나 지지를 호소하는 행위는 그러하지 아니하다.
3. 삭제 〈2012.2.29.〉
4. 선거구안에 있는 세대수의 100분의 10에 해당하는 수 이내에서 자신의 사진·성명·전화번호·학력·경력, 그 밖에 홍보에 필요한 사항을 게재한 인쇄물(이하 "예비후보자홍보물"이라 한다)을 작성하여 관할 선거관리위원회로부터 발송대상·매수 등을 확인받은 후 선거기간개시일 전 3일까지 중앙선거관리위원회규칙이 정하는 바에 따라 우편발송하는 행위. 이 경우 대통령선거 및 지방자치단체의 장선거의 예비후보자는 표지를 포함한 전체면수의 100분의 50 이상의 면수에 선거공약 및 이에 대한 추진계획으로 각 사업의 목표·우선순위·이행절차·이행기한·재원조달방안을 게재하여야 하며, 이를 게재한 면에는 다른 정당이나 후보자가 되려는 자에 관한 사항을 게재할 수 없다.
5. (개정) 선거운동을 위하여 어깨띠 또는 예비후보자임을 나타내는 표지물을 착용하거나 소지하여 내보이는 행위 〈개정 2023. 12. 28.〉
6. 삭제 〈2020.12.29.〉
7. 삭제 〈2012.2.29.〉

② 다음 각 호의 어느 하나에 해당하는 사람은 예비후보자의 선거운동을 위하여 제1항 제2호에 따른 예비후보자의 명함을 직접 주거나 예비후보자에 대한 지지를 호소할 수 있다.
1. 예비후보자의 배우자(배우자가 없는 경우 예비후보자가 지정한 1명)와 직계존비속
2. 예비후보자와 함께 다니는 선거사무장·선거사무원 및 제62조 제4항에 따른 활동보조인
3. 예비후보자가 그와 함께 다니는 사람 중에서 지정한 1명

③ 제1항 제4호에 따라 예비후보자홍보물을 우편발송하고자 하는 예비후보자는 그 발송통수 이내의 범위 안에서 선거권자인 세대주의 성명·주소(이하 이 조에서 "세대주명단"이라 한다)의 교부를 구·시·군의 장에게 신청할 수 있으며, 신청을 받은 구·시·군의 장은 다른 법률의 규정에 불구하고 지체 없이 그 세대주명단을 작성·교부하여야 한다.

④ 제3항의 규정에 따른 세대주명단의 교부신청은 후보자등록기간개시일 전 5일까지 서면으로 신청하여야 하며, 그 작성비용을 함께 납부하여야 한다.

⑤ 제3항의 규정에 따라 교부된 세대주명단의 양도·대여 및 사용의 금지에 관하여는 제46조(명부사본의 교부) 제4항의 규정을 준용한다. 이 경우 "명부"는 "세대주명단"으로 본다.
⑥ 예비후보자홍보물의 규격·면수와 작성근거 등의 표시, 어깨띠·표지물의 규격, 세대주명단의 교부신청과 비용납부 그 밖에 필요한 사항은 중앙선거관리위원회규칙으로 정한다.

(1) 예비후보자의 선거운동에서 예비후보자 외에 독자적으로 명함을 교부하거나 지지를 호소할 수 있는 주체를 예비후보자의 배우자와 직계존·비속으로 제한한 공직선거법 제60조의3 제2항 제1호 : 합헌(헌재 2011.8.30, 2010헌마259)
(2) 예비후보자의 배우자가 함께 다니는 사람 중에서 지정한 자도 선거운동을 위하여 명함교부 및 지지호소를 할 수 있도록 한 공직선거법 제60조의3 제2항 제3호 : 위헌(헌재 2013.11.28, 2011헌마267)
(3) 후보자의 선거운동에서 독자적으로 후보자의 명함을 교부할 수 있는 주체를 후보자의 배우자와 직계존비속으로 제한 : 합헌(헌재 2016.9.29, 2016헌마287)
(4) 후보자의 배우자가 그와 함께 다니는 사람 중에서 지정한 1명도 명함교부를 할 수 있도록 한 것 : 위헌(헌재 2016.9.29, 2016헌마287)

### 기출지문

- 예비후보자의 배우자와 직계존비속은 예비후보자의 선거운동을 위하여 「공직선거법」에 따른 예비후보자의 명함을 직접 주거나 예비후보자에 대한 지지를 호소할 수 있다. 배우자가 없는 경우에는 예비후보자가 지정한 1명은 선거운동 할 수 있다(제60조의3 제2항 제1호). [2016. 국가직 7급]
- 예비후보자, 그의 배우자 및 예비후보자와 함께 다니는 선거사무장·선거사무원은 선거운동을 위하여 어깨띠를 착용하여 선거운동을 할 수 있다. (×) [2014. 국가직 9급]
  - PLUS 예비후보자만 선거운동을 위하여 어깨띠 또는 예비후보자임을 나타내는 표지물을 착용하는 행위를 할 수 있다(제60조의3 제1항 제5호).
- 예비후보자의 배우자가 함께 다니는 사람 중에서 지정한 자도 선거운동을 위하여 명함교부 및 지지호소를 할 수 있도록 하는 것은 배우자가 없는 예비후보자의 평등권을 침해하지 않는다. (×) [2015. 국가직 7급·9급]
  - PLUS 예비후보자의 배우자가 함께 다니는 사람 중에서 지정한 자도 선거운동을 위하여 명함교부 및 지지호소를 할 수 있도록 한 공직선거법 제60조의3 제2항 제3호는, 명함 본래의 기능에 부합하지 아니할 뿐만 아니라, 선거운동 기회균등의 원칙에 반하고, 예비후보자의 선거운동의 강화에만 치우친 나머지, 배우자의 유무라는 우연적인 사정에 근거하여 합리적 이유 없이 배우자 없는 예비후보자를 차별 취급하는 것이므로 평등권을 침해한다(헌재 2013.11.28, 2011헌마267).

**제60조의4 【예비후보자공약집】** ✦ ① 대통령선거 및 지방자치단체의 장선거의 예비후보자는 선거공약 및 이에 대한 추진계획으로 각 사업의 목표·우선순위·이행절차·이행기한·재원조달방안을 게재한 공약집(도서의 형태로 발간된 것을 말하며, 이하 "예비후보자공약집"이라 한다) 1종을 발간·배부할 수 있으며, 이를 배부하려는 때에는 통상적인 방법으로 판매하여야 한다. 다만, 방문판매의 방법으로 판매할 수 없다.

✦ ② 제1항의 예비후보자가 선거공약 및 그 추진계획에 관한 사항 외에 자신의 사진·성명·학력(정규학력과 이에 준하는 외국의 교육과정을 이수한 학력을 말한다)·경력, 그 밖에 홍보에 필요한 사항을 예비후보자공약집에 게재하는 경우 그 게재면수는 표지를 포함한 전체면수의 100분의 10을 넘을 수 없으며, 다른 정당이나 후보자가 되려는 자에 관한 사항은 예비후보자공약집에 게재할 수 없다.

✦ ③ 예비후보자가 제1항에 따라 예비후보자공약집을 발간하여 판매하려는 때에는 발간 즉시 관할 선거구선거관리위원회에 2권을 제출하여야 한다.

④ 예비후보자공약집의 작성근거 등의 표시와 제출, 그 밖에 필요한 사항은 중앙선거관리위원회규칙으로 정한다.

> **기출지문**
>
> ◎ 대통령선거 및 지방자치단체의 장선거의 예비후보자는 선거공약 및 이에 대한 추진계획으로 공약집 1종을 발간·배부할 수 있으며, 이를 배부하려는 때에는 통상적인 방법으로 판매하여야 하지만 방문판매의 방법으로는 판매할 수 없다(제60조의4 제1항).
> [2023·2022·2016. 국가직 7급, 2015. 국가직 9급]

✦ **제61조 【선거운동기구의 설치】** ① 선거운동 및 그 밖의 선거에 관한 사무를 처리하기 위하여 정당 또는 후보자는 다음 각 호에 따라 선거사무소와 선거연락소를, 예비후보자는 선거사무소를, 정당은 중앙당 및 시·도당의 사무소에 선거대책기구 각 1개씩을 설치할 수 있다.

1. 대통령선거
   정당 또는 후보자가 설치하되, 선거사무소 1개소와 시·도 및 구·시·군(하나의 구·시·군이 2 이상의 국회의원지역구로 된 경우에는 국회의원지역구를 말한다. 이하 이 조에서 같다)마다 선거연락소 1개소
2. 지역구국회의원선거
   후보자가 설치하되, 당해 국회의원지역구 안에 선거사무소 1개소. 다만, 하나의 국회의원지역구가 2 이상의 구·시·군으로 된 경우에는 선거사무소를 두지 아니하는 구·시·군마다 선거연락소 1개소
3. 비례대표국회의원선거 및 비례대표지방의회의원선거
   정당이 설치하되, 선거사무소 1개소(비례대표시·도의원선거의 경우에는 비례대표시·도의

원후보자명부를 제출한 시·도마다, 비례대표자치구·시·군의원선거의 경우에는 비례대표자치구·시·군의원후보자명부를 제출한 자치구·시·군마다 선거사무소 1개소)
4. 지역구지방의회의원선거
후보자가 설치하되, 당해 선거구 안에 선거사무소 1개소
5. 시·도지사선거
후보자가 설치하되, 당해 시·도 안에 선거사무소 1개소와 당해 시·도 안의 구·시·군마다 선거연락소 1개소
6. 자치구·시·군의 장 선거
후보자가 설치하되, 당해 자치구·시·군 안에 선거사무소 1개소. 다만, 자치구가 아닌 구가 설치된 시에 있어서는 선거사무소를 두지 아니하는 구마다 선거연락소 1개소를 둘 수 있으며, 하나의 구·시·군이 2 이상의 국회의원지역구로 된 경우에는 선거사무소를 두지 아니하는 국회의원지역구마다 선거연락소 1개소를 둘 수 있다.

② 선거사무소 또는 선거연락소는 시·도 또는 구·시·군의 사무소 소재지가 다른 시·도 또는 구·시·군의 구역 안에 있는 때에는 제1항의 규정에 불구하고 그 시·도 또는 구·시·군의 사무소 소재지를 관할하는 시·도 또는 구·시·군의 구역 안에 설치할 수 있다.

③ 정당·정당추천후보자 또는 정당소속 예비후보자의 선거사무소와 선거연락소는 그에 대응하는 정당[제61조의2(정당선거사무소의 설치)의 규정에 의한 정당선거사무소를 포함한다]의 사무소가 있는 때에는 그 사무소에 둘 수 있다.

④ 예비후보자가 제49조(후보자등록 등)의 규정에 의하여 후보자등록을 마친 때에는 당해 예비후보자의 선거사무소는 후보자의 선거사무소로 본다.

⑤ 선거사무소와 선거연락소는 고정된 장소 또는 시설에 두어야 하며, 「식품위생법」에 의한 식품접객영업소 또는 「공중위생관리법」에 의한 공중위생영업소 안에 둘 수 없다.

⑥ 선거사무소, 선거연락소 및 선거대책기구에는 중앙선거관리위원회규칙으로 정하는 바에 따라 선거운동을 위한 간판·현판 및 현수막, 제64조의 선거벽보, 제65조의 선거공보, 제66조의 선거공약서 및 후보자의 사진을 첨부할 수 있다. 다만, 예비후보자의 선거사무소에는 간판·현판 및 현수막에 한하여 설치·게시할 수 있다.

⑦ 예비후보자가 그 신분을 상실한 때에는 제1항의 규정에 의하여 설치한 선거사무소를 폐쇄하여야 하며, 이를 폐쇄하지 아니한 경우 선거구선거관리위원회는 당해 예비후보자에게 즉시 선거사무소의 폐쇄를 명하여야 한다.

(1) 선거별 선거운동기구 설치

선거운동 및 그 밖의 선거에 관한 사무를 처리하기 위하여 정당 또는 후보자는 아래와 같이 선거사무소와 선거연락소를, 예비후보자는 선거사무소를, 정당은 중앙당 및 시·도당의 사무소에 선거대책기구 각 1개씩을 설치할 수 있다.

| 구분 | | 선거사무소 | 선거연락소 |
|---|---|---|---|
| 대통령선거<br>(정당 또는 후보자가 설치) | | 1개소 | • 시·도마다 1개소<br>• 구·시·군(하나의 구·시·군이 2 이상의 국회의원지역구로 된 경우에는 국회의원지역구. 이하 이 표에서 같음)마다 1개소 |
| 국회의원<br>선거 | 지역구<br>(후보자가 설치) | 지역구 안에 1개소 | 하나의 국회의원지역구가 2 이상의 구·시·군으로 된 경우 선거사무소를 두지 아니하는 구·시·군마다 1개소 |
| | 비례대표<br>(정당이 설치) | 1개소 | 둘 수 없음. |
| 시·도의회<br>의원선거 | 지역구<br>(후보자가 설치) | 선거구 안에 1개소 | 둘 수 없음. |
| | 비례대표<br>(정당이 설치) | 비례대표시·도의원 후보자명부를 제출한 시·도마다 1개소 | 둘 수 없음. |
| 자치구·시<br>·군의회<br>의원선거 | 지역구<br>(후보자가 설치) | 선거구 안에 1개소 | 둘 수 없음. |
| | 비례대표<br>(정당이 설치) | 비례대표구·시·군 의원후보자명부를 제출한 자치구·시·군 마다 1개소 | 둘 수 없음. |
| 시·도지사선거 | | 시·도 안에 1개소 | 당해 시·도 안의 구·시·군마다 1개소 |
| 자치구·시·군의 장선거<br>(후보자가 설치) | | 자치구·시·군 안에 1개소 | • 자치구가 아닌 구가 설치된 시의 경우 선거사무소를 두지 아니하는 구마다 1개소<br>• 하나의 구·시·군이 2 이상의 국회의원지역구로 된 경우 선거사무소를 두지 아니하는 국회의원지역구마다 1개소 |

> 기출지문

- 대통령선거에서 정당 또는 후보자는, 선거사무소 1개소와 시·도 및 구·시·군(하나의 구·시·군이 2 이상의 국회의원지역구로 된 경우에는 국회의원지역구를 말한다)마다 선거연락소 1개소를 설치할 수 있다(제61조 제1항 제1호). [2015. 국가직 7급]
- 지역구국회의원선거 후보자는 당해 국회의원지역구안에 선거사무소 1개소를 설치할 수 있으나, 하나의 국회의원지역구가 2 이상의 구·시·군으로 된 경우에는 선거사무소를 두지 아니하는 구·시·군마다 선거연락소 1개소를 설치할 수 있다(제61조 제1항 제2호). [2017. 국가직 7급, 2016. 국가직 9급]
- ☒ 지역구국회의원선거에서 정당 또는 후보자는 당해 국회의원지역구 안에 선거사무소 1개소를 설치할 수 있다.(×) [2015. 국가직 7급]
  - ✚PLUS 지역구국회의원선거에서 후보자는 당해 국회의원지역구 안에 선거사무소 1개소를 설치할 수 있다. 다만, 하나의 국회의원지역구가 2 이상의 구·시·군으로 된 경우에는 선거사무소를 두지 아니하는 구·시·군마다 선거연락소 1개소를 설치할 수 있다(제61조 제1항 제2호).
- ☒ 지역구지방의회의원선거에서 정당 또는 후보자는 당해 선거구 안에 선거사무소 1개소를 설치할 수 있다.(×) [2015. 국가직 7급]
  - ✚PLUS 지역구지방의회의원선거에서 후보자는 당해 선거구안에 선거사무소 1개소를 설치할 수 있다(제61조 제1항 제4호).
- ☒ 시·도지사선거에서 정당 또는 후보자는 당해 시·도 안에 선거사무소 1개소와 당해 시·도 안의 구·시·군마다 선거연락소 1개소를 설치할 수 있다.(×) [2015. 국가직 7급]
  - ✚PLUS 시·도지사선거에서 후보자는 당해 시·도안에 선거사무소 1개소와 당해 시·도안의 구·시·군마다 선거연락소 1개소를 설치할 수 있다(제61조 제1항 제5호).

**제61조의2【정당선거사무소의 설치】** ✦✦ ① 정당은 선거에 있어서 당해 선거에 관한 정당의 사무를 처리하기 위하여 다음 각 호에서 정하는 날(그 날 후에 실시사유가 확정된 보궐선거 등에 있어서는 그 선거의 실시사유가 확정된 때)부터 선거일 후 30일까지 선거구 안에 있는 구·시·군(하나의 구·시·군이 2 이상의 국회의원 지역구로 된 경우에는 국회의원지역구)마다 1개소의 정당선거사무소를 설치할 수 있다.

✦ 1. 대통령선거
   선거일 전 240일
✦ 2. 국회의원선거 및 시·도지사선거
   선거일 전 120일
   3. 지방의회의원선거 및 자치구·시·군의 장선거
   선거기간개시일 전 60일

② 정당선거사무소에는 당원 중에서 소장 1인을 두어야 하며, 2인 이내의 유급사무직원을 둘 수 있다.
③ 중앙당 또는 시·도당의 대표자는 정당선거사무소를 설치하는 때에는 지체없이 관할선거관리위원회에 다음 각 호의 사항을 서면으로 신고하여야 한다. 이 경우 신고사항의 변경이 있는 때에는 지체없이 그 변경사항을 신고하여야 한다.
1. 설치연월일
2. 사무소의 소재지와 명칭
3. 소장의 성명·주소·주민등록번호
4. 사무소인(印)
④ 정당선거사무소에는 중앙선거관리위원회규칙으로 정하는 바에 따라 정당의 홍보에 필요한 사항을 게재한 간판·현판·현수막을 설치·게시할 수 있다.
⑤ 정당선거사무소의 소장은 이 법 또는 다른 법률의 규정에 의한 신고·신청·제출·보고·추천 등에 관하여 당해 정당을 대표한다.
✦ ⑥ 정당은 선거일 후 30일이 지난 때에는 제1항의 규정에 의한 정당선거사무소를 즉시 폐쇄하여야 한다.
⑦ 제61조(선거운동기구의 설치) 제2항 및 제5항의 규정은 정당선거사무소에 이를 준용한다. 이 경우 "선거사무소 또는 선거연락소"와 "선거사무소와 선거연락소"는 "정당선거사무소"로 본다.

> **기출지문**

- ◎ 임기만료에 의한 대통령선거에 있어서, A정당은 선거일 전 240일부터 선거일 후 30일까지 서울특별시의 경우에는 국회의원지역구마다 1개소의 정당선거사무소를 설치할 수 있다(제61조의2 제1항 제1호). [2014. 국가직 7급]
- ◎ 임기만료에 의한 시·도지사선거에 있어서, A정당은 선거일 전 120일부터 선거일 후 30일까지 서울특별시의 경우에는 국회의원지역구마다 1개소의 정당선거사무소를 설치할 수 있다(제61조의2 제1항 제2호). [2014. 국가직 7급]
- ◎ 임기만료에 의한 국회의원선거에 있어서, A정당은 선거일 전 120일부터 선거일 후 30일까지 서울특별시의 경우에는 국회의원지역구마다 1개소의 정당선거사무소를 설치할 수 있다(제61조의2 제1항 제2호). [2014. 국가직 7급]
- ✗ 임기만료에 의한 지방의회의원선거에 있어서, A정당은 선거일 전 60일부터 선거일 후 30일까지 서울특별시의 경우에는 국회의원지역구마다 1개소의 정당선거사무소를 설치할 수 있다. (✗) [2014. 국가직 7급]
  - ⁺PLUS 임기만료에 의한 지방의회의원선거에 있어서, A정당은 선거기간개시일 전 60일부터 선거일 후 30일까지 서울특별시의 경우에는 국회의원지역구마다 1개소의 정당선거사무소를 설치할 수 있다(제61조의2 제1항 제3호).

✦ **제62조【선거사무관계자의 선임】** ① 제61조(선거운동기구의 설치)의 선거사무소와 선거 연락소를 설치한 자는 선거운동을 할 수 있는 자 중에서 선거사무소에 선거사무장 1인을, 선거연락소에 선거연락소장 1인을 두어야 한다.

② 선거사무장 또는 선거연락소장은 선거에 관한 사무를 처리하기 위하여 선거운동을 할 수 있는 자 중에서 다음 각 호에 의하여 선거사무원(제135조 제1항 본문에 따른 수당과 실비를 지급받는 선거사무원을 말한다. 이하 같다)을 둘 수 있다. 〈개정 2022.1.21.〉

1. 대통령선거

    선거사무소에 시·도수의 6배수 이내와 시·도선거연락소에 당해 시·도 안의 구·시·군(하나의 구·시·군이 2 이상의 국회의원지역구로 된 경우에는 국회의원지역구를 말한다. 이하 이 항에서 같다)수(그 구·시·군수가 10 미만인 때에는 10인) 이내 및 구·시·군선거연락소에 당해 구·시·군 안의 읍·면·동(제148조제1항제2호에 해당하는 경우에는 설치·폐지·분할·합병 직전의 읍·면·동을 말한다. 이하 이 조, 제67조제1항, 제118조제5호 및 제121조제1항에서 같다)수 이내

2. 지역구국회의원선거 및 자치구·시·군의 장선거

    선거사무소와 선거연락소를 두는 구·시·군 안의 읍·면·동수의 3배수에 5를 더한 수 이내(선거연락소를 두지 아니하는 경우에는 선거연락소에 둘 수 있는 선거사무원의 수만큼 선거사무소에 더 둘 수 있다)

3. 비례대표국회의원선거

    선거사무소에 시·도수의 2배수 이내

4. 지역구시·도의원선거

    선거사무소에 10인 이내

5. 비례대표시·도의원선거

    선거사무소에 당해 시·도 안의 구·시·군의 수(산정한 수가 20 미만인 때에는 20인) 이내

6. 시·도지사선거

    선거사무소에 당해 시·도 안의 구·시·군의 수(그 구·시·군수가 10 미만인 때에는 10인) 이내와 선거연락소에 당해 구·시·군 안의 읍·면·동수 이내

7. 지역구자치구·시·군의원선거

    선거사무소에 8명 이내

8. 비례대표자치구·시·군의원선거

    선거사무소에 당해 자치구·시·군 안의 읍·면·동수 이내

③ 예비후보자는 선거운동을 할 수 있는 자 중에서 제1항에 따른 선거사무장을 포함하여 다음 각 호에 따른 수의 선거사무원을 둘 수 있다.

1. 대통령선거

    10인 이내

2. 시·도지사선거
   5인 이내
3. 지역구국회의원선거 및 자치구·시·군의 장선거
   3인 이내
4. 지역구지방의회의원선거
   2인 이내

④ 중앙선거관리위원회규칙으로 정하는 장애인 예비후보자·후보자는 그의 활동을 보조하기 위하여 선거운동을 할 수 있는 사람 중에서 1명의 활동보조인(이하 "활동보조인"이라 한다)을 둘 수 있다. 이 경우 활동보조인은 제2항 및 제3항에 따른 선거사무원수에 산입하지 아니한다.
⑤ 제135조제1항 단서의 규정에 의하여 수당을 지급받을 수 없는 정당의 유급사무직원, 국회의원과 그 보좌관·선임비서관·비서관 또는 지방의회의원은 선거사무원이 된 경우에도 제2항의 선거사무원수에는 산입하지 아니한다.
⑥ 선거사무장을 두지 아니한 경우에는 후보자(제2항 제1호·제3호·제5호 및 제8호의 경우에는 정당의 회계책임자) 또는 예비후보자가 선거사무장을 겸한 것으로 본다.
✦ ⑦ 같은 선거에 있어서는 2 이상의 정당·예비후보자 또는 후보자가 동일인을 함께 선거사무장·선거연락소장 또는 선거사무원으로 선임할 수 없다.
⑧ 누구든지 이 법에 규정되지 아니한 방법으로 인쇄물·시설물, 그 밖의 광고물을 이용하여 선거운동을 하는 사람을 모집할 수 없다.

(1) 선거운동기구별 유급선거사무원 수

| 구분 | | 선거사무원 수 |
|---|---|---|
| 대통령선거 | 선거사무소 | 시·도수의 6배수 이내 |
| | 시·도 선거연락소 | 당해 시·도 안의 구·시·군의 수 이내(10 미만인 때에는 10인) |
| | 구·시·군 선거연락소 | 당해 구·시·군 안의 읍면동의 수 이내 |
| 시·도지사선거 | 선거사무소 | 당해 시·도 안의 구·시·군의 수 이내(10 미만인 때에는 10인) |
| | 선거연락소 | 당해 구·시·군 안의 읍면동의 수 이내 |
| 비례대표 국회의원선거 | | 선거사무소에 시·도수의 2배수 이내 |
| 비례대표 시·도의원선거 | | 선거사무소에 당해 시·도 안의 구·시·군의 수 이내(20 미만인 때에는 20인) |

| 지역구 국회의원선거 | 구·시·군 안의 읍·면·동 수의 3배수에 5를 더한 수 이내 (선거연락소를 두지 아니하는 경우에는 선거연락소에 둘 수 있는 선거사무원의 수만큼 선거사무소에 더 둘 수 있다) |
|---|---|
| 자치구·시·군의 장선거 | |
| 시·도의원선거 | 선거사무소에 10인 이내 |
| 지역구, 자치구·시·군의원선거 | 선거사무소에 8인 이내 |
| 비례대표자치구·시·군의원선거 | 선거사무소에 당해 자치구·시·군 안의 읍·면·동 수 이내 |

> **기출지문**
>
> ◎ 중앙선거관리위원회규칙으로 정하는 장애인 예비후보자·후보자는 그의 활동을 보조하기 위하여 선거운동을 할 수 있는 사람 중에서 1명의 활동보조인을 둘 수 있으며, 이 경우 활동 보조인은 선거사무원수에 산입하지 아니한다(제62조 제4항). [2017. 국가직 9급]
>
> ◎ 선거사무장을 두지 않은 경우 비례대표국회의원선거에서는 정당의 회계책임자가 선거사무장을 겸한 것으로 본다(제62조 제6항). [2017. 국가직 9급]

**제63조【선거운동기구 및 선거사무관계자의 신고】** ① 정당·후보자 또는 예비후보자가 선거사무소와 선거연락소를 설치·변경한 때와 정당·후보자·예비후보자·선거사무장 또는 선거연락소장이 선거사무장·선거연락소장·선거사무원 또는 활동보조인(이하 이 조에서 "선거사무장 등"이라 한다)을 선임하거나 해임한 때에는 지체없이 관할선거관리위원회에 서면으로 신고하여야 한다. 이 경우 교체선임할 수 있는 선거사무원수는 최초의 선임을 포함하여 제62조 제2항 또는 제3항에 따른 선거사무원수의 2배수를 넘을 수 없다.

② 선거사무장 등(회계책임자를 포함한다)은 해당 선거관리위원회가 교부하는 표지를 패용하고 선거운동을 하여야 한다.

③ 선거관리위원회는 제2항에 따른 표지의 교부신청을 받은 때에는 즉시 이를 교부하여야 한다.

④ 선거사무소와 선거연락소의 설치신고서, 선거사무장 등의 선임신고서, 선거사무장 등(회계책임자를 포함한다)의 표지 및 그 표지 분실 시 처리절차, 그 밖에 필요한 사항은 중앙선거관리위원회규칙으로 정한다.

기출지문

◎ 회계책임자는 해당 선거관리위원회가 교부하는 표지를 패용하고 선거운동을 하여야 한다 (제63조 제2항). [2017. 국가직 9급]

☒ 정당·후보자·예비후보자·선거사무장 또는 선거연락소장이 교체선임할 수 있는 선거사무원수는 최초의 선임을 제외하고 규정된 선거사무원수의 2배수를 넘을 수 없다. (×) [2017. 국가직 9급]

> PLUS 정당·후보자·예비후보자·선거사무장 또는 선거연락소장이 선거사무장·선거연락소장·선거사무원 또는 활동보조인을 선임하거나 해임한 때에는 지체없이 관할선거관리위원회에 서면으로 신고하여야 한다. 이 경우 교체선임할 수 있는 선거사무원수는 최초의 선임을 포함하여 제62조 제2항 또는 제3항에 따른 선거사무원수의 2배수를 넘을 수 없다(제63조 제1항).

✦✦ **제64조【선거벽보】**✦ ① 선거운동에 사용하는 선거벽보에는 후보자의 사진(후보자만의 사진을 말한다)·성명·기호(제150조에 따라 투표용지에 인쇄할 정당 또는 후보자의 게재순위를 말한다. 이하 같다)·정당추천후보자의 소속정당명(무소속후보자는 "무소속"이라 표시한다)·경력[학력을 게재하는 경우에는 정규학력과 이에 준하는 외국의 교육과정을 이수한 학력외에는 게재할 수 없다. 이 경우 정규학력을 게재하는 경우에는 졸업 또는 수료당시의 학교명(중퇴한 경우에는 수학기간을 함께 기재하여야 한다)을 기재하고, 정규학력에 준하는 외국의 교육과정을 이수한 학력을 게재하는 때에는 그 교육과정명과 수학기간 및 학위를 취득한 때의 취득학위명을 기재하여야 하며, 정규학력의 최종학력과 외국의 교육과정을 이수한 학력은 제49조 제4항 제6호에 따라 학력증명서를 제출한 학력에 한하여 기재할 수 있다. 이하 같다]·정견 및 소속정당의 정강·정책 그 밖의 홍보에 필요한 사항(지역구국회의원선거에 있어서는 비례대표국회의원후보자명단을, 지역구시·도의원선거에 있어서는 비례대표시·도의원후보자 명단을, 지역구자치구·시·군의원선거에 있어서는 비례대표자치구·시·군의원후보자명단을 포함하며, 후보자 외의 자의 인물사진을 제외한다)을 게재하여 동에 있어서는 인구 500명에 1매, 읍에 있어서는 인구 250명에 1매, 면에 있어서는 인구 100명에 1매의 비율을 한도로 작성·첩부한다. 다만, 인구밀집상태 및 첩부장소 등을 감안하여 중앙선거관리위원회규칙으로 정하는 바에 따라 인구 1천명에 1매의 비율까지 조정할 수 있다.

② 제1항에 따른 선거벽보는 후보자(비례대표국회의원후보자와 비례대표지방의회의원후보자를 제외하며, 대통령선거에 있어서 정당추천후보자의 경우에는 그 추천정당을 말한다. 이하 이 조에서 같다)가 작성하여 대통령선거는 후보자등록마감일 후 3일(제51조에 따른 추가등록의 경우에는 추가등록마감일 후 2일 이내를 말한다)까지, 국회의원선거와 지방자치단체의 의회의원 및 장의 선거는 후보자등록마감일 후 5일까지 첩부할 지역을 관할하는 구·시·군선거관리위원회에 제출하고, 해당 구·시·군선거관리위원회가 이를 확인하여 선거벽보 제출마감

일 후 2일(대통령선거와 섬 및 산간오지지역의 경우는 3일)까지 첨부한다. 이 경우 선거벽보의 일부를 제출하지 아니할 때에는 선거벽보를 첨부하지 아니할 지역(투표구를 단위로 한다)을 지정하여 선거벽보의 제출시에 서면으로 신고하여야 하고, 선거벽보를 첨부하지 아니할 지역을 신고하지 아니한 때에는 해당 구·시·군선거관리위원회가 그 지역을 지정한다.

✦✦ ③ 관할선거구선거관리위원회는 제2항에 따라 후보자가 작성하여 보관 또는 제출할 선거벽보의 수량을 선거기간개시일 전 10일까지 공고하여야 한다. 이 경우 중앙선거관리위원회규칙으로 정하는 바에 따라 일정한 수량을 가산할 수 있다.

④ 후보자가 제2항에 따른 제출마감까지 선거벽보를 제출하지 아니한 때와 규격을 넘거나 미달하는 선거벽보를 제출한 때에는 그 선거벽보는 첨부하지 아니한다.

⑤ 제2항에 따라 제출된 선거벽보는 정정 또는 철회할 수 없다. 다만, 후보자는 선거벽보에 게재된 후보자의 성명·기호·소속 정당명과 경력·학력·학위·상벌(이하 "경력 등"이라 한다)이 거짓으로 게재되어 있거나 이 법에 위반되는 내용이 게재되어 있음을 이유로 해당 선거구선거관리위원회에 서면으로 정정 또는 삭제를 요청할 수 있으며, 그 요청을 받은 선거구선거관리위원회는 제2항에 따른 선거벽보 제출마감일까지 그 내용을 정정 또는 삭제하게 할 수 있다. 이 경우 해당 내용을 정정 또는 삭제하는 외에 새로운 내용을 추가하거나 종전의 배열방법·색상·규격 등을 변경할 수 없다.

⑥ 누구든지 선거벽보의 내용 중 경력 등에 관한 거짓 사실의 게재를 이유로 이의제기를 하는 때에는 해당 선거구선거관리위원회를 거쳐 직근 상급선거관리위원회에 서면으로 하여야 하고, 이의제기를 받은 상급선거관리위원회는 후보자와 이의제기자에게 그 증명서류의 제출을 요구할 수 있으며, 그 증명서류의 제출이 없거나 거짓 사실임이 판명된 때에는 그 사실을 공고하여야 한다.

✦ ⑦ 관할선거구선거관리위원회는 제1항의 선거벽보에 다른 후보자, 그의 배우자 또는 직계존·비속이나 형제자매의 사생활에 대한 사실을 적시하여 비방하는 내용이 이 법에 위반된다고 인정하는 때에는 이를 고발하고 공고하여야 한다.

✦ ⑧ 선거벽보를 인쇄하는 인쇄업자는 제3항의 선거벽보의 수량 외에는 이를 인쇄하여 누구에게도 제공할 수 없다.

⑨ 후보자는 관할구·시·군선거관리위원회가 첨부한 선거벽보가 오손되거나 훼손되어 보완 첨부하고자 하는 때에는 제3항에 따라 공고된 수량의 범위에서 그 선거벽보 위에 덧붙여야 한다.

⑩ 선거벽보는 다수의 통행인이 보기 쉬운 건물 또는 게시판 등에 첨부하여야 한다. 이 경우 해당 건물 또는 게시판 등의 소유자 또는 관리자와 미리 협의하여야 한다.

⑪ 제1항에 따라 선거벽보를 첩부하는 경우에 첩부장소가 있는 토지·건물 그 밖의 시설물의 소유자 또는 관리자는 선거벽보의 첩부가 해당 시설물을 심각하게 훼손하거나 자신의 사생활을 침해하는 등 특별한 사유가 없는 한 선거벽보의 첩부에 협조하여야 한다.

⑫ 선거벽보 내용의 정정·삭제 신청, 수량공고·규격·작성·제출·확인·첩부·경력 등에 관한 허위사실이나 사생활비방으로 인한 고발사실의 공고, 선거벽보 첩부를 위한 협의절차, 그 밖에 필요한 사항은 중앙선거관리위원회규칙으로 정한다.

**(1) 선거벽보 제출**
- 대통령선거 : 후보자등록 마감일 후 3일
- 국회의원, 지자체의원 및 장 : 후보자등록 마감일 후 5일

**(2) 선거벽보 첩부**
- 원칙 : 선거벽보제출 마감일 후 2일
- 대선 및 산간오지지역 : 선거벽보 제출 마감일 후 3일

---

**기출지문**

◎ 선거벽보는 비례대표국회의원후보자와 비례대표지방의회의원후보자는 제외된다(제64조 제2항). [2015. 국가직 7급]

☒ 관할선거구선거관리위원회는 후보자가 작성하여 보관 또는 제출할 선거벽보의 수량을 선거기간개시일 전 30일까지 공고하여야 한다. (×) [2014. 국가직 7급]

  PLUS 관할선거구선거관리위원회는 후보자가 작성하여 보관 또는 제출할 선거벽보의 수량을 선거기간개시일 전 10일까지 공고하여야 한다. 이 경우 중앙선거관리위원회규칙으로 정하는 바에 따라 일정한 수량을 가산할 수 있다(제64조 제3항).

📖 관련판례 공직선거법에서 국내 정규학력의 경우와는 달리 정규학력에 준하는 외국의 교육과정을 이수한 학력을 게재하는 때에 그 수학기간을 기재하도록 하면서 이를 위반한 경우 처벌하는 것은 평등권 침해가 아니다(헌재 2010.3.25, 2009헌바121). [2015. 국가직 9급]

---

**제65조【선거공보】** ① 후보자(대통령선거에 있어서 정당추천후보자와 비례대표국회의원선거 및 비례대표지방의회의원선거의 경우에는 그 추천정당을 말한다. 이하 이 조에서 같다)는 선거운동을 위하여 책자형 선거공보 1종(대통령선거에서는 전단형 선거공보 1종을 포함한다)을 작성할 수 있다. 이 경우 비례대표국회의원선거 및 비례대표지방의회의원선거에서는 중앙선거관리위원회규칙으로 정하는 바에 따라 해당 정당이 추천한 후보자 모두의 사진·성명·학력·경력을 게재하여야 한다.

② 제1항의 규정에 따른 책자형 선거공보는 대통령선거에 있어서는 16면 이내로, 국회의원선거 및 지방자치단체의 장선거에 있어서는 12면 이내로, 지방의회의원선거에 있어서는 8면 이내로 작성하고, 전단형 선거공보는 1매(양면에 게재할 수 있다)로 작성한다.

③ 제1항의 규정에 따른 책자형 선거공보의 수량은 당해 선거구 안의 세대수와 예상 거소투표신고인수 및 제5항에 따른 예상 신청자수를 합한 수에 상당하는 수 이내로, 전단형 선거공보의 수량은 당해 선거구 안의 세대수에 상당하는 수 이내로 한다.

④ 후보자는 제1항의 규정에 따른 선거공보 외에 시각장애선거인(선거인으로서「장애인복지법」제32조에 따라 등록된 시각장애인을 말한다. 이하 이 조에서 같다)을 위한 선거공보(이하 "점자형 선거공보"라 한다) 1종을 제2항에 따른 책자형 선거공보의 면수의 두 배 이내에서 작성할 수 있다. 다만, 대통령선거·지역구국회의원선거 및 지방자치단체의 장선거의 후보자는 점자형 선거공보를 작성·제출하여야 하되, 책자형 선거공보에 그 내용이 음성·점자 등으로 출력되는 인쇄물 접근성 바코드를 표시하는 것으로 대신할 수 있다.

⑤ 사전투표소에서 투표할 수 있는 선거인 중 법령에 따라 영내 또는 함정에 장기 기거하는 군인이나 경찰공무원은 선거인명부작성기간 중 관할 구·시·군선거관리위원회에 자신의 거주지로 책자형 선거공보를 발송해 줄 것을 서면이나 중앙선거관리위원회 홈페이지를 통하여 신청할 수 있다. 이 경우 부대장·경찰관서의 장은 선거인명부작성기간 개시일 전일까지 소속 군인·경찰공무원에게 선거공보의 발송 신청을 할 수 있다는 사실을 알려야 한다.

⑥ 선거공보의 제출과 발송은 다음 각 호에 따른다.

1. 대통령선거

　가. 책자형 선거공보(점자형 선거공보를 포함한다)

　　후보자가 후보자등록마감일 후 6일(제51조에 따른 추가등록의 경우에는 추가등록마감일 후 2일)까지 배부할 지역을 관할하는 구·시·군선거관리위원회에 제출하고 당해 선거관리위원회가 이를 확인하여 관할구역 안의 매세대에는 제출마감일 후 3일까지, 제5항에 따른 발송신청자에게는 선거일 전 10일까지 각각 우편으로 발송하고, 거소투표신고인명부에 올라 있는 선거인에게는 제154조에 따라 거소투표용지를 발송하는 때에 동봉하여 발송한다.

　나. 전단형 선거공보

　　후보자가 후보자등록마감일 후 10일까지 배부할 지역을 관할하는 구·시·군선거관리위원회에 제출하고 당해 선거관리위원회가 이를 확인하여 제153조(투표안내문의 발송)의 규정에 따른 투표안내문을 발송하는 때에 이를 동봉하여 발송한다. 이 경우 선거인명부 확정결과 책자형 선거공보를 발송하지 아니한 세대가 있는 때에는 그 세대에 이를 전단형 선거공보와 함께 추가로 발송하여야 한다.

2. 국회의원선거, 지방자치단체의 의회의원 및 장의 선거

　후보자가 후보자등록마감일 후 7일까지 배부할 지역을 관할하는 구·시·군선거관리위원회에 제출하고 해당 선거관리위원회가 이를 확인하여 제5항에 따른 발송신청자에게는 선거일 전 10일까지 우편으로 발송하고, 매세대에는 제153조에 따라 투표안내문을 발송하는 때에, 거소투표신고인명부에 올라 있는 선거인에게는 제154조에 따라 거소투표용지를 발송하는 때에 각각 동봉하여 발송한다.

⑦ 구·시·군의 장은 제4항의 규정에 따른 시각장애선거인과 그 세대주의 성명·주소를 조사하여 선거기간개시일 전 20일까지 관할구·시·군선거관리위원회에 통보하여야 한다.
⑧ 대통령선거, 지역구국회의원선거, 지역구지방의회의원선거 및 지방자치단체의 장선거에서 책자형 선거공보(점자형 선거공보를 포함한다)를 제출하는 경우에는 중앙선거관리위원회규칙으로 정하는 바에 따라 다음 각 호에 따른 내용(이하 이 조에서 "후보자정보공개자료"라 한다)을 그 둘째 면에 게재하여야 하며, 후보자정보공개자료에 대하여 소명이 필요한 사항은 그 소명자료를 함께 게재할 수 있다. 이 경우 그 둘째 면에는 후보자정보공개자료와 그 소명자료만을 게재하여야 하며, 점자형 선거공보에 게재하는 후보자정보공개자료의 내용은 책자형 선거공보에 게재하는 내용과 똑같아야 한다.
1. 재산상황
   후보자, 후보자의 배우자 및 직계존·비속(혼인한 딸과 외조부모 및 외손자녀를 제외한다. 이하 제3호에서 같다)의 각 재산총액
2. 병역사항
   후보자 및 후보자의 직계비속의 군별·계급·복무기간·복무분야·병역처분사항 및 병역처분사유[「공직자 등의 병역사항 신고 및 공개에 관한 법률」 제8조(신고사항의 공개) 제3항의 규정에 따라 질병명 또는 심신장애내용의 비공개를 요구하는 경우에는 이를 제외한다]
3. 최근 5년간 소득세·재산세·종합부동산세 납부 및 체납실적
   후보자, 후보자의 배우자 및 직계존·비속의 연도별 납부액, 연도별 체납액(10만원 이하 또는 3월 이내의 체납은 제외한다) 및 완납시기[제49조(후보자등록 등) 제4항 제4호의 규정에 따라 제출한 원천징수소득세를 포함하되, 증명서의 제출을 거부한 후보자의 직계존속의 납부 및 체납실적은 제외한다]
4. 전과기록
   죄명과 그 형 및 확정일자
5. 직업·학력·경력 등 인적사항
   후보자등록신청서에 기재된 사항
⑨ 후보자가 제13항에 따라 공고한 책자형 선거공보 제출수량의 전부 또는 일부를 제출하지 아니하는 때에는 후보자정보공개자료를 별도로 작성하여 제6항에 따라 책자형 선거공보의 제출마감일까지 제출하여야 하며, 제출받은 후보자정보공개자료는 제6항에 따라 책자형 선거공보를 발송하는 때에 함께 발송한다. 이 경우 별도로 작성한 후보자정보공개자료를 그 제출마감일까지 제출하지 못한 정당한 사유가 있는 때에는 책자형 선거공보의 발송 전까지 이를 제출할 수 있다.
⑩ 제1항의 규정에 불구하고 관할선거구선거관리위원회는 후보자로 하여금 책자형선거공보 원고를 제49조의 규정에 따라 후보자등록을 신청하는 때에 당해 선거관리위원회가 제공하는 서식에 따라 컴퓨터의 자기디스크 그 밖에 이와 유사한 매체에 기록하여 제출하게 하거나 당해 선거관리위원회가 지정하는 인터넷홈페이지에 입력하는 방법으로 제출하게 한 후 제150조

(투표용지의 정당·후보자의 게재순위등)의 규정에 따라 투표용지에 게재할 후보자의 기호순에 따라 선거공보를 1책으로 작성하여 발송할 수 있다. 이 경우 선거공보의 인쇄비용은 후보자가 부담하여야 한다.

⑪ 후보자가 시각장애선거인에게 제공하기 위하여 책자형 선거공보의 내용을 음성·점자 등으로 출력되는 디지털 파일로 전환하여 저장한 저장매체를 책자형 선거공보(점자형 선거공보를 포함한다)와 같이 제출하는 경우 배부할 지역을 관할하는 구·시·군선거관리위원회는 이를 함께 발송하여야 한다.

⑫ 구·시·군선거관리위원회는 제8항을 위반하여 책자형 선거공보(점자형 선거공보는 제외한다. 이하 이 항에서 같다)에 후보자정보공개자료를 게재하지 아니하거나, 책자형 선거공보의 둘째 면이 아닌 다른 면(둘째 면이 부족하여 셋째 면에 연이어 게재한 경우는 제외한다)에 후보자정보공개자료를 게재하거나, 그 둘째 면에 후보자정보공개자료와 그 소명자료 외의 다른 내용을 게재하거나, 선거공보의 규격·제출기한을 위반한 때에는 이를 접수하지 아니한다.

⑬ 제64조제2항 후단부터 제8항까지의 규정은 선거공보에 이를 준용한다. 이 경우 "선거벽보"는 "선거공보"로, "첩부하지 아니할 지역"은 "발송하지 아니할 대상 및 지역"으로, "첩부"는 "발송"으로, "규격을 넘거나 미달하는"은 "규격을 넘는"으로, "경력·학력·학위·상벌(이하 "경력등"이라 한다)"은 "경력등이나 후보자정보공개자료"로 본다.

⑭ 선거공보의 규격·작성·제출·확인·발송 및 공고, 책자형 선거공보의 발송신청 양식, 후보자정보공개자료의 게재방법과 선거공보의 원고 및 인쇄비용의 산정·납부 그 밖에 필요한 사항은 중앙선거관리위원회규칙으로 정한다.

(1) 선거공보

| 구분 | | 제출시기 | 발송시기 | |
|---|---|---|---|---|
| 대통령 선거 | 책자형 선거공보 (점자형 선거공보 포함) | 후보자가 후보자등록 마감일 후 6일(추가등록의 경우에는 추가등록마감일 후 2일)까지 배부지역 관할 구·시·군선거관리위원회에 제출 | 매세대 | 제출마감일 후 3일까지 우편 발송 |
| | | | 제5항에 따른 발송신청자 | 선거일 전 10일까지 우편 발송 |
| | | | 거소투표 신고자 | 거소투표용지를 발송하는 때에 동봉 발송 |
| | 전단형 선거공보 | 후보자가 후보자등록 마감일 후 10일까지 배부지역 관할 구·시·군선거관리위원회에 제출 | 당해 선거관리위원회가 투표안내문을 발송하는 때에 이를 동봉 발송 | |

| 국회의원선거, 지방자치단체의 의회의원 및 장의 선거 | 책자형 선거공보 | 후보자가 후보자등록 마감일 후 7일까지 배부지역 관할 구·시·군선거관리위원회에 제출 | 매세대 | 투표안내문을 발송하는 때에 동봉 발송 |
| --- | --- | --- | --- | --- |
| | | | 제5항에 따른 발송신청자 | 선거일 전 10일까지 우편 발송 |
| | | | 거소투표 신고자 | 거소투표용지를 발송하는 때에 동봉 발송 |

**(2) 선거공보 후보자 정보공개자료**
  ① 재산상황 : 후보자, 후보자의 배우자 및 직계존·비속(혼인한 딸과 외조부모 및 외손자녀를 제외한다)의 각 재산총액
  ② 병역사항 : 후보자 및 후보자의 직계비속의 군별·계급·복무기간·복무분야·병역처분사항 및 병역처분사유[「공직자 등의 병역사항 신고 및 공개에 관한 법률」 제8조(신고사항의 공개) 제3항의 규정에 따라 질병명 또는 심신장애내용의 비공개를 요구하는 경우에는 이를 제외한다]
  ③ 최근 5년간 소득세·재산세·종합부동산세 납부 및 체납실적 : 후보자, 후보자의 배우자 및 직계존·비속의 연도별 납부액, 연도별 체납액(10만원 이하 또는 3월 이내의 체납은 제외한다) 및 완납시기[제49조(후보자등록 등) 제4항 제4호의 규정에 따라 제출한 원천징수소득세를 포함하되, 증명서의 제출을 거부한 후보자의 직계존속의 납부 및 체납실적은 제외한다]
  ④ 전과기록 : 죄명과 그 형 및 확정일자
  ⑤ 직업·학력·경력 등 인적사항 : 후보자등록신청서에 기재된 사항
**(3) 경력게재 시 학력을 표시하는 경우** : 교육법(초·중등교육법 및 고등교육법)에서 인정하는 정규학력과 이에 준하는 외국의 교육과정을 이수한 학력 외에는 게재할 수 없다.
**(4)** 선거공보에 다른 후보자, 그의 배우자 또는 직계존·비속이나 형제자매의 사생활에 대한 사실을 적시하여 비방하는 내용이 있거나 또는 선거공보의 내용 중 경력·학력·학위·상벌에 관하여 허위사실을 게재하였다는 이유로 타 후보자 등으로부터 이의제기가 있는 경우에는 관할 선거관리위원회가 이를 확인하여 수사기관에 고발하거나 허위게재사실을 공고하는 등의 조치를 취하도록 하고 있다.
**(5) 선거공보의 규격 및 제출수량**

| 구분 | 책자형 선거공보 | 전단형 선거공보 |
| --- | --- | --- |
| 크기 | 27cm×19cm 이내 | 38cm×27cm 또는 54cm×19cm 이내 |

| 대통령선거 | 16면 이내 | 1매 (양면게재 가능) |
|---|---|---|
| 국회의원선거, 지방자치단체의 장선거 | 12면 이내 | - |
| 지방의회의원선거 | 8면 이내 | - |

(6) 대통령선거 · 지역구국회의원선거 및 지방자치단체의 장 선거에서 책자형 선거공보에 그 내용이 음성으로 출력되는 전자적 표시를 함으로써 점자형 선거공보의 작성 · 제출을 생략할 수 있도록 하는 것은 시각장애선거인의 평등권을 침해한 것이 아니다.(헌재 2016.12.29, 2016헌마548). [2017. 국가직 7급]

**기출지문**

◎ 후보자는 선거공보를 작성할 수 있으나, 대통령선거에 있어서 정당추천후보자와 비례대표국회의원선거 및 비례대표지방의회의원선거의 경우에는 그 추천정당이 작성한다(제65조 제1항). [2015. 국가직 7급]

◎ 대통령선거에서 후보자의 책자형 선거공보에는 재산상황, 병역사항, 최근 5년 간 세금 납부 및 체납실적, 전과기록, 직업 · 학력 · 경력 등 인적사항을 게재하여야 한다(제65조 제8항). [2015. 국가직 7급]

◎ 대통령선거에서 책자형 선거공보를 제출하는 경우에는 중앙선거관리위원회규칙으로 정하는 바에 따라 선거공보 둘째 면에 후보자 배우자의 최근 5년간 재산세 납부실적을 게재하나, 혼인한 딸의 재산상황, 후보자 직계존속의 병역처분사항, 후보자의 도로교통법상 범칙금 납부내역은 게재하지 않는다(65조 제8항). [2015. 국가직 9급]

◎ 대통령선거에서 후보자가 책자형 선거공보 제출수량의 전부 또는 일부를 배부할 지역을 관할하는 구 · 시 · 군선거관리위원회에 제출하지 않은 경우에는 후보자정보공개자료를 별도로 작성하여 제출하여야 한다(제65조 제9항). [2015. 국가직 7급]

✦✦ **제66조【선거공약서】** ✦✦ ① 대통령선거 및 지방자치단체의 장선거의 후보자(대통령선거에 있어서 정당추천후보자의 경우에는 그 추천정당을 말한다. 이하 제2항 및 제5항을 제외하고 이 조에서 같다)는 선거운동을 위하여 선거공약 및 그 추진계획을 게재한 인쇄물(이하 "선거공약서"라 한다) 1종을 작성할 수 있다.

② 선거공약서에는 선거공약 및 이에 대한 추진계획으로 각 사업의 목표 · 우선순위 · 이행절차 · 이행기한 · 재원조달방안을 게재하여야 하며, 다른 정당이나 후보자에 관한 사항을 게재할 수 없다. 이 경우 후보자의 성명 · 기호와 선거공약 및 그 추진계획에 관한 사항 외의 후보자의 사진 · 학력 · 경력, 그 밖에 홍보에 필요한 사항은 제3항에 따른 면수 중 1면 이내에서 게재할 수 있다.

✦ ③ 선거공약서는 대통령선거에 있어서는 32면 이내로, 시·도지사선거에 있어서는 16면 이내로, 자치구·시·군의 장선거에 있어서는 12면 이내로 작성한다.

④ 선거공약서의 수량은 해당 선거구 안에 있는 세대수의 100분의 10에 해당하는 수 이내로 한다.

✦ ⑤ 후보자와 그 가족, 선거사무장, 선거연락소장, 선거사무원, 회계책임자 및 후보자와 함께 다니는 활동보조인은 선거공약서를 배부할 수 있다. 다만, 우편발송(점자형 선거공약서는 제외한다)·호별방문이나 살포(특정 장소에 비치하는 방법을 포함한다)의 방법으로 선거공약서를 배부할 수 없다.

✦ ⑥ 후보자가 선거공약서를 배부하고자 하는 때에는 배부일 전일까지 2부를 첨부하여 작성수량·작성비용 및 배부방법 등을 관할선거구선거관리위원회에 서면으로 신고하여야 하며, 배부 전까지 배부할 지역을 관할하는 구·시·군선거관리위원회에 각 2부를 제출하여야 한다.

⑦ 관할선거구선거관리위원회는 선거공약서를 선거관리위원회의 인터넷홈페이지에 게시하는 등 선거구민이 알 수 있도록 이를 공개할 수 있으며, 당선인 결정 후에는 당선인의 선거공약서를 그 임기만료일까지 선거관리위원회의 인터넷홈페이지 또는 중앙선거관리위원회가 지정하는 인터넷홈페이지에 게시할 수 있다. 이 경우 후보자로 하여금 그 전산자료 복사본을 제출하게 하거나 그 내용을 요약하여 제출하게 할 수 있다.

⑧ 제64조 제3항·제8항 및 제65조 제4항(단서는 제외한다)은 선거공약서에 관하여 각각 이를 준용한다. 이 경우 "선거벽보" 또는 "책자형 선거공보"는 "선거공약서"로, "작성하여 보관 또는 제출할"은 "작성할"로, "점자형 선거공보"는 "점자형 선거공약서"로 보며, 점자형 선거공약서는 선거공약서와 같은 종류로 본다.

⑨ 선거공약서의 규격, 작성근거 등의 표시, 신고 및 제출 그 밖의 필요한 사항은 중앙선거관리위원회규칙으로 정한다.

---

**기출지문**

◎ 선거공약서는 대통령선거 및 지방자치단체의 장선거의 후보자가 작성할 수 있으며, 비례대표국회의원선거와 지역구국회의원선거의 후보자는 작성할 수 없다(제66조 제1항).
[2023. 국가직 9급, 2015. 국가직 7급]

◎ 선거공약서는 대통령선거에 있어서는 32면 이내로, 시·도지사 선거에 있어서는 16면 이내로, 자치구·시·군의 장선거에 있어서는 12면 이내로 작성한다(제66조 제3항).
[2016. 국가직 7급]

◎ 선거공약서의 수량은 해당 선거구 안에 있는 세대수의 100분의 10에 해당하는 수 이내로 한다(제66조 제4항). [2016. 국가직 7급]

- 후보자와 그 가족, 선거사무장, 선거연락소장, 선거사무원, 회계책임자 및 후보자와 함께 다니는 활동보조인은 선거공약서를 배부할 수 있지만, 우편발송(점자형 선거공약서는 제외한다)·호별방문이나 특정 장소에 비치하는 방법을 포함한 살포의 방법으로 선거공약서를 배부할 수 없다(제66조 제5항). [2016. 국가직 7급]
- 국회의원선거의 후보자는 선거운동을 위하여 선거공약 및 그 추진계획을 게재한 16면 이내의 인쇄물(선거공약서) 1종을 작성하여 배부할 수 있으나, 다른 정당이나 후보자에 관한 사항을 게재할 수 없다. (×) [2014. 국가직 7급]
  - ⁺PLUS 선거공약서는 대통령선거 및 지방자치단체의 장선거의 후보자가 작성할 수 있으며, 국회의원선거의 후보자는 작성할 수 없다(제66조 제1항).
- 관할선거구선거관리위원회는 당선인 결정 후에는 당선인의 선거공약서를 그 임기만료일까지 선거관리위원회의 인터넷 홈페이지 또는 중앙선거관리위원회가 지정하는 인터넷홈페이지에 게시하여야 한다. (×) [2016. 국가직 7급]
  - ⁺PLUS 관할선거구선거관리위원회는 당선인 결정 후에는 당선인의 선거공약서를 그 임기만료일까지 선거관리위원회의 인터넷홈페이지 또는 중앙선거관리위원회가 지정하는 인터넷 홈페이지에 게시할 수 있다. 이 경우 후보자로 하여금 그 전산자료 복사본을 제출하게 하거나 그 내용을 요약하여 제출하게 할 수 있다(제66조 제7항).

✦✦ **제67조 【현수막】** ① 후보자(비례대표국회의원후보자 및 비례대표지방의회의원후보자를 제외하며, 대통령선거에 있어서 정당추천후보자의 경우에는 그 추천정당을 말한다)는 선거운동을 위하여 해당 선거구안의 읍·면·동 수의 2배 이내의 현수막을 게시할 수 있다.
② 삭제 〈2005.8.4.〉
③ 제1항의 현수막의 규격 및 게시방법 등에 관하여 필요한 사항은 중앙선거관리위원회규칙으로 정한다.

**기출지문**

- 비례대표국회의원후보자 및 비례대표지방의회의원후보자는 현수막을 게시할 수 없다(제67조 제1항). [2015. 국가직 7급]
- 비례대표지방의회의원후보자가 선거운동을 위하여 읍·면·동 수의 2배 이내의 현수막을 게시하는 것은 허용되지 않는다(제67조 제1항). [2014. 국가직 9급]
- 지역구국회의원선거와 비례대표국회의원선거에서 각 후보자 1인이 게시할 수 있는 선거운동을 위한 현수막의 개수는 동일하다. (×) [2017. 국가직 7급]
  - ⁺PLUS 비례대표국회의원후보자는 현수막을 게시할 수 없다(제67조 제1항).

**개정** **제68조【어깨띠 등 소품】** ✦ ① 후보자와 그 배우자(배우자 대신 후보자가 그의 직계존비속 중에서 신고한 1인을 포함한다), 선거사무장, 선거연락소장, 선거사무원, 후보자와 함께 다니는 활동보조인 및 회계책임자는 선거운동기간 중 후보자의 사진·성명·기호 및 소속 정당명, 그 밖의 홍보에 필요한 사항을 게재한 어깨띠나 중앙선거관리위원회규칙으로 정하는 규격 또는 금액 범위의 윗옷(上衣)·표찰(標札)·수기(手旗)·마스코트, 그 밖의 소품(이하 "소품등"이라 한다)을 붙이거나 입거나 지니고 선거운동을 할 수 있다.〈개정 2023. 8. 30.〉

✦ ② 선거운동을 할 수 있는 사람은 선거운동기간 중 중앙선거관리위원회규칙으로 정하는 규격 범위의 소형의 소품등을 본인의 부담으로 제작 또는 구입하여 몸에 붙이거나 지니고 선거운동을 할 수 있다.〈개정 2023. 8. 30.〉(위헌: 헌재 2022.7.21, 2017헌가4)

③ 제1항 및 제2항에 따른 소품등의 규격과 그 밖에 필요한 사항은 중앙선거관리위원회규칙으로 정한다.〈개정 2023. 8. 30.〉

**기출지문**

◎ 공직선거법상 모양과 색상이 동일한 윗옷(上衣)을 입은 선거사무원이 후보자와 함께 선거운동을 위하여 다수의 선거구민에게 인사할 수 있다(제68조 및 제105조). **[2014. 국가직 9급]**

---

✦✦ **제69조【신문광고】** ✦✦ ① 선거운동을 위한 신문광고는 후보자(대통령선거에 있어서 정당추천후보자와 비례대표국회의원선거의 경우에는 후보자를 추천한 정당을 말한다. 이하 이 조에서 같다)가 다음 각 호에 의하여 선거기간개시일부터 선거일 전 2일까지 소속정당의 정강·정책이나 후보자의 정견, 정치자금모금(대통령선거에 한한다) 기타 홍보에 필요한 사항을「신문 등의 진흥에 관한 법률」제2조(정의) 제1호 가목 및 나목에 따른 일간신문에 게재할 수 있다. 이 경우 일간신문에의 광고회수의 계산에 있어서는 하나의 일간신문에 1회 광고하는 것을 1회로 본다.

1. 대통령선거
   총 70회 이내
2. 비례대표국회의원선거
   총 20회 이내
3. 시·도지사선거
   총 5회 이내. 다만, 인구 300만을 넘는 시·도에 있어서는 300만을 넘는 매 100만까지마다 1회를 더한다.

✦ ② 제1항의 광고에는 광고근거와 광고주명을 표시하여야 한다.

✦ ③ 시·도지사선거에 있어서 같은 정당의 추천을 받은 2인 이상의 후보자는 합동으로 광고를 할 수 있다. 이 경우 광고회수는 해당 후보자가 각각 1회의 광고를 한 것으로 보며, 그 비용은

해당 후보자 간의 약정에 의하여 분담하되, 그 분담내역을 광고계약서에 명시하여야 한다.
④ 삭제 〈2010.1.25.〉
✦✦ ⑤ 후보자가 광고를 하고자 하는 때에는 광고전에 이 법에 의한 광고임을 인정하는 관할선거구선거관리위원회의 인증서를 교부받아 광고를 하여야 하며, 일간신문을 경영·관리하는 자 또는 광고업무를 담당하는 자는 인증서가 첨부되지 아니한 후보자의 광고를 게재하여서는 아니된다.
⑥ 삭제 〈2010.1.25.〉
⑦ 삭제 〈2000.2.16.〉
⑧ 제1항의 규정에 의한 신문광고를 게재하는 일간신문을 경영·관리하는 자는 그 광고비용을 산정함에 있어 선거기간 중에 같은 지면에 같은 규격으로 게재하는 상업·문화 기타 각종 광고의 요금 중 최저요금을 초과하여 후보자에게 청구하거나 받을 수 없다.
⑨ 인증서의 서식, 광고근거의 표시, 그 밖에 필요한 사항은 중앙선거관리위원회규칙으로 정한다.

> **기출지문**
>
> ◎ 선거운동을 위한 신문광고는 후보자가 할 수 있으나, 대통령선거에 있어서 정당추천후보자와 비례대표국회의원선거의 경우에는 후보자를 추천한 정당이 할 수 있다(제69조 제1항). [2015. 국가직 7급]
> ◎ 후보자는 선거기간 개시일부터 선거일 전 2일까지 신문광고를 할 수 있으며, 대통령선거의 경우에는 정치자금모금을 위한 신문광고를 일간신문에 게재할 수 있다(제69조 제1항). [2013. 국가직 7급]
> ◎ 후보자가 신문광고를 하고자 할 때에는 광고 전에 관할선거구 선거관리위원회로부터 인증서를 교부받아야 한다(제69조 제5항). [2013. 국가직 7급]
> ☒ 시·도지사선거에서 같은 정당의 추천을 받은 2 이상의 후보자라 하더라도 합동으로 광고를 할 수는 없다. (×) [2013. 국가직 7급]
>> **PLUS** 시·도지사선거에 있어서 같은 정당의 추천을 받은 2인 이상의 후보자는 합동으로 광고를 할 수 있다. 이 경우 광고회수는 해당 후보자가 각각 1회의 광고를 한 것으로 보며, 그 비용은 해당 후보자 간의 약정에 의하여 분담하되, 그 분담내역을 광고계약서에 명시하여야 한다(제69조 제3항).

✦✦ **제70조 【방송광고】** ✦ ① 선거운동을 위한 방송광고는 후보자(대통령선거에 있어서 정당 추천 후보자와 비례대표국회의원선거의 경우에는 후보자를 추천한 정당을 말한다. 이하 이 조에서 같다)가 다음 각 호에 따라 선거운동기간 중 소속정당의 정강·정책이나 후보자의 정견 그 밖의 홍보에 필요한 사항을 텔레비전 및 라디오 방송시설(「방송법」에 의한 방송사업자가 관리·운영

하는 무선국 및 종합유선방송국(종합편성 또는 보도전문편성의 방송채널사용사업자의 채널을 포함한다)을 말한다. 이하 이 조에서 같다]을 이용하여 실시할 수 있되, 광고시간은 1회 1분을 초과할 수 없다. 이 경우 광고횟수의 계산에 있어서는 재방송을 포함하되, 하나의 텔레비전 또는 라디오 방송시설을 선정하여 당해 방송망을 동시에 이용하는 것은 1회로 본다. 〈개정 2022.1.21.〉

✦✦ 1. 대통령선거
    텔레비전 및 라디오 방송별로 각 30회 이내
2. 비례대표국회의원선거
    텔레비전 및 라디오 방송별로 각 15회 이내
3. 시·도지사선거
    지역방송시설을 이용하여 텔레비전 및 라디오 방송별로 각 5회 이내

② 삭제 〈2000.2.16.〉
③ 제1항의 규정에 의한 광고를 실시하는 방송시설의 경영자는 방송광고의 일시와 광고내용 등을 중앙선거관리위원회규칙이 정하는 바에 따라 관할선거구선거관리위원회에 통보하여야 한다.
④ 제1항의 방송광고는「방송법」제73조(방송광고 등) 제2항 및「방송광고판매대행 등에 관한 법률」제5조의 규정을 적용하지 아니한다.
⑤ 방송시설을 경영 또는 관리하는 자는 제1항의 방송광고를 함에 있어서 방송시간대와 방송권역 등을 고려하여 모든 후보자에게 공평하게 하여야 하며, 후보자가 신청한 방송시설의 이용일시가 서로 중첩되는 경우에 방송일시의 조정은 중앙선거관리위원회규칙이 정하는 바에 의한다.
⑥ 후보자는 제1항의 규정에 의한 방송광고에 있어서 청각장애선거인을 위한 수화 또는 자막을 방영할 수 있다.
⑦ 삭제 〈2000.2.16.〉
✦ ⑧ 제1항의 규정에 의한 방송광고를 행하는 방송시설을 경영·관리하는 자는 그 광고비용을 산정함에 있어 선거기간중 같은 방송시간대에 광고하는 상업·문화 기타 각종 광고의 요금중 최저요금을 초과하여 후보자에게 청구하거나 받을 수 없다.

> (1) 선거별 텔레비전 및 라디오 방송광고 횟수
> ① 대통령선거 : 텔레비전 및 라디오 방송별로 각 30회 이내
> ② 비례대표국회의원선거 : 텔레비전 및 라디오 방송별로 각 15회 이내
> ③ 시·도지사선거 : 지역방송시설을 이용하여 텔레비전 및 라디오 방송별로 각 5회 이내

> 기출지문

- 선거운동을 위한 후보자의 방송광고의 경우 광고횟수의 계산에 있어서는 재방송을 포함하되, 하나의 텔레비전 또는 라디오 방송시설을 선정하여 당해 방송망을 동시에 이용하는 것은 1회로 본다(제70조 제1항). [2022. 국가직 7급, 2017. 국가직 9급]
- 선거운동을 위한 방송광고를 하는 경우 대통령선거에 있어서 정당추천후보자는 텔레비전 및 라디오 방송별로 각 30회 이내로 선거운동기간 중 소속정당의 정강·정책이나 후보자의 정견 그 밖의 홍보에 필요한 사항을 텔레비전 및 라디오 방송시설을 이용하여 실시할 수 있다(제70조 제1항 제1호). [2017. 국가직 9급]
- 방송광고를 행하는 방송시설을 경영·관리하는 자는 그 광고 비용을 산정함에 있어 선거기간 중 같은 방송시간대에 광고하는 상업·문화 기타 각종 광고의 요금 중 최저요금을 초과하여 후보자에게 청구하거나 받을 수 없다(제70조 제8항). [2017·2013. 국가직 7급]

**제71조 【후보자 등의 방송연설】** ✦✦ ① 후보자와 후보자가 지명하는 연설원은 소속 정당의 정강·정책이나 후보자의 정견 기타 홍보에 필요한 사항을 발표하기 위하여 다음 각 호에 의하여 선거운동기간 중 텔레비전 및 라디오 방송시설[제70조(방송광고) 제1항의 규정에 의한 방송시설을 말한다. 이하 이 조에서 같다]을 이용한 연설을 할 수 있다.

✦ 1. 대통령선거
   후보자와 후보자가 지명한 연설원이 각각 1회 20분 이내에서 텔레비전 및 라디오 방송별 각 11회 이내
2. 비례대표국회의원선거
   정당별로 비례대표국회의원후보자 중에서 선임된 대표 2인이 각각 1회 10분 이내에서 텔레비전 및 라디오 방송별 각 1회
3. 지역구국회의원선거 및 자치구·시·군의 장 선거
   후보자가 1회 10분 이내에서 지역방송시설을 이용하여 텔레비전 및 라디오 방송별 각 2회 이내
4. 비례대표시·도의원선거
   정당별로 비례대표시·도의원선거구마다 당해 선거의 후보자 중에서 선임된 대표 1인이 1회 10분 이내에서 지역방송시설을 이용하여 텔레비전 및 라디오 방송별 각 1회
5. 시·도지사선거
   후보자가 1회 10분 이내에서 지역방송시설을 이용하여 텔레비전 및 라디오 방송별 각 5회 이내

② 이 법에서 "지역방송시설"이란 해당 시·도의 관할구역 안에 있는 방송시설(도의 경우 해당 도의 구역을 방송권역으로 하는 인접한 특별시 또는 광역시 안에 있는 방송시설을 포함한다)을 말하며, 해당 시·도의 관할구역 안에 지역방송시설이 없는 시·도로서 서울특별시에 인접

한 시·도의 경우 서울특별시 안에 있는 방송시설을 말한다.
③ 제70조(방송광고) 제1항 후단·제6항 및 제8항의 규정은 후보자 등의 방송연설에 이를 준용한다.
④ 제1항에 따라 텔레비전 방송시설을 이용한 방송연설을 하는 경우에는 후보자 또는 연설원이 연설하는 모습, 후보자의 성명·기호·소속 정당명(해당 정당을 상징하는 마크나 심벌의 표시를 포함한다)·경력, 연설요지 및 통계자료 외의 다른 내용이 방영되게 하여서는 아니되며, 후보자 또는 연설원이 방송연설을 녹화하여 방송하고자 하는 때에는 당해 방송시설을 이용하여야 한다.
⑤ 방송시설을 경영 또는 관리하는 자는 제1항의 규정에 의한 후보자 또는 연설원의 연설을 위한 방송시설명·이용일시·시간대 등을 선거일 전 30일(보궐선거 등에 있어서는 후보자등록신청개시일 전 3일)까지 관할선거구선거관리위원회에 통보하여야 한다.
⑥ 선거구선거관리위원회는 후보자등록신청개시일 전 3일(보궐선거 등에 있어서는 후보자등록신청개시일 전일)까지 제1항의 규정에 의한 연설에 이용할 수 있는 방송시설과 일정을 선거구단위로 미리 지정·공고하고 후보자등록신청시 후보자에게 통지하여야 한다.
✦ ⑦ 대통령선거에 있어서 후보자가 제1항의 규정에 의하여 방송시설을 이용한 연설을 하고자 하는 때에는 이용할 방송시설명·이용일시·연설을 할 사람의 성명·소요시간·이용방법 등을 기재한 신청서를 후보자등록마감일 후 3일(추가등록의 경우에는 추가등록마감일)까지 중앙선거관리위원회에 서면으로 제출하여야 한다.
⑧ 제7항의 규정에 의하여 후보자(정당추천후보자는 그 추천정당을 말한다)가 신청한 방송시설의 이용일시가 서로 중첩되는 경우에는 중앙선거관리위원회가 그 일시를 정하되, 그 일시는 모든 후보자에게 공평하여야 한다. 이 경우 후보자가 그 지정된 일시의 24시간 전까지 방송시설이용계약을 하지 아니한 때에는 당해 방송시설을 경영·관리하는 자는 그 시간대에 다른 방송을 할 수 있다.
⑨ 중앙선거관리위원회가 제8항의 규정에 의하여 방송일시를 결정한 때에는 이를 공고하고, 정당 또는 후보자에게 통지하여야 한다.
⑩ 국회의원선거, 비례대표시·도의원선거, 지방자치단체의 장 선거에 있어서 후보자가 제1항 제2호 내지 제5호의 규정에 의하여 방송시설을 이용한 연설을 하고자 하는 때에는 당해 방송시설을 경영 또는 관리하는 자와 체결한 방송시설이용계약서 사본을 첨부하여 이용할 방송시설명·이용일시·소요시간·이용방법 등을 방송일 전 3일까지 당해 선거구선거관리위원회에 서면으로 신고하여야 한다.
⑪ 방송시설을 경영 또는 관리하는 자는 제1항의 방송시설을 이용한 연설에 협조하여야 하며, 방송시간대와 방송권역 등을 고려하여 모든 후보자에게 공평하게 하여야 한다.
⑫ 「방송법」에 따른 종합유선방송사업자(종합편성 또는 보도전문편성의 방송채널사용사업자를 포함한다)·중계유선방송사업자 및 인터넷언론사는 후보자 등의 방송연설을 중계방송할 수

있다. 이 경우 방송연설을 행한 모든 후보자에게 공평하게 하여야 한다. 〈개정 2022.1.21.〉
⑬ 방송시설을 이용한 연설신청서의 서식·중첩된 방송일시의 조정방법 기타 필요한 사항은 중앙선거관리위원회규칙으로 정한다.

(1) 선거별 방송연설

| 구분 | 연설자 | 연설횟수 | 1회 연설시간 |
|---|---|---|---|
| 대통령선거 | 후보자 | 텔레비전 및 라디오 방송별 각 11회 | 20분 이내 |
| | 연설원 | | |
| 비례대표 국회의원선거 | 정당별로 비례대표국회의원후보자 중에서 선임된 대표 2인 | 텔레비전 및 라디오 방송별 각 1회 | 각각 10분 이내 |
| 지역구국회 의원선거, 자치구·시·군의 장선거 | 후보자 | 지역방송시설을 이용하여 텔레비전 및 라디오 방송별 각 2회 이내 | 10분 이내 |
| 비례대표시·도의원선거 | 정당별로 비례대표시·도의원선거구마다 당해 선거의 후보자 중에서 선임된 대표 1인 | 지역방송시설을 이용하여 텔레비전 및 라디오 방송별 각 1회 | 10분 이내 |
| 시·도지사선거 | 후보자 | 지역방송시설을 이용하여 텔레비전 및 라디오 방송별 각 5회 | 10분 이내 |

(2) 지역방송시설
① 해당 시·도의 관할구역 안에 있는 방송시설(도의 경우 해당 도의 구역을 방송권역으로 하는 인접한 특별시 또는 광역시 안의 방송시설 포함)
② 해당 시·도의 관할구역 안에 방송시설이 없는 시·도로서 서울특별시에 인접한 시·도의 경우 서울특별시 안의 방송시설

기출지문

◎ 대통령선거의 경우 후보자와 후보자가 지명한 연설원은 각각 1회 20분 이내에서 텔레비전 및 라디오방송별 각 11회 이내에서 방송연설을 할 수 있다(제71조 제1항 제1호). [2014. 국가직 7급]

**제72조【방송시설주관 후보자연설의 방송】** ① 텔레비전 및 라디오 방송시설[제70조(방송광고) 제1항의 규정에 의한 방송시설을 말한다. 이하 이 조에서 같다]이 그의 부담으로 제71조(후보자 등의 방송연설)의 규정에 의한 후보자 등의 방송연설 외에 선거운동기간 중 정당 또는 후보자를 선거인에게 알리기 위하여 후보자(비례대표국회의원선거 및 비례대표지방의회의원선거에 있어서는 그 추천정당이 당해 선거의 후보자 중에서 선임한 자를 말한다. 이하 제3항에서 같다)의 연설을 방송하고자 하는 때에는 내용을 편집하지 아니한 상태에서 방송하여야 하며, 선거구단위로 모든 정당 또는 후보자에게 공평하게 하여야 한다. 다만, 정당 또는 후보자가 그 연설을 포기한 때에는 그러하지 아니하다.

② 제1항의 규정에 의한 후보자 연설의 방송에 있어서는 청각장애선거인을 위하여 한국수어 또는 자막을 방영할 수 있다.

③ 방송시설을 경영 또는 관리하는 자가 제1항의 규정에 의하여 후보자의 연설을 방송하고자 하는 때에는 그 방송일 전 2일까지 방송시설명·방송일시·소요시간 등을 중앙선거관리위원회규칙이 정하는 바에 따라 관할선거구선거관리위원회에 통보하여야 한다.

④ 제71조 제12항의 규정은 방송시설주관 후보자연설의 방송에 이를 준용한다.

**제73조【경력방송】** ✦ ① 한국방송공사는 대통령선거·국회의원선거 및 지방자치단체의 장 선거에 있어서 선거운동기간 중 텔레비전과 라디오 방송시설을 이용하여 후보자마다 매회 2분 이내의 범위 안에서 관할선거구선거관리위원회가 제공하는 후보자의 사진·성명·기호·연령·소속정당명(무소속후보자는 "무소속"이라 한다) 및 직업 기타 주요한 경력을 선거인에게 알리기 위하여 방송하여야 한다. 이 경우 대통령선거가 아닌 선거에 있어서는 그 지역방송시설을 이용하여 실시할 수 있다.

② 제1항의 경력방송 횟수는 텔레비전 및 라디오 방송별로 다음 각 호의 1에 의한다.

1. 대통령선거
   각 8회 이상
2. 국회의원선거 및 자치구·시·군의 장 선거
   각 2회 이상
3. 시·도지사선거
   각 3회 이상

③ 경력방송을 하는 때에는 그 횟수와 내용이 선거구 단위로 모든 후보자에게 공평하게 하여야 하며, 그 비용은 한국방송공사가 부담한다.

④ 제71조(후보자 등의 방송연설) 제12항 및 제72조(방송시설주관 후보자연설의 방송) 제2항의 규정은 경력방송에 이를 준용한다.

⑤ 경력방송 원고의 관할선거구선거관리위원회에의 제출 및 경력방송실시의 통보 기타 필요한 사항은 중앙선거관리위원회규칙으로 정한다.

(1) 선거별 경력방송횟수 및 방송시간

| 구 분 | 방송횟수 | 방송시간 |
| --- | --- | --- |
| 대통령선거 | 텔레비전 및 라디오 방송별로 각 8회 이상 | 후보자마다<br>1회 2분 이내 |
| 국회의원선거,<br>자치구청장·시장·<br>군수선거 | 텔레비전 및 라디오 방송별로 각 2회 이상 | |
| 시·도지사선거 | 텔레비전 및 라디오 방송별로 각 3회 이상 | |

**기출지문**

☒ 선거운동기간 중 경력방송을 하는 때에는 그 횟수와 내용이 선거구 단위로 모든 후보자에게 공평하게 하여야 하며, 그 비용은 후보자가 부담한다. (×) [2017. 국가직 9급]

<sup>+</sup>PLUS  경력방송을 하는 때에는 그 횟수와 내용이 선거구 단위로 모든 후보자에게 공평하게 하여야 하며, 그 비용은 한국방송공사가 부담한다(제73조 제3항).

**제74조【방송시설주관 경력방송】** ① 한국방송공사 외의 텔레비전 및 라디오 방송시설[제70조(방송광고) 제1항의 규정에 의한 방송시설을 말한다. 이하 이 조에서 같다]이 그의 부담으로 후보자의 경력을 방송하고자 하는 때에는 관할선거구선거관리위원회가 제공하는 내용에 의하되, 선거구 단위로 모든 후보자에게 공평하게 하여야 한다.
② 제71조(후보자 등의 방송연설) 제12항 및 제72조(방송시설주관 후보자연설의 방송) 제2항 및 제3항의 규정은 방송시설주관 경력방송에 이를 준용한다.

**제75조** 삭제 〈2004.3.12.〉

**제76조** 삭제 〈2004.3.12.〉

**제77조** 삭제 〈2004.3.12.〉

**제78조** 삭제 〈2004.3.12.〉

✦✦ **제79조【공개장소에서의 연설·대담】** ✦✦ ① 후보자(비례대표국회의원후보자 및 비례대표지방의회의원후보자는 제외한다. 이하 이 조에서 같다)는 선거운동기간 중에 소속 정당의 정강·정책이나 후보자의 정견, 그 밖에 필요한 사항을 홍보하기 위하여 공개장소에서의 연설·대담을 할 수 있다.

✦ ② 제1항에서 "공개장소에서의 연설·대담"이라 함은 후보자·선거사무장·선거연락소장·선거사무원(이하 이 조에서 "후보자 등"이라 한다)과 후보자 등이 선거운동을 할 수 있는 사람 중에서 지정한 사람이 도로변·광장·공터·주민회관·시장 또는 점포, 그 밖에 중앙선거관리위원회규칙으로 정하는 다수인이 왕래하는 공개장소를 방문하여 정당이나 후보자에 대한 지지를 호소하는 연설을 하거나 청중의 질문에 대답하는 방식으로 대담하는 것을 말한다.

③ 공개장소에서의 연설·대담을 위하여 다음 각 호의 구분에 따라 자동차와 이에 부착된 확성장치 및 휴대용 확성장치를 각각 사용할 수 있다.

1. 대통령선거
   후보자와 시·도 및 구·시·군선거연락소마다 각 1대·각 1조
2. 지역구국회의원선거 및 시·도지사선거
   후보자와 구·시·군선거연락소마다 각 1대·각 1조
3. 지역구지방의회의원선거 및 자치구·시·군의 장선거
   후보자마다 1대·1조

✦✦ ④ 제3항의 확성장치는 연설·대담을 하는 경우에만 사용할 수 있으며, 휴대용 확성장치는 연설·대담용 차량이 정차한 외의 다른 지역에서 사용할 수 없다. 이 경우 차량 부착용 확성장치와 동시에 사용할 수 없다.

⑤ 자동차에 부착된 확성장치를 사용함에 있어 확성나팔의 수는 1개를 넘을 수 없다.

✦✦ ⑥ 자동차와 확성장치에는 중앙선거관리위원회규칙으로 정하는 바에 따라 표지를 부착하여야 하고, 제64조의 선거벽보, 제65조의 선거공보, 제66조의 선거공약서 및 후보자 사진을 붙일 수 있다.

⑦ 후보자 등은 다른 사람이 개최한 옥내모임에 일시적으로 참석하여 연설·대담을 할 수 있으며, 이 경우 그 장소에 설치된 확성장치를 사용하거나 휴대용 확성장치를 사용할 수 있다.

✦✦ ⑧ 제3항에 따른 확성장치는 다음 각 호의 구분에 따른 소음기준을 초과할 수 없다. 〈신설 2022.1.18.〉

1. 자동차에 부착된 확성장치
   정격출력 3킬로와트 및 음압수준 127데시벨. 다만, 제3항제1호에 따른 대통령선거 후보자용 또는 같은 항 제2호에 따른 시·도지사선거 후보자용의 경우에는 정격출력 40킬로와트 및 음압수준 150데시벨
2. 휴대용 확성장치
   정격출력 30와트. 다만, 제3항제1호에 따른 대통령선거 후보자용 또는 같은 항 제2호에 따른 시·도지사선거 후보자용의 경우에는 정격출력 3킬로와트

⑨ 삭제 〈2010.1.25.〉

⑩ 후보자 등이 공개장소에서의 연설·대담을 하는 때(후보자등이 연설·대담을 하기 위하여 제3항에 따른 자동차를 타고 이동하거나 해당 자동차 주위에서 준비 또는 대기하고 있는 경우를 포함한다)에는 후보자와 선거연락소(대통령선거, 지역구국회의원선거, 시·도지사선거의 선거연락소에 한정한다)마다 각 1대의 녹음기 또는 녹화기(비디오 및 오디오 기기를 포함한다. 이하 이 조에서 같다)를 사용하여 선거운동을 위한 음악 또는 선거운동에 관한 내용을 방송할 수 있다. 이 경우 녹음기 및 녹화기에는 중앙선거관리위원회규칙으로 정하는 바에 따라 표지를 부착하여야 한다.
⑪ 삭제 〈2010.1.25〉
⑫ 녹화기의 규격 기타 필요한 사항은 중앙선거관리위원회규칙으로 정한다.

(1) 공개장소에서의 연설·대담을 위한 자동차와 부착·휴대 확성장치 사용가능 수

| 구분 | 자동차(부착 확성장치 포함) 및 휴대용확성장치의 수 |
| --- | --- |
| 대통령선거 | • 후보자마다 1대·1조<br>• 시·도 및 구·시·군선거연락소마다 각 1대·1조 |
| 시·도지사선거,<br>지역구국회의원선거 | • 후보자마다 각 1대·1조<br>• 시·도 및 구·시·군선거연락소마다 각 1대·1조 |
| 지역구지방의회의원선거,<br>자치구·시·군의 장선거 | 후보자마다 1대·1조 |

(2) 비례대표국회의원후보자가 공개장소에서 연설·대담하는 것을 허용하지 않는 것은 선거운동의 자유 등을 침해하지 않는다(헌재 2016.12.29, 2015헌마1160). [2017. 국가직 9급]

### 기출지문

- 지역구국회의원선거후보자의 경우 자동차에 부착된 확성장치는 정격 출력 3킬로와트이다(제79조 제8항 제1호). [2023. 국가직 9급]
- 비례대표국회의원후보자 및 비례대표지방의회의원후보자는 공개장소에서의 연설·대담을 할 수 없다(제79조 제1항). [2015. 국가직 7급]
- 지역구국회의원후보자와 비례대표국회의원후보자는 공개장소에서의 연설·대담을 통한 선거운동의 가능 여부에 차이가 있다(제79조 제1항). [2017. 국가직 7급]
- 지역구국회의원후보자는 선거운동기간 중에 주민회관이나 시장을 방문하여 정당이나 후보자에 대한 지지를 호소하는 연설을 할 수 있다(제79조 제1·2항). [2014. 국가직 9급]

✦✦ **제80조【연설금지장소】** 다음 각 호의 1에 해당하는 시설이나 장소에서는 제79조(공개장소에서의 연설·대담)의 연설·대담을 할 수 없다.
1. 국가 또는 지방자치단체가 소유하거나 관리하는 건물·시설. 다만, 공원·문화원·시장·운동장·주민회관·체육관·도로변·광장 또는 학교 기타 다수인이 왕래하는 공개된 장소는 그러하지 아니하다.
2. 선박·정기여객자동차·열차·전동차·항공기의 안과 그 터미널구내 및 지하철역구내
3. 병원·진료소·도서관·연구소 또는 시험소 기타 의료·연구시설

> (1) 공개 장소에서의 연설·대담이 가능한 장소 및 불가능한 장소
> ① 연설·대담이 가능한 장소
> - 도로변·광장·공터·주민회관·시장 또는 점포 기타 중앙선관위규칙으로 정하는 다수인이 왕래하는 공개장소(제79조 제2항)
> - 공원·문화원·시장·운동장·주민회관·체육관·도로변 광장 또는 학교 기타 다수인이 왕래하는 공개된 장소(제80조 제1호 단서)
> ② 연설·대담이 불가능한 장소(제80조)
> - 국가 또는 지방자치단체가 소유하거나 관리하는 건물·시설
> - 선박·정기여객자동차·열차·전동차·항공기의 안과 그 터미널구내 및 지하철역구내
> - 병원·진료소·도서관·연구소 또는 시험소 기타 의료·연구시설

**기출지문**

❌ 병원·진료소·도서관·연구소 또는 시험소 기타 의료·연구시설이라 하더라도 당해 시설의 소유권자나 법률상 관리인의 허가를 얻은 경우에는 「공직선거법」상의 연설·대담을 할 수 있다. (×) [2023. 국가직 9급, 2014. 국가직 7급]

**PLUS** 병원·진료소·도서관·연구소 또는 시험소 기타 의료·연구시설에서는 제79조(공개장소에서의 연설·대담)의 연설·대담을 할 수 없다(제80조 제3호).

✦✦ **제81조【단체의 후보자 등 초청 대담·토론회】** ① 제87조(단체의 선거운동금지) 제1항 제1호 내지 제6호의 규정에 해당하지 아니하는 단체는 후보자 또는 대담·토론자(대통령선거 및 시·도지사선거의 경우에 한하며, 정당 또는 후보자가 선거운동을 할 수 있는 자 중에서 선거사무소 또는 선거연락소마다 지명한 1인을 말한다. 이하 이 조에서 같다) 1인 또는 수인을 초청하여 소속정당의 정강·정책이나 후보자의 정견 기타사항을 알아보기 위한 대담·토론회를 이 법이 정하는 바에 따라 옥내에서 개최할 수 있다. 다만, 제10조 제1항 제6호의 노동조합과 단체는 그러하지 아니하다.

② 제1항에서 "대담"이라 함은 1인의 후보자 또는 대담자가 소속정당의 정강·정책이나 후보자

의 정견 기타사항에 관하여 사회자 또는 질문자의 질문에 대하여 답변하는 것을 말하고, "토론"이라 함은 2인 이상의 후보자 또는 토론자가 사회자의 주관하에 소속정당의 정강·정책이나 후보자의 정견 기타사항에 관한 주제에 대하여 사회자를 통하여 질문·답변하는 것을 말한다.

③ 제1항의 규정에 의하여 대담·토론회를 개최하고자 하는 단체는 중앙선거관리위원회규칙이 정하는 바에 따라 주최단체명·대표자성명·사무소 소재지·회원수·설립근거 등 단체에 관한 사항과 초청할 후보자 또는 대담·토론자의 성명, 대담 또는 토론의 주제, 사회자의 성명, 진행방법, 개최일시와 장소 및 참석예정자수 등을 개최일 전 2일까지 관할선거구선거관리위원회 또는 그 개최장소의 소재지를 관할하는 구·시·군선거관리위원회에 서면으로 신고하여야 한다. 이 경우 초청할 후보자 또는 대담·토론자의 참석승낙서를 첨부하여야 한다.

④ 제1항의 규정에 의한 대담·토론회를 개최하는 때에는 중앙선거관리위원회규칙이 정하는 바에 따라 제1항에 의한 대담·토론회임을 표시하는 표지를 게시 또는 첨부하여야 한다.

⑤ 제1항의 대담·토론은 모든 후보자에게 공평하게 실시하여야 하되, 후보자가 초청을 수락하지 아니한 경우에는 그러하지 아니하며, 대담·토론회를 개최하는 단체는 대담·토론이 공정하게 진행되도록 하여야 한다.

⑥ 정당, 후보자, 대담·토론자, 선거사무장, 선거연락소장, 선거사무원, 회계책임자 또는 제114조(정당 및 후보자의 가족 등의 기부행위제한) 제2항의 후보자 또는 그 가족과 관계있는 회사 등은 제1항의 규정에 의한 대담·토론회와 관련하여 대담·토론회를 주최하는 단체 또는 사회자에게 금품·향응 기타의 이익을 제공하거나 제공할 의사의 표시 또는 그 제공의 약속을 할 수 없다.

⑦ 제1항의 대담·토론회를 개최하는 단체는 그 비용을 후보자에게 부담시킬 수 없다.

⑧ 제71조(후보자 등의 방송연설) 제12항의 규정은 후보자 등 초청 대담·토론회에 이를 준용한다.

⑨ 대담·토론회의 개최신고서와 표지의 서식 기타 필요한 사항은 중앙선거관리위원회규칙으로 정한다.

(1) 후보자 등 초청 대담·토론회를 개최할 수 없는 단체
① 국가·지방자치단체
② 정부가 100분의 50 이상의 지분을 가지고 있는 기관(한국은행 포함)
③ 농협·축협·수협·임협·엽연초생산협동조합
④ 지방공사와 지방공단
⑤ 향우회·종친회·동창회, 산악회 등 동호인회, 계모임 등 개인 간의 사적모임
⑥ 바르게살기운동협의회·새마을운동협의회·한국자유총연맹
⑦ 법령에 의하여 정치활동이나 공직선거에의 관여가 금지된 단체
⑧ 후보자 또는 후보자의 가족이 임원으로 있거나, 후보자 등의 재산을 출연하여 설립하거나, 후보자 등이 운영경비를 부담하거나 관계법규나 규약에 의하여 의사결정에 실질적으로 영향력을 행사하는 기관·단체
⑨ 선거운동을 하거나 할 것을 표방한 노동조합 또는 단체

제82조【언론기관의 후보자 등 초청 대담·토론회】① 텔레비전 및 라디오 방송시설(제70조제1항에 따른 방송시설을 말한다. 이하 이 조에서 같다)·「신문 등의 진흥에 관한 법률」제2조 제3호에 따른 신문사업자·「잡지 등 정기간행물의 진흥에 관한 법률」제2조 제2호에 따른 정기간행물사업자(정보간행물·전자간행물·기타간행물을 발행하는 자를 제외한다)·「뉴스통신진흥에 관한 법률」제2조 제3호에 따른 뉴스통신사업자 및 인터넷언론사(이하 이 조에서 "언론기관"이라 한다)는 선거운동기간중 후보자 또는 대담·토론자(후보자가 선거운동을 할 수 있는 자 중에서 지정하는 자를 말한다)에 대하여 후보자의 승낙을 받아 1명 또는 여러 명을 초청하여 소속정당의 정강·정책이나 후보자의 정견, 그 밖의 사항을 알아보기 위한 대담·토론회를 개최하고 이를 보도할 수 있다. 다만, 제59조에도 불구하고 대통령선거에서는 선거일 전 1년부터, 국회의원선거 또는 지방자치단체의 장선거에 있어서는 선거일 전 60일부터 선거기간개시일 전일까지 후보자가 되고자 하는 자를 초청하여 대담·토론회를 개최하고 이를 보도할 수 있다. 이 경우 방송시설이 대담·토론회를 개최하고 이를 방송하고자 하는 때에는 내용을 편집하지 않은 상태에서 방송하여야 하며, 대담·토론회의 방송일시와 진행방법등을 중앙선거관리위원회규칙이 정하는 바에 따라 관할선거구선거관리위원회에 통보하여야 한다.
② 제1항의 대담·토론회는 언론기관이 방송시간·신문의 지면 등을 고려하여 자율적으로 개최한다.
③ 제1항의 대담·토론의 진행은 공정하여야 하며, 이에 관하여 필요한 사항은 중앙선거관리위원회규칙으로 정한다.
④ 제71조(후보자 등의 방송연설) 제12항, 제72조(방송시설주관 후보자 연설의 방송) 제2항 및 제81조(단체의 후보자 등 초청 대담·토론회) 제2항·제6항·제7항의 규정은 언론기관의 후보자 등 초청 대담·토론회에 이를 준용한다.

> **기출지문**
>
> ◎ 선거일 전 60일부터 개최하는 언론기관의 후보자등 초청 대담·토론회는 비례대표국회의원선거와 지역구국회의원선거에서 후보자(후보자가 되고자 하는 자 포함)가 직접 할 수 있는 공통적인 선거운동방법이다(제82조 제1항). [2015. 국가직 7급]

**제82조의2 【선거방송토론위원회 주관 대담·토론회】** ① 중앙선거방송토론위원회는 대통령선거 및 비례대표국회의원선거에 있어서 선거운동기간중 다음 각호에서 정하는 바에 따라 대담·토론회를 개최하여야 한다.
1. 대통령선거
   후보자 중에서 1인 또는 수인을 초청하여 3회 이상
2. 비례대표국회의원선거
   해당 정당의 대표자가 비례대표국회의원후보자 또는 선거운동을 할 수 있는 사람(지역구국회의원후보자는 제외한다) 중에서 지정하는 1명 또는 여러 명을 초청하여 2회 이상

✦✦ ② 시·도선거방송토론위원회는 시·도지사선거 및 비례대표시·도의원선거에 있어서 선거운동기간 중 다음 각 호에서 정하는 바에 따라 대담·토론회를 개최하여야 한다.
1. 시·도지사선거
   후보자 중에서 1인 또는 수인을 초청하여 1회 이상
2. 비례대표시·도의원선거
   해당 정당의 대표자가 비례대표시·도의원후보자 또는 선거운동을 할 수 있는 사람(지역구시·도의원후보자는 제외한다) 중에서 지정하는 1명 또는 여러 명을 초청하여 1회 이상
③ 구·시·군선거방송토론위원회는 선거운동기간 중 지역구국회의원선거 및 자치구·시·군의 장선거의 후보자를 초청하여 1회 이상의 대담·토론회 또는 합동방송연설회를 개최하여야 한다. 이 경우 합동방송연설회의 연설시간은 후보자마다 10분이내의 범위에서 균등하게 배정하여야 한다.
④ 각급선거방송토론위원회는 제1항 내지 제3항의 대담·토론회를 개최하는 때에는 다음 각호의 어느 하나에 해당하는 후보자를 대상으로 개최한다. 이 경우 각급선거방송토론위원회로부터 초청받은 후보자는 정당한 사유가 없는 한 그 대담·토론회에 참석하여야 한다.
1. 대통령선거
   가. 국회에 5인 이상의 소속의원을 가진 정당이 추천한 후보자
   나. 직전 대통령선거, 비례대표국회의원선거, 비례대표시·도의원선거 또는 비례대표자치구·시·군의원선거에서 전국 유효투표총수의 100분의 3 이상을 득표한 정당이 추천한 후보자
   다. 중앙선거관리위원회규칙이 정하는 바에 따라 언론기관이 선거기간개시일전 30일부터

선거기간개시일전일까지의 사이에 실시하여 공표한 여론조사결과를 평균한 지지율이 100분의 5 이상인 후보자
2. 비례대표국회의원선거 및 비례대표시·도의원선거
   가. 제1호 가목 또는 나목에 해당하는 정당의 대표자가 지정한 후보자
   나. 제1호 다목에 의한 여론조사결과를 평균하여 100분의 5 이상의 지지를 얻은 정당의 대표자가 지정한 후보자
3. 지역구국회의원선거 및 지방자치단체의 장선거
   가. 제1호 가목 또는 나목에 해당하는 정당이 추천한 후보자
   나. 최근 4년 이내에 해당 선거구(선거구의 구역이 변경되어 변경된 구역이 직전 선거의 구역과 겹치는 경우를 포함한다)에서 실시된 대통령선거, 지역구국회의원선거 또는 지방자치단체의 장선거(그 보궐선거등을 포함한다)에 입후보하여 유효투표총수의 100분의 10 이상을 득표한 후보자
   다. 제1호 다목에 의한 여론조사결과를 평균한 지지율이 100분의 5 이상인 후보자

⑤ 각급선거방송토론위원회는 제4항의 초청대상에 포함되지 아니하는 후보자를 대상으로 대담·토론회를 개최할 수 있다. 이 경우 대담·토론회의 시간이나 횟수는 중앙선거관리위원회규칙이 정하는 바에 따라 제4항의 초청대상 후보자의 대담·토론회와 다르게 정할 수 있다.

⑥ 각급선거방송토론위원회는 제4항 후단의 규정을 위반하여 정당한 사유 없이 대담·토론회에 참석하지 아니한 초청 후보자가 있는 때에는 그 사실을 선거인이 알 수 있도록 당해 후보자의 소속 정당명(무소속후보자는 "무소속"이라 한다)·기호·성명과 불참사실을 제10항 또는 제11항의 중계방송을 시작하는 때에 방송하게 하고, 중앙선거관리위원회규칙으로 정하는 인터넷 홈페이지에 게시하여야 한다.

⑦ 각급선거방송토론위원회는 제1항 내지 제3항 및 제5항의 대담·토론회(합동방송연설회를 포함하며, 이하 이 조에서 "대담·토론회"라 한다)를 개최하는 때에는 공정하게 하여야 한다.

⑧ 각급선거방송토론위원회위원장 또는 그가 미리 지명한 위원은 대담·토론회에서 후보자가 이 법에 위반되는 내용을 발표하거나 배정된 시간을 초과하여 발언하는 때에는 이를 제지하거나 자막안내하는 등 필요한 조치를 할 수 있다.

⑨ 각급선거방송토론위원회위원장 또는 그가 미리 지명한 위원은 대담·토론회장에서 진행을 방해하거나 질서를 문란하게 하는 자가 있는 때에는 그 중지를 명하고, 그 명령에 불응하는 때에는 대담·토론회장밖으로 퇴장시킬 수 있다.

⑩ 공영방송사와 지상파방송사는 그의 부담으로 대담·토론회를 텔레비전방송을 통하여 중계방송하여야 하되, 대통령선거에 있어서 중앙선거방송토론위원회가 주관하는 대담·토론회는 오후 8시부터 당일 오후 11시까지의 사이에 중계방송하여야 한다. 다만, 지역구국회의원선거 및 자치구·시·군의 장선거에 있어서 전국을 방송권역으로 하는 등 정당한 사유가 있는 경우에는 그러하지 아니하다. 〈개정 2005.8.4, 2008.2.29, 2022.1.21〉

⑪ 구·시·군선거방송토론위원회는 지역구국회의원선거 및 자치구·시·군의 장선거에 있어서 제10항 단서의 규정에 의하여 공영방송사 또는 지상파방송사가 중계방송을 할 수 없는 때에는 다른 종합유선방송사업자의 방송시설을 이용하여 대담·토론회를 텔레비전방송을 통하여 중계방송하게 할 수 있다. 이 경우 그 방송시설이용료는 국가 또는 당해 지방자치단체가 부담한다. 〈개정 2005.8.4, 2022.1.21〉

✦✦ ⑫ 각급선거방송토론위원회는 대담·토론회를 개최하는 때에는 청각장애선거인을 위하여 자막방송 또는 한국수어통역을 하여야 한다.
⑬ 「방송법」 제2조(용어의 정의)의 규정에 의한 방송사업자·중계유선방송사업자 및 인터넷언론사는 그의 부담으로 대담·토론회를 중계방송할 수 있다. 이 경우 편집없이 중계방송하여야 한다.
⑭ 대담·토론회의 진행절차, 개최홍보, 방송시설이용료의 산정·지급 기타 필요한 사항은 중앙선거관리위원회규칙으로 정한다.

> **기출지문**

- ◎ 각급선거방송토론위원회는 대담·토론회를 개최하는 때에는 청각장애인을 위하여 자막방송 또는 한국어수어통역을 하여야 한다. [2022. 국가직 9급]
- ◎ 중앙선거방송토론위원회는 대통령선거 및 비례대표국회의원 선거에 있어서 선거운동기간 중 대담·토론회를 개최하여야 한다(제82조의2 제1항). [2015. 국가직 9급]
- ◎ 각급선거방송토론위원회가 일정 범위의 초청대상 후보자를 대상으로 대담·토론회를 개최하는 경우 각급선거방송토론 위원회로부터 초청받은 후보자는 정당한 사유가 없는 한 대담·토론회에 참석하여야 한다(제82조의2 제4항). [2015. 국가직 9급]
- ◎ 각급선거방송토론위원회는 초청대상 대담·토론회의 초청 대상에 포함되지 아니하는 후보자를 대상으로 대담·토론회를 개최할 수 있다제82조의2 제5항). [2015. 국가직 9급]
- ✕ 중앙선거방송토론위원회는 대통령선거후보자 중에서 1인 또는 수인을 초청하여 2회 이상 대담·토론회를 개최하여야 한다. (✕) [2016. 국가직 7급]
  - **PLUS** 중앙선거방송토론위원회는 대통령선거후보자 중에서 1인 또는 수인을 초청하여 3회 이상 대담·토론회를 개최하여야 한다(제82조의2 제1항 제1호).
- ✕ 방송법 규정에 의한 방송사업자·중계유선방송사업자 및 인터넷언론사는 그의 부담으로 대담·토론회를 편집하여 중계방송할 수 있다. (✕) [2015. 국가직 9급]
  - **PLUS** 「방송법」 제2조(용어의 정의)의 규정에 의한 방송사업자·중계유선방송사업자 및 인터넷언론사는 그의 부담으로 대담·토론회를 중계방송할 수 있다. 이 경우 편집없이 중계방송하여야 한다(제82조의2 제13항).
- ✕ 「방송법」에 의한 방송사업자·중계유선방송사업자 및 인터넷언론사 또는 중계유선방송사업자는 선거방송토론위원회의 부담으로 대담·토론회를 중계방송할 수 있다. (✕) [2016. 국가직 7급]

> **PLUS** 「방송법」 제2조(용어의 정의)의 규정에 의한 방송사업자 · 중계유선방송사업자 및 인터넷 언론사는 그의 부담으로 대담 · 토론회를 중계방송할 수 있다. 이 경우 편집없이 중계방송 하여야 한다(제82조의2 제13항).
>
> 🏛 **관련판례** 선거방송토론위원회 주관 대담·토론회의 방송에 있어서 청각장애 선거인을 위한 자막 또는 수화통역의 방영을 의무사항을 규정하지 아니한 것은 청각장애 선거인들의 참정권 등 헌법상 기본권을 침해하지 않는다(헌재 2009.5.28, 2006헌마285). [2016. 국가직 7급]
>
> 🏛 **관련판례** 선거방송 대담·토론회의 참가기준으로 여론조사 평균지지율 100분의 5를 요구하고 있는 공직선거법 조항은 선거운동의 자유 및 공무담임권을 침해하지 않는다(헌재 2009.3.26, 2007헌마1327). [2016. 국가직 7급]
>
> 🏛 **관련판례** 대통령선거방송토론위원회가 후보자 중에서 토론의 대상자를 제한하는 결정을 하는 것은 평등원칙에 위배되지도 않고 국민의 알권리와 후보자 선택권을 침해한 것도 아니다(헌재 1998.8.27, 97헌마372). [2015. 국가직 7급]

**제82조의3【선거방송토론위원회 주관 정책토론회】** ✦ ① 중앙선거방송토론위원회는 정당이 방송을 통하여 정강 · 정책을 알릴 수 있도록 하기 위하여 임기만료에 의한 선거(대통령의 궐위로 인한 선거 및 재선거를 포함한다)의 선거일 전 90일(대통령의 궐위로 인한 선거 및 재선거에 있어서는 그 선거의 실시사유가 확정된 날의 다음달)부터 후보자등록신청개시일 전일까지 다음 각 호에 해당하는 정당(선거에 참여하지 아니할 것을 공표한 정당을 제외한다)의 대표자 또는 그가 지정하는 자를 초청하여 정책토론회(이하 이 조에서 "정책토론회"라 한다)를 월 1회 이상 개최하여야 한다.
1. 국회에 5인 이상의 소속의원을 가진 정당
2. 직전 대통령선거, 비례대표국회의원선거 또는 비례대표시 · 도의원선거에서 전국 유효투표 총수의 100분의 3 이상을 득표한 정당

② 제82조의2(선거방송토론위원회 주관 대담 · 토론회) 제7항 내지 제9항 · 제10항 본문 · 제12항 및 제13항의 규정은 정책토론회에 이를 준용한다. 이 경우 "대담 · 토론회"는 "정책토론회"로, "각급선거방송토론위원회"는 "중앙선거방송토론위원회"로 본다.

③ 정책토론회의 운영 · 진행절차 · 개최홍보 기타 필요한 사항은 중앙선거관리위원회규칙으로 정한다.

**제82조의4【정보통신망을 이용한 선거운동】** ✦✦ ① 삭제 〈2020.12.29.〉

✦ ② 누구든지 「정보통신망 이용촉진 및 정보보호 등에 관한 법률」 제2조 제1항 제1호에 따른 정보통신망(이하 "정보통신망"이라 한다)을 이용하여 후보자(후보자가 되려는 사람을 포함한다. 이하 이 조에서 같다), 그의 배우자 또는 직계존 · 비속이나 형제자매에 관하여 허위의 사실을 유포하여서는 아니되며, 공연히 사실을 적시하여 이들을 비방하여서는 아니된다. 다만, 진실한 사실로서 공공의 이익에 관한 때에는 그러하지 아니하다.

**[개정]** ③ 각급선거관리위원회(읍·면·동선거관리위원회를 제외한다) 또는 후보자는 이 법의 규정에 위반되는 정보가 인터넷 홈페이지 또는 그 게시판·대화방 등에 게시되거나, 정보통신망을 통하여 전송되는 사실을 발견한 때에는 해당 정보를 게시한 자 또는 해당 정보가 게시된 인터넷 홈페이지를 관리·운영하는 자에게 해당 정보의 삭제를 요청하거나, 전송되는 정보를 취급하는 인터넷 홈페이지의 관리·운영자 또는 「정보통신망 이용촉진 및 정보보호 등에 관한 법률」 제2조 제1항 제3호의 규정에 의한 정보통신서비스제공자(이하 "정보통신서비스제공자"라 한다)에게 그 취급의 거부·정지·제한을 요청할 수 있다. 이 경우 인터넷 홈페이지 관리·운영자 또는 정보통신서비스 제공자가 후보자의 요청에 따르지 아니하는 때에는 해당 후보자는 관할 선거구선거관리위원회에 서면으로 그 사실을 통보할 수 있으며, 관할 선거구선거관리위원회는 후보자가 삭제요청 또는 취급의 거부·정지·제한을 요청한 정보가 이 법의 규정에 위반된다고 인정되는 때에는 해당 인터넷 홈페이지 관리·운영자 또는 정보통신서비스 제공자에게 삭제요청 또는 취급의 거부·정지·제한을 요청할 수 있다. 〈개정 2023. 12. 28.〉

**[개정]** ④ 제3항에 따라 선거관리위원회로부터 요청을 받은 해당 정보의 게시자, 인터넷 홈페이지 관리·운영자 또는 정보통신서비스제공자는 지체없이 이에 따라야 한다. 〈개정 2023. 12. 28.〉

⑤ 제3항에 따라 선거관리위원회로부터 요청을 받은 인터넷 홈페이지 관리·운영자 또는 정보통신서비스제공자는 그 요청을 받은 날부터, 해당 정보를 게시하거나 전송한 자는 당해 정보가 삭제되거나 그 취급이 거부·정지 또는 제한된 날부터 3일 이내에 그 요청을 한 선거관리위원회에 이의신청을 할 수 있다.

⑥ 제3항에 따라 선거관리위원회로부터 요청을 받아 해당 정보의 삭제 또는 그 취급의 거부·제한·정지를 한 인터넷 홈페이지 관리·운영자 또는 정보통신서비스제공자는 다음 각 호에 따른 내용을 해당 인터넷 홈페이지 또는 그 게시판·대화방 등에 게시하는 방법 등으로 그 정보를 게시하거나 전송한 사람에게 알려야 한다.
1. 선거관리위원회로부터 제3항에 따른 요청이 있었다는 사실
2. 제5항에 따라 이의신청을 할 수 있다는 사실

⑦ 위법한 정보의 게시에 대한 삭제 등의 요청, 이의신청 기타 필요한 사항은 중앙선거관리위원회규칙으로 정한다.

✦✦ **제82조의5【선거운동정보의 전송제한】** ✦✦ ① 누구든지 정보수신자의 명시적인 수신거부의 사에 반하여 선거운동 목적의 정보를 전송하여서는 아니된다.

② 예비후보자 또는 후보자가 제59조 제2호·제3호에 따라 선거운동 목적의 정보(이하 "선거운동정보"라 한다)를 자동 동보통신의 방법으로 문자메시지로 전송하거나 전송대행업체에 위탁하여 전자우편으로 전송하는 때에는 다음 각 호의 사항을 선거운동정보에 명시하여야 한다.
1. 선거운동정보에 해당하는 사실
2. 문자메시지를 전송하는 경우 그의 전화번호
3. **불법수집정보 신고 전화번호**

4. 수신거부의 의사표시를 쉽게 할 수 있는 조치 및 방법에 관한 사항
③ 삭제 〈2012.1.17.〉
④ 선거운동정보를 전송하는 자는 수신자의 수신거부를 회피하거나 방해할 목적으로 기술적 조치를 하여서는 아니된다.
⑤ 선거운동정보를 전송하는 자는 수신자가 수신거부를 할 때 발생하는 전화요금 기타 금전적 비용을 수신자가 부담하지 아니하도록 필요한 조치를 하여야 한다.
⑥ 누구든지 숫자·부호 또는 문자를 조합하여 전화번호·전자우편주소 등 수신자의 연락처를 자동으로 생성하는 프로그램 그 밖의 기술적 장치를 이용하여 선거운동정보를 전송하여서는 아니된다.

> **기출지문**
>
> ◎ 선거운동정보를 전송하는 자는 수신자가 수신거부를 할 때 발생하는 전화요금 기타 금전적 비용을 수신자가 부담하지 아니하도록 필요한 조치를 하여야 한다(제82조의5 제5항). [2022. 국가직 7급, 2017. 국가직 9급]

**개정** 제82조의6 【인터넷언론사 게시판·대화방 등의 실명확인】 ✦✦ 삭제 〈2023. 8. 30.〉

> **기출지문**
>
> ◎ 인터넷언론사는 선거운동기간 중 당해 인터넷홈페이지의 게시판·대화방 등에 정당·후보자에 대한 지지·반대의 정보를 게시할 수 있도록 하는 경우에는 행정안전부장관 등이 제공하는 실명인증의 방법으로 실명을 확인받도록 하는 기술적 조치를 하여야 한다(제82조의6 제1항). (헌재: 2021.1.28. 위헌결정) [2016. 국가직 9급]
>
> ◎ 인터넷언론사는 당해 인터넷홈페이지의 게시판·대화방 등에 실명인증의 표시가 없는 후보자에 대한 지지·반대의 정보 등이 게시된 경우에는 지체 없이 이를 삭제하여야 한다(제82조의6 제6항). [2016. 국가직 9급]
>
> ☒ 정당이나 후보자가 자신의 명의로 개설·운영하는 인터넷 홈페이지의 게시판·대화방 등에 정당·후보자에 대한 지지·반대의 정보 등을 게시할 수 있도록 하는 경우에는 인터넷언론사와 동일한 실명인증방법으로 실명을 확인받도록 하는 기술적 조치를 하여야 한다. (✕) [2013. 국가직 7급]
>
> > **PLUS** 정당이나 후보자는 자신의 명의로 개설·운영하는 인터넷홈페이지의 게시판·대화방 등에 정당·후보자에 대한 지지·반대의 정보 등을 게시할 수 있도록 하는 경우에는 인터넷 언론사와 동일한 실명인증방법으로 실명을 확인받도록 하는 기술적 조치를 할 수 있다(제82조의6 제2항). [2016. 국가직 9급]

❌ 실명인증의 표시가 없는 후보자에 대한 지지·반대의 정보가 게시된 인터넷언론사에 대하여 삭제요구를 할 수 있는 권한은 각급 선거관리위원회에 있으며, 후보자는 인터넷언론사에 삭제요구를 할 수 없다. (×) [2016. 국가직 9급]

> **PLUS** 인터넷언론사는 정당·후보자 및 각급선거관리위원회가 당해 인터넷홈페이지의 게시판·대화방 등에 "실명인증"의 표시가 없는 정당이나 후보자에 대한 지지·반대의 정보등을 삭제하도록 요구한 경우에는 지체 없이 이에 따라야 한다(제82조의6 제7항).

❌ 선거운동기간 중 인터넷언론사 게시판 등에 정당·후보자에 대한 지지·반대의 정보를 게시하려고 할 경우 실명확인을 받도록 하는 것은 게시판 이용자의 정치적 익명표현의 자유, 개인정보자기결정권 및 인터넷언론사의 언론의 자유를 침해한다. (×) [2015. 국가직 7급]

> **PLUS** 선거운동기간 중 인터넷언론사 게시판 등에 정당·후보자에 대한 지지·반대의 정보를 게시하려고 할 경우 실명확인을 받도록 하는 이 사건 법률조항이 과잉금지원칙에 위배되어 게시판 이용자의 정치적 익명표현의 자유, 개인정보자기결정권 및 인터넷언론사의 언론의 자유를 침해하는 것이다(헌재 2021.1.28, 2018헌마456).

---

**제82조의7【인터넷광고】** ✦ ① 후보자(대통령선거의 정당추천후보자와 비례대표국회의원선거 및 비례대표지방의회의원선거에 있어서는 후보자를 추천한 정당을 말한다. 이하 이 조에서 같다)는 인터넷언론사의 인터넷홈페이지에 선거운동을 위한 광고(이하 "인터넷광고"라 한다)를 할 수 있다.
✦ ② 제1항의 인터넷광고에는 광고근거와 광고주명을 표시하여야 한다.
③ 같은 정당의 추천을 받은 2인 이상의 후보자는 합동으로 제1항의 규정에 따른 인터넷광고를 할 수 있다. 이 경우 그 비용은 당해 후보자간의 약정에 따라 분담하되, 그 분담내역을 광고계약서에 명시하여야 한다.
④ 삭제 〈2010.1.25.〉
✦ ⑤ 누구든지 제1항의 경우를 제외하고는 선거운동을 위하여 인터넷광고를 할 수 없다.
⑥ 광고근거의 표시방법 그 밖에 필요한 사항은 중앙선거관리위원회규칙으로 정한다.

> **기출지문**

❌ 같은 정당의 추천을 받은 2인 이상의 후보자는 합동으로 인터넷 광고를 할 수 있으며, 이 경우 그 비용은 추천정당이 부담한다. (×) [2017. 국가직 9급]

> **PLUS** 같은 정당의 추천을 받은 2인 이상의 후보자는 합동으로 제1항의 규정에 따른 인터넷광고를 할 수 있다. 이 경우 그 비용은 당해 후보자간의 약정에 따라 분담하되, 그 분담내역을 광고계약서에 명시하여야 한다(제82조의7 제3항).

**신설** **제82조의8 【딥페이크영상등을 이용한 선거운동】** ① 누구든지 선거일 전 90일부터 선거일까지 선거운동을 위하여 인공지능 기술 등을 이용하여 만든 실제와 구분하기 어려운 가상의 음향, 이미지 또는 영상 등(이하 "딥페이크영상등"이라 한다)을 제작·편집·유포·상영 또는 게시하는 행위를 하여서는 아니 된다.

② 누구든지 제1항의 기간이 아닌 때에 선거운동을 위하여 딥페이크영상등을 제작·편집·유포·상영 또는 게시하는 경우에는 해당 정보가 인공지능 기술 등을 이용하여 만든 가상의 정보라는 사실을 명확하게 인식할 수 있도록 중앙선거관리위원회규칙으로 정하는 바에 따라 해당 사항을 딥페이크영상등에 표시하여야 한다.

[본조신설 2023. 12. 28.]

++ **제83조 【교통편의의 제공】** ① **대통령선거**에 있어서 한국철도공사사장은 중앙선거관리 위원회규칙이 정하는 바에 따라 선거운동기간 중에 선거운동용으로 계속하여 사용할 수 있는 **전국용 무료승차권 50매를 각 후보자**에게 발급하여야 한다.

② 제1항의 규정에 의하여 전국용 무료승차권을 발급받은 후보자가 사퇴·사망하거나 등록이 무효로 된 때에는 그 후 이를 사용할 수 없으며, 한국철도공사사장에게 지체없이 반환하여야 한다.

> **기출지문**
>
> ✗ 대통령선거라 하더라도 한국철도공사사장이 선거운동기간 중에 선거운동용으로 계속하여 사용할 수 있는 전국용 무료승차권 50매를 각 후보자에게 발급하는 것은 공무원의 선거관여로서 위법하여 허용되지 아니한다. (✗) [2014. 국가직 7급]
>
> ⁺PLUS 대통령선거에 있어서 한국철도공사사장은 중앙선거관리위원회규칙이 정하는 바에 따라 선거운동기간 중에 선거운동용으로 계속하여 사용할 수 있는 전국용 무료승차권 50매를 각 후보자에게 발급하여야 한다(제83조 제1항).

++ **제84조 【무소속후보자의 정당표방제한】** 무소속후보자는 특정 정당으로부터의 지지 또는 추천받음을 표방할 수 없다. 다만, 정당의 당원경력의 표시는 그러하지 아니하다. 다만, 다음 각호의 어느 하나에 해당하는 행위는 그러하지 아니하다.

1. 정당의 당원경력을 표시하는 행위
2. 해당 선거구에 후보자를 추천하지 아니한 정당이 무소속후보자를 지지하거나 지원하는 경우 그 사실을 표방하는 행위

> **기출지문**

- ⭕ 무소속후보자는 특정 정당으로부터의 지지 또는 추천받음을 표방할 수 없으나, 정당의 당원경력을 표시하는 행위는 가능하다(제84조). [2013. 국가직 9급]
- ⭕ 무소속후보자는 해당 선거구에 후보자를 추천하지 아니한 정당으로부터 지지 또는 지원받는 사실을 표방할 수 있다(제84조). [2016. 국가직 7급, 2014. 국가직 9급]
- ⭕ 기초의회의원선거에서 후보자는 소속 정당의 지지 또는 추천 받음을 표방할 수 있다. [2014. 국가직 9급]
- ❌ 무소속후보자는 정당의 당원경력을 표시하는 행위를 할 수 없다. (×) [2013. 국가직 7급]
  - ᴾᴸᵁˢ 무소속후보자는 정당의 당원경력의 표시를 할 수 있다(제84조).

✦✦ **제85조【공무원 등의 선거관여 등 금지】** ✦✦ ① 공무원 등 법령에 따라 정치적 중립을 지켜야 하는 자는 직무와 관련하여 또는 지위를 이용하여 선거에 부당한 영향력을 행사하는 등 선거에 영향을 미치는 행위를 할 수 없다.

② 공무원은 그 지위를 이용하여 선거운동을 할 수 없다. 이 경우 공무원이 그 소속직원이나 제53조 제1항 제4호부터 제6호까지에 규정된 기관 등의 임직원 또는 「공직자윤리법」 제17조에 따른 취업제한기관의 임·직원을 대상으로 한 선거운동은 그 지위를 이용하여 하는 선거운동으로 본다.

③ 누구든지 교육적·종교적 또는 직업적인 기관·단체 등의 조직 내에서의 직무상 행위를 이용하여 그 구성원에 대하여 선거운동을 하거나 하게 하거나, 계열화나 하도급 등 거래상 특수한 지위를 이용하여 기업조직·기업체 또는 그 구성원에 대하여 선거운동을 하거나 하게 할 수 없다.

✦ ④ 누구든지 교육적인 특수관계에 있는 선거권이 없는 자에 대하여 교육상의 행위를 이용하여 선거운동을 할 수 없다.

> (1) 공직선거법 제85조 제1항 등 위헌소원(헌재 2016.7.28, 2015헌바6) : 위헌, 합헌
>   ① 공무원이 지위를 이용하여 선거에 영향을 미치는 행위를 금지하는 공직선거법 제85조 제1항 중 "공무원이 지위를 이용하여 선거에 영향을 미치는 행위" 부분은 죄형법정주의의 명확성원칙에 위배되지 않아 헌법에 위반되지 않는다(합헌).
>   ② 그에 관한 처벌규정인 공무원이 그 지위를 이용하여 선거에 영향을 미치는 행위를 한 경우 "1년 이상 10년 이하의 징역 또는 1천만 원 이상 5천만 원 이하의 벌금"에 처하도록 한 것은 형벌체계상의 균형을 현저히 상실하여 헌법에 위반된다(위헌).

> 기출지문

> ◎ 누구든지 교육적인 특수관계에 있는 선거권이 없는 자에 대하여 교육상의 행위를 이용하여 선거운동을 할 수 없다(제85조 제4항). [2017. 국가직 7급, 2013. 국가직 7급]

✦✦✦ **제86조【공무원 등의 선거에 영향을 미치는 행위금지】** ① 공무원(국회의원과 그 보좌관·선임비서관·비서관 및 지방직의회의원을 제외한다), 선상투표신고를 한 선원이 승선하고 있는 선박의 선장, 제53조제1항제4호에 규정된 기관 등의 상근 임원과 같은 항 제6호에 규정된 기관 등의 상근 임직원, 통·리·반의 장, 주민자치위원회위원과 예비군 중대장급 이상의 간부, 특별법에 의하여 설립된 국민운동단체로서 국가나 지방자치단체의 출연 또는 보조를 받는 단체(바르게살기 운동협의회·새마을 운동협의회·한국자유총연맹을 말한다)의 상근 임·직원 및 이들 단체 등(시·도 조직 및 구·시·군조직을 포함한다)의 대표자는 다음 각 호의 어느 하나에 해당하는 행위를 하여서는 아니된다.

1. 소속직원 또는 선거구민에게 교육 기타 명목여하를 불문하고 특정 정당이나 후보자(후보자가 되고자 하는 자를 포함한다. 이하 이 항에서 같다)의 업적을 홍보하는 행위
✦ 2. 지위를 이용하여 선거운동의 기획에 참여하거나 그 기획의 실시에 관여하는 행위
3. 정당 또는 후보자에 대한 선거권자의 지지도를 조사하거나 이를 발표하는 행위
4. 삭제 〈2010.1.25.〉
5. 선거기간 중 국가 또는 지방자치단체의 예산으로 시행하는 사업 중 즉시 공사를 진행하지 아니할 사업의 기공식을 거행하는 행위
✦ 6. 선거기간 중 정상적 업무 외의 출장을 하는 행위
7. 선거기간 중 휴가기간에 그 업무와 관련된 기관이나 시설을 방문하는 행위

✦✦ ② 지방자치단체의 장(제4호의 경우 소속 공무원을 포함한다)은 선거일 전 60일(선거일 전 60일 후에 실시사유가 확정된 보궐선거 등에 있어서는 선거의 실시사유가 확정된 때)부터 선거일까지 다음 각 호의 어느 하나에 해당하는 행위를 하여서는 아니된다.
1. 삭제 〈2004.3.12.〉
✦✦ 2. 정당의 정강·정책과 주의·주장을 선거구민을 대상으로 홍보·선전하는 행위. 다만, 당해 지방자치단체의 장의 선거에 예비후보자 또는 후보자가 되는 경우에는 그러하지 아니하다.
3. 창당대회·합당대회·개편대회 및 후보자선출대회를 제외하고는 정당이 개최하는 시국강연회, 정견·정책발표회, 당원연수·단합대회 등 일체의 정치행사에 참석하거나 선거대책기구, 선거사무소, 선거연락소를 방문하는 행위. 다만, 해당 지방자치단체의 장선거에 예비후보자 또는 후보자가 된 경우와 당원으로서 소속 정당이 당원만을 대상으로 개최하는 정당의 공개행사에 의례적으로 방문하는 경우에는 그러하지 아니하다.

4. 다음 각 목의 1을 제외하고는 교양강좌, 사업설명회, 공청회, 직능단체모임, 체육대회, 경로행사, 민원상담 기타 각종 행사를 개최하거나 후원하는 행위
   가. 법령에 의하여 개최하거나 후원하도록 규정된 행사를 개최·후원하는 행위
   나. 특정일·특정시기에 개최하지 아니하면 그 목적을 달성할 수 없는 행사
   다. 천재·지변 기타 재해의 구호·복구를 위한 행위
✦✦ 라. 직업지원교육 또는 유상으로 실시하는 교양강좌를 개최·후원하는 행위 또는 주민자치센터가 개최하는 교양강좌를 후원하는 행위. 다만, 종전의 범위를 넘는 새로운 강좌를 개설하거나 수강생을 증원하거나 장소를 이전하여 실시하는 주민자치센터의 교양강좌를 후원하는 행위를 제외한다.
✦ 마. 집단민원 또는 긴급한 민원이 발생하였을 때 이를 해결하기 위한 행위
   바. 가목 내지 마목에 준하는 행위로서 중앙선거관리위원회규칙으로 정하는 행위
5. 통·리·반장의 회의에 참석하는 행위. 다만, 천재·지변 기타 재해가 있거나 집단민원 또는 긴급한 민원이 발생하였을 때에는 그러하지 아니하다.
③ 삭제 〈2010.1.25.〉
④ 삭제 〈2010.1.25.〉
⑤ 지방자치단체의 장(소속 공무원을 포함한다)은 다음 각 호의 어느 하나에 해당하는 경우를 제외하고는 지방자치단체의 사업계획·추진실적 그 밖에 지방자치단체의 활동상황을 알리기 위한 홍보물(홍보지·소식지·간행물·시설물·녹음물·녹화물 그 밖의 홍보물 및 신문·방송을 이용하여 행하는 경우를 포함한다)을 분기별로 1종 1회를 초과하여 발행·배부 또는 방송하여서는 아니되며 당해 지방자치단체의 장(소속 공무원을 포함한다)의 선거의 선거일 전 180일(보궐선거 등에 있어서는 그 선거의 실시사유가 확정된 때, 이하 제6항에서 같다)부터 선거일까지는 홍보물을 발행·배부 또는 방송할 수 없다.
1. 법령에 의하여 발행·배부 또는 방송하도록 규정된 홍보물을 발행·배부 또는 방송하는 행위
2. 특정사업을 추진하기 위하여 그 사업과 이해관계가 있는 자나 관계주민의 동의를 얻기 위한 행위
3. 집단민원 또는 긴급한 민원이 발생하였을 때 이를 해결하기 위한 행위
4. 기타 위 각 호의 1에 준하는 행위로서 중앙선거관리위원회규칙이 정하는 행위
⑥ 지방자치단체의 장은 당해 지방자치단체의 장의 선거의 선거일 전 180일부터 선거일까지 주민자치센터가 개최하는 교양강좌에 참석할 수 없으며, 근무시간 중에 공공기관이 아닌 단체 등이 주최하는 행사(해당 지방자치단체의 청사에서 개최하는 행사를 포함한다)에는 참석할 수 없다. 다만, 제2항 제3호에 따라 참석 또는 방문할 수 있는 행사의 경우에는 그러하지 아니하다.
⑦ 지방자치단체의 장은 소관 사무나 그 밖의 명목 여하를 불문하고 방송·신문·잡지나 그 밖의 광고에 출연할 수 없다.

(1) **공직선거법 제86조 제1항 제2호 위헌확인(헌재 2008. 5.29, 2006헌마1096)**
   공직선거법 제86조 제1항 제2호의 공무원이 선거운동의 기획에 참여하거나 그 기획의 실시에 관여하는 행위를 금지하는 규정은 모든 공무원에 대해 선거운동의 기획에 참여하거나 그 기획의 실시에 관여하는 행위를 금지하는바, 공무원의 지위를 이용하지 아니한 행위에까지 적용하는 한 헌법에 위반된다.
   → 헌법재판소의 한정위헌 결정으로 2010.1.25. '지위를 이용하여 선거운동의 기획에 참여하거나 그 기획의 실시에 관여하는 행위'를 금지하는 내용으로 개정됨.

(2) **지방자치단체의 장의 행위제한**
   ① 금지기간 : 선거일 전 60일(선거일 전 60일 후에 실시사유가 확정된 보궐선거 등에 있어서는 선거의 실시사유가 확정된 때)부터 선거일까지
   ② 금지행위 및 허용되는 행위

| 금지되는 행위 | 예외(허용되는 경우) |
| --- | --- |
| 정당의 정강·정책과 주의·주장을 선거구민을 대상으로 홍보·선전하는 행위 | 당해 지방자치단체의 장의 선거에 예비후보자 또는 후보자가 되는 경우에는 허용 |
| 창당대회·합당대회·개편대회 및 후보자선출대회를 제외하고는 정당이 개최하는 시국강연회, 정견·정책발표회, 당원 연수·단합대회 등 일체의 정치행사에 참석하거나 선거대책기구, 선거사무소, 선거연락소를 방문하는 행위 | 해당 지방자치단체의 장 선거에 예비후보자 또는 후보자가 된 경우와 당원으로서 소속 정당이 당원만을 대상으로 개최하는 정당의 공개행사에 의례적으로 방문하는 경우에는 허용 |
| 교양강좌, 사업설명회, 공청회, 직능단체모임, 체육대회, 경로행사, 민원상담 기타 각종 행사를 개최하거나 후원하는 행위 | • 법령에 의하여 개최하거나 후원하도록 규정된 행사를 개최·후원하는 행위<br>• 특정일·특정시기에 개최하지 아니하면 그 목적을 달성할 수 없는 행사<br>• 천재·지변 기타 재해의 구호·복구를 위한 행위<br>• 직업지원교육 또는 유상(有償)으로 실시하는 교양강좌를 개최·후원하는 행위 또는 주민자치센터가 개최하는 교양강좌를 후원하는 행위. 다만, 종전의 범위를 넘는 새로운 강좌를 개설하거나 수강생을 증원하거나 장소를 이전하여 실시하는 주민자치센터의 교양강좌를 후원하는 행위를 제외한다.<br>• 집단민원 또는 긴급한 민원이 발생하였을 때 이를 해결하기 위한 행위 |

|  | • 위에 준하는 행위로서 중앙선거관리위원회규칙으로 정하는 행위 |
| --- | --- |
| 통・리・반장의 회의에 참석하는 행위 | 천재・지변 기타 재해가 있거나 집단민원 또는 긴급한 민원이 발생하였을 때에는 허용 |

### 기출지문

- ◎ 도지사는 소속직원에게 교육 기타 명목 여하를 불문하고 특정 정당이나 후보자의 업적을 홍보하는 행위를 해서는 아니된다(제86조 제1항 제1호). [2014. 국가직 9급]
- ◎ 주민자치위원회위원이 선거구민에게 교육의 명목으로 특정 후보자의 업적을 홍보하는 행위는 금지된다(제86조 제1항 제1호). [2013. 국가직 7급]
- ◎ 소속직원에게 교육 기타 명목여하를 불문하고 특정 정당이나 후보자의 업적을 홍보하는 한국은행 총재 행위는 「공직선거법」상 공무원 등의 선거에 영향을 미치는 행위로서 금지된다(제86조 제1항 제1호). [2016. 국가직 9급]
- ◎ 지방자치단체 소속 일반직공무원이 그 지위를 이용하지 않고 사적인 지위에서 선거운동의 기획에 참여하는 것은 「공직선거법」상 제한되지 않는다(제86조 제1항 제2호).
  [2016. 국가직 9급]
- ◎ 국회의원 비서는 정당 또는 후보자에 대한 선거권자의 지지도를 조사하거나 이를 발표하는 행위를 할 수 있다(제86조 제1항 제3호). [2017. 국가직 7급]
- ◎ 선거기간 중 국가 또는 지방자치단체의 예산으로 시행하는 사업 중 즉시 공사를 진행하지 아니할 사업의 기공식을 거행하는 주민자치위원회위원의 행위는 「공직선거법」상 공무원 등의 선거에 영향을 미치는 행위로서 금지된다(제86조 제1항 제5호). [2016. 국가직 9급]
- ◎ 군수는 선거기간 중 정상적 업무 외의 출장을 할 수 없다(제86조 제1항 제6호).
  [2014. 국가직 9급]
- ◎ 바르게살기운동협의회의 대표자가 선거기간 중 휴가기간에 그 업무와 관련된 기관이나 시설을 방문하는 행위는 금지된다(제86조 제1항 제7호). [2013. 국가직 7급]
- ◎ 지방의회의원은 선거중립의무를 지지 않는다(제86조 제1항). [2014. 국가직 9급]
- ◎ 지방자치단체의 장은 선거일 전 60일부터 선거일까지라 하더라도 종전과 동일한 장소, 동일한 수강인원의 범위에서 주민자치센터가 개최하는 종래의 교양강좌를 후원하는 지방행위를 할 수 있다(제86조 제2항 제4호 라목). [2016. 국가직 9급]
- ◎ 지방자치단체의 장은 선거일 전 60일부터 선거일까지라 하더라도 집단민원 또는 긴급한 민원이 발생하였을 때 이를 해결하기 위한 행위는 할 수 있다(제86조 제2항 제4호 마목).
  [2016. 국가직 9급]
- ◎ 지방자치단체의 장은 당해 지방자치단체의 장의 선거의 선거일 전 180일부터 선거일까지 주민자치센터가 개최하는 교양강좌에 참석할 수 없다(제86조 제6항). [2013. 국가직 9급]

- ⭕ 부산광역시장은 부산광역시장 선거일 전 150일이라도 근무시간 이후에는 공공기관이 아닌 단체가 부산광역시 청사에서 주최하는 행사에 참석할 수 있다(제86조 제6항).
  [2016. 국가직 7급]
- ⭕ 지방자치단체의 장은 지방 특산물 홍보를 위하여 해당 선거구 밖의 대규모점포에서 배부될 홍보전단지 광고에 출연할 수 없다(제86조 제7항). [2017. 국가직 7급]
- ❌ 새마을운동협의회 상근 임·직원은 선거기간 중에라도 휴가기간인 경우에는 그 업무와 관련된 기관이나 시설을 방문할 수 있다. (×) [2016. 국가직 7급]
  - ⁺PLUS 새마을운동협의회 상근 임·직원은 선거기간 중 휴가기간에 그 업무와 관련된 기관이나 시설을 방문하는 행위를 하여서는 아니 된다(제86조 제1항 제7호).
- ❌ 지방자치단체의 장이 당해 지방자치단체의 장의 선거에 예비후보자로 되어 선거일 전 30일에 선거구민을 대상으로 정당의 주장을 선전하는 행위는 금지된다. (×) [2013. 국가직 7급]
  - ⁺PLUS 지방자치단체의 장은 선거일 전 60일부터 선거일까지 정당의 정강·정책과 주의·주장을 선거구민을 대상으로 홍보·선전하는 행위를 하여서는 안 되나, 당해 지방자치단체의 장의 선거에 예비후보자 또는 후보자가 되는 경우에는 할 수 있다(제86조 제2항 제2호).
- ❌ 시장은 선거일 전 60일부터 선거일까지 교양강좌, 공청회 및 경로행사 등 일체의 행사를 개최해서는 아니된다. (×) [2014. 국가직 9급]
  - ⁺PLUS 지방자치단체장은 선거일 전 60일부터 선거일까지, 법령에 의하여 개최하거나 후원하도록 규정된 행사를 개최·후원하는 행위, 특정일·특정시기에 개최하지 아니하면 그 목적을 달성할 수 없는 행사, 천재·지변 기타 재해의 구호·복구를 위한 행위, 직업지원교육 또는 유상(有償)으로 실시하는 교양강좌를 개최·후원하는 행위 또는 주민자치센터가 개최하는 교양강좌를 후원하는 행위(다만, 종전의 범위를 넘는 새로운 강좌를 개설하거나 수강생을 증원하거나 장소를 이전하여 실시하는 주민자치센터의 교양강좌를 후원하는 행위 제외), 집단민원 또는 긴급한 민원이 발생하였을 때 이를 해결하기 위한 행위, 가목 내지 마목에 준하는 행위로서 중앙선거관리위원회규칙으로 정하는 행위를 제외하고는 교양강좌, 사업설명회, 공청회, 직능단체모임, 체육대회, 경로행사, 민원상담 기타 각종 행사를 개최하거나 후원하는 행위를 하여서는 아니된다(제86조 제2항 제4호).
- ❌ 서울특별시 강남구청 공무원은 보궐선거의 실시사유가 확정된 때라 하더라도 직업지원교육을 개최하는 행위를 할 수 없다. (×) [2016. 국가직 7급]
  - ⁺PLUS 서울특별시 강남구청 공무원은 선거일 전 60일(선거일 전 60일 후에 실시사유가 확정된 보궐선거 등에 있어서는 선거의 실시사유가 확정된 때)부터 선거일까지라 하더라도 직업지원교육 또는 유상으로 실시하는 교양강좌를 개최·후원하는 행위 또는 주민자치센터가 개최하는 교양강좌를 후원하는 행위를 할 수 있다(제86조 제2항 제4호 라목).
- ❌ 시·도지사는 해당 시·도지사선거의 선거일 전 180일의 근무시간 중에 공공기관이 아닌 단체가 주최하는 행사에는 연가를 낸 경우라도 참석할 수 없다. (×) [2016. 국가직 9급]

+PLUS 　창당대회·합당대회·개편대회 및 후보자선출대회, 해당 지방자치단체의 장선거의 예비후보자 또는 후보자로서 정당이 개최하는 시국강연회, 정견·정책발표회, 당원연수·단합대회 등에 참석하거나 선거대책기구, 선거사무소, 선거연락소를 방문하는 행위, 소속 정당이 당원만을 대상으로 개최하는 정당의 공개행사에 의례적으로 방문하는 경우는 가능하다(공직선거법 제86조 제2·6항).

☒ 지방자치단체의 장은 특정사업을 추진하기 위하여 그 사업과 이해관계가 있는 자나 관계주민의 동의를 얻기 위한 행위로서 지방자치단체의 사업계획·추진실적 그 밖에 지방자치단체의 활동상황을 알리기 위한 홍보물을 분기별로 1종 1회를 초과하여 발행·배부할 수 없다. (×) [2017. 국가직 7급]

+PLUS 　지방자치단체의 장(소속 공무원을 포함한다)은 특정사업을 추진하기 위하여 그 사업과 이해관계가 있는 자나 관계주민의 동의를 얻기 위한 행위의 경우에는 지방자치단체의 사업계획·추진실적 그 밖에 지방자치단체의 활동상황을 알리기 위한 홍보물(홍보지·소식지·간행물·시설물·녹음물·녹화물 그 밖의 홍보물 및 신문·방송을 이용하여 행하는 경우를 포함한다)을 분기별로 1종 1회를 초과하여 발행·배부 또는 방송할 수 있다(제86조 제5항 제2호).

☒ 지방자치단체의 장이 당해 지방자치단체의 장의 선거의 선거일 전 240일에 주민자치센터가 개최하는 교양강좌에 참석하는 행위는 금지된다. (×) [2013. 국가직 7급]

+PLUS 　지방자치단체의 장은 당해 지방자치단체의 장의 선거의 선거일 전 180일부터 선거일까지 주민자치센터가 개최하는 교양강좌에 참석할 수 없으므로, 지방자치단체의 장이 당해 지방자치단체의 장의 선거의 선거일 전 240일에 주민자치센터가 개최하는 교양강좌에 참석하는 행위는 가능하다(제86조 제6항).

☒ 세종특별자치시장은 외국인 근로자들의 국내생활 적응을 장려하는 공익광고에는 출연할 수 있다. (×) [2016. 국가직 7급]

+PLUS 　지방자치단체의 장은 소관 사무나 그 밖의 명목 여하를 불문하고 방송·신문·잡지나 그 밖의 광고에 출연할 수 없다(제86조 제7항).

📖 관련판례 　국회의원과 그 보좌관·비서관·비서는 「공직선거법」상 선거에 영향을 미치는 행위를 금지하는 규정의 주체에서 제외하면서, 지방자치단체장을 예외로 인정하지 않는다 하더라도 평등원칙에 반하지 아니한다(헌재 2008.5.29, 2006헌마1096). [2015. 국가직 7급]

✚✚ **제87조【단체의 선거운동금지】** ① 다음 각 호의 어느 하나에 해당하는 기관·단체(그 대표자와 임직원 또는 구성원을 포함한다)는 그 기관·단체의 명의 또는 그 대표의 명의로 선거운동을 할 수 없다.
1. 국가·지방자치단체
2. 제53조(공무원 등의 입후보) 제1항 제4호 내지 제6호에 규정된 기관·단체
✚✚ 3. 향우회·종친회·동창회, 산악회 등 동호인회, 계모임 등 개인간의 사적모임
4. 특별법에 의하여 설립된 국민운동단체로서 국가 또는 지방자치단체의 출연 또는 보조를 받는 단체(바르게살기운동협의회·새마을운동협의회·한국자유총연맹을 말한다)
✚✚ 5. 법령에 의하여 정치활동이나 공직선거에의 관여가 금지된 단체
6. 후보자 또는 후보자의 가족(이하 이 항에서 "후보자 등"이라 한다)이 임원으로 있거나, 후보자 등의 재산을 출연하여 설립하거나, 후보자 등이 운영경비를 부담하거나 관계법규나 규약에 의하여 의사결정에 실질적으로 영향력을 행사하는 기관·단체
7. 삭제 〈2005.8.4.〉
8. 구성원의 과반수가 선거운동을 할 수 없는 자로 이루어진 기관·단체

② 누구든지 선거에 있어서 후보자(후보자가 되고자 하는 자를 포함한다)의 선거운동을 위하여 연구소·동우회·향우회·산악회·조기축구회, 정당의 외곽단체 등 그 명칭이나 표방하는 목적 여하를 불문하고 사조직 기타 단체를 설립하거나 설치할 수 없다.

**기출지문**

◉ 향우회·종친회·동창회·산악회등은 후보자를 초청하여 대담·토론회 개최할 수 없다. [2022 국가직 9급]
◉ 구성원의 과반수가 선거운동을 할 수 없는 자로 이루어진 기관·단체는 그 기관·단체의 명의로 선거운동을 할 수 없다(제87조 제1항 제8호). [2017. 국가직 7급]
🔍 제87조 제2항 관련 대법원 판례(대판 2013.11.14, 2013도2190) 기출지문 [2017. 국가직 9급]
◉ 후보자들 간에 선거운동기구의 형평성을 유지하고, 각종 형태의 선거운동기구의 난립으로 인한 과열경쟁 및 낭비를 방지하기 위한 규정이다.
◉ '후보자가 되고자 하는 자'에는 그 신분·접촉대상·언행 등에 비추어 선거에 입후보할 의사를 가진 것을 객관적으로 인식할 수 있을 정도에 이른 사람도 포함된다.
◉ 인터넷 공간에서의 선거활동을 목적으로 하여 인터넷 카페 등을 개설하고 인터넷 회원 등을 모집하여 일정한 모임의 틀을 갖추어 운영하는 경우에 이를 두고 금지된 사조직에 해당한다고 보기 어렵다.
✖ 법정선거기구 이외에 설립하거나 설치한 사조직이라 하더라도 회칙이 없고 조직과 임원 및 재정 등에 관하여 구체적으로 정한 바가 없으면 설립이나 설치가 금지된 사조직에 해당하지 않는다. (×)

> **PLUS** 공직선거법 제87조 제2항에서 설립 내지 설치를 금지하는 사조직은 선거에서 후보자나 후보자가 되고자 하는 자를 위하여 명칭이나 표방하는 목적 여하를 불문하고 법정 선거운동기구 이외에 설립하거나 설치하는 일체의 사조직을 의미하므로, 비록 회칙이 없고 조직과 임원 및 재정 등에 관하여 구체적으로 정한 바가 없더라도 공직선거법상 사조직에 해당한다.

✦ **제88조【타후보자를 위한 선거운동금지】** 후보자, 선거사무장, 선거연락소장, 선거사무원, 회계책임자, 연설원, 대담·토론자는 다른 정당이나 선거구가 같거나 일부 겹치는 다른 후보자를 위한 선거운동을 할 수 없다. 다만, 정당이나 후보자를 위한 선거운동을 함에 있어서 그 일부가 다른 정당이나 후보자의 선거운동에 이른 경우와 같은 정당이나 같은 정당의 추천후보자를 지원하는 경우 및 이 법의 규정에 의하여 공동선임된 선거사무장 등이 선거운동을 하는 경우에는 그러하지 아니하다.

> **(1) 같은 정당이나 같은 정당의 추천후보자를 지원하는 등의 경우에 예외를 두고 있는 법 제88조의 평등원칙 위반 여부(헌재 1999.1.28, 98헌마172) : 기각**
> 법 제88조는 후보자간의 담합행위 및 매수가능성을 사전에 차단하여 선거권자의 판단에 혼선을 가져오지 않게 하기 위한 규정인데, 정당의 활동을 보장하기 위한 예외규정을 둠으로써 무소속후보자에게는 정당의 후보추천자에 비하여 선거운동의 자유가 상대적으로 제한되었다고 볼 수도 있으나, 그러한 차별은 정당의 본질적 기능과 기본적 활동을 보장하기 위한 합리적이고 상대적인 차별이라 할 것이다.

**제89조【유사기관의 설치금지】** ① 누구든지 제61조 제1항·제2항에 따른 선거사무소, 선거연락소 및 선거대책기구 외에는 후보자 또는 후보자가 되려는 사람을 위하여 선거추진위원회·후원회·연구소·상담소 또는 휴게소 기타 명칭의 여하를 불문하고 이와 유사한 기관·단체·조직 또는 시설을 새로이 설립 또는 설치하거나 기존의 기관·단체·조직 또는 시설을 이용할 수 없다. 다만, 후보자 또는 예비후보자의 선거사무소에 설치되는 1개의 선거대책기구 및 「정치자금법」에 의한 후원회는 그러하지 아니하다.

② 정당이나 후보자(후보자가 되려는 사람을 포함한다. 이하 이 항에서 같다)가 설립·운영하는 기관·단체·조직 또는 시설은 선거일 전 180일(보궐선거 등에 있어서는 그 선거의 실시사유가 확정된 때)부터 선거일까지 당해 선거구민을 대상으로 선거에 영향을 미치는 행위를 하거나, 그 기관·단체 또는 시설의 설립이나 활동내용을 선거구민에게 알리기 위하여 정당 또는 후보자의 명의나 그 명의를 유추할 수 있는 방법으로 벽보·현수막·방송·신문·통신·잡지 또는 인쇄물을 이용하거나 그 밖의 방법으로 선전할 수 없다. 다만, 「정치자금법」 제15조(후원금 모금 등의 고지·광고)의 규정에 따른 모금을 위한 고지·광고는 그러하지 아니하다.

(1) 정당의 선거대책기구 등에 예외를 두고 있는 법 제89조 제1항의 평등원칙 위반 여부(헌재 1999.1.28, 98헌마172) : 기각

위 법 제89조 제1항은 법정 선거운동기구 이외의 선거운동기구의 난립으로 야기될 과열경쟁과 낭비를 방지하고 후보자간에 선거운동의 균등한 기회를 보장함으로써 선거의 공정성을 확보하기 위한 규정인데, 정당의 활동을 보장하기 위한 예외규정을 둠으로써 무소속후보자에게는 정당의 후보추천자에 비하여 선거운동의 자유가 상대적으로 제한되었다고 볼 수도 있으나, 그러한 차별은 정당의 본질적 기능과 기본적 활동을 보장하기 위한 합리적이고 상대적인 차별이라 할 것이다.

**기출지문**

◎ 후보자 또는 예비후보자의 선거사무소에 설치되는 1개의 선거대책기구 및 「정치자금법」에 의한 후원회의 경우를 제외하고는, 누구든지 「공직선거법」에 따라 설치된 선거사무소, 선거연락소 및 선거대책기구 외에는 후보자 또는 후보자가 되려는 사람을 위하여 명칭 여하를 불문하고 유사기관을 새로이 설립 또는 설치할 수 없다(제89조 제1항). [2016. 국가직 9급]

**관련판례** 어떠한 기관·단체·조직 또는 시설이 설치가 금지된 선거운동기구인지 여부는 그것이 선거운동을 목적으로 설치된 것으로서 적법한 선거사무소나 선거연락소와 유사한 활동이나 기능을 하는 것에 해당하는지 여부에 의하여 결정된다(대판 2013.12.26, 2013도10896). [2016. 국가직 9급]

**관련판례** 어떠한 기관·단체·조직 또는 시설이 '선거운동'을 목적으로 설립되었고 그것이 선거사무소 또는 선거연락사무소처럼 이용되는 정도에 이르렀다면 공직선거법 제89조 제1항에서 정한 유사기관이 되는 것이지, 반드시 그 '선거운동'이 공직선거법상 허용되지 않는 선거운동이어야만 하는 것은 아니다(대판 2013.12.26, 2013도10896). [2016. 국가직 9급]

**개정** 제90조【시설물설치 등의 금지】① 누구든지 선거일 전 120일(보궐선거 등에서는 그 선거의 실시사유가 확정된 때)부터 선거일까지 선거에 영향을 미치게 하기 위하여 이 법의 규정에 의한 것을 제외하고는 다음 각 호의 어느 하나에 해당하는 행위를 할 수 없다. 이 경우 정당(창당준비위원회를 포함한다)의 명칭이나 후보자(후보자가 되려는 사람을 포함한다. 이하 이 조에서 같다)의 성명·사진 또는 그 명칭·성명을 유추할 수 있는 내용을 명시한 것은 선거에 영향을 미치게 하기 위한 것으로 본다. 〈개정 2023. 8. 30.〉

✦✦ 1. 화환·풍선·간판·현수막·애드벌룬·기구류 또는 선전탑, 그 밖의 광고물이나 광고시설을 설치·진열·게시·배부하는 행위
2. 표찰이나 그 밖의 표시물을 착용 또는 배부하는 행위
3. 후보자를 상징하는 인형·마스코트 등 상징물을 제작·판매하는 행위

② 제1항에도 불구하고 다음 각 호의 어느 하나에 해당하는 행위는 선거에 영향을 미치게 하기 위한 행위로 보지 아니한다.
1. 선거기간이 아닌 때에 행하는 「정당법」 제37조 제2항에 따른 통상적인 정당활동
2. 의례적이거나 직무상·업무상의 행위 또는 통상적인 정당활동으로서 중앙선거관리위원회규칙으로 정하는 행위

> **기출지문**
>
> ◘ 누구든지 선거일 전 180일부터 선거일까지 선거에 영향을 미치게 하기 위하여 공직선거법에 규정되지 아니한 간판 등을 설치하는 행위를 할 수 없다(제90조 제1항 제1호).
> [2013. 국가직 9급]
>
> ◘ 누구든지 선거일 전 180일부터 선거일까지 선거에 영향을 미치게 하기 위하여 후보자(후보자가 되려는 사람을 포함한다)를 상징하는 인형을 판매하는 행위를 할 수 없다(제90조 제1항 제3호). [2013. 국가직 9급]

### 제91조 【확성장치와 자동차 등의 사용제한】 ✦ ① 누구든지 이 법의 규정에 의한 공개장소에서의 연설·대담장소 또는 대담·토론회장에서 연설·대담·토론용으로 사용하는 경우를 제외하고는 선거운동을 위하여 확성장치를 사용할 수 없다.

② 삭제 〈2004.3.12.〉

✦ ③ 누구든지 자동차를 사용하여 선거운동을 할 수 없다. 다만, 제79조에 따른 연설·대담장소에서 자동차에 승차하여 선거운동을 하는 경우와 같은 조 제6항에 따른 선거벽보 등을 자동차에 부착하여 사용하는 경우에는 그러하지 아니하다.

④ 정당·후보자·선거사무장 또는 선거연락소장은 제3항 단서에 따른 경우 외에 다음 각 호에 따른 수 이내에서 관할선거관리위원회가 교부한 표지를 부착한 자동차와 선박에 제64조의 선거벽보, 제65조의 선거공보 및 제66조의 선거공약서를 부착하여 운행하거나 운행하게 할 수 있다.

1. 대통령선거와 시·도지사선거
   선거사무소와 선거연락소마다 각 5대·5척 이내
2. 지역구국회의원선거와 자치구·시·군의 장 선거
   후보자마다 각 5대·5척 이내
3. 지역구시·도의원선거
   후보자마다 각 2대·2척 이내
4. 지역구자치구·시·군의원선거
   후보자마다 각 1대·1척

✦ **제92조【영화 등을 이용한 선거운동금지】** 누구든지 선거기간 중에는 선거운동을 위하여 저술·연예·연극·영화 또는 사진을 이 법에 규정되지 아니한 방법으로 배부·공연·상연·상영 또는 게시할 수 없다.

개정 **제93조【탈법방법에 의한 문서·도화의 배부·게시 등 금지】** ✦ ① 누구든지 선거일 전 120일(보궐선거 등에 있어서는 그 선거의 실시사유가 확정된 때)부터 선거일까지 선거에 영향을 미치게 하기 위하여 이 법의 규정에 의하지 아니하고는 정당(창당준비위원회와 정당의 정강·정책을 포함한다. 이하 이 조에서 같다) 또는 후보자(후보자가 되고자 하는 자를 포함한다. 이하 이 조에서 같다)를 지지·추천하거나 반대하는 내용이 포함되어 있거나 정당의 명칭 또는 후보자의 성명을 나타내는 광고, 인사장, 벽보, 사진, 문서·도화 인쇄물이나 녹음·녹화테이프 그 밖에 이와 유사한 것을 배부·첩부·살포·상영 또는 게시할 수 없다. 다만, 다음 각 호의 어느 하나에 해당하는 행위는 그러하지 아니하다. 〈개정 2023. 8. 30.〉
1. 선거운동기간 중 후보자, 제60조의3 제2항 각 호의 어느 하나에 해당하는 사람(같은 항 제2호의 경우 선거연락소장을 포함하며, 이 경우 "예비후보자"는 "후보자"로 본다)이 제60조의3 제1항 제2호에 따른 후보자의 명함을 직접 주는 행위
2. 선거기간이 아닌 때에 행하는 「정당법」 제37조 제2항에 따른 통상적인 정당활동

✦ ② 누구든지 선거일 전 90일부터 선거일까지는 정당 또는 후보자의 명의를 나타내는 저술·연예·연극·영화·사진 그 밖의 물품을 이 법에 규정되지 아니한 방법으로 광고할 수 없으며, 후보자는 방송·신문·잡지 기타의 광고에 출연할 수 없다. 다만, 선거기간이 아닌 때에 「신문 등의 진흥에 관한 법률」 제2조 제1호에 따른 신문 또는 「잡지 등 정기간행물의 진흥에 관한 법률」 제2조에 따른 정기간행물의 판매를 위하여 통상적인 방법으로 광고하는 경우에는 그러하지 아니하다.

③ 누구든지 선거운동을 하도록 권유·약속하기 위하여 선거구민에 대하여 신분증명서·문서 기타 인쇄물을 발급·배부 또는 징구하거나 하게 할 수 없다.

(1) 명의를 나타내는 광고·출연 금지(제93조 제2항)
   ① 누구든지
   ② 선거일 전 90일부터 선거일까지
   ③ 정당 또는 후보자의 명의를 나타내는 저술·연예·연극·영화·사진 그 밖의 물품을 이 법에 규정되지 아니한 방법으로 광고할 수 없으며, 후보자는 방송·신문·잡지 기타의 광고에 출연할 수 없다.
   ④ 예외 : 선거기간이 아닌 때에 신문 또는 정기간행물의 판매를 위하여 통상적인 방법으로 광고하는 경우에는 그러하지 아니하다.

(2) 선거운동 약속의 신분증명서 발급 등 금지(제93조 제3항)
   ① 누구든지
   ② 선거운동을 하도록 권유·약속하기 위하여
   ③ 선거구민에 대하여
   ④ 신분증명서·문서 기타 인쇄물을 발급·배부 또는 징구하거나 하게 할 수 없다.
   ⑤ 취지 : 자원봉사자 모집 등을 빙자하여 탈법적인 방법으로 선거운동을 하는 것을 방지하기 위함이다.

(3) 제93조 제1항에 관한 판례 기출지문 [2017. 국가직 7급]
   ① '그 밖에 이와 유사한 것'에 정보통신망을 이용하여 인터넷 홈페이지 또는 그 게시판·대화방 등에 글이나 동영상 등 정보를 게시하거나 전자우편을 전송하는 방법이 포함되는 것으로 해석하는 한 헌법에 위반된다(헌재 2011.12.29. 2007헌마1001).
   ② 이 사건 조항은 매체의 형식에 중점을 두고 있는 것이 아니라 사람의 관념이나 의사를 시각이나 청각 또는 시청각에 호소하는 방법으로 다른 사람에게 전달하는 것에 중점을 두고 있는 것이다(헌재 2009.5.28. 2007헌바24).
   ③ '그 밖에 이와 유사한 것'이라는 규정에 따라 휴대전화 문자 메시지 전송을 금지하는 것은 선거운동의 부당한 경쟁 및 후보자들 간의 경제력 차이에 따른 불균형이라는 폐해를 막고, 선거의 평온과 공정을 해하는 결과의 발생을 방지함으로써 선거의 자유와 공정의 보장을 도모하는 것으로서 정당한 목적달성을 위한 적절한 수단에 해당한다(헌재 2009.5.28. 2007헌바24).

기출지문

◎ 누구든지 선거일 전 90일부터 선거일까지는 후보자(후보자가 되려는 사람을 포함한다)의 명의를 나타내는 저술을 공직선거법에 규정되지 아니한 방법으로 광고하는 행위를 할 수 없다(제93조 제2항). [2013. 국가직 9급]

관련판례 선거일전 180일부터 선거일까지 선거에 영향을 미치게 하기 위하여 정당 또는 후보자를 지지·추천하거나 반대하는 내용이 포함되어 있거나 정당의 명칭 또는 후보자의 성명을 나타내는 문서·도화의 배부·게시 등을 금지하고 처벌하는 공직선거법 조항의 각 '기타 이와 유사한 것' 부분에 '정보통신망을 이용하여 인터넷 홈페이지 또는 그 게시판·대화방 등에 글이나 동영상 등 정보를 게시하거나 전자우편을 전송하는 방법'이 포함된다고 해석한다면, 과잉금지원칙에 위배하여 정치적 표현의 자유 내지 선거운동의 자유를 침해하는 것이다(헌재 2011.12.29, 2007헌마1001). [2016. 국가직 7급]

**제94조【방송·신문 등에 의한 광고의 금지】** 누구든지 선거기간 중 선거운동을 위하여 이 법에 규정되지 아니한 방법으로 방송·신문·통신 또는 잡지 기타의 간행물 등 언론매체를 통하여 광고할 수 없다.

✦✦ **제95조【신문·잡지 등의 통상방법 외의 배부 등 금지】** ① 누구든지 이 법의 규정에 의한 경우를 제외하고는 선거에 관한 기사를 게재한 신문·통신·잡지 또는 기관·단체·시설의 기관지 기타 간행물을 통상방법외의 방법으로 배부·살포·게시·첨부하거나 그 기사를 복사하여 배부·살포·게시·첨부할 수 없다.

✦ ② 제1항에서 "선거에 관한 기사"라 함은 후보자(후보자가 되려는 사람을 포함한다. 이하 제96조 및 제97조에서 같다)의 당락이나 특정 정당(창당준비위원회를 포함한다)에 유리 또는 불리한 기사를 말하며, "통상방법에 의한 배부"라 함은 종전의 방법과 범위 안에서 발행·배부하는 것을 말한다.

기출지문

◎ '선거에 관한 기사'라 함은 후보자(후보자가 되려는 사람을 포함한다)의 당락이나 특정 정당(창당준비위원회를 포함한다)에 유리 또는 불리한 기사를 말한다(제95조 제2항). [2013. 국가직 9급]

제96조【허위논평·보도 등 금지】✦ ① 누구든지 선거에 관한 여론조사결과를 왜곡하여 공표 또는 보도할 수 없다.

✦ ② 방송·신문·통신·잡지, 그 밖의 간행물을 경영·관리하는 자 또는 편집·취재·집필·보도하는 자는 다음 각 호의 어느 하나에 해당하는 행위를 할 수 없다.
1. 특정 후보자를 당선되게 하거나 되지 못하게 할 목적으로 선거에 관하여 허위의 사실을 보도하거나 사실을 왜곡하여 보도 또는 논평을 하는 행위
2. 여론조사결과 등과 같은 객관적 자료를 제시하지 아니하고 선거결과를 예측하는 보도를 하는 행위

제97조【방송·신문의 불법이용을 위한 행위 등의 제한】✦ ① 누구든지 선거운동을 위하여 방송·신문·통신·잡지 기타의 간행물을 경영·관리하는 자 또는 편집·취재·집필·보도하는 자에게 금품·향응 기타의 이익을 제공하거나 제공할 의사의 표시 또는 그 제공을 약속할 수 없다.

② 정당, 후보자, 선거사무장, 선거연락소장, 선거사무원, 회계책임자, 연설원, 대담·토론자 또는 제114조(정당 및 후보자의 가족 등의 기부행위제한) 제2항의 후보자 또는 그 가족과 관계있는 회사 등은 선거에 관한 보도·논평이나 대담·토론과 관련하여 당해 방송·신문·통신·잡지 기타 간행물을 경영·관리하거나 편집·취재·집필·보도하는 자 또는 그 보조자에게 금품·향응 기타 이익을 제공하거나 제공할 의사의 표시 또는 그 제공을 약속할 수 없다.

③ 방송·신문·통신·잡지 기타 간행물을 경영·관리하거나 편집·취재·집필·보도하는 자는 제1항 및 제2항의 규정에 의한 금품·향응 기타의 이익을 받거나 권유·요구 또는 약속할 수 없다.

제98조【선거운동을 위한 방송이용의 제한】누구든지 이 법의 규정에 의하지 아니하고는 그 방법의 여하를 불문하고 방송시설을 이용하여 선거운동을 위한 방송을 하거나 하게 할 수 없다.

제99조【구내방송 등에 의한 선거운동금지】누구든지 이 법의 규정에 의하지 아니하고는 선거기간 중 교통수단·건물 또는 시설 안의 방송시설을 이용하여 선거운동을 할 수 없다.

제100조【녹음기 등의 사용금지】누구든지 선거기간 중 이 법의 규정에 의하지 아니하고는 녹음기나 녹화기(비디오 및 오디오기기를 포함한다)를 사용하여 선거운동을 할 수 없다.

제101조【타연설회 등의 금지】누구든지 선거기간 중 선거에 영향을 미치게 하기 위하여 이 법의 규정에 의한 연설·대담 또는 대담·토론회를 제외하고는 다수인을 모이게 하여 개인정견발표회·시국강연회·좌담회 또는 토론회 기타의 연설회나 대담·토론회를 개최할 수 없다.

제102조【야간연설 등의 제한】 ① 이 법의 규정에 의한 연설·대담과 대담·토론회(방송시설을 이용하는 경우를 제외한다)는 오후 11시부터 다음날 오전 6시까지는 개최할 수 없으며, 공개장소에서의 연설·대담은 오후 11시부터 다음날 오전 7시까지는 이를 할 수 없다. 다만, 공개장소에서의 연설·대담을 하는 경우 자동차에 부착된 확성장치 또는 휴대용 확성장치는 오전 7시부터 오후 9시까지 사용할 수 있다. 〈개정 2022.1.18.〉

② 제79조에 따른 공개장소에서의 연설·대담을 하는 경우 오후 9시부터 다음 날 오전 7시까지 같은 조 제10항에 따른 녹음기와 녹화기(비디오 및 오디오 기기를 포함한다. 이하 이 항에서 같다)를 사용할 수 없다. 다만, 녹화기는 소리의 출력 없이 화면만을 표출하는 경우에 한정하여 오후 11시까지 사용할 수 있다. 〈개정 2022.1.18.〉

(1) **연설·대담과 대담·토론회(방송시설 이용하는 경우 제외) 제한시간 : 오후 11시~다음날 오전 6시**
(2) **공개장소에서의 연설·대담 제한시간 : 오후 11시~다음날 오전 7시. 단, 휴대용 확성장치만 사용하는 경우에는 오전 7시~오후 9시까지 할 수 있다.**
(3) **이는 선거권자의 야간생활의 안정을 보호하고 선거분위기의 과열을 방지하기 위한 것이다.**

신설 제103조【각종집회 등의 제한】 ① 누구든지 선거기간 중 선거운동을 위하여 이 법에 규정된 것을 제외하고는 명칭 여하를 불문하고 집회나 모임을 개최할 수 없다. 신설 〈2023. 8. 30.〉

✦✦ ② 특별법에 따라 설립된 국민운동단체로서 국가나 지방자치단체의 출연 또는 보조를 받는 단체(바르게살기운동협의회·새마을운동협의회·한국자유총연맹을 말한다) 및 주민자치위원회는 선거기간 중 회의 그 밖에 어떠한 명칭의 모임도 개최할 수 없다.

개정 ③ 누구든지 선거기간 중 선거에 영향을 미치게 하기 위하여 향우회·종친회·동창회·단합대회·야유회 또는 참가 인원이 25명을 초과하는, 그 밖의 집회나 모임을 개최할 수 없다.

④ 선거기간 중에는 특별한 사유가 없는 한 반상회를 개최할 수 없다.

✦✦ ⑤ 누구든지 선거일 전 90일(선거일 전 90일 후에 실시사유가 확정된 보궐선거 등에 있어서는 그 선거의 실시사유가 확정된 때)부터 선거일까지 후보자(후보자가 되고자 하는 자를 포함한다)와 관련있는 저서의 출판기념회를 개최할 수 없다.

> 기출지문
>
> 관련판례 특별법에 따라 설립된 국민운동단체로서 국가나 지방자치단체의 출연 또는 보조를 받은 단체에게 선거기간 중 회의 그 밖의 어떠한 명칭의 모임도 개최할 수 없도록 하는 것은 관권 개입 및 탈법행위 위험성의 차단을 위한 것으로 과잉금지의 원칙에 위배되지 않는다(헌재 2013.12.26, 2010헌가90). [2015. 국가직 7급]

제104조 【연설회장에서의 소란행위 등의 금지】 누구든지 이 법의 규정에 의한 공개장소에서의 연설·대담장소, 대담·토론회장 또는 정당의 집회장소에서 폭행·협박 기타 어떠한 방법으로도 연설·대담장소 등의 질서를 문란하게 하거나 그 진행을 방해할 수 없으며, 연설·대담 등의 주관자가 연단과 그 주변의 조명을 위하여 사용하는 경우를 제외하고는 횃불을 사용할 수 없다.

제105조 【행렬 등의 금지】 ✦ ① 누구든지 선거운동을 위하여 5명(후보자와 함께 있는 경우에는 후보자를 포함하여 10명)을 초과하여 무리를 지어 다음 각 호의 어느 하나에 해당하는 행위를 할 수 없다. 다만, 제2호의 행위를 하는 경우에는 후보자와 그 배우자(배우자 대신 후보자가 그의 직계존비속 중에서 신고한 1인을 포함한다), 선거사무장, 선거연락소장, 선거사무원, 후보자와 함께 있는 활동보조인 및 회계책임자는 그 수에 산입하지 아니한다.
1. 거리를 행진하는 행위 [2018. 국가직 9급]
2. 다수의 선거구민에게 인사하는 행위
3. 연달아 소리지르는 행위. 다만, 제79조(공개장소에서의 연설·대담)의 규정에 의한 공개장소에서의 연설·대담에서 당해 정당 또는 후보자에 대한 지지를 나타내기 위하여 연달아 소리지르는 경우에는 그러하지 아니하다.
② 삭제〈2010.1.25.〉

**기출지문**

◎ 선거운동기간 동안 후보자의 선거사무원들만으로 구성된 5인이 선거운동을 위하여 거리를 행진하는 행위는 허용된다(제105조 제1항 제1호). [2017. 국가직 7급]

✦✦ 제106조 【호별방문의 제한】 ① 누구든지 선거운동을 위하여 또는 선거기간 중 입당의 권유를 위하여 호별로 방문할 수 없다.
② 선거운동을 할 수 있는 자는 제1항의 규정에 불구하고 관혼상제의 의식이 거행되는 장소와 도로·시장·점포·다방·대합실 기타 다수인이 왕래하는 공개된 장소에서 정당 또는 후보자에 대한 지지를 호소할 수 있다.
③ 누구든지 선거기간 중 공개장소에서의 연설·대담의 통지를 위하여 호별로 방문할 수 없다.

(1) 호별방문금지조항으로 인하여 제한되는 기본권 제한의 정도가 호별방문금지조항을 통해 달성하고자 하는 선거의 공정과 사생활의 평온이라는 공익에 비하여 크다고 할 수 없으므로, 호별방문금지조항은 법익의 균형성 원칙에도 위반되지 않아 합헌이다(헌재 2016.12.29, 2015헌마1160).

### 기출지문

- 선거운동을 할 수 있는 자는 관혼상제의 의식이 거행되는 장소와 도로·시장·점포·다방·대합실 기타 다수인이 왕래하는 공개된 장소에서 정당 또는 후보자에 대한 지지를 호소할 수 있다(제106조 제2항). [2023. 국가직 9급, 2022·2014. 국가직 7급]
- 공직선거법 상 소정의 호별방문죄는 연속적으로 두 집 이상을 방문함으로써 성립하고, 또 타인과 면담하기 위하여 그 거택 등에 들어간 경우는 물론 타인을 면담하기 위하여 방문하였으나 피방문자가 부재중이어서 들어가지 못한 경우에도 성립한다(대판 2007.3.15, 2006도9042). [2017. 국가직 9급]
- 선거운동을 할 수 있는 자라 하더라도 관혼상제의 의식이 거행되는 장소에서는 정당 또는 후보자에 대한 지지를 호소할 수 없다. (×) [2015. 국가직 9급]
  - ⁺PLUS 선거운동을 할 수 있는 자는 관혼상제의 의식이 거행되는 장소와 도로·시장·점포·다방·대합실 기타 다수인이 왕래하는 공개된 장소에서 정당 또는 후보자에 대한 지지를 호소할 수 있다(제106조 제2항). [2023. 국가직 9급]
- 선거운동을 할 수 있는 자는 선거운동기간 중에 상가(喪家)를 방문하여 후보자에 대한 지지를 호소할 수 없다. (×) [2014. 국가직 9급]
  - ⁺PLUS 선거운동을 할 수 있는 자는 관혼상제의 의식이 거행되는 장소와 도로·시장·점포·다방·대합실 기타 다수인이 왕래하는 공개된 장소에서 정당 또는 후보자에 대한 지지를 호소할 수 있다(제106조 제2항).
- 누구든지 선거운동을 위하여 또는 선거기간 중 입당의 권유를 위하여 호별로 방문할 수 없으나, 선거기간 중 단순히 공개장소에서의 연설·대담의 통지를 위해서는 호별 방문이 가능하다. (×) [2014. 국가직 7·9급]
  - ⁺PLUS 누구든지 선거운동을 위하여 또는 선거기간 중 입당의 권유를 위하여 호별로 방문할 수 없으며(제106조 제1항), 누구든지 선거기간 중 공개장소에서의 연설·대담의 통지를 위하여 호별로 방문할 수 없다(제106조 제3항).

**제107조【서명·날인운동의 금지】** 누구든지 선거운동을 위하여 선거구민에 대하여 서명이나 날인을 받을 수 없다.

### 기출지문

- 후보자가 선거운동기간 중에 선거운동을 위하여 선거구민으로부터 서명이나 날인을 받는 것은 허용되지 않는다(제107조). [2022. 국가직 7급, 2014. 국가직 9급]

✦ **제108조【여론조사의 결과공표금지 등】**✦ ① 누구든지 선거일 전 6일부터 선거일의 투표 마감시각까지 선거에 관하여 정당에 대한 지지도나 당선인을 예상하게 하는 여론조사(모의투표나 인기투표에 의한 경우를 포함한다. 이하 이 조에서 같다)의 경위와 그 결과를 공표하거나 인용하여 보도할 수 없다.

✦ ② 누구든지 선거일 전 60일(선거일 전 60일 후에 실시사유가 확정된 보궐선거 등에서는 그 선거의 실시사유가 확정된 때)부터 선거일까지 선거에 관한 여론조사를 투표용지와 유사한 모형에 의한 방법을 사용하거나 후보자(후보자가 되고자 하는 자를 포함한다 이하 이 조에서 같다) 또는 정당(창당준비위원회를 포함한다. 이하 이 조에서 같다)의 명의로 선거에 관한 여론조사를 할 수 없다. 다만, 제57조의2 제2항에 따른 여론조사는 그러하지 아니하다.

③ 다음 각 호의 어느 하나에 해당하는 자를 제외하고는 누구든지 선거에 관한 여론조사를 실시하려면 여론조사의 목적, 표본의 크기, 조사지역·일시·방법, 전체 설문내용 등 중앙선거관리위원회규칙으로 정하는 사항을 여론조사 개시일 전 2일까지 관할 선거여론조사심의위원회에 서면으로 신고하여야 한다.

1. 제3자로부터 여론조사를 의뢰받은 여론조사 기관·단체(제3자의 의뢰 없이 직접 하는 경우는 제외한다)
2. 정당[창당준비위원회와 「정당법」 제38조(정책연구소의 설치·운영)에 따른 정책연구소를 포함한다]
3. 「방송법」 제2조(용어의 정의)에 따른 방송사업자
4. 전국 또는 시·도를 보급지역으로 하는 「신문 등의 진흥에 관한 법률」 제2조(정의)에 따른 신문사업자 및 「잡지 등 정기간행물의 진흥에 관한 법률」 제2조(정의)에 따른 정기간행물사업자
5. 「뉴스통신 진흥에 관한 법률」 제2조(정의)에 따른 뉴스통신사업자
6. 제3호부터 제5호까지의 사업자가 관리·운영하는 인터넷언론사
7. 전년도 말 기준 직전 3개월 간의 일일 평균 이용자 수 10만명 이상인 인터넷언론사

✦ ④ 관할 선거여론조사심의위원회는 제3항에 따른 신고 내용이 이 법 또는 선거여론조사기준을 충족하지 못한다고 판단되는 때에는 여론조사실시 전까지 보완할 것을 요구할 수 있다. 이 경우 보완요구에 이의가 있는 때에는 관할 선거여론조사심의위원회에 서면으로 이의신청을 할 수 있다.

⑤ 누구든지 선거에 관한 여론조사를 하는 경우에는 피조사자에게 질문을 하기 전에 여론조사기관·단체의 명칭과 전화번호를 밝혀야 하고, 해당 조사대상의 전계층을 대표할 수 있도록 피조사자를 선정하여야 하며, 다음 각 호의 어느 하나에 해당하는 행위를 하여서는 아니된다.

1. 특정 정당 또는 후보자에게 편향되도록 하는 어휘나 문장을 사용하여 질문하는 행위
2. 피조사자에게 응답을 강요하거나 조사자의 의도에 따라 응답을 유도하는 방법으로 질문하거나, 피조사자의 의사를 왜곡하는 행위

3. 오락 기타 사행성을 조장할 수 있는 방법으로 조사하거나 제13항에 따라 제공할 수 있는 전화요금 할인 혜택을 초과하여 제공하는 행위
4. 피조사자의 성명이나 성명을 유추할 수 있는 내용을 공개하는 행위

✦✦ ⑥ 누구든지 선거에 관한 여론조사의 결과를 공표 또는 보도하는 때에는 선거여론조사기준으로 정한 사항을 함께 공표 또는 보도하여야 하며, 선거에 관한 여론조사를 실시한 기관 · 단체는 조사설계서 · 피조사자선정 · 표본추출 · 질문지작성 · 결과분석 등 조사의 신뢰성과 객관성의 입증에 필요한 자료와 수집된 설문지 및 결과분석자료 등 해당 여론조사와 관련있는 자료일체를 해당 선거의 선거일 후 6개월까지 보관하여야 한다.

⑦ 선거에 관한 여론조사 결과를 공표 · 보도하려는 때에는 그 결과의 공표 · 보도 전에 해당 여론조사를 실시한 선거여론조사기관이 선거여론조사기준으로 정한 사항을 중앙선거여론조사심의위원회 홈페이지에 등록하여야 한다. 이 경우 선거여론조사기관이 제3자로부터 의뢰를 받아 여론조사를 실시한 때에는 해당 여론조사를 의뢰한 자는 선거여론조사기관에 해당 여론조사 결과의 공표 · 보도 예정일시를 통보하여야 하며, 선거여론조사기관은 통보받은 공표 · 보도 예정일시 전에 해당 사항을 등록하여야 한다.

⑧ 누구든지 다음 각 호의 어느 하나에 해당하는 행위를 하여서는 아니된다.
1. 제7항에 따라 중앙선거여론조사심의위원회 홈페이지에 등록되지 아니한 선거에 관한 여론조사 결과를 공표 또는 보도하는 행위
2. 선거여론조사기준을 따르지 아니하고 공표 또는 보도를 목적으로 선거에 관한 여론조사를 하거나 그 결과를 공표 또는 보도하는 행위

⑨ 다음 각 호의 어느 하나에 해당하는 때에는 해당 여론조사를 실시한 기관 · 단체에 제6항에 따라 보관 중인 여론조사와 관련된 자료의 제출을 요구할 수 있으며, 그 요구를 받은 기관 · 단체는 지체 없이 이에 따라야 한다.
1. 관할 선거구선거관리위원회가 공표 또는 보도된 여론조사와 관련하여 이 법을 위반하였다고 인정할 만한 상당한 이유가 있다고 판단되는 때
2. 선거여론조사심의위원회가 공표 또는 보도된 여론조사결과의 객관성 · 신뢰성에 대하여 정당 또는 후보자로부터 서면으로 이의신청을 받거나 제8조의8 제7항 제2호에 따른 심의를 위하여 필요하다고 판단되는 때

✦✦ ⑩ 누구든지 야간(오후 10시부터 다음 날 오전 7시까지를 말한다)에는 전화를 이용하여 선거에 관한 여론조사를 실시할 수 없다.

⑪ 누구든지 다음 각 호의 어느 하나에 해당하는 행위를 하여서는 아니 된다.
1. 제57조의2 제1항에 따른 당내경선을 위한 여론조사의 결과에 영향을 미치게 하기 위하여 다수의 선거구민을 대상으로 성별 · 연령 등을 거짓으로 응답하도록 지시 · 권유 · 유도하는 행위

2. 선거에 관한 여론조사의 결과에 영향을 미치게 하기 위하여 둘 이상의 전화번호를 착신전환 등의 조치를 하여 같은 사람이 두 차례 이상 응답하거나 이를 지시·권유·유도하는 행위

⑫ 누구든지 다음 각 호의 어느 하나에 해당하는 선거에 관한 여론조사의 결과를 해당 선거일의 투표마감시각까지 공표 또는 보도할 수 없다. 다만, 제2호의 경우 해당 선거여론조사기관에 대하여 불송치결정 또는 불기소처분이 있거나 무죄의 판결이 확정된 때에는 그러하지 아니하다.
1. 정당 또는 후보자가 실시한 해당 선거에 관한 여론조사
2. 제8조의8제10항에 따라 고발되거나 이 법에 따른 여론조사에 관한 범죄로 기소된 선거여론조사기관이 실시한 선거에 관한 여론조사
3. 선거여론조사기관이 아닌 여론조사기관·단체가 실시한 선거에 관한 여론조사

✦ ⑬ 선거에 관한 여론조사에 성실하게 응답한 사람에게는 중앙선거관리위원회규칙으로 정하는 바에 따라 전화요금 할인 혜택을 제공할 수 있다. 이 경우 전화요금 할인에 소요되는 비용은 해당 여론조사를 실시하는 자가 부담한다.

⑭ 여론조사의 신고, 이의신청, 자료제출 요구 절차, 그 밖에 필요한 사항은 중앙선거관리위원회규칙으로 정한다.

**(1) 여론조사 결과 등의 공표를 금지한 법률규정의 위헌 여부(헌재 1995.7.21, 92헌마177) : 기각**

① 대통령선거에 관한 여론조사는 그것이 공정하고 정확하게 이루어졌다 하여도 그 결과가 공표되게 되면 선거에 영향을 미쳐 국민의 진의를 왜곡하고 선거의 공정성을 저해할 우려가 있으며, 더구나 선거일에 가까워질수록 여론조사결과의 공표가 갖는 부정적 효과는 극대화되고 특히 불공정하거나 부정확한 여론조사결과가 공표될 때에는 선거의 공정성을 결정적으로 해칠 가능성이 높지만 이를 반박하고 시정할 수 있는 가능성은 점점 희박해진다고 할 것이므로, 대통령선거의 중요성에 비추어 선거의 공정을 위하여 선거일을 앞두고 어느 정도의 기간동안 선거에 관한 여론조사결과의 공표를 금지하는 것 자체는 그 금지기간이 지나치게 길지 않는 한 위헌이라고 할 수 없다.

② 선거에 관한 여론조사결과의 공표금지기간을 어느 정도로 할 것인가는 그 나라의 입법 당시의 시대적 상황과 선거문화 및 국민의식수준 등을 종합적으로 고려하여 입법부가 재량에 의하여 정책적으로 결정할 사항이라 할 것인데, 우리나라에서의 여론조사에 관한 여건이나 기타의 상황 등을 고려할 때, 대통령선거의 공정성을 확보하기 위하여 선거일공고일로부터 선거일까지의 선거기간 중에는 선거에 관한 여론조사의 결과 등의 공표를 금지하는 것은 필요하고도 합리적인 범위 내에서의 제한이라고 할 것이므로, 이 사건 법률규정이 헌법 제37조 제2항이 정하고 있는 한계인 과잉금지의 원칙에 위배하여 언론·출판의 자유와 알권리 및 선거권을 침해하였다고 할 수 없다.

> 기출지문

- ❌ 누구든지 선거일 전 6일부터 선거일의 투표마감시각까지 선거에 관하여 정당에 대한 지지도나 당선인을 예상하게 하는 여론조사의 경위와 그 결과를 공표하거나 인용하여 보도할 수 있다. (×) [2022·2013. 국가직 9급]
  - **PLUS** 누구든지 선거일 전 6일부터 선거일의 투표마감시각까지 선거에 관하여 정당에 대한 지지도나 당선인을 예상하게 하는 여론조사(모의투표나 인기투표에 의한 경우 포함)의 경위와 그 결과를 공표하거나 인용하여 보도할 수 없다(제108조 제1항).
    [2017·2016. 국가직 9급]

- ❌ 당내경선을 대체하는 여론조사를 제외하고, 누구든지 선거일 전 90일부터 선거일까지 투표용지와 유사한 모형에 의한 방법을 사용하거나 후보자 또는 정당의 명의로 선거에 관한 여론조사를 할 수 없다. (×) [2016. 국가직 9급]
  - **PLUS** 누구든지 선거일전 60일(선거일전 60일 후에 실시사유가 확정된 보궐선거등에서는 그 선거의 실시사유가 확정된 때)부터 선거일까지 선거에 관한 여론조사를 투표용지와 유사한 모형에 의한 방법을 사용하거나 후보자(후보자가 되고자 하는 자를 포함한다.) 또는 정당(창당준비위원회를 포함한다.)의 명의로 선거에 관한 여론조사를 할 수 없다. 다만, 제57조의2제2항에 따른 여론조사는 그러하지 아니하다(제108조 제2항).

- ❌ 누구든지 선거에 관한 여론조사를 실시하려면 여론조사의 목적, 표본의 크기, 조사지역·일시·방법, 전체 설문내용 등 선거여론조사기준으로 정한 사항을 여론조사 개시일 전 7일까지 관할 선거관리위원회에 서면으로 신고하여야 한다. (×) [2016. 국가직 9급]
  - **PLUS** 제3자로부터 여론조사를 의뢰받은 여론조사 기관·단체, 정당, 방송사업자·전국 또는 시·도를 보급지역으로 하는 신문사업자 및 정기간행물사업자·뉴스통신사업자 또는 위 사업자가 관리·운영하는 인터넷언론사, 전년도 말 기준 직전 3개월 간의 일일 평균 이용자 수 10만명 이상인 인터넷언론사를 제외하고는 누구든지 선거에 관한 여론조사를 실시하려면 여론조사의 목적, 표본의 크기, 조사지역·일시·방법, 전체 설문내용 등 중앙선거관리위원회규칙으로 정하는 사항을 여론조사 개시일 전 2일까지 관할 선거여론조사심의위원회에 서면으로 신고하여야 한다(제108조 제3항).

- ❌ 누구든지 선거에 관한 여론조사의 결과를 공표 또는 보도하는 때에는 선거여론조사기준으로 정한 사항을 함께 공표 또는 보도하여야 하며, 여론조사 실시기관·단체는 조사의 신뢰성과 객관성의 입증에 필요한 자료와 결과분석자료 등을 해당 선거일 후 12개월까지 보관하여야 한다. (×) [2022. 국가직 7급, 2016. 국가직 9급]
  - **PLUS** 누구든지 선거에 관한 여론조사의 결과를 공표 또는 보도하는 때에는 선거여론조사기준으로 정한 사항을 함께 공표 또는 보도하여야 하며, 선거에 관한 여론조사를 실시한 기관·단체는 조사설계서·피조사자선정·표본추출·질문지작성·결과분석 등 조사의 신뢰성과 객관성의 입증에 필요한 자료와 수집된 설문지 및 결과분석자료 등 해당 여론조사와 관련있는 자료일체를 해당 선거의 선거일 후 6개월까지 보관하여야 한다(제108조 제6항).

❌ 야간(오후 10시부터 다음 날 오전 7시까지를 말한다)이라 하더라도 전화를 이용하여 선거에 관한 여론조사를 실시할 수 있다. (×) [2013. 국가직 9급]

> **PLUS** 누구든지 야간(오후 10시부터 다음 날 오전 7시까지를 말한다)에는 전화를 이용하여 선거에 관한 여론조사를 실시할 수 없다(제108조 제10항).

✦✦ **제108조의2【선거여론조사를 위한 휴대전화 가상번호의 제공】** ① 선거여론조사기관이 공표 또는 보도를 목적으로 전화를 이용하여 선거에 관한 여론조사를 실시하는 경우 휴대전화 가상번호를 사용할 수 있다.

② 선거여론조사기관이 제1항에 따른 여론조사를 실시하는 경우에는 관할 선거여론조사심의위원회를 경유하여 이동통신사업자에게 휴대전화 가상번호를 제공하여 줄 것을 요청할 수 있다.

③ 제2항에 따라 휴대전화 가상번호를 사용하고자 하는 선거여론조사기관은 해당 여론조사 개시일 전 10일까지 관할 선거여론조사심의위원회에 휴대전화 가상번호 제공 요청서를 제출하여야 하고, 관할 선거여론조사심의위원회는 해당 요청서의 기재사항을 심사한 후 제출받은 날부터 3일 이내에 해당 요청서를 이동통신사업자에게 송부하여야 한다.

④ 선거여론조사기관이 제2항에 따른 요청을 하는 경우에는 휴대전화 가상번호 제공 요청서에 다음 각 호에 따른 사항을 적어야 한다.
1. 여론조사의 목적 · 내용 및 기간
2. 여론조사 대상 지역 및 대상자 수
3. 이동통신사업자별로 제공하여야 하는 성별 · 연령별 · 지역별 휴대전화 가상번호 수. 이 경우 제공을 요청할 수 있는 휴대전화 가상번호의 총수는 제2호에 따른 대상자 수의 30배수를 초과할 수 없다.
4. 그 밖에 중앙선거관리위원회규칙으로 정하는 사항

⑤ 선거에 관한 여론조사를 위한 휴대전화 가상번호 제공에 관하여는 제57조의8제4항부터 제7항까지 및 제9항부터 제11항까지의 규정을 준용한다.

⑥ 휴대전화 가상번호 제공 요청 방법과 절차, 휴대전화 가상번호의 유효기간 설정, 휴대전화 가상번호 제공 요청서 서식, 그 밖에 필요한 사항은 중앙선거관리위원회규칙으로 정한다.

✦✦ **제108조의3【정책 · 공약에 관한 비교평가결과의 공표제한 등】** ✦✦ ① 언론기관(제82조의 언론기관을 말한다) 및 제87조 제1항 각 호의 어느 하나에 해당하지 아니하는 단체(이하 이 조에서 "언론기관 등"이라 한다)는 정당 · 후보자(후보자가 되려는 자를 포함한다. 이하 이 조에서 "후보자 등"이라 한다)의 정책이나 공약에 관하여 비교평가하고 그 결과를 공표할 수 있다.

② 언론기관 등이 후보자 등의 정책이나 공약에 관한 비교평가를 하거나 그 결과를 공표하는 때에는 다음 각 호의 어느 하나에 해당하는 행위를 하여서는 아니된다.
1. 특정 후보자 등에게 유리 또는 불리하게 평가단을 구성·운영하는 행위
2. 후보자 등별로 점수부여 또는 순위나 등급을 정하는 등의 방법으로 서열화하는 행위

✦ ③ 언론기관 등이 후보자 등의 정책이나 공약에 관한 비교평가의 결과를 공표하는 때에는 평가주체, 평가단 구성·운영, 평가지표·기준·방법 등 평가의 신뢰성·객관성을 입증할 수 있는 내용을 공표하여야 하며, 비교평가와 관련있는 자료 일체를 해당 선거의 선거일 후 6개월까지 보관하여야 한다. 이 경우 선거운동을 하거나 할 것을 표방한 단체는 지지하는 후보자 등을 함께 공표하여야 한다.

### 제109조【서신·전보 등에 의한 선거운동의 금지】
① 누구든지 선거기간 중 이 법에 규정되지 아니한 방법으로 선거권자에게 서신·전보·모사전송 그 밖에 전기통신의 방법을 이용하여 선거운동을 할 수 없다.

② 제59조제4호에 따른 전화를 이용한 선거운동은 야간(오후 11시부터 다음 날 오전 6시까지를 말한다)에는 이를 할 수 없다.

③ 누구든지 선거운동을 위하여 후보자, 선거사무장, 선거연락소장, 선거사무원, 회계책임자, 연설원, 대담·토론자 또는 선거권자 등을 전화 기타의 방법으로 협박할 수 없다.

### ✦✦ 제110조【후보자 등의 비방금지】
① 누구든지 선거운동을 위하여 후보자(후보자가 되고자 하는 자를 포함한다. 이하 이 조에서 같다), 후보자의 배우자 또는 직계존비속이나 형제자매의 출생지·가족관계·신분·직업·경력 등·재산·행위·소속단체, 특정인 또는 특정단체로부터의 지지여부 등에 관하여 허위의 사실을 공표할 수 없으며, 공연히 사실을 적시하여 사생활을 비방할 수 없다. 다만, 진실한 사실로서 공공의 이익에 관한 때에는 그러하지 아니하다.

② 누구든지 선거운동을 위하여 정당, 후보자, 후보자의 배우자 또는 직계존비속이나 형제자매와 관련하여 특정 지역·지역인 또는 성별을 공연히 비하·모욕하여서는 아니 된다.

### 제110조의2【허위사실 등에 대한 이의제기】
① 누구든지 후보자 또는 예비후보자의 출생지·가족관계·신분·직업·경력등·재산·행위·소속단체, 특정인 또는 특정단체로부터의 지지여부 등에 관하여 공표된 사실이 거짓임을 이유로 해당 선거구선거관리위원회를 거쳐 직근 상급선거관리위원회에 서면으로 이의제기를 할 수 있다.

② 제1항에 따른 이의제기를 받은 직근 상급선거관리위원회는 후보자 또는 예비후보자, 소속 정당, 이의제기자, 관련 국가기관·지방자치단체, 그 밖의 기관·단체에 대하여 증명서류 및 관련자료의 제출을 요구할 수 있다. 이 경우 제출요구를 받은 자는 정당한 사유가 없으면 지체 없이 이에 따라야 한다.

③ 직근 상급선거관리위원회는 증명서류 및 관련자료의 제출이 없거나 제출한 증명서류 및 관련자료를 통하여 확인한 결과 공표된 사실이 거짓으로 판명된 때에는 이를 지체 없이 공고하여야 한다. 이 경우 이의제기서와 제출받은 서류·자료를 「개인정보 보호법」을 위반하지 아니하는 범위에서 편집·수정 없이 선거관리위원회 홈페이지에 공개하여야 한다.
④ 이의제기서의 양식, 제출 서류·자료의 공개, 그 밖에 필요한 사항은 중앙선거관리위원회규칙으로 정한다.

제111조【의정활동 보고】 ① 국회의원 또는 지방의회의원은 보고회 등 집회, 보고서(인쇄물, 녹음·녹화물 및 전산자료 복사본을 포함한다), 인터넷, 문자메시지, 송·수화자 간 직접 통화 방식의 전화 또는 축사·인사말(게재하는 경우를 포함한다)을 통하여 의정활동(선거구활동·일정고지, 그 밖에 업적의 홍보에 필요한 사항을 포함한다)을 선거구민(행정구역 또는 선거구역의 변경으로 새로 편입된 구역의 선거구민을 포함한다. 이하 이 조에서 같다)에게 보고할 수 있다. 다만, 대통령선거·국회의원선거·지방의회의원선거 및 지방자치단체의 장선거의 선거일 전 90일부터 선거일까지 직무상의 행위 그 밖에 명목여하를 불문하고 의정활동을 인터넷 홈페이지 또는 그 게시판·대화방 등에 게시하거나 전자우편·문자메시지로 전송하는 외의 방법으로 의정활동을 보고할 수 없다.

② 국회의원 또는 지방의회의원이 의정보고회를 개최하는 때에는 고지벽보와 의정보고회 장소표지를 첩부·게시할 수 있으며, 고지벽보와 표지에는 보고회명과 개최일시·장소 및 보고사항(후보자가 되고자 하는 자를 선전하는 내용을 제외한다)을 게재할 수 있다. 이 경우 의정보고회를 개최한 국회의원 또는 지방의회의원은 고지벽보와 표지를 의정보고회가 끝난 후 지체없이 철거하여야 한다.

③ 제1항의 규정에 따라 보고서를 우편으로 발송하고자 하는 국회의원 또는 지방의회의원은 그 발송수량의 범위 안에서 선거구민인 세대주의 성명·주소(이하 이 조에서 "세대주명단"이라 한다)의 교부를 연 1회에 한하여 구·시·군의 장에게 서면으로 신청할 수 있으며, 신청을 받은 구·시·군의 장은 다른 법률의 규정에도 불구하고 지체 없이 그 세대주명단을 작성·교부하여야 한다.

④ 제3항의 규정에 따른 세대주명단의 작성비용의 납부, 교부된 세대주명단의 양도·대여 및 사용의 금지에 관하여는 제46조(명부사본의 교부) 제3항 및 제4항의 규정을 준용한다. 이 경우 "명부"는 "세대주명단"으로 본다.

⑤ 의정보고회의 고지벽보와 표지의 규격·수량, 세대주의 명단의 교부신청 그 밖의 의정활동 보고에 관하여 필요한 사항은 중앙선거관리위원회규칙으로 정한다.

제112조【기부행위의 정의 등】 ① 이 법에서 "기부행위"라 함은 당해 선거구 안에 있는 자나 기관·단체·시설 및 선거구민의 모임이나 행사 또는 당해 선거구의 밖에 있더라도 그

선거구민과 연고가 있는 자나 기관·단체·시설에 대하여 금전·물품 기타 재산상 이익의 제공, 이익제공의 의사표시 또는 그 제공을 약속하는 행위를 말한다.
② 제1항의 규정에 불구하고 다음 각 호의 어느 하나에 해당하는 행위는 기부행위로 보지 아니한다.

✦✦ 1. 통상적인 정당활동과 관련한 행위
  ✦ 가. 정당이 각급당부에 당해 당부의 운영경비를 지원하거나 유급사무직원에게 보수를 지급하는 행위
    나. 정당의 당헌·당규 기타 정당의 내부규약에 의하여 정당의 당원이 당비 기타 부담금을 납부하는 행위
  ✦ 다. 정당이 소속 국회의원, 이 법에 따른 공직선거의 후보자·예비후보자에게 정치자금을 지원하는 행위
    라. 제140조 제1항에 따른 창당대회 등과 제141조 제2항에 따른 당원집회 및 당원교육, 그 밖에 소속 당원만을 대상으로 하는 당원집회에서 참석당원 등에게 정당의 경비로 교재, 그 밖에 정당의 홍보인쇄물, 싼 값의 정당의 배지 또는 상징마스코트나 통상적인 범위에서 차·커피 등 음료(주류는 제외한다)를 제공하는 행위
    마. 통상적인 범위 안에서 선거사무소·선거연락소 또는 정당의 사무소를 방문하는 자에게 다과·떡·김밥·음료(주류는 제외한다) 등 다과류의 음식물을 제공하는 행위
    바. 중앙당의 대표자가 참석하는 당직자회의(구·시·군단위 이상의 지역책임자급 간부와 시·도수의 10배수에 상당하는 상위직의 간부가 참석하는 회의를 말한다) 또는 시·도당의 대표자가 참석하는 당직자회의(읍·면·동단위 이상의 지역책임자급 간부와 관할 구·시·군의 수에 상당하는 상위직의 간부가 참석하는 회의를 말한다)에 참석한 당직자에게 통상적인 범위에서 식사류의 음식물을 제공하는 행위
    사. 정당이 소속 유급사무직원을 대상으로 실시하는 교육·연수에 참석한 유급사무직원에게 정당의 경비로 숙식·교통편의 또는 실비의 여비를 제공하는 행위
  ✦ 아. 정당의 대표자가 소속 당원만을 대상으로 개최하는 신년회·송년회에 참석한 사람에게 정당의 경비로 통상적인 범위에서 다과류의 음식물을 제공하는 행위
  ✦ 자. 정당이 그 명의로 재해구호·장애인돕기·농촌일손돕기 등 대민 자원봉사활동을 하거나 그 자원봉사활동에 참석한 당원에게 정당의 경비로 교통편의(여비는 제외한다)와 통상적인 범위에서 식사류의 음식물을 제공하는 행위
  ✦ 차. 정당의 대표자가 개최하는 정당의 정책개발을 위한 간담회·토론회에 참석한 직능·사회단체의 대표자, 주제발표자, 토론자 등에게 정당의 경비로 식사류의 음식물을 제공하는 행위
    카. 정당의 대표자가 개최하는 정당의 각종 행사에서 모범·우수당원에게 정당의 경비로 상장과 통상적인 부상을 수여하는 행위

타. 제57조의5 제1항 단서에 따른 의례적인 행위
파. 정당의 대표자가 주관하는 당무에 관한 회의에서 참석한 각급 당부의 대표자·책임자 또는 유급당직자에게 정당의 경비로 식사류의 음식물을 제공하는 행위
하. 정당의 중앙당 대표자가 당무파악 및 지역여론을 수렴하기 위하여 시·도당을 방문하는 때에 정당의 경비로 방문지역의 기관·단체의 장 또는 사회단체의 간부나 언론인 등 제한된 범위의 인사를 초청하여 간담회를 개최하고 식사류의 음식물을 제공하는 행위
거. 정당의 중앙당이 당헌에 따라 개최하는 전국 단위의 최고 대의기관 회의에 참석하는 당원에게 정당의 경비로 교통편의를 제공하는 행위

✦ 2. 의례적 행위
가. 민법 제777조(친족의 범위)의 규정에 의한 친족의 관혼상제의식 기타 경조사에 축의·부의금품을 제공하는 행위
나. 정당의 대표자가 중앙당 또는 시·도당에서 근무하는 해당 유급사무직원(중앙당 대표자의 경우 시·도당의 대표자와 상근 간부를 포함한다)·그 배우자 또는 그 직계존비속이 결혼하거나 사망한 때에 통상적인 범위에서 축의·부의금품(화환 또는 화분을 포함한다)을 제공하거나 해당 유급사무직원(중앙당 대표자의 경우 시·도당 대표자를 포함한다)에게 연말·설·추석·창당기념일 또는 그의 생일에 정당의 경비로 의례적인 선물을 정당의 명의로 제공하는 행위
다. 국가유공자의 위령제, 국경일의 기념식, 「각종 기념일 등에 관한 규정」제2조에 규정된 정부가 주관하는 기념일의 기념식, 공공기관·시설의 개소·이전식, 합동결혼식, 합동분향식, 산하 기관·단체의 준공식, 정당의 창당대회·합당대회·후보자선출대회, 그 밖에 이에 준하는 행사에 의례적인 화환·화분·기념품을 제공하는 행위
라. 공익을 목적으로 설립된 재단 또는 기금이 선거일 전 4년 이전부터 그 설립목적에 따라 정기적으로 지급하여 온 금품을 지급하는 행위. 다만, 선거일 전 120일(선거일 전 120일 후에 실시사유가 확정된 보궐선거 등에 있어서는 그 선거의 실시사유가 확정된 때)부터 선거일까지 그 금품의 금액과 지급 대상·방법 등을 확대·변경하거나 후보자(후보자가 되려는 사람을 포함한다. 이하 이 조에서 같다)가 직접 주거나 후보자 또는 그 소속 정당의 명의를 추정할 수 있는 방법으로 지급하는 행위는 제외한다.
✦ 마. 친목회·향우회·종친회·동창회 등 각종 사교·친목단체 및 사회단체의 구성원으로서 당해 단체의 정관·규약 또는 운영관례상의 의무에 기하여 종전의 범위 안에서 회비를 납부하는 행위
✦ 바. 종교인이 평소 자신이 다니는 교회·성당·사찰 등에 통상의 예에 따라 헌금(물품의 제공을 포함한다)하는 행위
사. 선거운동을 위하여 후보자와 함께 다니는 자나 국회의원·후보자·예비후보자가 관할 구역 안의 지역을 방문하는 때에 함께 다니는 자에게 통상적인 범위에서 식사류의 음식

물을 제공하는 행위. 이 경우 함께 다니는 자의 범위에 관하여는 중앙선거관리위원회규칙으로 정한다.
아. 기관·단체·시설의 대표자가 소속 상근직원(「지방자치법」 제6장 제3절과 제4절에서 규정하고 있는 소속 행정기관 및 하부행정기관과 그 밖에 명칭여하를 불문하고 이에 준하는 기관·단체·시설의 직원은 제외한다. 이하 이 목에서 같다)이나 소속 또는 차하급기관·단체·시설의 대표자·그 배우자 또는 그 직계존비속이 결혼하거나 사망한 때에 통상적인 범위에서 축의·부의금품(화환 또는 화분을 포함한다)을 제공하는 행위와 소속 상근직원이나 소속 또는 차하급기관·단체·시설의 대표자에게 연말·설·추석·창립기념일 또는 그의 생일에 자체사업계획과 예산에 따라 의례적인 선물을 해당 기관·단체·시설의 명의로 제공하는 행위
자. 읍·면·동 이상의 행정구역단위의 정기적인 문화·예술·체육행사, 각급학교의 졸업식 또는 공공의 이익을 위한 행사에 의례적인 범위에서 상장(부상은 제외한다. 이하 이 목에서 같다)을 수여하는 행위와 구·시·군단위 이상의 조직 또는 단체(향우회·종친회·동창회, 동호인회, 계모임 등 개인 간의 사적모임은 제외한다)의 정기총회에 의례적인 범위에서 연 1회에 한하여 상장을 수여하는 행위. 다만, 제60조의2(예비후보자등록) 제1항의 규정에 따른 예비후보자등록신청개시일부터 선거일까지 후보자(후보자가 되고자 하는 자를 포함한다)가 직접 수여하는 행위를 제외한다.
차. 의정활동보고회, 정책토론회, 출판기념회, 그 밖의 각종 행사에 참석한 사람에게 통상적인 범위에서 차·커피 등 음료(주류는 제외한다)를 제공하는 행위 (▶ 주류제공 금지)
카. 선거사무소·선거연락소 또는 정당선거사무소의 개소식·간판게시식 또는 현판식에 참석한 정당의 간부·당원들이나 선거사무관계자들에게 해당 사무소 안에서 통상적인 범위의 다과류의 음식물(주류를 제외한다)을 제공하는 행위
타. 제114조 제2항에 따른 후보자 또는 그 가족과 관계있는 회사 등이 개최하는 정기적인 창립기념식·사원체육대회 또는 사옥준공식 등에 참석한 소속 임직원이나 그 가족, 거래선, 한정된 범위의 내빈 등에게 회사 등의 경비로 통상적인 범위에서 유공자를 표창(지방자치단체의 경우 소속 직원이 아닌 자에 대한 부상의 수여는 제외한다)하거나 식사류의 음식물 또는 싼 값의 기념품을 제공하는 행위
파. 제113조 및 제114조에 따른 기부행위를 할 수 없는 자의 관혼상제에 참석한 하객이나 조객 등에게 통상적인 범위에서 음식물 또는 답례품을 제공하는 행위
3. 구호적·자선적 행위
  가. 법령에 의하여 설치된 사회보호시설 중 수용보호시설에 의연금품을 제공하는 행위
  나. 「재해구호법」의 규정에 의한 구호기관(전국재해구호협회를 포함한다) 및 「대한적십자사 조직법」에 의한 대한적십자사에 천재·지변으로 인한 재해의 구호를 위하여 금품을 제공하는 행위

다. 「장애인복지법」 제58조에 따른 장애인복지시설(유료복지시설을 제외한다)에 의연금품·구호금품을 제공하는 행위
라. 「국민기초생활 보장법」에 의한 수급권자인 중증장애인에게 자선·구호금품을 제공하는 행위
✦ 마. 자선사업을 주관·시행하는 국가·지방자치단체·언론기관·사회단체 또는 종교단체 그 밖에 국가기관이나 지방자치단체의 허가를 받아 설립된 법인 또는 단체에 의연금품·구호금품을 제공하는 행위. 다만, 광범위한 선거구민을 대상으로 하는 경우 제공하는 개별 물품 또는 그 포장지에 직명·성명 또는 그 소속 정당의 명칭을 표시하여 제공하는 행위는 제외한다.
✦ 바. 자선·구호사업을 주관·시행하는 국가·지방자치단체, 그 밖의 공공기관·법인을 통하여 소년·소녀가장과 후원인으로 결연을 맺고 정기적으로 제공하여 온 자선·구호금품을 제공하는 행위
사. 국가기관·지방자치단체 또는 구호·자선단체가 개최하는 소년·소녀가장, 장애인, 국가유공자, 무의탁노인, 결식자, 이재민, 「국민기초생활 보장법」에 따른 수급자 등을 돕기 위한 후원회 등의 행사에 금품을 제공하는 행위. 다만, 개별 물품 또는 그 포장지에 직명·성명 또는 그 소속 정당의 명칭을 표시하여 제공하는 행위는 제외한다.
아. 근로청소년을 대상으로 무료학교(야학을 포함한다)를 운영하거나 그 학교에서 학생들을 가르치는 행위
4. 직무상의 행위
✦ 가. 국가기관 또는 지방자치단체가 자체사업계획과 예산으로 행하는 법령에 의한 금품제공행위(지방자치단체가 표창·포상을 하는 경우 부상의 수여를 제외한다. 이하 나목에서 같다)
나. 지방자치단체가 자체사업계획과 예산으로 대상·방법·범위 등을 구체적으로 정한 당해 지방자치단체의 조례에 의한 금품제공행위
✦ 다. 구호사업 또는 자선사업을 행하는 국가기관 또는 지방자치단체가 자체사업계획과 예산으로 당해 국가기관 또는 지방자치단체의 명의를 나타내어 행하는 구호행위·자선행위
라. 선거일 전 60일까지 국가·지방자치단체 또는 공공기관(「공공기관의 운영에 관한 법률」제4조에 따라 지정된 기관이나 그 밖에 중앙선거관리위원회규칙으로 정하는 기관을 말한다)의 장이 업무파악을 위한 초도순시 또는 연두순시차 하급기관을 방문하여 업무보고를 받거나 주민여론 등을 청취하면서 자체사업계획과 예산에 따라 참석한 소속공무원이나 임·직원, 유관기관·단체의 장과 의례적인 범위 안의 주민대표에게 통상적인 범위 안에서 식사류(지방자치단체의 장의 경우에는 다과류를 말한다)의 음식물을 제공하는 행위
마. 국가기관 또는 지방자치단체가 긴급한 현안을 해결하기 위하여 자체사업계획과 예산으로 해당 국가기관 또는 지방자치단체의 명의로 금품이나 그 밖에 재산상의 이익을 제공하는 행위

바. 선거기간이 아닌 때에 국가기관이 효자·효부·모범시민·유공자 등에게 포상을 하거나, 국가기관·지방자치단체가 관할구역 안의 환경미화원·구두미화원·가두신문판매원·우편집배원 등에게 위문품을 제공하는 행위
사. 국회의원 및 지방의회의원이 자신의 직무 또는 업무를 수행하는 상설사무소 또는 상설사무소를 두지 아니하는 구·시·군의 경우 임시사무소 등 중앙선거관리위원회규칙으로 정하는 장소에서 행하거나, 정당이 해당 당사에서 행하는 무료의 민원상담행위
아. 변호사·의사 등 법률에서 정하는 일정한 자격을 가진 전문직업인이 업무활동을 촉진하기 위하여 자신이 개설한 인터넷 홈페이지를 통하여 법률·의료 등 자신의 전문분야에 대한 무료상담을 하는 행위
자. 제114조 제2항에 따른 후보자 또는 그 가족과 관계있는 회사가 영업활동을 위하여 달력·수첩·탁상일기·메모판 등 홍보물(후보자의 성명이나 직명 또는 사진이 표시된 것을 제외한다)을 그 명의로 종업원이나 제한된 범위의 거래처, 영업활동에 필요한 유관기관·단체·시설에 배부하거나 영업활동에 부가하여 해당 기업의 영업범위에서 무료강좌를 실시하는 행위
차. 물품구매·공사·역무의 제공 등에 대한 대가의 제공 또는 부담금의 납부 등 채무를 이행하는 행위
5. 제1호부터 제4호까지의 행위 외에 법령의 규정에 근거하여 금품 등을 찬조·출연 또는 제공하는 행위
6. 그 밖에 위 각 호의 어느 하나에 준하는 행위로서 중앙선거관리위원회규칙으로 정하는 행위
③ 제2항에서 "통상적인 범위에서 제공하는 음식물 또는 음료"라 함은 중앙선거관리위원회규칙으로 정하는 금액범위 안에서 일상적인 예를 갖추는데 필요한 정도로 현장에서 소비될 것으로 제공하는 것을 말하며, 기념품 또는 선물로 제공하는 것은 제외한다.
④ 제2항 제4호 각 목 중 지방자치단체의 직무상 행위는 법령·조례에 따라 표창·포상하는 경우를 제외하고는 해당 지방자치단체의 명의로 하여야 하며, 해당 지방자치단체의 장의 직명 또는 성명을 밝히거나 그가 하는 것으로 추정할 수 있는 방법으로 하는 행위는 기부행위로 본다. 이 경우 다음 각 호의 어느 하나에 해당하는 경우에는 "그가 하는 것으로 추정할 수 있는 방법"에 해당하는 것으로 본다.
1. 종전의 대상·방법·범위·시기 등을 법령 또는 조례의 제정 또는 개정 없이 확대 변경하는 경우
2. 해당 지방자치단체의 장의 업적을 홍보하는 등 그를 선전하는 행위가 부가되는 경우
⑤ 각급선거관리위원회(읍·면·동선거관리위원회를 제외한다)는 기부행위제한의 주체·내용 및 기간 그 밖에 필요한 사항을 광고 등의 방법으로 홍보하여야 한다.

**기출지문**

- ◎ '기부행위'라 함은 당해 선거구 안에 있는 자나 기관·단체·시설 및 선거구민의 모임이나 행사 또는 당해 선거구의 밖에 있더라도 그 선거구민과 연고가 있는 자나 기관·단체·시설에 대하여 금전·물품 기타 재산상 이익의 제공, 이익제공의 의사표시 또는 그 제공을 약속하는 행위를 말한다(제112조 제1항). [2022. 국가직 7급, 2013. 국가직 9급]
- ◎ 정당이 각급당부에 당해 당부의 운영경비를 지원하거나 유급사무직원에게 보수를 지급하는 행위는 기부행위로 보지 아니한다(제112조 제2항 제1호 가목). [2014. 국가직 7급]
- ◎ 정당이 소속 국회의원, 이 법에 따른 공직선거의 후보자·예비후보자에게 정치자금을 지원하는 행위는 기부행위로 보지 아니한다(제112조 제2항 제1호 다목). [2014. 국가직 9급]
- ◎ 정당이 그 명의로 농촌일손돕기 활동을 하거나 이에 참석한 당원에게 정당의 경비로 통상적인 범위에서 음식물을 제공하는 행위는 기부행위로 보지 아니한다(제112조 제2항 제1호 자목). [2014. 국가직 7급]
- ◎ 정당의 대표자가 개최하는 정당의 정책개발을 위한 간담회·토론회에 참석한 직능·사회단체의 대표자, 주제발표자, 토론자 등에게 정당의 경비로 식사류의 음식물을 제공하는 행위는 기부행위로 보지 않으나, 정당의 대표자가 개최하는 정당의 정책개발을 위한 토론회에 참석한 토론자에게 자신의 비용으로 식사를 제공하는 행위는 기부행위에 해당한다(제112조 제2항 제1호 차목). [2014. 국가직 9급]
- ◎ 민법 제777조(친족의 범위)의 규정에 의한 친족의 관혼상제의식 기타 경조사에 축의·부의금품을 제공하는 행위는 기부행위로 보지 아니한다(제112조 제2항 제2호 가목). [2014. 국가직 9급]
- ◎ 근로청소년을 대상으로 무료학교(야학을 포함한다)를 운영하거나 그 학교에서 학생들을 가르치는 행위는 기부행위로 보지 아니한다(제112조 제2항 제3호 아목). [2014. 국가직 9급]
- ◎ 변호사가 업무활동을 촉진하기 위하여 자신이 개설한 인터넷 홈페이지를 통하여 무료법률 상담을 하는 행위는 기부행위로 보지 아니한다(제112조 제2항 제4호 아목). [2014. 국가직 7급]
- ✖ 당해 선거구의 밖에 있다면 그 선거구민과 연고가 있는 자나 기관·단체·시설에 대하여 금전·물품 기타 재산상 이익의 제공, 이익제공의 의사표시 또는 그 제공을 약속하는 행위는 기부행위에 해당하지 않는다. (✕) [2016. 국가직 7급, 2015. 국가직 9급]
  - ⁺PLUS 공직선거법에서 "기부행위"라 함은 당해 선거구안에 있는 자나 기관·단체·시설 및 선거구민의 모임이나 행사 또는 당해 선거구의 밖에 있더라도 그 선거구민과 연고가 있는 자나 기관·단체·시설에 대하여 금전·물품 기타 재산상 이익의 제공, 이익제공의 의사표시 또는 그 제공을 약속하는 행위를 말한다(제112조 제1항).
- ✖ 기부행위란 실제 재산상 이익이 제공된 경우에만 성립할 뿐, 이익제공의 의사표시나 그 제공을 약속하는 행위는 기부행위로 보지 아니한다. (✕) [2016. 국가직 7급]
  - ⁺PLUS 이 법에서 "기부행위"라 함은 당해 선거구안에 있는 자나 기관·단체·시설 및 선거구민의 모임이나 행사 또는 당해 선거구의 밖에 있더라도 그 선거구민과 연고가 있는 자나 기관·단체·시설에 대하여 금전·물품 기타 재산상 이익의 제공, 이익제공의 의사표시 또는 그 제공을 약속하는 행위를 말한다(제112조 제1항).

- ☒ 정당의 당헌·당규 기타 정당의 내부규약에 의하여 정당의 당원이 부담금을 납부하는 행위는 기부행위에 해당한다. (×) [2016. 국가직 7급]
  - ⁺PLUS 정당의 당헌·당규 기타 정당의 내부규약에 의하여 정당의 당원이 당비 기타 부담금을 납부하는 행위는 기부행위로 보지 않는다(제112조 제2항 제1호 나목).
- ☒ 종교인이 평소 자신이 다니는 교회·성당·사찰 등에 통상의 예에 따라 헌금을 하거나 물품을 제공하는 행위는 기부행위에 해당한다. (×) [2015. 국가직 9급]
  - ⁺PLUS 종교인이 평소 자신이 다니는 교회·성당·사찰 등에 통상의 예에 따라 헌금(물품의 제공을 포함한다)하는 행위는 의례적 행위로서 기부행위로 보지 아니한다(제112조 제2항 제2호 바목).
- ☒ 금전·물품 기타 재산상 이익의 제공이 채무의 이행 등 정당한 대가관계에 기인하여 이루어지는 경우에는 기부행위가 된다. (×) [2015. 국가직 9급]
  - ⁺PLUS 물품구매·공사·역무의 제공 등에 대한 대가의 제공 또는 부담금의 납부 등 채무를 이행하는 행위는 기부행위로 보지 아니한다(제112조 제2항 제4호 차목).

++ **제113조【후보자 등의 기부행위제한】** ① 국회의원·지방의회의원·지방자치단체의 장·정당의 대표자·후보자(후보자가 되고자 하는 자를 포함한다)와 그 배우자는 당해 선거구 안에 있는 자나 기관·단체·시설 또는 당해 선거구의 밖에 있더라도 그 선거구민과 연고가 있는 자나 기관·단체·시설에 기부행위(결혼식에서의 주례행위를 포함한다)를 할 수 없다.
② 누구든지 제1항의 행위를 약속·지시·권유·알선 또는 요구할 수 없다.

| 기출지문 |

- ◎ 후보자가 되고자 하는 자와 그 배우자는 당해 선거구민의 결혼식에서 주례행위를 할 수 없다(제113조 제1항). [2016. 국가직 7급]
- ◎ 정당의 대표자·후보자와 그 배우자는 당해 선거구 안에 있는 자나 기관·단체·시설 또는 당해 선거구의 밖에 있더라도 그 선거구민과 연고가 있는 자나 기관·단체·시설에 기부행위를 할 수 없다(제113조 제1항). [2014·2013. 국가직 7급]

**제114조【정당 및 후보자의 가족 등의 기부행위제한】**✦ ① 정당[「정당법」제37조 제3항에 따른 당원협의회(이하 "당원협의회"라 한다)와 창당준비위원회를 포함한다. 이하 이 조에서 같다], 정당선거사무소의 소장, 후보자(후보자가 되고자 하는 자를 포함한다. 이하 이 조에서 같다)나 그 배우자의 직계존·비속과 형제자매, 후보자의 직계비속 및 형제자매의 배우자, 선거사무장, 선거연락소장, 선거사무원, 회계책임자, 연설원, 대담·토론자나 후보자 또는 그 가족(가족의 범위는 제10조 제1항 제3호에 규정된 "후보자의 가족"을 준용한다)과 관계있는 회사 그 밖의 법인·단체(이하 "회사 등"이라 한다) 또는 그 임·직원은 선거기간전에는 당해 선거에 관하여, 선거기간에는 당해 선거에 관한 여부를 불문하고 후보자 또는 그 소속정당을 위하여 일체의 기부행위를 할 수 없다. 이 경우 후보자 또는 그 소속정당의 명의를 밝혀 기부행위를 하거나 후보자 또는 그 소속정당이 기부하는 것으로 추정할 수 있는 방법으로 기부행위를 하는 것은 당해 선거에 관하여 후보자 또는 정당을 위한 기부행위로 본다.

② 제1항에서 "후보자 또는 그 가족과 관계있는 회사 등"이라 함은 다음 각 호의 어느 하나에 해당하는 회사 등을 말한다.
1. 후보자가 임·직원 또는 구성원으로 있거나 기금을 출연하여 설립하고 운영에 참여하고 있거나 관계법규나 규약에 의하여 의사결정에 실질적으로 영향력을 행사할 수 있는 회사 기타 법인·단체
2. 후보자의 가족이 임원 또는 구성원으로 있거나 기금을 출연하여 설립하고 운영에 참여하고 있거나 관계법규 또는 규약에 의하여 의사결정에 실질적으로 영향력을 행사할 수 있는 회사 기타 법인·단체
3. 후보자가 소속한 정당이나 후보자를 위하여 설립한 「정치자금법」에 의한 후원회

**제115조【제삼자의 기부행위제한】** 제113조(후보자 등의 기부행위제한) 또는 제114조(정당 및 후보자의 가족 등의 기부행위제한)에 규정되지 아니한 자라도 누구든지 선거에 관하여 후보자(후보자가 되고자 하는 자를 포함한다. 이하 이 조에서 같다) 또는 그 소속정당(창당준비위원회를 포함한다. 이하 이 조에서 같다)을 위하여 기부행위를 하거나 하게 할 수 없다. 이 경우 후보자 또는 그 소속정당의 명의를 밝혀 기부행위를 하거나 후보자 또는 그 소속정당이 기부하는 것으로 추정할 수 있는 방법으로 기부행위를 하는 것은 당해 선거에 관하여 후보자 또는 정당을 위한 기부행위로 본다.

**제116조【기부의 권유·요구 등의 금지】** 누구든지 선거에 관하여 제113조부터 제115조까지에 규정된 기부행위가 제한되는 자로부터 기부를 받거나 기부를 권유 또는 요구할 수 없다.

**제117조【기부받는 행위 등의 금지】** 누구든지 선거에 관하여 「정치자금법」제31조(기부의 제한)의 규정에 따라 정치자금을 기부할 수 없는 자에게 기부를 요구하거나 그로부터 기부를 받을 수 없다.

✦✦ **제118조【선거일 후 답례금지】** 후보자와 후보자의 가족 또는 정당의 당직자는 선거일 후에 당선되거나 되지 아니한데 대하여 선거구민에게 축하 또는 위로 그 밖의 답례를 하기 위하여 다음 각 호의 어느 하나에 해당하는 행위를 할 수 없다.
  1. 금품 또는 향응을 제공하는 행위
✦ 2. 방송·신문 또는 잡지 기타 간행물에 광고하는 행위
  3. 자동차에 의한 행렬을 하거나 다수인이 무리를 지어 거리를 행진하거나 거리에서 연달아 소리 지르는 행위. 다만, 제79조(공개장소에서의 연설·대담) 제3항의 규정에 의한 자동차를 이용하여 당선 또는 낙선에 대한 거리인사를 하는 경우에는 그러하지 아니하다.
✦ 4. 일반선거구민을 모이게 하여 당선축하회 또는 낙선에 대한 위로회를 개최하는 행위
✦ 5. 현수막을 게시하는 행위. 다만, 선거일의 다음 날부터 13일 동안 해당 선거구 안의 읍·면·동마다 1매의 현수막을 게시하는 행위는 그러하지 아니하다.

> **기출지문**
>
> ◉ 낙선한 후보자가 신문에 지지에 감사하는 광고를 게재할 수 없다(제118조 제2호). [2017. 국가직 7급, 2022. 국가직 9급]
> ◉ 낙선한 후보자가 공직선거법 제79조 제3항에 의하여 선거운동 기간 중에 허용된 공개장소에서의 연설·대담을 할 때 사용하던 자동차를 이용하여 낙선에 대한 거리인사를 할 수 있다(제118조 제3호). [2017. 국가직 7급]
> ◉ 당선된 후보자의 가족이 일반선거구민을 모이게 하여 당선 축하회를 개최할 수 없다(제118조 제4호). [2017. 국가직 7급]
> ◉ 당선된 후보자가 선거일의 다음 날부터 30일 동안 해당 선거구 안의 읍·면·동마다 1매의 당선사례 현수막을 게시할 수 없다(제118조 제5호). [2017. 국가직 7급]
> ✕ 후보자의 가족은 선거일 후에 당선되지 아니한 데 대하여 일반 선거구민을 모아 낙선에 대한 위로회를 개최할 수 있다. (×) [2013. 국가직 7급, 2022. 국가직 9급]
>> **⁺PLUS** 후보자와 후보자의 가족 또는 정당의 당직자는 선거일 후에 당선되거나 되지 아니한데 대하여 일반선거구민을 모이게 하여 당선축하회 또는 낙선에 대한 위로회를 개최하는 행위를 할 수 없다(제118조 제4호).

# 제8장 선거비용

✦✦ **제119조【선거비용 등의 정의】** ① 이 법에서 "선거비용"이라 함은 당해 선거에서 선거운동을 위하여 소요되는 금전·물품 및 채무 그 밖에 모든 재산상의 가치가 있는 것으로서 당해 후보자(후보자가 되려는 사람을 포함하며, 대통령선거에 있어서 정당추천후보자와 비례대표국회의원선거 및 비례대표지방의회의원선거에 있어서는 그 추천정당을 포함한다. 이하 이 항에서 같다)가 부담하는 비용과 다음 각 호의 어느 하나에 해당되는 비용을 말한다.
  1. 후보자가 이 법에 위반되는 선거운동을 위하여 지출한 비용과 기부행위제한규정을 위반하여 지출한 비용
 ✦ 2. <u>정당, 정당선거사무소의 소장, 후보자의 배우자 및 직계존비속, 선거사무장·선거연락소장·회계책임자가 해당 후보자의 선거운동(위법선거운동을 포함한다. 이하 이 항에서 같다)을 위하여 지출한 비용과 기부행위제한규정을 위반하여 지출한 비용</u>
 ✦✦ 3. <u>선거사무장·선거연락소장·회계책임자로 선임된 사람이 선임·신고되기 전까지 해당 후보자의 선거운동을 위하여 지출한 비용과 기부행위제한규정을 위반하여 지출한 비용</u>
  4. 제2호 및 제3호에 규정되지 아니한 사람이라도 누구든지 후보자, 제2호 또는 제3호에 규정된 자와 통모하여 해당 후보자의 선거운동을 위하여 지출한 비용과 기부행위제한규정을 위반하여 지출한 비용

② 이 법에서 "수입"이라 함은 선거비용의 충당을 위한 금전 및 금전으로 환가할 수 있는 물품 기타 재산상의 이익을 받거나 받기로 한 약속을 말한다.

③ 이 법에서 "지출"이라 함은 선거비용의 제공·교부 또는 그 약속을 말한다.

④ 이 법에서 "회계책임자"라 함은 「정치자금법」 제34조(회계책임자의 선임신고 등) 제1항 제5호·제6호 또는 제3항의 규정에 의하여 선임신고된 각각의 회계책임자를 말한다.

> **기출지문**
> 
> ◎ 당해 후보자가 공직선거법에 위반되는 선거운동을 위하여 지출한 비용과 기부행위제한규정을 위반하여 지출한 비용은 선거비용으로 인정된다(제119조 제1항 제1호).
> [2016. 국가직 7급, 2016 · 2015. 국가직 9급]
> ◎ 초등학교 동문인 유권자가 후보자와 통모하여 해당 후보자의 선거운동을 위하여 지출한 비용은 선거비용으로 인정된다(제119조 제1항 제4호). [2015. 국가직 9급]
> ◎ 당해 선거에서 선거운동을 위하여 소요되는 금전 · 물품 및 채무 그 밖에 모든 재산상의 가치가 있는 것으로서 당해 후보자가 부담하는 비용(제119조 제1항), 후보자의 배우자가 해당 후보자의 선거운동을 위하여 지출한 비용과 기부행위제한규정을 위반하여 지출한 비용(제119조 제1항 제2호), 선거연락소장으로 선임된 사람이 선임 · 신고되기 전까지 해당 후보자의 선거운동을 위하여 지출한 비용과 기부행위제한규정을 위반하여 지출한 비용(제119조 제1항 제3호)은 선거비용으로 인정된다. [2014. 국가직 9급]
> ◎ 회계책임자라 함은 정치자금법의 규정에 의하여 선임신고된 회계책임자를 말하고, 지출이라 함은 선거비용의 제공 · 교부 또는 그 약속을 말한다(제119조 제3 · 4항). [2017. 국가직 7급]

✦✦ **제120조 【선거비용으로 인정되지 아니하는 비용】** 다음 각 호의 어느 하나에 해당하는 비용은 이 법에 따른 선거비용으로 보지 아니한다.
  1. 선거권자의 추천을 받는 데 소요된 비용 등 선거운동을 위한 준비행위에 소요되는 비용
  2. 정당의 후보자선출대회비용 기타 선거와 관련한 정당활동에 소요되는 정당비용
  3. 선거에 관하여 국가 · 지방자치단체 또는 선거관리위원회에 납부하거나 지급하는 기탁금과 모든 납부금 및 수수료
  ✦✦ 4. 선거사무소와 선거연락소의 전화료 · 전기료 및 수도료 기타의 유지비로서 선거기간 전부터 정당 또는 후보자가 지출하여 온 경비
  ✦ 5. 선거사무소와 선거연락소의 설치 및 유지비용
  6. 정당, 후보자, 선거사무장, 선거연락소장, 선거사무원, 회계책임자, 연설원 및 대담 · 토론자가 승용하는 자동차[제91조(확성장치와 자동차 등의 사용제한) 제4항의 규정에 의한 자동차와 선박을 포함한다]의 운영비용
  7. 제삼자가 정당 · 후보자 · 선거사무장 · 선거연락소장 또는 회계책임자와 통모함이 없이 특정 후보자의 선거운동을 위하여 지출한 전신료 등의 비용
  8. 제112조 제2항에 따라 기부행위로 보지 아니하는 행위에 소요되는 비용. 다만, 같은 항 제1호 마목(정당의 사무소를 방문하는 사람에게 제공하는 경우는 제외한다) 및 제2호 사목(후보자 · 예비후보자가 아닌 국회의원이 제공하는 경우는 제외한다)의 행위에 소요되는 비용은 선거비용으로 본다.
  9. 선거일 후에 지출원인이 발생한 잔무정리비용

10. 후보자(후보자가 되려는 사람을 포함한다)가 선거에 관한 여론조사의 실시를 위하여 지출한 비용. 다만, 제60조의2제1항에 따른 예비후보자등록신청개시일부터 선거일까지의 기간 동안 4회를 초과하여 실시하는 선거에 관한 여론조사비용은 선거비용으로 본다.

> **기출지문**
>
> ◎ 선거권자의 추천을 받는 데 소요된 비용은 선거비용으로 인정되지 않는다(제120조 제1호). [2023·2016·2015. 국가직 9급]
> ◎ 선거에 관하여 국가·지방자치단체 또는 선거관리위원회에 납부하거나 지급하는 기탁금과 모든 납부금 및 수수료는 선거비용으로 보지 아니한다(제120조 제3호). [2016. 국가직 9급]
> ◎ 선거사무소와 선거연락소의 전화료·전기료 및 수도료 기타의 유지비로서 선거기간 전부터 정당 또는 후보자가 지출하여 온 비용은 선거비용으로 보지 않는다(제120조 제4호). [2023·2014. 국가직 9급]
> ◎ 제3자가 정당·후보자·선거사무장·선거연락소장 또는 회계책임자와 통모함이 없이 특정 후보자의 선거운동을 위하여 지출한 전신료 등의 비용은 선거비용으로 인정되지 않는다(제120조 제7호). [2016·2015. 국가직 9급]
> ☒ 정당의 후보자선출대회비용 기타 선거와 관련한 정당활동에 소요되는 정당비용은「공직선거법」상 선거비용에 해당한다. (×) [2016. 국가직 7급]
>> **⁺PLUS** 정당의 후보자선출대회비용 기타 선거와 관련한 정당활동에 소요되는 정당비용은 이 법에 따른 선거비용으로 보지 아니한다(제120조 제2호).

✦✦ **제121조【선거비용제한액의 산정】** ① 선거비용제한액은 선거별로 다음 각호에 의하여 산정되는 금액으로 한다. 이 경우 100만원 미만의 단수는 100만원으로 한다. 〈개정 2005. 8. 4., 2008. 2. 29., 2015. 8. 13., 2018. 4. 6.〉

1. 대통령선거
   인구수×950원
2. 지역구국회의원선거
   1억원+(인구수×200원)+(읍·면·동수×200만원). 이 경우 하나의 국회의원지역구가 둘 이상의 자치구·시·군으로 된 경우에는 하나를 초과하는 자치구·시·군마다 1천5백만원을 가산한다.
3. 비례대표국회의원선거
   인구수×90원
4. 지역구시·도의원선거
   4천만원+(인구수×100원)
5. 비례대표시·도의원선거
   4천만원+(인구수×50원)

6. 시·도지사선거
    가. 특별시장·광역시장·특별자치시장 선거
        4억원(인구수 200만 미만인 때에는 2억원)+(인구수×300원)
    나. 도지사 선거
        8억원(인구수 100만 미만인 때에는 3억원)+(인구수×250원)
7. 지역구자치구·시·군의원선거
    3천500만원+(인구수×100원)
8. 비례대표자치구·시·군의원선거
    3천5백만원+(인구수×50원)
9. 자치구·시·군의 장 선거
    9천만원+(인구수×200원)+(읍·면·동수×100만원)

② 제1항의 규정에 의한 선거비용제한액을 산정하는 때에는 당해 선거의 직전 임기만료에 의한 선거의 선거일이 속하는 달의 말일부터 제122조(선거비용제한액의 공고)의 규정에 의한 공고일이 속하는 달의 전전달 말일까지의 전국소비자물가변동률(「통계법」제3조의 규정에 의하여 통계청장이 매년 고시하는 전국소비자물가변동률을 말한다)을 감안하여 정한 비율(이하 "제한액산정비율"이라 한다)을 적용하여 증감할 수 있다. 이 경우 그 제한액산정비율은 관할선거구선거관리위원회가 해당 선거 때마다 정한다. 〈개정 2005. 8. 4.〉

③ 제135조제2항에 따른 선거사무장등(활동보조인은 제외한다. 이하 이 항에서 같다)에게 지급할 수 있는 수당의 금액이 인상된 경우 총 수당 인상액과 선거사무장등의 「산업재해보상보험법」에 따른 산재보험 가입에 소요되는 총 산재보험료를 다음 각 호에 따라 산정하여 제1항 및 제2항에 따라 산정한 선거비용제한액에 각각 가산하여야 한다. 〈신설 2022. 4. 20.〉

1. 총 수당 인상액
    선거사무장등에게 지급할 수 있는 수당의 인상차액 × 선거사무장등의 수(선거사무원의 경우에는 제62조제2항에 따라 선거별로 선거사무장 또는 선거연락소장이 둘 수 있는 선거사무원의 최대수를 말한다. 이하 이 항에서 같다) × 해당 선거의 선거운동기간

2. 총 산재보험료
    선거사무장등의 수 × 제135조제2항에 따라 선거사무장등에게 지급할 수 있는 수당의 금액 × 해당 선거의 선거운동기간 × 산재보험료율

④ 선거비용제한액 산정을 위한 인구수의 기준일, 제한액산정비율의 결정 기타 필요한 사항은 중앙선거관리위원회규칙으로 정한다. 〈개정 2022. 4. 20.〉

> **기출지문**
>
> ◎ 선거비용제한액을 산정하는 때에는 당해 선거의 직전 임기만료에 의한 선거의 선거일이 속하는 달의 말일부터 선거 비용제한액의 공고의 규정에 의한 공고일이 속하는 달의 전전 달 말일까지의 전국소비자물가변동률을 감안하여 정한 비율을 적용하여 증감할 수 있다 (제121조 제2항). [2013. 국가직 9급]

제122조【선거비용제한액의 공고】 선거구선거관리위원회는 선거별로 제121조(선거비용제한액의 산정)의 규정에 의하여 산정한 선거비용제한액을 중앙선거관리위원회규칙이 정하는 바에 따라 공고하여야 한다.

✦✦ 제122조의2【선거비용의 보전 등】✦✦ ① 선거구선거관리위원회는 다음 각 호의 규정에 따라 후보자(대통령선거의 정당추천후보자와 비례대표국회의원선거 및 비례대표지방의회의원선거에 있어서는 후보자를 추천한 정당을 말한다. 이하 이 조에서 같다)가 이 법의 규정에 의한 선거운동을 위하여 지출한 선거비용[「정치자금법」제40조(회계보고)의 규정에 따라 제출한 회계보고서에 보고된 선거비용으로서 정당하게 지출한 것으로 인정되는 선거비용을 말한다]을 제122조(선거비용제한액의 공고)의 규정에 의하여 공고한 비용의 범위 안에서 대통령선거 및 국회의원선거에 있어서는 국가의 부담으로, 지방자치단체의 의회의원 및 장의 선거에 있어서는 당해 지방자치단체의 부담으로 선거일 후 보전한다.

✦ 1. 대통령선거, 지역구국회의원선거, 지역구지방의회의원선거 및 지방자치단체의 장선거
    가. 후보자가 당선되거나 사망한 경우 또는 후보자의 득표수가 유효투표총수의 100분의 15 이상인 경우 후보자가 지출한 선거비용의 전액
    나. 후보자의 득표수가 유효투표총수의 100분의 10 이상 100분의 15 미만인 경우 후보자가 지출한 선거비용의 100분의 50에 해당하는 금액
✦ 2. 비례대표국회의원선거 및 비례대표지방의회의원선거
    후보자명부에 올라 있는 후보자 중 당선인이 있는 경우에 당해 정당이 지출한 선거비용의 전액

② 제1항에 따른 선거비용의 보전에 있어서 다음 각 호의 어느 하나에 해당하는 비용은 이를 보전하지 아니한다.
1. 예비후보자의 선거비용
2. 「정치자금법」 제40조(회계보고)의 규정에 따라 제출한 회계보고서에 보고되지 아니하거나 허위로 보고된 비용
3. 이 법에 위반되는 선거운동을 위하여 또는 기부행위제한규정을 위반하여 지출된 비용

4. 제64조 또는 제65조에 따라 선거벽보와 선거공보를 관할 구·시·군선거관리위원회에 제출한 후 그 내용을 정정하거나 삭제하는데 소요되는 비용
5. 이 법에 따라 제공하는 경우 외에 선거운동과 관련하여 지출된 수당·실비 그 밖의 비용
✦ 6. 정당한 사유 없이 지출을 증빙하는 적법한 영수증 그 밖의 증빙서류가 첨부되지 아니한 비용
7. 후보자가 자신의 차량·장비·물품 등을 사용하거나 후보자의 가족·소속 정당 또는 제3자의 차량·장비·물품 등을 무상으로 제공 또는 대여받는 등 정당 또는 후보자가 실제로 지출하지 아니한 비용
8. 청구금액이 중앙선거관리위원회규칙으로 정하는 기준에 따라 산정한 통상적인 거래가격 또는 임차가격과 비교하여 정당한 사유 없이 현저하게 비싸다고 인정되는 경우 그 초과하는 가액의 비용
✦ 9. 선거운동에 사용하지 아니한 차량·장비·물품 등의 임차·구입·제작비용
✦ 10. 휴대전화 통화료와 정보이용요금. 다만, 후보자와 그 배우자, 선거사무장, 선거연락소장 및 회계책임자가 선거운동기간 중 선거운동을 위하여 사용한 휴대전화 통화료 중 후보자가 부담하는 통화료는 보전한다.
11. 그 밖에 위 각 호의 어느 하나에 준하는 비용으로서 중앙선거관리위원회규칙으로 정하는 비용

③ 다음 각 호의 어느 하나에 해당하는 비용은 국가 또는 지방자치단체가 후보자를 위하여 부담한다. 이 경우 제3호의2 및 제5호의 비용은 국가가 부담한다.
1. 제64조에 따른 선거벽보의 첩부 및 철거의 비용(첩부 및 철거로 인한 원상복구 비용을 포함한다)
2. 제65조에 따른 점자형 선거공보(같은 조 제11항에 따라 후보자가 제출하는 저장매체를 포함한다. 이하 이 항에서 같다)의 작성비용과 책자형 선거공보(점자형 선거공보 및 같은 조 제9항의 후보자정보공개자료를 포함한다) 및 전단형 선거공보의 발송비용과 우편요금
3. 제66조(선거공약서)제8항의 규정에 따른 점자형 선거공약서의 작성비용
3의2. 활동보조인(예비후보자로서 선임하였던 활동보조인을 포함한다)의 수당, 실비 및 산재보험료
4. 제82조의2(선거방송토론위원회 주관 대담·토론회)의 규정에 의한 대담·토론회(합동방송연설회를 포함한다)의 개최비용
5. 제82조의3(선거방송토론위원회 주관 정책토론회)의 규정에 의한 정책토론회의 개최비용
6. 제161조(投票參觀)의 규정에 의한 투표참관인 및 제162조에 따른 사전투표참관인의 수당과 식비
7. 제181조(開票參觀)의 규정에 의한 개표참관인의 수당 및 식비

④ 제3항제6호에 따른 투표참관인 및 사전투표참관인 수당은 10만원으로 하고, 같은 항 제7호에 따른 개표참관인 수당은 10만원으로 한다. 이 경우 투표참관인 및 사전투표참관인의 수당과 개표참관 도중 개표참관인을 교체하는 경우의 수당은 6시간 이상 출석한 사람에게만 지급한다. 〈신설 2022. 4. 20.〉

⑤ 제1항 내지 제3항의 규정에 따른 비용의 산정 및 보전청구 그 밖에 필요한 사항은 중앙선거관리위원회규칙으로 정한다. 〈개정 2005. 8. 4., 2022. 4. 20.〉

### 기출지문

- ◎ 대통령선거에서 후보자의 득표수가 유효투표총수의 100분의 15 이상인 경우, 후보자가 지출한 선거비용의 전액을 보전해 주는 총액보전 방식을 실시하고 있다(제122조의2 제1항 제1호 가목). [2014. 국가직 7급]
- ◎ 선거구선거관리위원회는 비례대표국회의원선거 및 비례대표 지방의회의원선거의 경우 후보자명부에 올라 있는 후보자 중 당선인이 있는 경우에 당해 정당이 지출한 선거비용의 전액을 선거비용제한액으로 공고한 비용의 범위 안에서 보전한다(제122조의2 제1항 제2호). [2013. 국가직 9급]
- ◎ 선거구선거관리위원회는 후보자와 그 배우자, 선거사무장, 선거 연락소장 및 회계책임자가 선거운동기간 중 선거운동을 위하여 사용한 휴대전화 통화료 중 후보자가 부담하는 통화료는 보전한다(제122조의2 제2항 제10호). [2015·2013. 국가직 9급]
- ◎ 활동보조인의 수당과 실비와 선거방송토론회가 주관한 정책토론회의 개최비용은 국가가 부담한다(제122조의2 제3항 제3호의2 및 제5호). [2017. 국가직 7급, 2022. 국가직 9급]
- ◎ 선거벽보의 첩부 및 철거의 비용, 점자형 선거공약서의 작성비용, 사전투표참관인의 수당과 식비는 국가 또는 지방자치단체가 후보자를 위하여 부담한다(공직선거법 제122조의2 제3항 제1호·제3호·제6호). [2018·2017. 국가직 7급]
- ✕ 선거구선거관리위원회는 지역구지방의회의원선거에서 후보자가 유효투표총수의 100분의 14의 득표수로 당선된 경우 그 후보자가 지출한 선거비용의 100분의 50을 보전한다. [2015. 국가직 9급]
    - ⁺PLUS 당선되었기 때문에 후보자가 지출한 선거비용의 전액을 당해 지방자치단체의 부담으로 선거일 후 보전한다(제122조의2 제1항 제1호).
- ✕ 대통령선거에 있어서는 후보자의 득표수가 유효투표총수의 100분의 10 이상 100분의 15 미만인 경우 후보자가 지출한 선거비용의 100분의 30에 해당하는 금액을 보전한다. [2016. 국가직 7급]
    - ⁺PLUS 후보자의 득표수가 유효투표총수의 100분의 10 이상 100분의 15 미만인 경우, 후보자가 지출한 선거비용의 100분의 50에 해당하는 금액을 보전한다(제122조의2 제1항 제1호).

> **참 고** 중앙선거방송토론위원회 주관 정책토론회의 개최비용은 국가가 후보자를 위하여 부담한다(제122조의2 제3항 제5호). [2022. 국가직 9급]

(1) 선거비용 보전 부담주체

공고한 비용의 범위 안에서 대통령선거 및 국회의원선거에 있어서는 국가의 부담으로, 지방자치단체의 의회의원 및 장의 선거에 있어서는 당해 지방자치단체의 부담으로 선거일 후 보전한다.

(2) 선거비용보전사유 및 규모

| 선거 종류 | 보전 사유 | 보전 규모 |
| --- | --- | --- |
| 대통령선거,<br>지역구국회의원선거,<br>지역구지방의회의원선거<br>및 지방자치단체의<br>장선거 | 후보자가 당선되거나 사망한 경우 또는 후보자의 득표수가 유효투표총수의 100분의 15 이상인 경우 | 후보자가 지출한 선거비용의 전액보전 |
| | 후보자의 득표수가 유효투표총수의 100분의 10 이상 100분의 15 미만인 경우 | 후보자가 지출한 선거비용의 100분의 50에 해당하는 금액 보전 |
| 비례대표<br>국회의원선거 및<br>비례대표지방의회<br>의원선거 | 후보자명부에 올라 있는 후보자 중 당선인이 있는 경우 | 당해 정당이 지출한 선거비용의 전액 보전 |

**제123조 ~ 제134조 삭제 〈2005.8.4.〉**

**제135조【선거사무관계자에 대한 수당과 실비보상】** ① 선거사무장·선거연락소장·선거사무원·활동보조인 및 회계책임자(이하 이 조에서 "선거사무장등"이라 한다)에 대하여는 수당과 실비를 지급할 수 있다. 다만, 정당의 유급사무직원, 국회의원과 그 보좌관·선임비서관·비서관 또는 지방의회의원이 선거사무장등을 겸한 때에는 실비만을 보상할 수 있으며, 후보자등록신청개시일부터 선거기간개시일 전일까지는 후보자로서 신고한 선거사무장등에게 수당과 실비를 지급할 수 없다. 〈개정 2000. 2. 16., 2010. 1. 25., 2011. 7. 28., 2022. 4. 20.〉

② 제1항에 따라 선거사무장등에게 지급할 수 있는 수당의 금액은 다음 각 호와 같다. 다만, 같은 사람이 회계책임자·선거사무장·선거연락소장 또는 선거사무원·활동보조인을 함께 맡은 때에는 다음 각 호의 금액 중 많은 금액으로 한다. 〈개정 2022. 4. 20.〉

1. 대통령선거 및 비례대표국회의원선거의 선거사무장: 14만원 이내
2. 비례대표시·도의원선거와 시·도지사선거의 선거사무장, 대통령선거의 시·도선거연락소장: 14만원 이내

3. 지역구국회의원선거 및 자치구·시·군의 장선거의 선거사무장, 대통령선거 및 시·도지사선거의 구·시·군선거연락소장: 10만원 이내
4. 지역구시·도의원선거 및 자치구·시·군의원선거의 선거사무장, 지역구국회의원선거 및 자치구·시·군의 장선거의 선거연락소장: 10만원 이내
5. 선거사무원·활동보조인: 6만원 이내
6. 회계책임자: 해당 회계책임자가 소속된 선거사무소 또는 선거연락소의 선거사무장 또는 선거연락소장의 수당과 같은 금액

③ 이 법의 규정에 의하여 수당·실비 기타 이익을 제공하는 경우를 제외하고는 수당·실비 기타 자원봉사에 대한 보상 등 명목여하를 불문하고 누구든지 선거운동과 관련하여 금품 기타 이익의 제공 또는 그 제공의 의사를 표시하거나 그 제공의 약속·지시·권유·알선·요구 또는 수령할 수 없다. 〈개정 1996. 2. 6., 1997. 1. 13., 1997. 11. 14., 2000. 2. 16.〉

④ 제1항에 따른 수당의 지급에 있어서 같은 정당의 추천을 받은 둘 이상의 후보자가 선거사무장등(회계책임자는 제외한다. 이하 이 항에서 같다)을 공동으로 선임한 경우 후보자별로 선거사무장등에게 지급하여야 하는 수당의 금액은 해당 후보자 사이의 약정에 따라 한 후보자의 선거사무장등에 대한 수당만을 지급하여야 한다. 〈신설 2022. 4. 20.〉

⑤ 제1항에 따라 선거사무장등에게 지급할 수 있는 실비의 종류와 금액은 중앙선거관리위원회규칙으로 정한다.

> **기출지문**
>
> ☒ 정당의 유급사무직원, 국회의원과 그 보좌관·비서관·비서 또는 지방의회의원이 선거사무장등을 겸한 때에는 수당과 실비를 지급할 수 있다. (×) [2016. 국가직 7급]
>
> **＋PLUS** 선거사무장·선거연락소장·선거사무원·활동보조인 및 회계책임자(이하 이 조에서 "선거사무장등"이라 한다)에 대하여는 수당과 실비를 지급할 수 있다. 다만, 정당의 유급사무직원, 국회의원과 그 보좌관·비서관·비서 또는 지방의회의원이 선거사무장등을 겸한 때에는 실비만을 보상할 수 있으며, 후보자등록신청개시일부터 선거기간개시일 전일까지는 후보자로서 신고한 선거사무장등에게 수당과 실비를 지급할 수 없다(제135조 제1항).

**제135조의2 【선거비용보전의 제한】** ✦ ① 선거구선거관리위원회는 이 법의 규정에 의하여 선거비용을 보전함에 있어서 선거사무소의 회계책임자가 정당한 사유없이 「정치자금법」 제40조(회계보고)의 규정에 따른 회계보고서를 그 제출마감일까지 제출하지 아니한 때에는 그 비용을 보전하지 아니한다.

② 선거구선거관리위원회는 후보자·예비후보자·선거사무장 또는 선거사무소의 회계책임자가 당해 선거와 관련하여 이 법 또는 「정치자금법」 제49조(선거비용관련위반행위에 관한 벌칙)에 규정된 죄를 범함으로 인하여 유죄의 판결이 확정되거나 선거비용제한액을 초과하여 지출한 경우에는 이 법의 규정에 의하여 보전할 비용 중 그 위법행위에 소요된 비용 또는 선거비용제한액을 초과하여 지출한 비용의 2배에 해당하는 금액은 이를 보전하지 아니한다.
③ 선거구선거관리위원회는 제2항에도 불구하고 정당, 후보자(예비후보자를 포함한다) 및 그 가족, 선거사무장, 선거연락소장, 선거사무원, 회계책임자 또는 연설원으로부터 기부를 받은 자가 제261조 제9항에 따른 과태료를 부과받은 경우 이 법에 따라 보전할 비용 중 그 기부행위에 사용된 비용의 5배에 해당하는 금액을 보전하지 아니한다.
④ 제2항에 규정된 자가 당해 선거와 관련하여 이 법 또는 「정치자금법」 제49조에 규정된 죄를 범함으로 인하여 기소되거나 선거관리위원회에 의하여 고발된 때에는 판결이 확정될 때까지 그 위법행위에 소요된 비용의 2배에 해당하는 금액의 보전을 유예한다.
⑤ 선거구선거관리위원회는 정당 또는 후보자에게 선거비용을 보전한 후에 제1항부터 제3항까지의 규정에 따라 보전하지 아니할 사유가 발견된 때에는 당해 정당 또는 후보자에게 그 사실을 통지하고, 보전비용액 중 제1항부터 제3항까지의 규정에 해당하는 금액의 반환을 명하여야 한다. 이 경우 정당 또는 후보자는 그 반환명령을 받은 날부터 30일 이내에 당해 선거구선거관리위원회에 이를 반환하여야 한다.
⑥ 선거구선거관리위원회는 정당 또는 후보자가 제5항 후단의 기한 안에 해당금액을 반환하지 아니한 때에는 대통령선거와 국회의원선거에 있어서는 관할세무서장에게 징수를 위탁하고 관할세무서장이 국세체납처분의 예에 따라 이를 징수하여 국가에 납입하여야 하며, 지방자치단체의 의회의원 및 장의 선거에 있어서는 당해 지방자치단체의 장에게 징수를 위탁하고 지방자치단체의 장이 지방세체납처분의 예에 따라 이를 징수하여 지방자치단체에 납입하여야 한다. 〈개정 2008. 2. 29.〉
⑦ 보전하지 아니할 비용의 산정 기타 필요한 사항은 중앙선거관리위원회규칙으로 정한다. 〈개정 2008. 2. 29.〉

> 기출지문

- ⭕ 회계책임자가 정당한 사유없이 회계보고서를 그 제출마감일까지 제출하지 아니한 때에는 그 비용을 보전하지 아니한다(제135조의2 제1항). **[2015. 국가직 7·9급]**
- ⭕ 선거사무장이 당해 선거와 관련하여 「공직선거법」상 후보자 비방죄를 범하여 유죄의 판결이 확정된 경우 보전할 비용 중 그 위법행위에 소요된 비용의 2배에 해당하는 금액은 보전하지 아니한다(제135조의2 제2항). **[2015. 국가직 7급]**
- ⭕ 선거구선거관리위원회는 예비후보자의 선거사무원으로부터 기부를 받은 자가 공직선거법 제261조 제9항에 따른 과태료를 부과받은 경우 공직선거법에 따라 보전할 비용 중 그 기부행위에 사용된 비용의 5배에 해당하는 금액을 보전하지 아니한다(제135조의2 제3항). **[2015. 국가직 9급]**
- ⭕ 후보자가 당해 선거와 관련하여 「공직선거법」에 규정된 죄를 범하여 기소된 때에는 판결이 확정될 때까지 그 위법행위에 소요된 비용의 2배에 해당하는 금액의 보전을 유예한다(제135조의2 제4항). **[2015. 국가직 7급]**
- ❌ 예비후보자로부터 기부를 받은 자가 그로 인하여 100만원의 벌금형의 선고를 받은 경우 보전할 비용 중 그 기부행위에 사용된 비용의 5배에 해당하는 금액을 보전하지 아니한다. (×) **[2015. 국가직 7급]**
  - ➕ PLUS 선거구선거관리위원회는 정당, 후보자(예비후보자를 포함한다) 및 그 가족, 선거사무장, 선거연락소장, 선거사무원, 회계책임자 또는 연설원으로부터 기부를 받은 자가 제261조 제9항에 따른 과태료를 부과받은 경우 이 법에 따라 보전할 비용 중 그 기부행위에 사용된 비용의 5배에 해당하는 금액을 보전하지 아니한다(제135조의2 제3항).

제136조 삭제 〈2005.8.4.〉

# 제9장 선거와 관련있는 정당활동의 규제

✦✦ **제137조 【정강·정책의 신문광고 등의 제한】** ✦ ① 선거가 임박한 시기에 있어서 정당이 행하는 「신문 등의 진흥에 관한 법률」 제2조 제1호에 따른 신문과 「잡지 등 정기간행물의 진흥에 관한 법률」 제2조 제1호에 따른 정기간행물(이하 이 조에서 "일간신문 등"이라 한다)에 의한 정강·정책의 홍보, 당원·후보지망자의 모집, 당비모금, 정치자금모금(대통령선거에 한한다) 또는 선거에 있어 당해 정당이나 추천후보자가 사용할 구호·도안·정책 그 밖에 선거에 관한 의견수집을 위한 광고는 다음 각 호의 범위 안에서 하여야 하며, 그 선거기간 중에는 이를 할 수 없다.

✦✦ 1. 임기만료에 의한 선거
정당의 중앙당이 행하되, 선거일 전 90일부터 선거기간개시일 전일까지 일간신문 등에 총 70회 이내
2. 대통령의 궐위로 인한 선거·재선거[제197조(선거의 일부무효로 인한 재선거)의 규정에 의한 재선거를 제외한다. 이하 이 항에서 같다] 및 연기된 선거정당의 중앙당이 행하되, 그 선거의 실시사유가 확정된 때부터 선거기간개시일 전일까지 일간신문 등에 총 20회 이내
3. 제2호 외의 보궐선거·재선거 및 연기된 선거
정당의 중앙당이 행하되, 그 선거의 실시사유가 확정된 때부터 선거기간개시일 전일까지 일간신문 등에 총 10회 이내

② 제1항의 규정에 의한 일간신문 등의 광고 1회의 규격은 가로 37센티미터 세로 17센티미터 이내로 하여야 하며, 후보자가 되고자 하는 자의 사진·성명(성명을 유추할 수 있는 내용을 포함한다) 기타 선거운동에 이르는 내용을 게재할 수 없다.

③ 제69조 제1항 후단(광고횟수를 말한다)·제2항·제5항·제8항 및 제9항은 제1항의 규정에 의한 일간신문 등의 광고에 이를 준용한다. 이 경우 "후보자"는 "정당"으로 본다.

> 기출지문

- 정기간행물 등에 의한 정강·정책의 홍보 등의 광고는 임기만료에 의한 선거에서 정당의 중앙당이 선거일 전 90일부터 선거기간 개시일 전일까지 일간신문 등에 총 ( 70 )회 이내로 하여야 한다(제137조 제1항 제1호). [2016. 국가직 9급]
- 임기만료에 의한 선거에 있어 일간신문 등(신문 등의 진흥에 관한 법률 제2조 제1호에 따른 신문과 잡지 등 정기간행물의 진흥에 관한 법률 제2조 제1호에 따른 정기간행물)을 통해 정당의 정강·정책을 알리기 위한 광고는 정당의 중앙당이 행하되, 선거일 전 90일부터 선거기간개시일 전일까지 총 70회 이내에서 허용된다(제137조 제1항 제1호). [2013. 국가직 9급]
- ☒ 임기만료에 의한 선거에서 정당의 중앙당은 선거기간 중에 정강·정책 홍보를 위하여 일간신문에 광고를 할 수 있다. (×) [2017. 국가직 9급]
  †PLUS 임기만료에 의한 선거에 있어서 정당의 중앙당이 행하는 신문과 정기간행물에 의한 정강·정책의 홍보를 위한 광고는, 선거일 전 90일부터 선거기간개시일 전일까지 하여야 하며, 그 선거기간 중에는 이를 할 수 없다(제137조 제1항 제1호).

✦✦ **제137조의2 【정강·정책의 방송연설의 제한】** ✦ ① 정당이 방송연설[제70조(방송광고) 제1항의 규정에 의한 방송시설을 말한다. 이하 이 조에서 같다]을 이용하여 정강·정책을 알리기 위한 방송연설을 하는 때에는 다음 각 호의 범위 안에서 하여야 한다.
✦✦ 1. 임기만료에 의한 선거
  정당의 중앙당 대표자 또는 그가 선거운동을 할 수 있는 자 중에서 지명한 자가 행하되, 선거일 전 90일이 속하는 달의 초일부터 선거기간개시일 전일까지 1회 20분 이내에서 텔레비전 및 라디오방송별로 월 2회(선거기간개시일 전일이 해당 달의 10일 이내에 해당하는 경우에는 1회) 이내
2. 대통령의 궐위로 인한 선거, 재선거[제197조(선거의 일부무효로 인한 재선거)의 규정에 의한 재선거를 제외한다] 및 연기된 선거
  정당의 중앙당 대표자 또는 그가 선거운동을 할 수 있는 자 중에서 지명한 자가 행하되, 그 선거의 실시사유가 확정된 때부터 선거기간개시일 전일까지 1회 10분 이내에서 텔레비전 및 라디오 방송별 각 5회 이내
✦ ② 제1항에 따라 텔레비전 방송시설을 이용한 방송연설을 하는 때에는 연설하는 모습, 정당명(해당 정당을 상징하는 마크나 심벌의 표시를 포함한다), 연설의 요지 및 통계자료 외의 다른 내용이 방영되게 하여서는 아니되며, 방송연설을 녹화하여 방송하고자 하는 때에는 당해 방송시설을 이용하여야 한다.
③ 제1항의 규정에 의한 방송연설을 함에 있어서는 선거운동에 이르는 내용의 연설을 하여서는 아니된다.

✦ ④ 제1항의 규정에 의한 방송연설의 비용은 당해 정당이 부담하되, 국회에 교섭단체를 구성한 정당이 공영방송사를 이용하여 방송연설을 하는 때에는 각 공영방송사마다 텔레비전 및 라디오 방송별로 행하는 월 1회의 방송연설비용(제작비용을 제외한다)은 당해 공영방송사가 이를 부담하여야 한다.
⑤ 제4항의 규정에 의하여 공영방송사가 비용을 부담하는 방송연설을 하고자 하는 경우 그 방송연설의 일시·시간대 기타 필요한 사항은 당해 공영방송사와 당해 정당이 협의하여 정한다.
⑥ 제70조(방송광고) 제1항 후단·제6항 및 제8항과 제71조 제10항 및 제12항의 규정은 제1항의 규정에 의한 방송연설에 이를 준용한다.
⑦ 제6항의 규정에 의한 방송연설신고서의 서식 기타 필요한 사항은 중앙선거관리위원회규칙으로 정한다.

> 기출지문

- ◯ 국회에 교섭단체를 구성한 정당이 공영방송사를 이용하여 정강·정책에 대한 방송연설을 하는 때에는 각 공영방송사마다 텔레비전 및 라디오 방송별로 행하는 월 1회의 방송연설비용(제작비용을 제외한다)은 당해 공영방송사가 이를 부담하여야 한다(제137조의2 제4항). [2017. 국가직 9급]
- ✕ 중앙선거관리위원회에 등록된 정당이 공영방송사를 이용하여 방송연설을 하는 때에는 각 공영방송사마다 텔레비전 및 라디오 방송별로 행하는 월 1회의 방송연설비용(제작비용 제외)은 당해 공영방송사가 이를 부담한다. (✕) [2015. 국가직 9급]
  - ⁺PLUS 방송연설의 비용은 당해 정당이 부담하되, 국회에 교섭단체를 구성한 정당이 공영방송사를 이용하여 방송연설을 하는 때에는 각 공영방송사마다 텔레비전 및 라디오 방송별로 행하는 월 1회의 방송연설비용(제작비용을 제외한다)은 당해 공영방송사가 이를 부담하여야 한다(제137조의2 제4항).
- ✕ 정당이 정강·정책을 알리기 위해 방송연설을 하는 경우 그 비용은 정당이 부담하되, 국회에 교섭단체를 구성한 정당이 종합유선방송사를 이용하여 방송연설을 하는 때에는 각 방송사 마다 텔레비전 및 라디오 방송별로 행하는 월 1회의 방송연설 비용(제작비용 제외)은 당해 종합유선방송사가 이를 부담하여야 한다. (✕) [2013. 국가직 9급]
  - ⁺PLUS 방송연설의 비용은 당해 정당이 부담하되, 국회에 교섭단체를 구성한 정당이 공영방송사를 이용하여 방송연설을 하는 때에는 각 공영방송사마다 텔레비전 및 라디오 방송별로 행하는 월 1회의 방송연설비용(제작비용 제외)은 당해 공영방송사가 이를 부담하여야 한다(제137조의2 제4항).

✦✦ **제138조【정강·정책홍보물의 배부제한 등】**✦✦ ① 정당이 선거기간 중에 후보자를 추천한 선거구의 소속당원에게 배부할 수 있는 정강·정책홍보물은 정당의 중앙당이 제작한 책자형 정강·정책홍보물 1종으로 한다.

② 제1항의 규정에 의한 정강·정책홍보물을 배부할 수 있는 수량은 후보자를 추천한 선거구의 소속당원에 상당하는 수를 넘지 못한다.

✦ ③ 제1항의 규정에 의한 정강·정책홍보물을 제작·배부하는 때에는 그 표지에 "당원용"이라 표시하여야 한다.

✦ ④ 정당이 제1항의 정강·정책홍보물을 배부하고자 하는 때에는 배부전까지 중앙선거관리위원회에 2부를 제출하여야 하되, 전자적 파일로 대신 제출할 수 있다.

⑤ 제1항에 따른 정강·정책홍보물에는 해당 정당이 추천한 후보자의 기호·성명·사진·경력 등을 제외하고는 후보자와 관련된 사항을 게재할 수 없다.

⑥ 제1항의 규정에 따른 정강·정책홍보물은 길이 27센티미터 너비 19센티미터 이내에서 대통령선거의 경우에는 16면 이내로, 지역구국회의원선거, 지역구지방의회의원선거 및 지방자치단체의 장선거의 경우에는 8면 이내로 작성한다.

**(1) 정강·정책홍보물의 제한**

| 규제기간 | 선거기간 중 |
|---|---|
| 발행주체 | 정당의 중앙당 |
| 배부대상 | 후보자를 추천한 선거구의 소속당원 |
| 표시의무 | 표지에 당원용이라고 표시의무 |
| 게재금지내용 | 후보자의 기호·성명·사진·경력 등 외에 후보자와 관련된 사항 게재금지 |
| 발행종류·횟수·<br>규격 등의 제한 | ① 종류 : 책자형 정강·정책홍보물 1종<br>② 횟수 : 1회<br>③ 수량 : 후보자를 추천한 선거구의 소속당원 수 이내<br>④ 규격 : 27cm×19cm<br>⑤ 매수 : 대통령선거-16면 이내, 지역구국회의원선거·지역구지방의회의원선거·지방자치단체의 장선거-8면 이내 |
| 제출의무 | 배부 전까지 중앙선거관리위원회에 2부를 제출의무<br>단, 전자적 파일로 대신 제출 가능 |

기출지문

◎ 정당이 선거기간 중에 후보자를 추천한 선거구의 소속당원에게 배부할 수 있는 정강·정책홍보물은 정당의 중앙당이 제작한 책자형 정강·정책홍보물 1종으로 한다(제138조 제1항). [2022. 국가직 7급, 2016·2015·2013. 국가직 9급]

✦✦ **제138조의2 【정책공약집의 배부제한 등】** ✦ ① 정당이 자당의 정책과 선거에 있어서 공약을 게재한 정책공약집(도서의 형태로 발간된 것을 말하며, 이하 "정책공약집"이라 한다)을 배부하고자 하는 때에는 통상적인 방법으로 판매하여야 한다. 다만, 방문판매의 방법으로 정책공약집을 판매할 수 없다.
② 정당은 제1항의 규정에 따른 통상적인 방법에 의한 판매 외에 해당 정당의 당사와 제79조에 따라 소속 정당추천후보자가 개최한 공개장소에서의 연설·대담 장소에서 정책공약집을 판매할 수 있다. 이 경우 정당의 당사에서 판매할 때에는 공개된 장소에 별도의 판매대를 설치하는 등 정책공약집의 판매사실을 공개적으로 확인할 수 있는 방법으로 판매하여야 한다.
✦✦ ③ 정당이 제1항 및 제2항의 규정에 따라 정책공약집을 판매하고자 하는 때에는 발간 즉시 「정당법」의 규정에 따라 해당 정당의 등록사무를 처리하는 관할선거관리위원회에 2권을 제출하여야 하되, 전자적 파일로 대신 제출할 수 있다.
✦✦ ④ 정책공약집에는 후보자의 기호·성명·사진·학력·경력 등 후보자와 관련된 사항 및 다른 정당에 관한 사항을 게재할 수 없다.
⑤ 정책공약집의 작성근거 등의 표시, 제출 그 밖의 필요한 사항은 중앙선거관리위원회규칙으로 정한다.

(1) 제출기관 비교

| 정강·정책홍보물, 정당기관지 | 정책공약집 |
| --- | --- |
| 중앙선거관리위원회 | 정당의 등록사무 관할선거관리위원회 |

기출지문

◎ 정당이 자당의 정책과 선거에 있어서 공약을 게재한 도서형태의 정책공약집을 배부하고자 하는 때에는 통상적인 방법으로 판매하여야 하며, 방문판매의 방법으로 정책공약집을 판매할 수는 없다(제138조의2 제1항). [2023. 국가직 9급]
◎ 정당이 자당의 정책과 선거에 있어서 발간한 정책공약집에는 후보자의 기호·성명·사진·학력·경력 등 후보자와 관련된 사항 및 다른 정당에 관한 사항을 게재할 수 없다(제138조의2 제4항). [2023·2017·2013. 국가직 9급]

제139조 【정당기관지의 발행·배부제한】 ① 정당의 중앙당은 선거기간 중 기관지를 통상적인 방법 외의 방법으로 발행·배부할 수 없다. 다만, 선거기간 중 통상적인 주기에 의한 발행회수가 2회 미만인 때에는 2회(증보·호외·임시판을 포함하며, 배부되는 지역에 따라 게재내용 중 일부를 달리하더라도 동일한 것으로 본다) 이내로 한다. 이 경우 정당의 중앙당 외의 당부가 발행하거나 공개장소에서의 연설·대담장소 또는 대담·토론회장에서의 배부, 거리에서의 판매·배부, 첩부, 게시, 살포는 통상적인 방법에 의한 배부로 보지 아니한다.
✦ ② 제1항의 기관지에는 당해 정당이 추천한 후보자의 기호·성명·사진·학력·경력 등 외에 후보자의 홍보에 관한 사항을 게재할 수 없다.
③ 제1항의 기관지를 발행·배부하고자 하는 때에는 발행 즉시 2부를 중앙선거관리위원회에 제출하여야 하되, 전자적 파일로 대신 제출할 수 있다.

제140조 【창당대회 등의 개최와 고지의 제한】 ✦ ① 정당이 선거일 전 120일(선거일 전 120일 후에 실시사유가 확정된 보궐선거 등에 있어서는 그 선거의 실시사유가 확정된 때)부터 선거일까지 창당대회·합당대회·개편대회 및 후보자선출대회(이하 이 조에서 "창당대회 등"이라 한다)를 개최하는 때에는 다수인이 왕래하는 공개된 장소가 아닌 장소에서 소속당원(후보자선출대회의 경우에는 당해 정당의 공직선거후보자를 선출하기 위한 투표권이 있는 당원이 아닌 자를 포함한다)만을 대상으로 개최하여야 하되, 사회통념상 인정되는 범위 안에서 당원이 아닌 자를 초청할 수 있다.
② 제1항의 창당대회 등을 주관하는 정당은「정당법」제10조(창당집회의공개) 제2항의 신문공고를 하는 외에 창당대회 등의 장소에 5매 이내의 표지를 게시할 수 있다. 이 경우 신문공고·표지에는 후보자(후보자가 되고자 하는 자를 포함한다. 이하 이 항에서 같다)의 사진·성명(성명을 유추할 수 있는 내용을 포함한다) 또는 선전구호 등 후보자를 선전하는 내용을 게재할 수 없다.
③ 제1항에서 "개편대회"라 함은 정당의 대표자의 변경 등 당헌·당규상의 조직개편에 관한 안건을 처리하기 위하여 개최하는 당원총회 또는 그 대의기관의 회의 등 집회를 말하고, "후보자선출대회"라 함은 정당의 각급 당부가 이 법에 의한 선거의 당해 정당추천후보자를 선출하기 위하여 제57조의2(당내경선의 실시)의 규정에 의하여 개최하는 집회를 말한다.
④ 제2항의 규정에 의한 표지는 당해 집회종료 후 지체없이 주최자가 철거하여야 한다.

✦✦ 제141조 【당원집회의 제한】 ① 정당(당원협의회를 포함한다)은 선거일 전 30일부터 선거일까지 소속당원의 단합·수련·연수·교육 그 밖에 명목여하를 불문하고 선거가 실시 중인 선거구 안이나 선거구민인 당원을 대상으로 당원수련회 등(이하 이 조에서 "당원집회"라 한다)을 개최할 수 없다. 다만, 당무에 관한 연락·지시 등을 위하여 일시적으로 이루어지는 당원간의 면접은 당원집회로 보지 아니한다.

② 정당이 선거일 전 90일(선거일 전 90일 후에 실시사유가 확정된 보궐선거 등에서는 그 선거의 실시사유가 확정된 때)부터 당원집회를 개최하는 때(중앙당이 그 연수시설에서 개최하는 경우를 제외한다)에는 개최지역을 관할하는 구·시·군선거관리위원회에 신고한 후 당해 정당의 사무소, 주민회관, 공공기관·단체의 사무소 그 밖의 공공시설 또는 다수인이 왕래하는 장소가 아닌 공개된 장소에서 개최하여야 한다.
③ 「정치자금법」 제27조(보조금의 배분)의 규정에 의하여 보조금의 배분대상이 되는 정당은 중앙선거관리위원회규칙이 정하는 바에 따라 국가 또는 지방자치단체[제53조(공무원 등의 입후보) 제1항 제4호 또는 제6호에 규정된 기관을 포함한다]가 소유하거나 관리하는 주민회관·체육관 또는 문화원 기타 다수인이 모일 수 있는 시설이나 장소를 당원집회의 장소로써 무료로 사용할 수 있다. 이 경우 시설의 손괴 또는 전력의 사용 등 재산상의 손실을 끼친 때에는 당해 정당이 보상하여야 한다.
④ 제2항의 당원집회 장소의 외부에는 이 법에 의한 당원집회임을 표시하는 표지를 첩부 또는 게시하여야 하되, 그 개최자는 당해 집회종료후에는 지체없이 철거하여야 한다. 이 경우 그 표지에는 후보자가 되고자 하는 자의 사진·성명 또는 선전구호 기타 후보자가 되고자 하는 자를 선전하는 내용을 게재하여서는 아니된다.
⑤ 제3항의 규정에 의한 사용신청을 받은 공공시설의 관리자는 정당한 사유가 있는 경우를 제외하고는 그 사용을 거부할 수 없다.
⑥ 당원집회의 신고, 표지의 매수, 그 밖에 필요한 사항은 중앙선거관리위원회규칙으로 정한다.

> **기출지문**
>
> ◎ 정당은 선거일 전 30일부터 선거일까지 당무에 관한 연락·지시 등을 위하여 일시적으로 이루어지는 당원 간의 면접을 제외하고는, 소속당원의 단합·수련·연수·교육 그 밖에 명목여하를 불문하고 선거가 실시 중인 선거구 안이나 선거구민인 당원을 대상으로 당원수련회 등을 개최할 수 없다(제141조 제1항). **[2023·2016. 국가직 9급]**

**제142조** 삭제 〈2004.3.12.〉

**제143조** 삭제 〈2004.3.12.〉

✦ **제144조 【정당의 당원모집 등의 제한】** ① 정당은 선거기간 중 당원을 모집하거나 입당원서를 배부할 수 없다. 다만, 시·도당의 창당 또는 개편을 위하여 창당대회·개편대회를 개최하는 경우에는 그 집회일까지는 그러하지 아니하다.
② 삭제 〈2006.3.2.〉

> 기출지문

- ◎ 정당은 시·도당의 창당 또는 개편을 위하여 창당대회·개편 대회를 개최하는 경우에는 선거기간 중이라 하더라도 그 집회일까지는 당원을 모집하거나 입당원서를 배부할 수 있다(제144조 제1항). [2017. 국가직 9급]
- ◎ 정당은 선거기간 중 당원을 모집하거나 입당원서를 배부할 수 없지만, 시·도당의 창당 또는 개편을 위하여 창당대회·개편대회를 개최하는 경우에는 그 집회일까지는 그러하지 아니하다(제144조 제1항). [2016. 국가직 9급]

**제145조【당사게시 선전물 등의 제한】** ① 정당(제61조 제1항에 따라 해당 정당의 사무소에 선거대책기구를 설치한 정당은 제외한다)은 선거기간 중 구호, 그 밖에 정당의 홍보에 필요한 사항과 당해 당부명 및 그 대표자 성명, 해당 정당이 추천한 후보자의 기호·성명·사진·경력 등에 관한 사항을 게재한 간판·현판 또는 현수막을 중앙선거관리위원회규칙으로 정하는 바에 따라 당해 당사의 외벽면 또는 옥상에 설치·게시할 수 있다.

② 「정치자금법」에 따른 후원회의 사무소에는 중앙선거관리위원회규칙으로 정하는 바에 따라 간판을 달 수 있다.

# 제10장 투표

**제146조【선거방법】** ① 선거는 기표방법에 의한 투표로 한다.
② 투표는 직접 또는 우편으로 하되, 1인 1표로 한다. 다만, 국회의원선거, 시·도의원선거 및 자치구·시·군의원선거에 있어서는 지역구의원선거 및 비례대표의원선거마다 1인 1표로 한다.
③ 투표를 함에 있어서는 선거인의 성명 기타 선거인을 추정할 수 있는 표시를 하여서는 아니된다.

(1) 비례대표국회의원의석의 배분방식 및 1인 1표제의 위헌여부(헌재 2001.7.19, 2000헌마91) : 한정위헌 [2016. 국가직 7급]
① 공선법은 이른바 1인 1표제를 채택하여(제146조 제2항) 유권자에게 별도의 정당투표를 인정하지 않고 있으며, 지역구선거에서 표출된 유권자의 의사를 그대로 정당에 대한 지지의사로 의제하여 비례대표의석을 배분토록 하고 있는바(제189조 제1항), 이러한 비례대표제 방식에 의하면, 유권자가 지역구후보자나 그가 속한 정당 중 어느 일방만을 지지할 경우 지역구후보자 개인을 기준으로 투표하든, 정당을 기준으로 투표하든 어느 경우에나 자신의 진정한 의사는 반영시킬 수 없으며, 후보자든 정당이든 절반의 선택권을 박탈당할 수밖에 없을 뿐만 아니라, 신생정당에 대한 국민의 지지도를 제대로 반영할 수 없어 기존의 세력정당에 대한 국민의 실제 지지도를 초과하여 그 세력정당에 의석을 배분하여 주게 되는바, 이는 선거에 있어 국민의 의사를 제대로 반영하고, 국민의 자유로운 선택권을 보장할 것 등을 요구하는 민주주의원리에 부합하지 않는다.
② 비례대표제를 채택하는 경우 직접선거의 원칙은 의원의 선출뿐만 아니라 정당의 비례적인 의석확보도 선거권자의 투표에 의하여 직접 결정될 것을 요구하는바, 비례대표의원의 선거는 지역구의원의 선거와는 별도의 선거이므로 이에 관한 유권자의 별도의 의사표시, 즉 정당명부에 대한 별도의 투표가 있어야 함에도 현행제도는 정당명부에 대한 투표가 따로 없으므로 결국 비례대표의원의 선출에 있어서는 정당의 명부작성행위가 최종적·결정적인 의의를 지니게 되고, 선거권자들의 투표행위로써 비례대표의원의 선출을 직접·결정적으로 좌우할 수 없으므로 **직접선거의 원칙에 위배**된다.
③ 현행 1인 1표제 하에서의 비례대표의석배분방식에서, 지역구후보자에 대한 투표는 지역구의원의 선출에 기여함과 아울러 그가 속한 정당의 비례대표의원의 선출에도 기여하는 2중의 가치를 지니게 되는데 반하여, 무소속후보자에 대한 투표는 그 무소속후보자의 선출에

> 만 기여할 뿐 비례대표의원의 선출에는 전혀 기여하지 못하므로 투표가치의 불평등이 발생하는바, 자신이 지지하는 정당이 자신의 지역구에 후보자를 추천하지 않아 어쩔 수 없이 무소속후보자에게 투표하는 유권자들로서는 자신의 의사에 반하여 투표가치의 불평등을 강요당하게 되는바, 이는 합리적 이유 없이 무소속 후보자에게 투표하는 유권자를 차별하는 것이라 할 것이므로 **평등선거의 원칙에 위배**된다.

### 제146조의2 【투표관리관 및 사전투표관리관】

① 구·시·군선거관리위원회는 투표에 관한 사무를 관리하게 하기 위하여 투표구마다 투표관리관 1명을, 사전투표소마다 사전투표관리관 1명을 각각 둔다.

✦ ② 투표관리관 및 사전투표관리관은 국가 또는 지방자치단체의 소속 공무원 또는 각급학교의 교직원 중에서 위촉하며, 사전투표관리관은 위촉된 투표관리관 중에서 지정할 수 있다.

③ 국가기관·지방자치단체 및 각급 학교의 장이 선거관리위원회로부터 투표관리관 및 사전투표관리관의 추천 협조요구를 받은 때에는 우선적으로 이에 따라야 한다.

④ 투표관리관 및 사전투표관리관의 위촉 및 해촉, 수당 그 밖에 필요한 사항은 중앙선거관리위원회규칙으로 정한다.

✦✦ ### 제147조 【투표소의 설치】

① 읍·면·동선거관리위원회는 선거일 전일까지 관할 구역 안의 투표구마다 투표소를 설치하여야 한다.

② 투표소는 투표구안의 학교, 읍·면·동사무소 등 관공서, 공공기관·단체의 사무소, 주민회관 기타 선거인이 투표하기 편리한 곳에 설치한다. 다만, 당해 투표구안에 투표소를 설치할 적당한 장소가 없는 경우에는 인접한 다른 투표구안에 설치할 수 있다.

③ 학교·관공서 및 공공기관·단체의 장은 선거관리위원회로부터 투표소 설치를 위한 장소 사용 협조요구를 받은 때에는 우선적으로 이에 응하여야 한다.

④ 병영 안과 종교시설 안에는 투표소를 설치하지 못한다. 다만, 종교시설의 경우 투표소를 설치할 적합한 장소가 없는 부득이한 경우에는 그러하지 아니하다.

⑤ 투표소에는 기표소·투표함·참관인의 좌석 그 밖의 투표관리에 필요한 시설을 설비하여야 한다.

⑥ 기표소는 그 안을 다른 사람이 엿볼 수 없도록 설비하여야 하며 어떠한 표지도 하여서는 아니된다.

⑦ 정당·후보자·선거사무장 또는 선거연락소장은 투표소의 설비에 대하여 그 시정을 요구할 수 있다.

⑧ 제1항의 규정에 의하여 투표소를 설치하는 때에는 읍·면·동선거관리위원회는 선거일전 10일까지 그 명칭과 소재지를 공고하여야 한다. 다만, 천재·지변 기타 부득이한 사유가 있는 때에는 이를 변경할 수 있으며, 이 경우에는 즉시 공고하여 선거인에게 알려야 한다.

⑨ 읍·면·동선거관리위원회는 투표사무를 보조하게 하기 위하여 다음 각 호의 어느 하나에 해당하는 자중에서 투표사무원을 위촉하여야 한다.
1. 「국가공무원법」제2조에 규정된 국가공무원과 「지방공무원법」제2조에 규정된 지방 공무원. 다만, 일반직공무원의 행정직군 중 교정·보호·검찰사무·마약수사·출입국관리·철도공안 직렬의 공무원과 교육공무원 외의 특정직공무원 및 정무직공무원을 제외한다.
2. 각급학교의 교직원
3. 「은행법」제2조의 규정에 의한 은행의 직원
4. 제53조 제1항 제4호 내지 제6호에 규정된 기관 등의 직원
5. 투표사무를 보조할 능력이 있는 공정하고 중립적인 자

⑩ 제9항 제1호부터 제4호까지의 기관·단체의 장이 선거관리위원회로부터 투표사무원의 추천 협조요구를 받은 때에는 우선적으로 이에 따라야 한다.

⑪ 투표소의 설비, 고령자·장애인·임산부 등 교통약자와 격리자등의 투표소 접근 편의를 보장하기 위한 제반 시설의 설치, 적절한 투표소 위치 확보 등의 조치, 그 밖에 필요한 사항은 중앙선거관리위원회규칙으로 정한다. 〈개정 2018.4.6, 2022.2.16.〉

> **기출지문**

- 기표소는 그 안을 다른 사람이 엿볼 수 없도록 설비하여야 하며 어떠한 표지도 하여서는 아니 된다(제147조 제6항). [2016. 국가직 7급]
- 정당은 투표소의 설비에 대하여 그 시정을 요구할 수 있다(제147조 제7항). [2013. 국가직 7급]
- 읍·면·동선거관리위원회는 투표사무를 보조하게 하기 위하여 각급학교의 교직원을 투표사무원으로 위촉하여야 한다(제147조 제9항 제2호). 2018.4.6. 개정 [2017. 국가직 7급]
- 투표소를 설치할 적합한 장소가 없는 부득이한 경우에는 병영 안과 종교시설 안에 투표소를 설치할 수 있다. (×) [2016·2013. 국가직 9급]
  > PLUS 병영 안과 종교시설 안에는 투표소를 설치하지 못한다. 다만, 종교시설의 경우 투표소를 설치할 적합한 장소가 없는 부득이한 경우에는 그러하지 아니하다(제147조 제4항).

## ✦✦ 제148조 【사전투표소의 설치】

① 구·시·군선거관리위원회는 선거일 전 5일부터 2일 동안(이하 "사전투표기간"이라 한다) 관할구역(선거구가 해당 구·시·군의 관할구역보다 작은 경우에는 해당 선거구를 말한다)의 읍·면·동마다 1개소씩 사전투표소를 설치·운영하여야 한다. 다만, 다음 각 호의 어느 하나에 해당하는 경우에는 해당 지역에 사전투표소를 추가로 설치·운영할 수 있다. 〈개정 2022.2.16.〉

1. 읍·면·동 관할구역에 군부대 밀집지역 등이 있는 경우
2. 읍·면·동이 설치·폐지·분할·합병되어 관할구역의 총 읍·면·동의 수가 줄어든 경우
3. 읍·면·동 관할구역에「감염병의 예방 및 관리에 관한 법률」제36조제3항에 따른 감염병관리시설 또는 같은 법 제39조의3제1항에 따른 감염병의심자 격리시설이 있는 경우
4. 천재지변 또는 전쟁·폭동, 그 밖에 부득이한 사유로 인하여 사전투표소를 추가로 설치·운영할 필요가 있다고 관할 구·시·군선거관리위원회가 인정하는 경우

② 구·시·군선거관리위원회는 제1항에 따라 사전투표소를 설치할 때에는 선거일 전 9일까지 그 명칭·소재지 및 설치·운영기간을 공고하고, 선거사무장 또는 선거연락소장에게 이를 통지하여야 하며, 관할구역 안의 투표구마다 5개소에 공고문을 첩부하여야 한다. 사전투표소의 설치장소를 변경한 때에도 또한 같다.

③ 구·시·군선거관리위원회는 제1항에 따라 설치된 사전투표소의 투표사무를 보조하게 하기 위하여 제147조제9항 각 호의 어느 하나에 해당하는 사람 중에서 사전투표사무원을 두어야 한다.

④ 사전투표소 설치 장소의 제한·사용협조, 설비, 사전투표사무원의 추천 협조 등에 관하여는 제147조제3항부터 제7항까지, 제10항 및 제11항을 준용한다.

⑤ 중앙선거관리위원회는 사전투표소에서 통합선거인명부를 사용하기 위한 선거전용통신망을 구축하여야 하며, 정보의 불법 유출·위조·변조·삭제 등을 방지하기 위한 기술적 보호조치를 하여야 한다.

⑥ 사전투표소의 설치·공고·통보 및 사전투표사무원의 위촉, 그 밖에 필요한 사항은 중앙선거관리위원회규칙으로 정한다.

### 기출지문

- ○ 구·시·군선거관리위원회는 사전투표소를 설치할 때에는 선거일 전 9일까지 그 명칭·소재지 및 설치·운영기간을 공고하고, 선거사무장 또는 선거연락소장에게 이를 통지하여야 하며, 관할구역 안의 투표구마다 5개소에 공고문을 첩부하여야 한다(제148조 제2항). [2022·2016. 국가직 7급, 2016. 국가직 9급]
- ○ 구·시·구선거관리위원회는 설치된 사전투표소의 투표사무를 보조하게 하기 위하여 사전투표사무원을 두어야 한다(제148조 제3항). [2016. 국가직 7급]
- ○ 중앙선거관리위원회는 사전투표소에서 통합선거인명부를 사용하기 위한 선거전용통신망을 구축하여야 하며, 정보의 불법유출, 위조, 변조, 삭제 등을 방지하기 위한 기술적 보호조치를 하여야 한다(제148조 제5항). [2016. 국가직 7급]
- ✕ 읍·면·동 관할구역에 군부대 밀집지역이 있는 경우에는 해당 지역에 사전투표소를 추가로 설치·운영할 수 있으며, 이 경우 구·시·군선거관리위원회는 선거일 전 6일부터 2일 동안 사전투표소를 설치·운영하여야 한다. (✕) [2016. 국가직 9급]

> **PLUS** 구·시·군선거관리위원회는 선거일 전 5일부터 2일 동안(이하 "사전투표기간"이라 한다) 관할구역(선거구가 해당 구·시·군의 관할구역보다 작은 경우에는 해당 선거구를 말한다)의 읍·면·동마다 1개소씩 사전투표소를 설치·운영하여야 한다. 다만, 읍·면·동 관할구역에 군부대 밀집지역 등이 있는 경우, 읍·면·동이 설치, 폐지, 분할 합병되어 관할구역의 총 읍·면·동의 수가 줄어든 경우에는 해당 지역에 사전투표소를 추가로 설치·운영할 수 있다(제148조 제1항).

☒ 사전투표기간은 선거일 전 7일부터 2일간으로 한다. (×) [2013. 국가직 9급]
> **PLUS** 관할 구·시·군선거관리위원회는 선거일 전 5일부터 2일 동안(이하 "사전투표기간"이라 한다) 선거인명부에 올라 있는 선거인이 투표할 수 있도록 사전투표소를 그 관할구역에 설치·운영하여야 한다(제148조 제1항).

☒ 구·시·군선거관리위원회는 선거일 전 5일부터 2일 동안 관할구역의 읍·면·동마다 2개소씩 사전투표소를 설치·운영하여야 한다. (×) [2016. 국가직 7급]
> **PLUS** 관할구역의 읍·면·동마다 1개소씩 사전투표소를 설치·운영하여야 한다(제148조 제1항).

---

**제149조【기관·시설 안의 기표소】** ✦ ① 다음 각 호의 어느 하나에 해당하는 기관·시설(이하 이 조에서 "기관·시설"이라 한다)로서 제38조 제1항의 거소투표신고인을 수용하고 있는 기관·시설의 장은 그 명칭과 소재지 및 거소투표신고인수 등을 선거인명부작성기간만료일 후 3일까지 관할 구·시·군선거관리위원회에 신고하여야 한다. 〈개정 2022.2.16.〉
1. 병원·요양소·수용소·교도소 및 구치소
2. 「장애인복지법」 제58조(장애인복지시설) 제1항 제1호에 따른 장애인 거주시설
3. 「감염병의 예방 및 관리에 관한 법률」 제36조제3항에 따른 감염병관리시설 또는 같은 법 제39조의3제1항에 따른 감염병의심자 격리시설

② 제1항의 신고를 받은 관할 구·시·군선거관리위원회는 거소투표신고인을 수용하고 있는 기관·시설의 명칭과 소재지 및 거소투표신고인수 등을 공고하여야 한다.

✦ ③ 10명 이상의 거소투표신고인을 수용하고 있는 기관·시설의 장은 일시·장소를 정하여 해당 신고인의 거소투표를 위한 기표소를 설치하여야 한다.

④ 후보자(대통령선거에서 정당추천후보자의 경우에는 그 추천 정당을 말한다. 이하 이 조에서 같다)·선거사무장 또는 선거연락소장은 10명 미만의 거소투표신고인을 수용하고 있는 기관·시설의 장에게 제2항에 따른 공고일 후 2일 이내에 거소투표를 위한 기표소 설치를 요청할 수 있다. 이 경우 기관·시설의 장은 정당한 사유가 없는 한 이에 따라야 한다.

⑤ 제3항 및 제4항에 따라 기표소를 설치하는 기관·시설의 장은 기표소 설치·운영 일시 및 장소를 정하여 그 기표소 설치일 전 2일까지 관할 구·시·군선거관리위원회에 신고하여야 하며, 신고를 받은 관할 구·시·군선거관리위원회는 이를 공고하여야 한다.

✦ ⑥ 후보자·선거사무장·선거연락소장은 선거권자 중에서 1명을 선정하여 기관·시설의 장이 설치·운영하는 기표소의 투표상황을 참관하게 할 수 있다.
⑦ 기관·시설의 장은 기표소를 설치하는 장소에 기표소·참관좌석, 그 밖에 필요한 시설을 설비하여야 한다.
⑧ 기관·시설의 거소투표신고인수 공고 서식, 그 밖에 필요한 사항은 중앙선거관리위원회규칙으로 정한다.

> **기출지문**
>
> ◎ 장애인복지법에 따른 장애인 거주시설로서 10명 이상 거소투표신고인을 수용하고 있는 시설의 장은 일시·장소를 정하여 해당 신고인의 거소투표를 위한 기표소를 설치하여야 한다(제149조 제3항). [2017. 국가직 7급]
>
> ✗ 병원·요양소·수용소·교도소 및 구치소의 경우에 거소투표 신고인을 수용하고 있는 각 기관·시설의 장은 그 명칭과 소재지 및 거소투표신고인수 등을 선거인명부작성기간만료일의 다음 날까지 관할 구·시·군선거관리위원회에 신고해야 한다. (✗) [2017. 국가직 7급]
>
> ⁺PLUS 병원·요양소·수용소·교도소 및 구치소의 경우에 거소투표신고인을 수용하고 있는 기관·시설의 장은 그 명칭과 소재지 및 거소투표신고인수 등을 선거인명부작성기간만료일 후 3일까지 관할 구·시·군선거관리위원회에 신고하여야 한다(제149조 제1항).
>
> ✗ 대통령선거에서 후보자를 추천한 정당은 10명 미만의 거소 투표신고인을 수용하고 있는 기관·시설의 장에게 거소투표를 위한 기표소의 설치를 요청할 수 없다. (✗) [2017. 국가직 7급]
>
> ⁺PLUS 후보자(대통령선거에서 정당추천후보자의 경우에는 그 추천 정당을 말한다)·선거사무장 또는 선거연락소장은 10명 미만의 거소투표신고인을 수용하고 있는 기관·시설의 장에게 거소투표신고인을 수용하고 있는 기관·시설의 명칭과 소재지 및 거소투표신고인수 등의 공고일 후 2일 이내에 거소투표를 위한 기표소 설치를 요청할 수 있다. 이 경우 기관·시설의 장은 정당한 사유가 없는 한 이에 따라야 한다(제149조 제4항).
>
> ✗ 국회의원선거 당일 투표소 내에 수화통역인을 배치하도록 하는 내용의 구체적·개별적 사항에 대한 입법의무가 헌법해석상 도출된다. (✗) [2017. 국가직 7급]
>
> ⁺PLUS 장애인 투표 편의를 위한 기존의 입법 외에 투표소 내에 수화통역인을 배치하도록 하는 내용의 구체적·개별적 사항에 대한 입법의무가 헌법해석상 도출된다고 볼 수 없다(헌재 2013.8.29, 2012헌마840).

✦✦ **제150조 【투표용지의 정당·후보자의 게재순위 등】** ① 투표용지에는 후보자의 기호·정당추천후보자의 소속정당명 및 성명을 표시하여야 한다. 다만, 무소속후보자는 후보자의 정당추천후보자의 소속정당명의 난에 "무소속"으로 표시하고, 비례대표국회의원선거 및 비례대표지방의회의원선거에 있어서는 후보자를 추천한 정당의 기호와 정당명을 표시하여야 한다.

② 기호는 투표용지에 게재할 정당 또는 후보자의 순위에 의하여 "1, 2, 3" 등으로 표시하여야 하며, 정당명과 후보자의 성명은 한글로 기재한다. 다만, 한글로 표시된 성명이 같은 후보자가 있는 경우에는 괄호속에 한자를 함께 기재한다.

✦✦ ③ 후보자의 게재순위를 정함에 있어서는 후보자등록마감일 현재 국회에서 의석을 갖고 있는 정당의 추천을 받은 후보자, 국회에서 의석을 갖고 있지 아니한 정당의 추천을 받은 후보자, 무소속후보자의 순으로 하고, 정당의 게재순위를 정함에 있어서는 후보자등록마감일 현재 국회에서 의석을 가지고 있는 정당, 국회에서 의석을 가지고 있지 아니한 정당의 순으로 한다.

④ 제3항의 경우 국회에서 의석을 가지고 있는 정당의 게재순위를 정함에 있어 다음 각 호의 어느 하나에 해당하는 정당은 전국적으로 통일된 기호를 우선하여 부여한다.

✦✦ 1. 국회에 5명 이상의 소속 지역구국회의원을 가진 정당
2. 직전 대통령선거, 비례대표국회의원선거 또는 비례대표지방의회의원선거에서 전국 유효투표총수의 100분의 3 이상을 득표한 정당

⑤ 제3항 및 제4항에 따라 관할선거구선거관리위원회가 정당 또는 후보자의 게재순위를 정함에 있어서는 다음 각 호에 따른다.

1. 후보자등록마감일 현재 국회에 의석을 가지고 있는 정당이나 그 정당의 추천을 받은 후보자 사이의 게재순위는 국회에서의 다수의석순. 다만, 같은 의석을 가진 정당이 둘 이상인 때에는 최근에 실시된 비례대표국회의원선거에서의 득표수 순
2. 후보자등록마감일 현재 국회에서 의석을 가지고 있지 아니한 정당이나 그 정당의 추천을 받은 후보자 사이의 게재순위는 그 정당의 명칭의 가나다순
3. 무소속후보자 사이의 게재순위는 관할선거구선거관리위원회에서 추첨하여 결정하는 순

✦ ⑥ 제5항의 경우에 같은 게재순위에 해당하는 정당 또는 후보자가 2 이상이 있을 때에는 소속정당의 대표자나 후보자 또는 그 대리인의 참여하에 관할선거구선거관리위원회에서 후보자등록마감 후에 추첨하여 결정한다. 다만, 추첨개시시각에 소속정당의 대표자나 후보자 또는 그 대리인이 참여하지 아니하는 경우에는 관할선거구선거관리위원회위원장 또는 그가 지명한 자가 그 정당 또는 후보자를 대리하여 추첨할 수 있다.

⑦ 지역구자치구·시·군의원선거에서 정당이 같은 선거구에 2명 이상의 후보자를 추천한 경우 그 정당이 추천한 후보자 사이의 투표용지 게재순위는 해당 정당이 정한 순위에 따르되, 정당이 정하지 아니한 경우에는 관할선거구선거관리위원회에서 추첨하여 결정한다. 이 경우 그 게재순위는 "1-가, 1-나, 1-다" 등으로 표시한다.

⑧ 후보자등록기간이 지난 후에 후보자가 사퇴·사망하거나 등록이 무효로 된 때라도 투표용지에서 그 기호·정당명 및 성명을 말소하지 아니한다.
⑨ 대통령선거에 있어서 제51조(추가등록)의 규정에 의한 추가등록이 있는 경우에 그 정당의 후보자의 게재순위는 이미 결정된 종전의 당해 정당추천후보자의 게재순위로 한다.
⑩ 투표용지에는 일련번호를 인쇄하여야 한다.

#### 기출지문

- ◎ 투표용지에는 후보자의 기호·정당추천후보자의 소속정당명 및 성명을 표시하여야 하되, 무소속후보자는 후보자의 정당추천후보자의 소속정당명의 난에 "무소속"으로 표시하고, 비례대표국회의원선거 및 비례대표지방의회의원선거에 있어서는 후보자를 추천한 정당의 기호와 정당명을 표시하여야 한다(제150조 제1항). [2022·2016. 국가직 7급]
- ◎ 후보자의 게재순위를 정함에 있어서는 후보자등록마감일 현재 국회에서 의석을 갖고 있는 정당의 추천을 받은 후보자, 국회에서 의석을 갖고 있지 아니한 정당의 추천을 받은 후보자, 무소속후보자의 순으로 한다(제150조 제3항). [2016·2014. 국가직 7급]
- ◎ 후보자등록마감일 현재 국회에 5명 이상의 소속 지역구국회의원을 가진 정당에 전국적으로 통일된 기호를 우선하여 부여한다(제150조 제4항 제1호). [2015. 국가직 7급]
- ◎ 후보자등록마감일 현재 국회에 의석을 가지고 있지 아니한 정당의 추천을 받은 후보자 사이의 게재순위는 그 정당 명칭의 가나다순으로 정한다(제150조 제5항 제2호). [2016·2015. 국가직 7급]
- ✕ 국회에 5명 이상의 소속의원을 가진 정당은 전국적으로 통일된 기호를 우선하여 부여한다. (✕) [2014. 국가직 7급]
  - ⁺PLUS 국회에 5명 이상의 소속 지역구국회의원을 가진 정당은 전국적으로 통일된 기호를 우선하여 부여한다(제150조 제4항 제1호).
- ✕ 같은 의석을 가진 정당이 둘 이상인 때의 게재순위는 최근에 실시된 선거에서의 득표수 순에 따른다. (✕) [2014. 국가직 7급]
  - ⁺PLUS 같은 의석을 가진 정당이 둘 이상인 때에는 최근에 실시된 비례대표국회의원선거에서의 득표수 순에 따른다(제150조 제5항 제1호).
- ✕ 후보자등록마감일 현재 국회에서 의석을 가지고 있지 아니한 정당이나 그 정당의 추천을 받은 후보자 사이의 게재순위는 관할선거구선거관리위원회에서 후보자등록마감 후에 추첨하여 결정한다. (✕) [2014. 국가직 7급]
  - ⁺PLUS 후보자등록마감일 현재 국회에서 의석을 가지고 있지 아니한 정당이나 그 정당의 추천을 받은 후보자 사이의 게재순위는 그 정당의 명칭의 가나다순으로 한다(제150조 제5항 제2호).
- ✕ 무소속후보자 사이의 게재순위는 그 후보자 성명의 가나다순으로 정한다. (✕) [2015. 국가직 7급]
  - ⁺PLUS 무소속후보자 사이의 게재순위는 관할선거구선거관리위원회에서 추첨하여 결정하는 순으로 한다(제150조 제5항 제3호).

- ☒ 지역구자치구·시·군의원선거에서 정당이 같은 선거구에 2명 이상의 후보자를 추천한 경우에 그 정당이 추천한 후보자 사이의 투표용지 게재순위는 후보자 성명의 가나다순으로 정한다. (×) [2015. 국가직 7급]
  - ⁺PLUS 지역구자치구·시·군의원선거에서 정당이 같은 선거구에 2명 이상의 후보자를 추천한 경우 그 정당이 추천한 후보자 사이의 투표용지 게재순위는 해당 정당이 정한 순위에 따르되, 정당이 정하지 아니한 경우에는 관할선거구선거관리위원회에서 추첨하여 결정한다. 이 경우 그 게재순위는 "1-가, 1-나, 1-다" 등으로 표시한다(제150조 제7항).
- ☒ 후보자등록기간이 지난 후에 후보자가 사퇴·사망하거나 등록이 무효로 된 때라도 투표용지에서 그 기호·정당명 및 성명을 말소한다. (×) [2016. 국가직 7급]
  - ⁺PLUS 후보자등록기간이 지난 후에 후보자가 사퇴·사망하거나 등록이 무효로 된 때라도 투표용지에서 그 기호·정당명 및 성명을 말소하지 아니한다(제150조 제8항).
- ☒ 헌법재판소는 투표용지의 후보자 게재순위를 정함에 있어서 정당·의석수를 기준으로 한 기호배정 방법이 위헌이라고 결정하였다. (×) [2016. 국가직 9급]
  - ⁺PLUS 투표용지의 후보자 게재순위를 정함에 있어서 정당·의석수를 기준으로 한 기호배정 방법이 무소속 후보자 등에게 상대적으로 불리하여 차별을 두었다고 할 수 있으나, 이는 정당제도의 존재의의 등에 비추어 그 목적이 정당할 뿐만 아니라 정당·의석을 우선함에 있어서도 당적 유무, 의석순, 정당명 또는 후보자 성명의 가,나,다 순 등 합리적 기준에 의하고 있으므로, 공직선거법 제150조 제3항이 청구인의 평등권을 침해한다고 볼 수 없고, 이 규정은 단지 후보자에 대한 투표용지 게재순위를 결정하는 방법에 관한 규정일 뿐, 공무담임권과는 직접 관련이 없다 할 것이므로, 이를 침해하는 것이라고 볼 수 없다(헌재 2011.3.31, 2009헌마286).

---

(1) 정당 또는 후보자의 게재순위
  ① 후보자등록마감일 현재 국회에 의석을 가지고 있는 정당이나 그 정당의 추천을 받은 후보자 사이의 게재순위는 국회에서의 다수의석순. 다만, 같은 의석을 가진 정당이 둘 이상인 때에는 최근에 실시된 비례대표국회의원선거에서의 득표수 순
  ② 후보자등록마감일 현재 국회에서 의석을 가지고 있지 아니한 정당이나 그 정당의 추천을 받은 후보자 사이의 게재순위는 그 정당의 명칭의 가나다순
  ③ 무소속후보자 사이의 게재순위는 관할선거구선거관리위원회에서 추첨하여 결정하는 순

제151조【투표용지와 투표함의 작성】✦ ① 투표용지와 투표함은 구·시·군선거관리위원회가 작성하여 선거일 전일까지 읍·면·동선거관리위원회에 송부하며, 이를 송부받은 읍·면·동선거관리위원회위원장은 투표용지를 봉함하여 보관하였다가 투표함과 함께 투표관리관에게 인계하여야 한다.

✦ ② 하나의 선거에 관한 투표에 있어서 투표구마다 선거구별로 동시에 2개의 투표함을 사용할 수 없다.

③ 사전투표소의 투표함(이하 "사전투표함"이라 한다)과 우편으로 접수한 투표를 보관하는 투표함(이하 "우편투표함"이라 한다)은 따로 작성하되, 그 수는 예상 사전투표자수 및 거소투표신고인수·선상투표신고인수를 감안하여 당해 구·시·군선거관리위원회가 정한다.

④ 투표용지에는 중앙선거관리위원회규칙이 정하는 바에 따라 관할구·시·군선거관리위원회의 청인을 날인하여야 한다. 이 경우 그 청인의 날인은 인쇄날인으로 갈음할 수 있다.

⑤ 구·시·군선거관리위원회는 투표용지의 인쇄·납품 및 읍·면·동선거관리위원회에 송부하는 과정에, 읍·면·동선거관리위원회는 투표용지의 수령·보관 및 투표관리관에게 인계하는 과정에 당해 선거관리위원회의 정당추천위원이 각각 참여하여 입회할 수 있도록 하여야 한다. 이 경우 정당추천위원이 참여하지 아니한 때에는 입회를 포기한 것으로 본다.

✦ ⑥ 구·시·군선거관리위원회는 제1항 및 제5항에도 불구하고 사전투표소에서 교부할 투표용지는 사전투표관리관이 사전투표소에서 투표용지 발급기를 이용하여 작성하게 하여야 한다. 이 경우 투표용지에 인쇄하는 일련번호는 바코드(컴퓨터가 인식할 수 있도록 표시한 막대 모양의 기호를 말한다)의 형태로 표시하여야 하며, 바코드에는 선거명, 선거구명, 관할 선거관리위원회명 및 일련번호를 제외한 그 밖의 정보를 담아서는 아니 된다.

⑦ 제1항 또는 제6항에 따라 투표용지를 작성하는 때에는 각 정당칸 또는 후보자칸 사이에 여백을 두어야 하며, 그 구체적인 작성방법은 중앙선거관리위원회규칙으로 정한다.

✦ ⑧ 구·시·군선거관리위원회는 시각장애로 인하여 자신이 기표를 할 수 없는 선거인을 위하여 필요한 경우에는 중앙선거관리위원회규칙이 정하는 바에 따라 특수투표용지 또는 투표보조용구를 제작·사용할 수 있다.

⑨ 투표용지와 투표함의 규격 및 투표용지의 봉함·보관·인계 그 밖에 필요한 사항은 중앙선거관리위원회규칙으로 정한다.

> 기출지문

- ◎ 사전투표함과 우편투표함은 따로 작성하며, 그 수는 예상 사전투표자수 등을 감안하여 당해 구·시·군선거관리위원회가 정한다(제151조 제3항). [2016. 국가직 9급]
- ◎ 구·시·군선거관리위원회는 시각장애로 인하여 자신이 기표를 할 수 없는 선거인을 위하여 필요한 경우에는 중앙선거관리위원회규칙이 정하는 바에 따라 특수투표용지 또는 투표보조용구를 제작·사용할 수 있다(제151조 제8항). [2015. 국가직 9급]

✦✦ **제152조【투표용지모형 등의 공고】** ① 구·시·군선거관리위원회는 투표용지의 모형을 선거일 전 7일까지 공고하여야 한다.

② 구·시·군선거관리위원회는 투표용지를 인쇄할 인쇄소를 결정한 때에는 지체없이 그 인쇄소의 명칭과 소재지를 공고하여야 한다.

**제153조【투표안내문의 발송】** ① 구·시·군선거관리위원회는 세대별로 선거인의 성명·선거인명부등재번호·투표소의 위치·투표할 수 있는 시간·투표할 때 가지고 가야 할 지참물 그 밖에 투표참여를 권유하는 내용 등이 기재된 투표안내문을 작성하여 선거인명부확정일 후 2일까지 관할구역 안의 매세대에 발송하여야 한다. 이 경우 제65조 제7항에 따라 통보받은 세대에는 점자형 투표안내문을 동봉하여 발송하여야 한다.

② 제1항의 투표안내문의 발송을 위한 우편요금은 국가 또는 당해 지방자치단체가 부담한다.

③ 투표안내문의 작성은 전산조직에 의할 수 있다.

④ 투표안내문의 서식·규격 게재사항 및 우편발송절차 기타 필요한 사항은 중앙선거관리위원회규칙으로 정한다.

**제154조【거소투표자에 대한 투표용지의 발송】** ① 거소투표신고인명부에 올라 있는 선거인(이하 "거소투표자"라 한다)에게 발송할 투표용지(이하 "거소투표용지"라 한다)는 구·시·군선거관리위원회에서 당해 구·시·군선거관리위원회 정당추천위원의 참여하에 투표용지의 일련번호를 절취한 후 바코드(거소투표의 접수에 필요한 거소투표자의 거소·성명·선거인명부등재번호 등이 기록되어 컴퓨터가 인식할 수 있도록 표시한 막대 모양의 기호를 말한다)가 표시된 회송용 봉투에 넣고 다시 발송용 봉투에 넣어 봉함한 후 선거일 전 10일까지 거소투표자에게 발송하여야 한다. 이 경우 정당추천위원이 그 시각까지 참석하지 아니한 때에는 참여를 포기한 것으로 본다.

✦ ② 제1항의 규정에 불구하고 거소투표자가 다음 각 호의 어느 하나에 해당하는 경우 해당 거소투표자에게는 당해 구·시·군선거관리위원회의 의결로 거소투표용지를 발송하지 아니할 수 있다. 이 경우 거소투표발송록에 그 사실을 기재하여야 한다. 〈개정 2014.1.17, 2022.2.16.〉

1. 허위로 신고한 경우
2. 자신의 의사에 의하여 신고된 것으로 인정되지 아니한 경우
3. 격리자등이 제38조제1항 전단에 따라 신고한 후 거소투표용지 발송 전에 치료가 완료되거나 격리가 해제된 경우

③ 구·시·군선거관리위원회는 제2항의 규정에 의하여 거소투표용지를 발송하지 아니한 거소투표자와 선거일 전 2일까지 거소투표용지가 반송된 거소투표자의 명단을 작성하여 선거일 전일까지 읍·면·동선거관리위원회에 통지하여야 하며, 읍·면·동선거관리위원회는 지체 없이 이를 투표관리관에게 통지하여야 한다.

④ 거소투표용지의 발송과 회송은 등기우편으로 하되, 그 우편요금은 국가 또는 당해 지방자치단체가 부담한다.

⑤ 구·시·군선거관리위원회는 투표방법 기타 선거에 관한 안내문을 거소투표용지와 동봉하여 발송하여야 한다.

⑥ 거소투표용지의 발송용 봉투 및 회송용 봉투의 규격·게재사항 그 밖에 필요한 사항은 중앙선거관리위원회규칙으로 정한다.

**제154조의2【선상투표자에 대한 투표용지의 전송 등】** ① 구·시·군선거관리위원회는 선상투표신고인명부에 올라 있는 선거인(이하 "선상투표자"라 한다)에게 보낼 투표용지(이하 "선상투표용지"라 한다)를 작성하여 해당 선상투표자가 승선하고 있는 선박의 선장(이하 "선장"이라 한다)에게 선거일 전 9일까지 팩시밀리를 이용하여 전송하여야 한다. 이 경우 허위로 신고하거나 자신의 의사에 따라 신고된 것으로 인정되지 아니한 선상투표자에 대하여는 제154조제2항을 준용한다.

② 구·시·군선거관리위원회는 선상투표용지를 작성할 때 표지부분과 투표부분을 구분하고, 표지부분에는 선거인 확인란과 해당 선거구의 정당·후보자에 관한 정보를 열람할 수 있는 중앙선거관리위원회 인터넷 홈페이지 주소, 선상투표방법에 관한 사항 등을 게재하여야 한다.

③ 선장이 제1항에 따라 선상투표용지를 받은 때에는 즉시 해당 선상투표자에게 인계하여야 한다.

④ 선상투표용지의 규격과 게재사항, 선상투표용지 송부과정에 정당추천위원의 참여, 그 밖에 필요한 사항은 중앙선거관리위원회규칙으로 정한다.

**제155조【투표시간】** ① 투표소는 선거일 오전 6시에 열고 오후 6시(보궐선거 등에 있어서는 오후 8시)에 닫는다. 다만, 마감할 때에 투표소에서 투표하기 위하여 대기하고 있는 선거인에게는 번호표를 부여하여 투표하게 한 후에 닫아야 한다.

② 사전투표소는 사전투표기간 중 매일 오전 6시에 열고 오후 6시에 닫되, 제148조제1항제3호에 따라 설치하는 사전투표소는 관할 구·시·군선거관리위원회가 예상 투표자수 등을 고려

하여 투표시간을 조정할 수 있다. 이 경우 제1항 단서의 규정은 사전투표소에 이를 준용한다.
③ 투표를 개시하는 때에는 투표관리관은 투표함 및 기표소 내외의 이상 유무에 관하여 검사하여야 하며, 이에는 투표참관인이 참관하여야 한다. 다만, 투표개시시각까지 투표참관인이 참석하지 아니한 때에는 최초로 투표하러 온 선거인으로 하여금 참관하게 하여야 한다.
④ 사전투표소에서 투표를 개시하는 때에는 사전투표관리관은 사전투표함 및 기표소 내외의 이상 유무에 관하여 검사하여야 하며, 이에는 사전투표참관인이 참관하여야 한다. 다만, 사전투표개시시각까지 사전투표참관인이 참석하지 아니한 때에는 최초로 투표하러 온 선거인으로 하여금 참관하게 하여야 한다.
⑤ 사전투표·거소투표 및 선상투표는 선거일 오후 6시(보궐선거 등에 있어서는 오후 8시)까지 관할구·시·군선거관리위원회에 도착되어야 한다.

**개정** ⑥ 제1항 본문 및 제2항 전단에도 불구하고 격리자등이 선거권을 행사할 수 있도록 격리자등에 한정하여서는 투표소를 오후 6시 30분(보궐선거등에 있어서는 오후 8시 30분)에 열고 오후 7시 30분(보궐선거등에 있어서는 오후 9시 30분)에 닫으며, 사전투표소(제148조제1항제3호에 따라 설치하는 사전투표소를 제외하고 사전투표기간 중 둘째 날의 사전투표소에 한정한다. 이하 이 항에서 같다)는 오후 6시 30분에 열고 오후 8시에 닫는다. 다만, 농산어촌 지역에 거주하는 고령자·장애인·임산부 등 교통약자인 격리자등은 관할 보건소로부터 일시적 외출의 필요성을 인정받은 경우 투표소 또는 사전투표소에서 오후 6시(보궐선거등에 있어서는 투표소에서 오후 8시) 전에도 투표할 수 있다. 〈신설 2022.2.16., 2022.4.20., 2023.3.29.〉

**개정** ⑦ 제6항 본문에 따라 투표하는 경우 제5항, 제176조제4항, 제218조의16제2항 및 제218조의24제2항부터 제4항까지의 규정 중 "선거일 오후 6시"는 각각 "선거일 오후 7시 30분"으로, "오후 8시"는 각각 "오후 9시 30분"으로 본다. 〈신설 2022.2.16., 2023.3.29.〉

> **(1) 부재자투표 개시시간 헌법불합치결정(헌재 2012.2.23. 2010헌마601)** [2016. 국가직 7급]
> ① 부재자 투표시간을 오전 10시부터 오후 4시까지로 정하고 있는 공직선거법 규정 중 '투표 개시시간인 오전 10시 부분'은 헌법에 합치되지 않는다.
> ② 마감시간인 오후 4시 부분은 합헌
> ③ 위 결정으로 부재자투표 개시시간은 오전 6시로 개정되었으며, 2014.1.17 공직선거법 개정으로 부재자투표는 사전투표로 변경되었다.

> **기출지문**
>
> ◎ 농산어촌 지역에 거주하는 고령자·장애인·임산부 등 교통약자인 격리자등은 관할 보건소로부터 일시적 외출의 필요성을 인정받은 경우에는 오후 6시 전에 투표할 수 있다(제155조 제6항). [2022. 국가직 9급]
> ◎ 사전투표소는 사전투표기간 중 매일 오전 6시에 열고 오후 6시에 닫는다. 다만, 마감할 때에 투표소에서 투표하기 위하여 대기하고 있는 선거인에게는 번호표를 부여하여 투표하게 한 후에 닫아야 한다(제155조 제2항). [2022. 국가직 7급, 2017. 국가직 9급]
> ◎ 사전투표개시시각까지 사전투표참관인이 참석하지 아니한 때에는 최초로 투표하러 온 선거인으로 하여금 참관하게 하여야 한다(제155조 제4항). [2022. 국가직 7급, 2017. 국가직 9급]

**제156조【투표의 제한】** ① 선거인명부에 올라 있지 아니한 자는 투표할 수 없다. 다만, 제41조(이의신청과 결정) 제2항·제42조(불복신청과 결정) 제2항 또는 제43조(명부누락자의 구제) 제2항의 이유있다는 결정통지서를 가지고 온 자는 투표할 수 있다.
✦ ② 선거인명부에 올라 있더라도 선거일에 선거권이 없는 자는 투표할 수 없다.
③ 거소투표자는 제158조의2에 따라 거소투표를 하여야 한다. 다만, 다음 각 호의 어느 하나에 해당하는 사람은 선거일에 해당 투표소에서 투표할 수 있다.
1. 제154조 제2항에 해당하여 거소투표용지를 송부받지 못한 사람
2. 거소투표용지가 반송되어 거소투표용지를 송부받지 못한 사람
3. 거소투표용지를 송부받았으나 거소투표를 하지 못한 사람으로서 선거일에 해당 투표소에서 투표관리관에게 거소투표용지와 회송용 봉투를 반납한 사람
④ 제3항 단서에 따라 거소투표자가 선거일에 해당 투표소에서 투표하는 경우 투표관리관은 선거인명부 또는 제154조 제3항에 따라 통지받은 거소투표자의 명단과 대조·확인하고 선거인명부 비고란에 그 사실을 적어야 한다.

**제157조【투표용지수령 및 기표절차】** ① 선거인은 자신이 투표소에 가서 투표참관인의 참관 하에 주민등록증(주민등록증이 없는 경우에는 관공서 또는 공공기관이 발행한 증명서로서 사진이 첨부되어 본인임을 확인할 수 있는 여권·운전면허증·공무원증 또는 중앙선거관리위원회규칙으로 정하는 신분증명서를 말한다. 이하 "신분증명서"라 한다)을 제시하고 본인임을 확인받은 후 선거인명부에 서명이나 날인 또는 무인하고 투표용지를 받아야 한다.
② 투표관리관은 선거일에 선거인에게 투표용지를 교부하는 때에는 사인날인란에 사인을 날인한 후 선거인이 보는 앞에서 일련번호지를 떼어서 교부하되, 필요하다고 인정되는 때에는 100매 이내의 범위 안에서 그 사인을 미리 날인해 놓은 후 이를 교부할 수 있다. 다만, 당해 정당추천위원이 없거나 참여하지 아니하는 경우에는 입회를 포기한 것으로 본다.

✦ ③ 투표관리관은 신분증명서를 제시하지 아니한 선거인에게 투표용지를 교부하여서는 아니 된다.

④ 선거인은 투표용지를 받은 후 기표소에 들어가 투표용지에 1인의 후보자(비례대표국회의원선거와 비례대표지방의회의원선거에 있어서는 하나의 정당을 말한다)를 선택하여 투표용지의 해당 란에 기표한 후 그 자리에서 기표내용이 다른 사람에게 보이지 아니하게 접어 투표참관인의 앞에서 투표함에 넣어야 한다.

✦ ⑤ 투표용지를 교부받은 후 그 선거인에게 책임이 있는 사유로 훼손 또는 오손된 때에는 다시 이를 교부하지 아니한다.

⑥ 선거인은 투표소의 질서를 해하지 아니하는 범위 안에서 초등학생 이하의 어린이와 함께 투표소(초등학생인 어린이의 경우에는 기표소를 제외한다) 안에 출입할 수 있으며, 시각 또는 신체의 장애로 인하여 자신이 기표할 수 없는 선거인은 그 가족 또는 본인이 지명한 2인을 동반하여 투표를 보조하게 할 수 있다.

⑦ 제6항의 경우를 제외하고는 같은 기표소 안에 2인 이상이 동시에 들어갈 수 없다.

⑧ 투표용지의 날인·교부방법 및 기표절차 그 밖에 필요한 사항은 중앙선거관리위원회규칙으로 정한다.

---

**기출지문**

◎ 시각 또는 신체의 장애로 인하여 자신이 기표할 수 없는 선거인은 그 가족 또는 본인이 지명한 2인을 동반하여 투표를 보조하게 할 수 있다(제157조 제6항). [2015. 국가직 9급]

---

✦✦ **제158조【사전투표】** ✦✦ ① 선거인(거소투표자와 선상투표자는 제외한다)은 누구든지 사전투표기간 중에 사전투표소에 가서 투표할 수 있다.

✦ ② 사전투표를 하려는 선거인은 사전투표소에서 신분증명서를 제시하여 본인임을 확인받은 다음 전자적 방식으로 손도장을 찍거나 서명한 후 투표용지를 받아야 한다. 이 경우 중앙선거관리위원회는 해당 선거인에게 투표용지가 교부된 사실을 확인할 수 있도록 신분증명서의 일부를 전자적 이미지 형태로 저장하여 선거일의 투표마감시각까지 보관하여야 한다.

③ 사전투표관리관은 투표용지 발급기로 선거권이 있는 해당 선거의 투표용지를 인쇄하여 "사전투표관리관"칸에 자신의 도장을 찍은 후 일련번호를 떼지 아니하고 회송용 봉투와 함께 선거인에게 교부한다.

④ 투표용지와 회송용 봉투를 받은 선거인은 기표소에 들어가 투표용지에 1명의 후보자(비례대표국회의원선거 및 비례대표지방의회의원선거에서는 하나의 정당을 말한다)를 선택하여 투표용지의 해당 칸에 기표한 다음 그 자리에서 기표내용이 다른 사람에게 보이지 아니하게 접어 이를 회송용 봉투에 넣어 봉함한 후 사전투표함에 넣어야 한다.

⑤ 제3항 및 제4항에도 불구하고 사전투표관리관은 중앙선거관리위원회규칙으로 정하는 구역의 선거인에게는 회송용 봉투를 교부하지 아니할 수 있다.
⑥ 사전투표관리관은 사전투표기간 중 매일의 사전투표마감 후 또는 사전투표기간 종료 후 투표지를 인계하는 경우에는 사전투표참관인의 참관 하에 다음 각 호에 따라 처리한다.
1. 제3항 및 제4항에 따라 투표용지와 회송용 봉투를 함께 교부하여 투표하게 한 경우에는 사전투표함을 개함하고 사전투표자수를 계산한 후 관할 우체국장에게 인계하여 등기우편으로 발송한다. 이 경우 사전투표관리관은 후보자별로 사전투표참관인 1명씩을 지정하여 해당 우체국까지 동행하여야 하며, 사전투표관리관이 지정한 사전투표참관인이 정당한 사유 없이 동행을 거부한 때에는 그 권한을 포기한 것으로 보고 투표록에 그 사유를 기재한다.
2. 제5항에 따라 회송용 봉투를 교부하지 아니하고 투표하게 한 경우에는 해당 사전투표함을 직접 관할 구·시·군선거관리위원회에 인계한다. 이 경우 사전투표함 등의 송부에 관하여는 제170조를 준용한다.
⑦ 투표용지를 교부하지 아니하는 경우와 투표소 출입 등에 관하여는 제157조 제3항 및 제5항부터 제7항까지의 규정을 준용한다.
⑧ 전기통신 장애 등이 발생하는 경우 사전투표절차, 그 밖에 필요한 사항은 중앙선거관리위원회규칙으로 정한다.

### 기출지문

- 거소투표자와 선상투표자를 제외한 선거인은 누구든지 사전투표기간 중에 사전투표소에 가서 투표할 수 있다(제158조 제1항). [2013. 국가직 7급 변형]
- 사전투표를 하려는 선거인은 사전투표소에서 신분증명서를 제시하여 본인임을 확인받은 다음 전자적 방식으로 손도장을 찍거나 서명한 후 투표용지를 받아야 하며, 이 경우 중앙선거관리위원회는 해당 선거인에게 투표용지가 교부된 사실을 확인할 수 있도록 신분증명서의 일부를 전자적 이미지 형태로 저장하여 선거일의 투표마감시각까지 보관하여야 한다(제158조 제2항). [2017·2016. 국가직 9급]
- 선거인은 누구든지 사전투표기간 중에 사전투표소에 가서 투표할 수 있다. (×) [2017. 국가직 9급]
  - ᴾᴸᵁˢ 거소투표자와 선상투표자를 제외한 선거인은 누구든지 사전투표기간 중에 사전투표소에 가서 투표할 수 있다(제158조 제1항).

✦ **제158조의2 【거소투표】** 거소투표자는 관할 구·시·군선거관리위원회로부터 송부 받은 투표용지에 1명의 후보자(비례대표국회의원선거 및 비례대표지방의회의원선거에서는 하나의 정당을 말한다)를 선택하여 투표용지의 해당 칸에 기표한 다음 회송용 봉투에 넣어 봉함한 후 등기우편으로 발송하여야 한다.

**제158조의3【선상투표】** ✦ ① 선장은 선거일 전 8일부터 선거일 전 5일까지의 기간(이하 "선상투표기간"이라 한다) 중 해당 선박의 선상투표자의 수와 운항사정 등을 고려하여 선상투표를 할 수 있는 일시를 정하고, 해당 선박에 선상투표소를 설치하여야 한다. 이 경우 선장은 지체 없이 선상투표자에게 선상투표를 할 수 있는 일시와 선상투표소가 설치된 장소를 알려야 한다.

✦ ② 선장은 선상투표소를 설치할 때 선상투표자가 투표의 비밀이 보장된 상태에서 투표한 후 팩시밀리로 선상투표용지를 전송할 수 있도록 설비하여야 한다.

③ 선장은 선상투표가 진행되는 동안에는 해당 선박에 승선하고 있는 선원 중 대한민국 국민으로서 공정하고 중립적인 사람 1명 이상을 입회시켜야 한다. 다만, 해당 선박에 승선하고 있는 대한민국 국민이 1명뿐인 경우에는 그러하지 아니하다.

④ 선장은 제1항에 따른 선상투표소에서 선상투표자가 가져 온 선상투표용지의 해당 서명란에 제3항 본문에 따른 입회인(이하 "입회인"이라 한다)과 함께 서명한 다음 해당 선상투표자에게 교부하여야 한다. 이 경우 선상투표소에서 투표하기 전에 미리 기표하여 온 선상투표용지는 회수하여 별도의 봉투에 넣어 봉함한다.

⑤ 제4항에 따라 선상투표용지를 교부받은 선상투표자는 선거인 확인란에 서명한 후 1명의 후보자(비례대표국회의원선거에서는 하나의 정당을 말한다)를 선택하여 선상투표용지의 해당 란에 기표한 다음 선상투표소에 설치된 팩시밀리로 직접 해당 시·도선거관리위원회에 전송하여야 한다.

⑥ 제5항에 따라 전송을 마친 선상투표자는 선상투표지를 직접 봉투에 넣어 봉함한 후 선장에게 제출하여야 한다.

✦ ⑦ 선장은 해당 선박의 선상투표를 마친 후 입회인의 입회 아래 제6항에 따라 제출된 선상투표지 봉투와 제4항 후단에 따른 선상투표용지 봉투를 구분하여 함께 포장한 다음 자신과 입회인이 각각 봉인한 후 보관하여야 한다.

⑧ 선장은 해당 선박의 선상투표를 마친 때에는 선상투표관리기록부를 작성하여 선거일 전일까지 해당 선박의 선박원부를 관리하는 지방해양항만청의 소재지(대한민국국적취득조건부 나용선의 경우 해당 선박회사의 등록지, 외국국적 선박은 선박관리업 등록을 한 지방해양항만청의 소재지를 말한다)를 관할하는 시·도선거관리위원회에 팩시밀리로 전송하고, 국내에 도착하는 즉시 선상투표관리기록부와 제7항에 따라 보관 중인 봉투를 해당 시·도선거관리위원회에 제출하여야 한다. 이 경우 국내에 도착하기 전이라도 외국에서 국제우편을 이용하여 제출할 수 있다.

✦ ⑨ 시·도선거관리위원회는 제5항에 따른 선상투표지를 수신할 팩시밀리에 투표의 비밀이 보장될 수 있도록 기술적 장치를 하여야 한다.

⑩ 시·도선거관리위원회는 제5항에 따라 수신된 선상투표지의 투표부분은 절취하여 봉투에 넣고, 표지부분은 그 봉투에 붙여서 봉함한 후 선상투표자의 주소지 관할 구·시·군선거관리위원회에 보내야 한다. 이 경우 투표한 선거인을 알 수 없는 선상투표지는 봉투에 넣어 봉함한

후 그 사유를 적은 표지를 부착하여 보관한다.
⑪ 시·도선거관리위원회는 선상투표지 관리록에 선상투표지 수신상황과 발송상황을 적어야 한다.
⑫ 구·시·군선거관리위원회는 선거일 투표마감시각까지 시·도선거관리위원회로부터 송부된 선상투표지를 접수하여 우편투표함에 투입하여야 한다.
⑬ 선상투표기간 개시일 전에 국내에 도착한 선상투표자는 중앙선거관리위원회규칙으로 정하는 서류를 첨부하여 관할 구·시·군선거관리위원회에 신고한 후 선거일에 주소지를 관할하는 투표구에 설치된 투표소에서 투표할 수 있다. 이 경우 해당 선박에서 선상투표용지를 미리 교부받은 사람은 관할 구·시·군선거관리위원회에 신고할 때에 그 투표용지를 반납하여야 한다. 〈신설 2015.8.13.〉
⑭ 선상투표의 투표절차, 투표의 비밀을 보장하기 위한 팩시밀리의 기술적 요건, 선상투표관리기록부 및 선상투표지 관리록의 작성·제출, 선상투표기간 개시일 전에 국내에 도착한 선상투표자의 투표절차, 그 밖에 필요한 사항은 중앙선거관리위원회규칙으로 정한다.

**기출지문**

Q 선상투표의 경우, 선장은 선거일 전 8일부터 선거일 전 5일까지의 기간 중 해당 선박의 선상투표자의 수와 운항사정 등을 고려하여 선상투표를 할 수 있는 일시를 정하고, 해당 선박에 선상투표소를 설치하여야 한다(제158조의3 제1항). [2022·2016. 국가직 7급]

✦ 제159조【기표방법】 선거인이 투표용지에 기표를 하는 때에는 "( )"표가 각인된 기표용구를 사용하여야 한다. 다만, 거소투표자가 거소투표(선상투표를 포함한다)를 하는 경우에는 "○"표를 할 수 있다.

제160조 삭제〈2005.8.4.〉

✦✦ 제161조【투표참관】 ✦ ① 투표관리관은 투표참관인으로 하여금 투표용지의 교부상황과 투표상황을 참관하게 하여야 한다.
② 투표참관인은 정당·후보자·선거사무장 또는 선거연락소장이 후보자마다 투표소별로 2인을 선정하여 선거일 전 2일까지 읍·면·동선거관리위원회에 서면으로 신고하여야 한다.
✦ ③ 투표참관인은 투표소마다 8명으로 하되, 제2항의 규정에 의하여 선정·신고한 인원수가 8명을 넘는 때에는 읍·면·동선거관리위원회가 추첨에 의하여 지정한 자를 투표참관인으로 한다. 다만, 투표참관인의 선정이 없거나 선정·신고한 인원수가 4명에 미달하는 때에는 읍·면·동선거관리위원회가 그 투표구를 관할하는 구·시·군의 구역 안에 거주하는 선거권자 중에서 본인의 승낙을 얻어 4명에 달할 때까지 선정한 자를 투표참관인으로 한다. [2018. 국가직 7급]

✦ ④ 읍·면·동선거관리위원회가 제3항의 규정에 의하여 투표참관인을 지정하는 경우에 후보자수가 8명을 넘는 때에는 후보자별로 1명씩 우선 선정한 후 추첨에 의하여 8명을 지정하고, 후보자수가 8명에 미달하되 후보자가 선정·신고한 인원수가 8명을 넘는 때에는 후보자별로 1명씩 선정한 자를 우선 지정한 후 나머지 인원은 추첨에 의하여 지정한다.
⑤ 정당·후보자·선거사무장 또는 선거연락소장은 그가 선정한 투표참관인에 대하여는 필요한 경우에는 언제든지 읍·면·동선거관리위원회에 신고하고 교체할 수 있으며, 선거일에는 투표소에서 교체신고할 수 있다.
⑥ 제3항 단서의 규정에 의하여 읍·면·동선거관리위원회가 선정한 투표참관인은 정당한 사유없이 참관을 거부하거나 그 직을 사임할 수 없다.
✦ ⑦ 대한민국 국민이 아닌 자·미성년자·제18조(선거권이 없는 자) 제1항 각 호의 1에 해당하는 자·제53조(공무원 등의 입후보) 제1항 각 호의 1에 해당하는 자·후보자 또는 후보자의 배우자는 투표참관인이 될 수 없다.
⑧ 투표관리관은 원활한 투표관리를 위하여 필요하다고 인정하는 경우에는 투표참관인을 교대로 참관하게 할 수 있다. 이 경우 정당·후보자별로 참관인수의 2분의 1씩 교대하여 참관하게 하여야 한다.
⑨ 투표관리관은 투표용지의 교부상황과 투표상황을 쉽게 볼 수 있는 장소에 투표참관인석을 마련하여야 한다.
⑩ 투표참관인은 투표에 간섭하거나 투표를 권유하거나 기타 어떠한 방법으로든지 선거에 영향을 미치는 행위를 하여서는 아니된다.
✦ ⑪ 투표관리관은 투표참관인이 투표간섭 또는 부정투표 그 밖에 이 법의 규정에 위반되는 사실을 발견하고 그 시정을 요구한 경우에 그 요구가 정당하다고 인정하는 때에는 이를 시정하여야 한다.
⑫ 투표참관인은 투표소 안에서 사고가 발생한 때에는 투표상황을 촬영할 수 있다.
⑬ 삭제 〈2000.2.16.〉
⑭ 투표참관인신고서의 서식 기타 필요한 사항은 중앙선거관리위원회규칙으로 정한다.

### 기출지문

◎ 정당·후보자·선거사무장 또는 선거연락소장은 그가 선정한 투표참관인을 선거일에는 투표소에서 교체신고할 수 있다(제161조 제5항). [2017. 국가직 7급]

◎ 대한민국 국민이 아닌 자·미성년자·제18조(선거권이 없는 자) 제1항 각 호의 1에 해당하는 자·제53조(공무원 등의 입후보) 제1항 각 호의 1에 해당하는 자·후보자 또는 후보자의 배우자는 투표참관인이 될 수 없다(제161조 제7항). 그러므로 정당의 당원은 투표참관인이 될 수 있다. [2014. 국가직 9급]

◎ 지역구국회의원선거 후보자는 투표참관인은 될 수 없으나 개표참관인은 될 수 있으며, 그의 일본국적을 가진 배우자는 투표참관인이나 개표참관인이 될 수 없다(제161조 제7항, 제181조 제11항). [2013. 국가직 9급 변형]

☒ 투표관리관을 제외한 투표참관인 또는 투표사무원은 투표소 안에서 사고가 발생한 때에는 투표상황을 촬영할 수 없다. (×) [2017. 국가직 7급]

　　+PLUS 투표참관인은 투표소 안에서 사고가 발생한 때에는 투표상황을 촬영할 수 있다(제161조 제12항).

---

**제162조【사전투표참관】** ① 사전투표관리관은 사전투표참관인으로 하여금 사전투표 상황을 참관하게 하고, 제158조제6항제1호에 따라 관할 우체국장에게 투표지를 인계하기까지 일련의 과정에 동행하게 하여야 한다.

② 정당·후보자·선거사무장 또는 선거연락소장은 후보자마다 사전투표소별로 2명의 사전투표참관인을 선정하여 선거일 전 7일까지 구·시·군선거관리위원회에 서면으로 신고하여야 하고, 필요한 경우 언제든지 신고한 후 교체할 수 있으며 사전투표기간 중에는 사전투표소에서 교체신고를 할 수 있다.

③ 제2항에 따른 사전투표참관인의 선정이 없거나 한 후보자가 선정한 사전투표참관인밖에 없는 때에는 관할구·시·군선거관리위원회가 선거권자 중에서 본인의 승낙을 얻어 4인에 달할 때까지 선정한 자를 사전투표참관인으로 한다.

④ 사전투표참관에 관하여는 제161조 제6항부터 제12항까지의 규정을 준용한다. 이 경우 "투표구선거관리위원회"는 "부재자투표소를 설치·운영하는 선거관리위원회"로 본다. 이 경우 "읍·면·동선거관리위원회"는 "관할구·시·군선거관리위원회"로, "투표관리관"은 "사전투표관리관"으로, "투표참관인"은 "사전투표참관인"으로 본다.

⑤ 사전투표참관인신고서의 서식, 그 밖에 필요한 사항은 중앙선거관리위원회규칙으로 정한다.

**제163조【투표소 등의 출입제한】** ✦ ① 투표하려는 선거인·투표참관인·투표관리관, 읍·면·동선거관리위원회 및 그 상급선거관리위원회의 위원과 직원 및 투표사무원을 제외하고는 누구든지 투표소에 들어갈 수 없다.

② 선거관리위원회의 위원·직원·투표관리관·투표사무원 및 투표참관인이 투표소에 출입하는 때에는 중앙선거관리위원회규칙이 정하는 바에 따라 표지를 달거나 붙여야 하며, 이 규정에 의한 표지외에는 선거와 관련한 어떠한 표시물도 달거나 붙일 수 없다.

✦ ③ 제2항의 표지는 다른 사람에게 양도·양여할 수 없다.

④ 사전투표소(제149조에 따라 기표소가 설치된 장소를 포함한다)의 출입제한에 관하여는 제1항부터 제3항까지의 규정을 준용한다.

✦✦ **제164조【투표소 등의 질서유지】** ✦ ① 투표관리관 또는 투표사무원은 투표소의 질서가 심히 문란하여 공정한 투표가 실시될 수 없다고 인정하는 때에는 투표소의 질서를 유지하기 위하여 정복을 한 경찰공무원 또는 경찰관서장에게 원조를 요구할 수 있다.
✦ ② 제1항의 규정에 의하여 원조요구를 받은 경찰공무원 또는 경찰관서장은 즉시 이에 따라야 한다.
③ 제1항의 요구에 의하여 투표소 안에 들어간 경찰공무원 또는 경찰관서장은 투표관리관의 지시를 받아야 하며, 질서가 회복되거나 투표관리관의 요구가 있는 때에는 즉시 투표소 안에서 퇴거하여야 한다.
④ 사전투표소의 질서유지에 관하여는 제1항부터 제3항까지의 규정을 준용한다. 이 경우 "투표관리관"은 "사전투표관리관"으로, "투표사무원"은 "사전투표사무원"으로 본다.

> **기출지문**
>
> 🅞 투표사무원은 투표소의 질서가 심히 문란하여 공정한 투표가 실시될 수 없다고 인정하는 때에는 투표소의 질서를 유지하기 위하여 정복을 한 경찰공무원 또는 경찰관서장에게 원조를 요구할 수 있다(제164조 제1항). [2017. 국가직 7급, 2018·2013. 국가직 9급]

**제165조【무기나 흉기 등의 휴대금지】** ① 제164조(투표소 등의 질서유지) 제1항의 경우를 제외하고는 누구든지 투표소 안에서 무기나 흉기 또는 폭발물을 지닐 수 없다.
② 사전투표소(제149조에 따라 기표소가 설치된 장소를 포함한다)에서의 무기나 흉기 등의 휴대금지에 관하여는 제1항을 준용한다.

✦✦ **제166조【투표소 내외에서의 소란언동금지 등】** ① 투표소 안에서 또는 투표소로부터 100미터 안에서 소란한 언동을 하거나 특정 정당이나 후보자를 지지 또는 반대하는 언동을 하는 자가 있는 때에는 투표관리관 또는 투표사무원은 이를 제지하고, 그 명령에 불응하는 때에는 투표소 또는 그 제한거리 밖으로 퇴거하게 할 수 있다. 이 경우 투표관리관 또는 투표사무원은 필요하다고 인정하는 때에는 정복을 한 경찰공무원 또는 경찰관서장에게 원조를 요구할 수 있다.
② 제1항의 규정에 의하여 퇴거당한 선거인은 최후에 투표하게 한다. 다만, 투표관리관은 투표소의 질서를 문란하게 할 우려가 없다고 인정하는 때에는 그 전에라도 투표하게 할 수 있다.
✦✦ ③ 누구든지 제163조(투표소 등의 출입제한) 제2항의 규정에 의하여 표지를 달거나 붙이는 경우를 제외하고는 선거일에 완장·흉장 등의 착용 기타의 방법으로 선거에 영향을 미칠 우려가 있는 표지를 할 수 없다.

④ 제164조(투표소 등의 질서유지) 제2항 및 제3항의 규정은 투표소 내외에서의 소란언동금지 등에 이를 준용한다.

⑤ 사전투표소 내외에서의 소란언동금지 등에 관하여는 제1항부터 제4항까지의 규정을 준용한다. 이 경우 "투표관리관"은 "사전투표관리관"으로, "투표사무원"은 "사전투표사무원"으로, "선거일에"는 "사전투표소 안에서"로 본다.

✦✦ **제166조의2 【투표지 등의 촬영행위 금지】** ✦✦ ① 누구든지 기표소 안에서 투표지를 촬영하여서는 아니된다.

② 투표관리관 또는 사전투표관리관은 선거인이 기표소 안에서 투표지를 촬영한 경우 해당 선거인으로부터 그 촬영물을 회수하고 투표록에 그 사유를 기록한다.

> **기출지문**
>
> ◎ 기표소 안에서 투표지 촬영은 금지된다(제166조의2 제1항).
> [2022. 국가직 7급, 2022·2013 국가직 9급]

**제167조 【투표의 비밀보장】** ① 투표의 비밀은 보장되어야 한다.

✦✦ ② 선거인은 투표한 후보자의 성명이나 정당명을 누구에게도 또한 어떠한 경우에도 진술할 의무가 없으며, 누구든지 선거일의 투표마감시각까지 이를 질문하거나 그 진술을 요구할 수 없다. 다만, 텔레비전방송국·라디오방송국·「신문 등의 진흥에 관한 법률」제2조 제1호 가목 및 나목에 따른 일간신문사가 선거의 결과를 예상하기 위하여 선거일에 투표소로부터 50미터 밖에서 투표의 비밀이 침해되지 않는 방법으로 질문하는 경우에는 그러하지 아니하며 이 경우 투표마감시각까지 그 경위와 결과를 공표할 수 없다.

✦ ③ 선거인은 자신이 기표한 투표지를 공개할 수 없으며, 공개된 투표지는 무효로 한다.

> **기출지문**
>
> ◎ 텔레비전방송국이 선거의 결과를 예상하기 위하여 선거일에 투표소로부터 50미터 밖에서 투표의 비밀이 침해되지 않는 방법으로 선거인에게 질문할 수 있으나 투표마감시각까지 그 경위와 결과를 공표할 수 없다(제167조 제2항). [2022·2015·2013. 국가직 9급]
>
> ◎ 선거인은 자신이 기표한 투표지를 공개할 수 없으며, 공개된 투표지는 무효로 한다(제167조 제3항). [2022·2016. 국가직 7급]

제168조【투표함 등의 봉쇄·봉인】① 투표관리관은 투표소를 닫는 시각이 된 때에는 투표소의 입구를 닫아야 하며, 투표소안에 있는 선거인의 투표가 끝나면 투표참관인의 참관하에 투표함의 투입구와 그 자물쇠를 봉쇄·봉인하여야 한다. 다만, 정당한 사유없이 참관을 거부하는 투표참관인이 있는 때에는 그 권한을 포기한 것으로 보고, 투표록에 그 사유를 기재한다.
② 투표함의 열쇠와 잔여투표용지 및 번호지는 제1항의 규정에 의하여 각각 봉인하여야 한다.

✦ 제169조【투표록의 작성】투표관리관은 투표록을 작성하여 기명하고 서명 또는 날인하여야 한다.

제170조【투표함 등의 송부】① 투표관리관은 투표가 끝난 후 지체없이 투표함 및 그 열쇠와 투표록 및 잔여투표용지를 관할구·시·군선거관리위원회에 송부하여야 한다.
② 제1항의 규정에 의하여 투표함을 송부하는 때에는 후보자별로 투표참관인 1인과 호송에 필요한 정복을 한 경찰공무원을 2인에 한하여 동반할 수 있다.

제171조【투표관계서류의 인계】투표관리관은 투표가 끝난 후 선거인명부 기타 선거에 관한 모든 서류를 관할구·시·군선거관리위원회위원장에게 인계하여야 한다.

# 제11장 개표

**제172조 【개표관리】** ① 개표사무는 구·시·군선거관리위원회가 이를 행한다.

② 제173조(개표소) 제2항의 규정에 의하여 2개 이상의 개표소를 설치하는 때에는 당해 구·시·군선거관리위원회위원을 각 개표소에 비등하게 지정·배치하되, 이 법에 의한 개표관리에 관하여 당해 구·시·군선거관리위원회의 의결을 요하는 사항은 당해 개표소에 배치된 위원[「선거관리위원회법」제4조(위원의 임명 및 위촉) 제13항의 규정에 의한 보조위원을 포함한다. 이하 이 장에서 같다]수의 과반수의 의결로 결정하고, 구·시·군선거관리위원회위원장의 직무는 각각 당해 위원장과 부위원장 또는 위원장이 지명한 위원이 행한다.

③ 개표를 개시한 이후에는 개표소에 구·시·군선거관리위원회 재적위원(제173조 제2항의 규정에 의하여 2개 이상의 개표소를 설치한 때에는 당해 개표소에 배치된 위원을 말한다)의 과반수가 참석하여야 한다.

④「선거관리위원회법」제4조 제13항 및 동법 제5조(위원장) 제4항의 규정은 2개 이상의 개표소를 설치하는 선거의 경우에 관하여 이를 준용한다.

> **기출지문**
>
> ◎ 개표를 개시한 이후에는 개표소에 구·시·군선거관리위원회 재적위원의 과반수가 참석하여야 하고, 2개 이상의 개표소를 설치한 때에는 당해 개표소에 배치된 구·시·군선거관리위원회위원의 과반수가 참석하여야 한다(제172조 제3항). [2015. 국가직 9급]

**제173조 【개표소】** ① 구·시·군선거관리위원회는 선거일 전 5일까지 그 구·시·군의 사무소 소재지 또는 당해 관할구역(당해 구역 안에 적정한 장소가 없는 때에는 인접한 다른 구역을 포함한다) 안에 설치할 개표소를 공고하여야 한다. 다만, 천재·지변 기타 부득이한 사유가 있는 때에는 이를 변경할 수 있으며, 이 경우에는 즉시 공고하여야 한다.

② 구·시·군선거관리위원회는 2개 이상의 개표소를 설치할 수 있다.

③ 제147조(투표소의 설치) 제3항의 규정은 개표소에 준용한다.

④ 2개 이상의 개표소를 설치하는 때의 개표의 절차 및 방법 기타 필요한 사항은 중앙선거관리위원회규칙으로 정한다.

제174조【개표사무원】 ① 구·시·군선거관리위원회는 개표사무를 보조하게 하기 위하여 개표사무원을 두어야 한다. [개정 2018.4.6]
② 개표사무원은 제147조 제9항 제1호 내지 제4호에 해당하는 자 또는 공정하고 중립적인 자 중에서 위촉한다. [개정 2004.3.12]
③ 제147조 제9항 제1호부터 제4호까지의 기관·단체의 장이 선거관리위원회로부터 개표사무원의 추천 협조요구를 받은 때에는 우선적으로 이에 따라야 한다. [신설 2014.2.13]
④ 삭제 〈2004.3.12.〉

제175조【개표개시】 ① 삭제 〈2004.3.12.〉
② 구·시·군선거관리위원회는 관할구역 안에 2 이상의 선거구가 있는 경우에는 선거구 단위로 개표한다.

> 기출지문

◎ 구·시·군선거관리위원회는 관할구역안에 2 이상의 선거구가 있는 경우에는 선거구 단위로 개표한다(제175조 제2항). [2015. 국가직 9급]

제176조【사전투표·거소투표 및 선상투표의 접수·개표】✦ ① 구·시·군선거관리위원회는 우편으로 송부된 사전투표·거소투표 및 선상투표를 접수한 때에는 당해 구·시·군선거관리위원회의 정당추천위원의 참여하에 이를 즉시 우편투표함에 투입·보관하여야 한다.
② 구·시·군선거관리위원회는 제158조 제6항 제2호에 따라 사전투표함을 인계받은 때에는 해당 구·시·군선거관리위원회의 정당추천위원의 참여 하에 투표함의 봉함·봉인상태를 확인하고 보관하여야 한다.
③ 구·시·군선거관리위원회는 제1항에 따른 우편투표함과 제2항에 따른 사전투표함을 「개인정보 보호법」 제2조제7호에 따른 고정형 영상정보처리기기가 설치된 장소에 보관하여야 하고, 해당 영상정보는 해당 선거의 선거일 후 6개월까지 보관하여야 한다. 〈신설 2021. 3. 26., 2023. 3. 14.〉
④ 제1항에 따른 우편투표함과 제2항에 따른 사전투표함은 개표참관인의 참관하에 선거일 오후 6시(보궐선거등에 있어서는 오후 8시)후에 개표소로 옮겨서 일반투표함의 투표지와 별도로 먼저 개표할 수 있다.
⑤ 제3항에 따른 영상정보처리기기의 설치, 투표함 보관, 그 밖에 필요한 사항은 중앙선거관리위원회규칙으로 정한다.

> **기출지문**
>
> ◉ 우편투표함과 사전투표함은 개표참관인의 참관 하에 선거일 오후 6시(보궐선거 등은 오후 8시) 후에 개표소로 옮겨서 일반투표함의 투표지와는 별도로 먼저 개표할 수 있다(제176조 제4항). [2022·2015. 국가직 7급]
>
> ☒ 보궐선거에서 우편투표함은 개표참관인의 참관하에 선거일 오후 6시 후에 개표소로 옮겨서 일반투표함의 투표지와 별도로 먼저 개표할 수 있다. (×) [2015. 국가직 9급]
>
> ✝PLUS  보궐선거 등에 있어서 우편투표함은 개표참관인의 참관하에 선거일 오후 8시 후에 개표소로 옮겨서 일반투표함의 투표지와 별도로 먼저 개표할 수 있다(제176조 제4항).

**제177조 【투표함의 개함】** ✦ ① 투표함을 개함하는 때에는 구·시·군선거관리위원회위원장은 개표참관인의 참관하에 투표함의 봉쇄와 봉인을 검사한 후 이를 열어야 한다. 다만, 정당한 사유 없이 참관을 거부하는 개표참관인이 있는 때에는 그 권한을 포기한 것으로 보고, 개표록에 그 사유를 기재한다.

② 구·시·군선거관리위원회위원장은 투표함을 개함한 후 투표수를 계산하여 투표록에 기재된 투표용지 교부수와 대조하여야 한다. 이 경우 정당한 사유없이 개표사무를 지연시키는 위원이 있는 때에는 그 권한을 포기한 것으로 보고, 개표록에 그 사유를 기재한다.

**제178조 【개표의 진행】** ① 개표는 투표구별로 구분하여 투표수를 계산한다.

② 구·시·군선거관리위원회는 개표사무를 보조하기 위하여 투표지를 유·무효별 또는 후보자(비례대표국회의원선거 및 비례대표지방의회의원선거에서는 정당을 말한다)별로 구분하거나 계산에 필요한 기계장치 또는 전산조직을 이용할 수 있다.

③ 후보자별 득표수(비례대표국회의원선거 및 비례대표지방의회의원선거에 있어서는 정당별 득표수를 말한다. 이하 이 조에서 같다)의 공표는 구·시·군선거관리위원회위원장이 투표구별로 집계·작성된 개표상황표에 의하여 투표구 단위로 하되, 출석한 구·시·군선거관리위원회위원 전원은 공표 전에 득표수를 검열하고 개표상황표에 서명하거나 날인하여야 한다. 다만, 정당한 사유없이 개표사무를 지연시키는 위원이 있는 때에는 그 권한을 포기한 것으로 보고, 개표록에 그 사유를 기재한다.

④ 누구든지 제3항에 따른 후보자별 득표수의 공표전에는 이를 보도할 수 없다. 다만, 선거관리위원회가 제공하는 개표상황 자료를 보도하는 경우에는 그러하지 아니하다.

⑤ 개표절차 및 개표상황표의 서식 기타 필요한 사항은 중앙선거관리위원회규칙으로 정한다.

(1) 공직선거의 개표사무를 보조하기 위하여 투표지를 구분하거나 계산에 필요한 기계장치 등을 이용할 수 있도록 한 것이 현저히 불합리하거나 불공정하여 선거권을 침해하였다고 볼 수 없다(헌재 2016.3.31. 2015헌마1056).

> **기출지문**
>
> 🏛 **관련판례** 동시계표 투표함 수에 대한 제한을 두지 아니한 것은 입법자의 합리적 재량의 범위 안에 있는 것으로 인정되고, 일부 개표소에서 동시계표 투표함 수에 비하여 상대적으로 적은 수의 개표참관인이 선정될 수 있다는 사정만으로 입법자의 선택이 현저히 불합리하거나 불공정하여 청구인들의 선거권이 침해되었다고 볼 수 없다(헌재 2013.8.29. 2012헌마326). [2016. 국가직 7급]

✦✦ **제179조【무효투표】** ① 다음 각 호의 어느 하나에 해당하는 투표는 무효로 한다.
  1. 정규의 투표용지를 사용하지 아니한 것
  2. 어느 란에도 표를 하지 아니한 것
✦ 3. 2란에 걸쳐서 표를 하거나 2 이상의 란에 표를 한 것
  4. 어느 란에 표를 한 것인지 식별할 수 없는 것
✦ 5. ⓑ표를 하지 아니하고 문자 또는 물형을 기입한 것
  6. ⓑ표 외에 다른 사항을 기입한 것
  7. 선거관리위원회의 기표용구가 아닌 용구로 표를 한 것
✦ ② 사전투표 및 거소투표의 경우에는 제1항의 규정에 의하는 외에 다음 각 호의 어느 하나에 해당하는 투표도 이를 무효로 한다.
  1. 정규의 회송용 봉투를 사용하지 아니한 것
  2. 회송용 봉투가 봉함되지 아니한 것
  ③ 선상투표의 경우에는 제1항에 따라 무효로 하는 경우 외에 다음 각 호의 어느 하나에 해당하는 경우에도 무효로 한다.
  1. 선상투표신고서에 기재된 팩시밀리 번호가 아닌 번호를 이용하여 전송되거나 전송한 팩시밀리 번호를 알 수 없는 것
✦ 2. 같은 선거인의 투표지가 2회 이상 수신된 경우 정상적으로 수신된 최초의 투표지 외의 것
  3. 선거인이나 선장 또는 입회인의 서명이 누락된 것(제158조의3 제3항 단서에 따라 입회인을 두지 아니한 경우 입회인의 서명이 누락된 것은 제외한다)
  4. 표지부분에 후보자의 성명이나 정당의 명칭 또는 그 성명이나 명칭을 유추할 수 있는 내용이 표시된 것

✦ ④ 다음 각 호의 어느 하나에 해당하는 투표는 무효로 하지 아니한다.
1. ㉠표가 일부분 표시되거나 ㉠표 안이 메워진 것으로서 선거관리위원회의 기표용구를 사용하여 기표를 한 것이 명확한 것
2. 한 후보자(비례대표국회의원선거 및 비례대표지방의회의원선거에 있어서는 정당을 말한다. 이하 이 항에서 같다)란에만 2 이상 기표된 것
3. 후보자란 외에 추가 기표되었으나 추가 기표된 것이 어느 후보자에게도 기표한 것으로 볼 수 없는 것
4. 삭제 〈2015.8.13.〉
5. 기표한 것이 전사된 것으로서 어느 후보자에게 기표한 것인지가 명확한 것
6. 인육으로 오손되거나 훼손되었으나 정규의 투표용지임이 명백하고 어느 후보자에게 기표한 것인지가 명확한 것
7. 거소투표(선상투표를 포함한다)의 경우 이 법에 규정된 방법 외의 다른 방법[인장(무인을 제외한다)의 날인·성명기재 등 누가 투표한 것인지 알 수 있는 것을 제외한다]으로 표를 하였으나 어느 후보자에게 기표한 것인지가 명확한 것
✦ 8. 회송용 봉투에 성명 또는 거소가 기재되거나 사인이 날인된 것
9. 거소투표자 또는 선상투표자가 투표 후 선거일의 투표개시 전에 사망한 경우 그 거소투표 또는 선상투표
10. 사전투표소에서 투표한 선거인이 선거일의 투표개시 전에 사망한 경우 해당 선거인의 투표

### 기출지문

- 사전투표에서 회송용 봉투가 봉함되지 아니한 것 : 무효투표(제179조 제2항 제2호)
  [2023. 국가직 9급, 2014. 국가직 7급]
- 선상투표신고서에 기재된 팩시밀리 번호가 아닌 번호를 이용하여 전송되거나 전송한 팩시밀리 번호를 알 수 없는 경우는 무효투표에 해당한다(179조 제3항 제1호). [2016. 국가직 7급]
- 선상투표에서 표지부분에 정당의 명칭을 유추할 수 있는 내용이 표시된 것 : 무효투표(제179조 제3항 제4호) [2014. 국가직 7급, 2022. 국가직 9급]
- 선상투표에서 같은 선거인의 투표지가 2회 이상 수신된 경우 정상적으로 수신된 최초의 투표지 : 무효투표 아님(제179조 제3항 제2호) [2014. 국가직 7급]
- 기표의 횟수와 관련하여 후보자·정당란 외에 추가 기표되었으나 추가 기표된 것이 어느 후보자·정당에도 기표한 것으로 볼 수 없는 경우는 무효투표에 해당하지 않는다(179조 제4항 제3호). [2023. 국가직 9급, 2016. 국가직 7급]
- 거소투표의 경우 무인으로 표를 하였으나 어느 후보자에게 기표한 것인지 명확한 것은 무효로 하지 아니한다(제179조 제4항 제7호). [2015. 국가직 7급]
- 회송용 봉투에 성명 또는 거소가 기재되거나 사인이 날인되었다는 이유로 투표를 무효로 하지 아니한다(제179조 제4항 제8호). [2015·2014. 국가직 7급]

☒ 사전투표소에서 투표한 선거인이 선거일의 투표개시 전에 사망한 경우 해당 선거인의 투표는 무효로 한다. (×) [2015. 국가직 7급]

> ⁺PLUS 사전투표소에서 투표한 선거인이 선거일의 투표개시 전에 사망한 경우 해당 선거인의 투표는 무효로 하지 않는다(제179조 제4항 제10호). [2016. 국가직 7급, 2015. 국가직 9급]

🏛 관련판례 거소투표자의 기표 및 봉함이 투표자 본인의 의사에 따라 직접 행하여졌으나 그 회송용 겉봉투의 봉함 부분에 거소투표자의 사인 대신 당해 투표자들이 요양치료중인 정신병원장의 직인이 날인된 경우, 공직선거및선거부정방지법 제158조 제4항, 제179조 제2항 제3호의 규정은 거소투표자의 경우 기표 및 봉함이 이루어진 실제의 경위가 어떠하였는지를 묻지 아니하고 회송용 겉봉투 봉함 부분의 상중하 3개소에 사인날인이 전부 누락된 사실 그 자체만으로 투표를 무효로 한다는 취지이므로, 설사 거소투표자들의 기표 및 봉함이 투표자 본인들의 의사에 따라 그들에 의하여 직접 행해진 것이라고 하더라도 그 회송용 겉봉투의 봉함 부분에 투표자의 사인날인이 전부 누락된 이상 이를 무효로 처리하여야 한다(대판 2000.10.6, 2000수63). [2016. 국가직 7급]

🏛 관련판례 어느 투표용지의 기표가 어느 후보자의 기표란 밖에 표시된 것이라 하더라도 그 기표의 외곽선이 오로지 어느 특정 후보자의 기호란, 정당란, 성명란 또는 기표란 등에만 접선되어 있는 것이라면 이는 그 접선된 후보자에게 기표한 것이 명확한 것으로서 유효표에 해당하는 것으로 보아야 한다(대판 1997.2.25, 96우85). [2015. 국가직 7급]

**제180조【투표의 효력에 관한 이의에 대한 결정】** ① 투표의 효력에 관하여 이의가 있는 때에는 구·시·군선거관리위원회는 재적위원 과반수의 출석과 출석위원 과반수의 의결로 결정한다.
② 투표의 효력을 결정함에 있어서는 선거인의 의사가 존중되어야 한다.

│ 기출지문 │

☒ 투표의 효력에 관하여 이의가 있는 때에는 구·시·군선거관리위원회는 최소한 재적위원 과반수의 의결로 결정한다. (×) [2015. 국가직 7급]

> ⁺PLUS 투표의 효력에 관하여 이의가 있는 때에는 구·시·군선거관리위원회는 재적위원 과반수의 출석과 출석위원 과반수의 의결로 결정한다(제180조 제1항).

✦✦ **제181조【개표참관】** ① 구·시·군선거관리위원회는 개표참관인으로 하여금 개표소안에서 개표상황을 참관하게 하여야 한다.
✦ ② 제1항의 개표참관인은 구·시·군선거관리위원회의 관할구역안에서 실시되는 선거에 후보자를 추천하는 정당은 6인을, 무소속후보자는 3인을 선정하여 선거일 전 2일까지 당해 구·시·군선거관리위원회에 서면으로 신고하여 참관하게 하되, 신고후 언제든지 교체할 수 있으며 개표일에는 개표소에서 교체신고를 할 수 있다. [개정 95.4.1, 2000.2.16, 2004.3.12, 2005.8.4,

2018.4.6]

③ 제2항의 규정에 의한 개표참관인의 신고가 없거나 한 정당 또는 한 후보자가 선정한 개표참관인밖에 없는 때에는 구·시·군선거관리위원회가 선거권자 중에서 본인의 승낙을 얻어 12인[지역구자치구·시·군의원선거에 있어서는 6인(한 정당이 선정한 개표참관인밖에 없는 때에는 9인)]에 달할 때까지 선정한 자를 개표참관인으로 한다. [개정 95.4.1, 2004.3.12, 2005.8.4, 2012.1.17]

④ 제3항의 규정에 의하여 구·시·군선거관리위원회가 선정한 개표참관인은 정당한 사유없이 참관을 거부하거나 그 직을 사임할 수 없다.

⑤ 구·시·군선거관리위원회는 제2항 및 제3항에도 불구하고 개표장소, 선거인수 등을 고려하여 선거권자의 신청을 받아 제2항에 따라 정당 또는 후보자가 신고할 수 있는 개표참관인 수의 100분의 20 이내에서 개표참관인을 추가로 선정하여 참관하게 할 수 있다. [신설 2015.8.13]

⑥ 개표참관인은 투표구에서 송부된 투표함의 인계·인수절차를 참관하고 투표함의 봉쇄·봉인을 검사하며 그 관리상황을 참관할 수 있다. [개정 2015.8.13]

⑦ 구·시·군선거관리위원회는 개표참관인이 개표내용을 식별할 수 있는 가까운 거리(1미터 이상 2미터 이내)에서 참관할 수 있도록 개표참관인석을 마련하여야 한다. [개정 2015.8.13]

⑧ 구·시·군선거관리위원회는 개표참관인이 개표에 관한 위법사항을 발견하여 그 시정을 요구한 경우에 그 요구가 정당하다고 인정되는 때에는 이를 시정하여야 한다. [개정 2015.8.13]

✦ ⑨ 개표참관인은 개표소안에서 개표상황을 언제든지 순회·감시 또는 촬영할 수 있으며, 당해 구·시·군선거관리위원회위원장이 개표소안 또는 일반관람인석에 지정한 장소에 전화·컴퓨터 기타의 통신설비를 설치하고, 이를 이용하여 개표상황을 후보자 또는 정당에 통보할 수 있다. [개정 2015.8.13]

⑩ 구·시·군선거관리위원회는 원활한 개표관리를 위하여 필요한 경우에는 개표참관인을 교대하여 참관하게 할 수 있다. 이 경우 정당·후보자별로 참관인수의 2분의 1씩 교대하여 참관하게 하여야 한다. [개정 2004.3.12, 2015.8.13]

⑪ 다음 각 호의 어느 하나에 해당하는 사람은 개표참관인이 될 수 없다. [개정 2015.8.13]
1. 대한민국 국민이 아닌 사람
2. 미성년자
3. 제18조 제1항 각 호의 어느 하나에 해당하는 사람
4. 제53조 제1항 각 호의 어느 하나에 해당하는 사람

⑫ 개표참관인신고서의 서식 기타 필요한 사항은 중앙선거관리위원회규칙으로 정한다.

## 기출지문

- 지역구자치구·시·군의원선거에서 한 후보자가 선정한 개표참관인밖에 없는 때에는 구·시·군선거관리위원회가 선거권자 중에서 본인의 승낙을 얻어 6인에 달할 때까지 선정한 자를 개표참관인으로 한다(제181조 제3항). [2014. 국가직 7급]
- 개표참관인은 개표소 안에서 개표상황을 언제든지 순회·감시 또는 촬영할 수 있으며, 당해 구·시·군선거관리위원회위원장이 개표소 안 또는 일반관람인석에 지정한 장소에 전화·컴퓨터 기타의 통신설비를 설치하고, 이를 이용하여 개표상황을 후보자 또는 정당에 통보할 수 있다(제181조 제9항). [2015·2014. 국가직 7급, 2022. 국가직 9급]
- 구·시·군선거관리위원회는 원활한 개표관리를 위하여 필요한 경우에는 개표참관인을 교대하여 참관하게 할 수 있으며, 이 경우 정당·후보자별로 참관인수의 2분의 1씩 교대하여 참관하게 하여야 한다(제181조 제10항). [2014. 국가직 7급]
- 후보자는 투표참관인이 될 수 없으나 개표참관인은 될 수 있다(제161조 제7항, 제181조 제11항). [2015. 국가직 7급]
- 영주의 체류자격 취득일 후 3년이 경과하고 해당 지방자치단체의 외국인등록대장에 올라 있는 중국 국적자는 개표참관인이 될 수 없다(제181조 제11항 제1호).
[2017. 국가직 7급, 2018. 국가직 9급]
- 바르게살기운동협의회의 대표자는 개표참관인이 될 수 없다(제181조 제11항 제4호).
[2017. 국가직 7급]
- 농업협동조합법에 의하여 설립된 조합의 상근 임원은 개표참관인이 될 수 없다(제181조 제11항 제4호). [2017. 국가직 7급]
- 징역 1년에 집행유예 2년을 선고받고 집행유예기간 중에 있는 대한민국 국민은 개표참관인이 될 수 있다. [2017. 국가직 7급]
- ✕ 개표참관인은 구·시·군선거관리위원회의 관할구역 안에서 실시되는 선거에 후보자를 추천하는 정당은 6인을, 무소속후보자는 3인을 선정하여 선거일 전일까지 당해 구·시·군선거관리위원회에 서면으로 신고하여 참관하게 하되, 신고 후 언제든지 교체할 수 있으나 개표일에는 교체신고를 할 수 없다. (✕) [2014. 국가직 7급, 2022. 국가직 9급]

> **PLUS** 개표참관인은 구·시·군선거관리위원회의 관할구역 안에서 실시되는 선거에 후보자를 추천하는 정당은 6인을, 무소속후보자는 3인을 선정하여 선거일 전 2일까지 당해 구·시·군선거관리위원회에 서면으로 신고하여 참관하게 하되, 신고 후 언제든지 교체할 수 있으며 개표일에는 개표소에서 교체신고를 할 수 있다(제181조 제2항). 〈개정 95.4.1, 2000.2.16, 2004.3.12, 2005.8.4, 2018.4.6.〉

제182조【개표관람】✦ ① 누구든지 구·시·군선거관리위원회가 발행하는 관람증을 받아 구획된 장소에서 개표상황을 관람할 수 있다.
✦ ② 제1항의 관람증의 매수는 개표장소를 참작하여 적당한 수로 하되, 후보자별로 균등하게 배부되도록 하여야 한다.
③ 구·시·군선거관리위원회는 일반관람인석에 대하여 질서유지에 필요한 설비를 하여야 한다.

제183조【개표소의 출입제한과 질서유지】✦ ① 구·시·군선거관리위원회와 그 상급선거관리위원회의 위원·직원, 개표사무원·개표사무협조요원 및 개표참관인을 제외하고는 누구든지 개표소에 들어갈 수 없다. 다만, 관람증을 배부받은 자와 방송·신문·통신의 취재·보도요원이 일반관람인석에 들어가는 경우는 그러하지 아니하다.
② 선거관리위원회의 위원·직원, 개표사무원·개표사무협조요원 및 개표참관인이 개표소에 출입하는 때에는 중앙선거관리위원회규칙이 정하는 바에 따라 표지를 달거나 붙여야 하며, 이를 다른 사람에게 양도·양여할 수 없다.
③ 구·시·군선거관리위원회위원장이나 위원은 개표소의 질서가 심히 문란하여 공정한 개표가 진행될 수 없다고 인정하는 때에는 개표소의 질서유지를 위하여 정복을 한 경찰공무원 또는 경찰관서장에게 원조를 요구할 수 있다.
④ 제3항의 규정에 의하여 원조요구를 받은 경찰공무원 또는 경찰관서장은 즉시 이에 따라야 한다.
✦ ⑤ 제3항의 요구에 의하여 개표소안에 들어간 경찰공무원 또는 경찰관서장은 구·시·군선거관리위원회위원장의 지시를 받아야 하며, 질서가 회복되거나 위원장의 요구가 있는 때에는 즉시 개표소에서 퇴거하여야 한다.
⑥ 제3항의 경우를 제외하고는 누구든지 개표소 안에서 무기나 흉기 또는 폭발물을 지닐 수 없다.

✦ 제184조【투표지의 구분】개표가 끝난 때에는 투표구별로 개표한 투표지를 유효·무효로 구분하고, 유효투표지는 다시 후보자(비례대표국회의원선거 및 비례대표지방의회의원선거에 있어서는 후보자를 추천한 정당을 말한다)별로 구분하여 각각 포장하여 구·시·군선거관리위원회 위원장이 봉인하여야 한다.

제185조【개표록·집계록 및 선거록의 작성 등】① 구·시·군선거관리위원회는 개표결과를 즉시 공표하고 개표록을 작성하여 관할선거구선거관리위원회(대통령선거 및 비례대표국회의원선거에 있어서는 시·도선거관리위원회)에 송부하여야 한다.
② 제1항의 개표록을 송부받은 관할선거구선거관리위원회는 지체없이 후보자(비례대표지방의회의원선거에 있어서는 정당을 말한다)별 득표수를 계산·공표하고 선거록을 작성하여야 한다.

③ 시·도선거관리위원회가 제1항의 개표록을 송부받은 때에는 대통령선거에 있어서는 후보자별 득표수를, 비례대표국회의원선거에 있어서는 정당별 득표수를 계산·공표하고 집계록을 작성하여 중앙선거관리위원회에 송부하여야 한다.
④ 중앙선거관리위원회가 제3항의 집계록을 송부받은 때에는 대통령선거에 있어서는 후보자별 득표수를, 비례대표국회의원선거에 있어서는 정당별 득표수를 계산·공표하고, 선거록을 작성하여야 한다.
⑤ 개표록·집계록 및 선거록에는 위원장과 출석한 위원 전원이 기명하고 서명 또는 날인하여야 한다. 다만, 정당한 사유없이 서명 또는 날인을 거부하는 위원이 있는 때에는 그 권한을 포기한 것으로 보고, 개표록·집계록 및 선거록에 그 사유를 기재한다.
⑥ 개표록·집계록 및 선거록의 서식 기타 필요한 사항은 중앙선거관리위원회규칙으로 정한다.

> **기출지문**

- 구·시·군선거관리위원회는 개표결과를 즉시 공표하고 개표록을 작성하여 관할선거구선거관리위원회(대통령선거 및 비례대표 국회의원선거에 있어서는 시·도선거관리위원회)에 송부하여야 한다(제185조 제1항). [2017. 국가직 9급]
- 대통령선거 및 비례대표국회의원선거에 있어서 시·도선거관리위원회가 개표록을 송부받은 때에는 대통령선거에 있어서는 후보자별 득표수를, 비례대표국회의원선거에 있어서는 정당별 득표수를 계산·공표하고 집계록을 작성하여 중앙선거관리 위원회에 송부하여야 한다(제185조 제3항). [2017. 국가직 9급]
- ☒ 개표록·집계록 및 선거록에 정당한 사유없이 서명 또는 날인을 거부하는 위원이 있는 때에는 그 권한을 포기한 것으로 보고, 개표록·집계록 및 선거록에 그 사유를 기재하지 아니한다. (×) [2017. 국가직 9급]
  
  ⁺PLUS 개표록·집계록 및 선거록에는 위원장과 출석한 위원 전원이 기명하고 서명 또는 날인하여야 한다. 다만, 정당한 사유없이 서명 또는 날인을 거부하는 위원이 있는 때에는 그 권한을 포기한 것으로 보고, 개표록·집계록 및 선거록에 그 사유를 기재한다(제185조 제5항).

**제186조 【투표지·개표록 및 선거록 등의 보관】** 구·시·군선거관리위원회는 투표지·투표함·투표록·개표록·선거록 기타 선거에 관한 모든 서류를, 시·도선거관리위원회는 집계록 및 선거록 기타 선거에 관한 모든 서류를, 중앙선거관리위원회는 선거록 기타 선거에 관한 모든 서류를 그 당선인의 임기중 각각 보관하여야 한다. 다만, 제219조(선거소청)·제222조(선거소송) 및 제223조(당선소송)의 규정에 의한 선거에 관한 쟁송이 제기되지 아니하거나 계속되지 아니하게 된 때에는 중앙선거관리위원회규칙이 정하는 바에 따라 그 보존기간을 단축할 수 있다.

> **기출지문**
>
> ◎ 구·시·군선거관리위원회, 시·도선거관리위원회 그리고 중앙선거관리위원회는 선거에 관한 모든 서류를 그 당선인의 임기 중 각각 보관하여야 하나, 선거에 관한 쟁송이 제기되지 아니하거나 계속되지 아니하게 된 때에는 중앙선거관리위원회 규칙이 정하는 바에 따라 그 보존기간을 단축할 수 있다(제186조). [2017. 국가직 9급]

# 제12장 당선인

✦✦ **제187조【대통령당선인의 결정·공고·통지】** ① 대통령선거에 있어서는 중앙선거관리위원회가 유효투표의 다수를 얻은 자를 당선인으로 결정하고, 이를 국회의장에게 통지하여야 한다. 다만, 후보자가 1인인 때에는 그 득표수가 선거권자총수의 3분의 1 이상에 달하여야 당선인으로 결정한다.

✦✦ ② 최고득표자가 2인 이상인 때에는 중앙선거관리위원회의 통지에 의하여 국회는 재적의원 과반수가 출석한 공개회의에서 다수표를 얻은 자를 당선인으로 결정한다.

✦ ③ 제1항의 규정에 의하여 당선인이 결정된 때에는 중앙선거관리위원회위원장이, 제2항의 규정에 의하여 당선인이 결정된 때에는 국회의장이 이를 공고하고, 지체없이 당선인에게 당선증을 교부하여야 한다.

④ 천재·지변 기타 부득이한 사유로 인하여 개표를 모두 마치지 못하였다 하더라도 개표를 마치지 못한 지역의 투표가 선거의 결과에 영향을 미칠 염려가 없다고 인정되는 때에는 중앙선거관리위원회는 우선 당선인을 결정할 수 있다.

### 기출지문

- ⭕ 대통령선거에서 최고득표자가 2인 이상인 때에는 중앙선거관리위원회의 통지에 의하여 국회는 재적의원 과반수가 출석한 공개회의에서 다수표를 얻은 자를 당선인으로 결정한다(제187조 제2항). [2022. 국가직 7급, 2013. 국가직 9급]

- ❌ 중앙선거관리위원회는 대통령선거의 후보자가 1인인 때에는 그 득표수가 유효투표총수의 3분의 1 이상에 달하여야 당선인으로 결정한다. (×) [2015. 국가직 9급]
  - **PLUS** 대통령선거에서 후보자가 1인인 때에는 그 득표수가 선거권자총수의 3분의 1 이상에 달하여야 당선인으로 결정한다(제187조 제1항).

- ❌ 대통령선거에서 최고득표자가 2인 이상인 경우에는 국회 재적의원 과반수가 출석한 공개회의에서 다수표를 얻은 자를 당선인으로 결정하고, 중앙선거관리위원회위원장이 이를 공고한다. (×) [2013. 국가직 7급]
  - **PLUS** 대통령선거에 있어서 최고득표자가 2인 이상인 때에는 국회의 재적의원 과반수가 출석한 공개회의에서 다수표를 얻은 자를 당선자로 하며, 국회의장이 이를 공고한다(제187조 제3항).

제188조【지역구국회의원당선인의 결정·공고·통지】✦ ① 지역구국회의원선거에 있어서는 선거구선거관리위원회가 당해 국회의원지역구에서 유효투표의 다수를 얻은 자를 당선인으로 결정한다. 다만, 최고득표자가 2인 이상인 때에는 연장자를 당선인으로 결정한다.

✦ ② 후보자등록마감시각에 지역구국회의원후보자가 1인이거나 후보자등록마감 후 선거일 투표개시시각 전까지 지역구국회의원후보자가 사퇴·사망하거나 등록이 무효로 되어 지역구국회의원후보자수가 1인이 된 때에는 지역구국회의원후보자에 대한 투표를 실시하지 아니하고, 선거일에 그 후보자를 당선인으로 결정한다.

✦✦ ③ 선거일의 투표개시시각부터 투표마감시각까지 지역구국회의원후보자가 사퇴·사망하거나 등록이 무효로 되어 지역구국회의원후보자수가 1인이 된 때에는 나머지 투표는 실시하지 아니하고 그 후보자를 당선인으로 결정한다.

✦ ④ 선거일의 투표마감시각 후 당선인결정 전까지 지역구국회의원후보자가 사퇴·사망하거나 등록이 무효로 된 경우에는 개표결과 유효투표의 다수를 얻은 자를 당선인으로 결정하되, 사퇴·사망하거나 등록이 무효로 된 자가 유효투표의 다수를 얻은 때에는 그 국회의원지역구는 당선인이 없는 것으로 한다. [2018. 국가직 7급]

⑤ 제2항 및 제3항의 규정에 의하여 투표를 실시하지 아니하는 때에는 당해 선거구선거관리위원회는 지체없이 이를 공고하고 상급선거관리위원회에 보고하여야 하며, 하급선거관리위원회에 통지하여야 한다.

⑥ 제1항 내지 제4항의 규정에 의하여 국회의원지역구의 당선인이 결정된 때에는 당해 선거구선거관리위원회위원장은 이를 공고하고 지체없이 당선인에게 당선증을 교부하여야 하며, 상급선거관리위원회에 보고하여야 한다.

⑦ 제187조(대통령당선인의 결정·공고·통지) 제4항의 규정은 지역구국회의원당선인의 결정에 이를 준용한다.

> (1) 공직선거법 제188조 제1항 위헌확인(헌재 2016.5.26, 2012헌마374) : 기각
> ① 국회의원선거제도는 법률이 정하는 바에 의하여 구체적으로 결정되는 것이므로(헌법 제41조 제3항), 입법자가 국회의원선거제도를 형성함에 있어 헌법 제41조 제1항에 명시된 보통·평등·직접·비밀선거의 원칙과 자유선거 등 국민의 선거권을 부당하게 제한하지 않는 한 헌법에 위반된다고 할 수 없다.
> ② 국회의원선거의 모든 선거권자들에게 헌법상의 선거원칙이 모두 구현되므로, 이에 더하여 국회의원선거에서 사표를 줄이기 위해 소선거구 다수대표제를 배제하고 다른 선거제도를 채택할 것까지 요구할 수는 없다.
> ③ 지역구국회의원선거에 있어서 선거구선거관리위원회가 당해 국회의원지역구에서 유효투표의 다수를 얻은 자를 당선인으로 결정하도록 한 공직선거법 조항이 소선거구 다수대표제를 규정하여 다수의 사표가 발생한다 하더라도 그 이유만으로 헌법상 요구된 선거의 대표성의 본질이나 국민주권원리를 침해하고 있다고 할 수 없고, 평등권과 선거권을 침해한다고 할 수 없다.

**기출지문**

- ◎ 지역구국회의원선거에서는 유효투표의 다수를 얻은 자를 당선인으로 결정하며, 최고득표자가 2인 이상인 때에는 연장자를 당선인으로 결정한다(제188조 제1항). [2013. 국가직 7급]
- ◎ 지역구국회의원선거에서 최고득표자가 2인 이상인 때에는 연장자를 당선인으로 결정한다(제188조 제1항). [2013. 국가직 9급]
- ◎ 후보자등록마감시각에 지역구국회의원후보자가 1인인 경우 당해 지역구국회의원후보자에 대한 투표는 실시하지 아니한다(제188조 제2항). [2022. 국가직 7급, 2014. 국가직 9급]
- ◎ 선거일의 투표개시시각부터 투표마감시각까지 지역구국회의원후보자가 사망하여 후보자 수가 1인이 된 때에는 그 후보자를 당선인으로 결정한다(제188조 제3항). [2014. 국가직 9급]
- ◎ 선거일의 투표마감시각 후 당선인결정 전까지 사망한 지역구국회의원후보자가 유효투표의 다수표를 얻은 경우 그 선거구는 당선인이 없는 것으로 한다(제188조 제4항). [2014. 국가직 9급]

++ **제189조【비례대표국회의원의석의 배분과 당선인의 결정·공고·통지】** + ① 중앙선거관리위원회는 다음 각 호의 어느 하나에 해당하는 정당(이하 이 조에서 "의석할당정당"이라 한다)에 대하여 비례대표국회의원의석을 배분한다.

1. 임기만료에 따른 비례대표국회의원선거에서 전국 유효투표총수의 100분의 3 이상을 득표한 정당
2. 임기만료에 따른 지역구국회의원선거에서 5 이상의 의석을 차지한 정당

+ ② 비례대표국회의원의석은 다음 각 호에 따라 각 의석할당정당에 배분한다.

1. 각 의석할당정당에 배분할 의석수(이하 이 조에서 "연동배분의석수"라 한다)는 다음 계산식에 따른 값을 소수점 첫째자리에서 반올림하여 산정한다. 이 경우 연동배분의석수가 1보다 작은 경우 연동배분의석수는 0으로 한다.

$$\text{연동배분의석수} = [(\text{국회의원정수} - \text{의석할당정당이 추천하지 않은 지역구국회의원당선인수}) \times \text{해당 정당의 비례대표국회의원선거 득표비율} - \text{해당 정당의 지역구국회의원당선인수}] \div 2$$

2. 제1호에 따른 각 정당별 연동배분의석수의 합계가 비례대표국회의원 의석정수에 미달할 경우 각 의석할당정당에 배분할 잔여의석수(이하 이 조에서 잔여배분의석수라 한다)는 다음 계산식에 따라 산정한다. 이 경우 정수(整數)의 의석을 먼저 배정하고 잔여의석은 소수점 이하 수가 큰 순으로 각 의석할당정당에 1석씩 배분하되, 그 수가 같은 때에는 해당 정당 사이의 추첨에 따른다.

잔여배분의석수 = (비례대표국회의원 의석정수 - 각 연동배분의석수의 합계)

× 비례대표국회의원선거 득표비율

3. 제1호에 따른 각 정당별 연동배분의석수의 합계가 비례대표국회의원 의석정수를 초과할 경우에는 제1호 및 제2호에도 불구하고 다음 계산식에 따라 산출된 수(이하 이 조에서 조정의석수라 한다)를 각 연동배분의석 할당정당의 의석으로 산정한다. 이 경우 산출방식에 관하여는 제2호 후단을 준용한다.

조정의석수 = 비례대표국회의원 의석정수 × 연동배분의석수

÷ 각 연동배분의석수의 합계

③ 제2항의 비례대표국회의원선거 득표비율은 각 의석할당정당의 득표수를 모든 의석할당정당의 득표수의 합계로 나누어 산출한다.

✦ ④ 중앙선거관리위원회는 제출된 정당별 비례대표국회의원후보자명부에 기재된 당선인으로 될 순위에 따라 정당에 배분된 비례대표국회의원의 당선인을 결정한다.

✦ ⑤ 정당에 배분된 비례대표국회의원의석수가 그 정당이 추천한 비례대표국회의원후보자수를 넘는 때에는 그 넘는 의석은 공석으로 한다.

⑥ 중앙선거관리위원회는 비례대표국회의원선거에 있어서 제198조(천재·지변 등으로 인한 재투표)의 규정에 의한 재투표 사유가 발생한 경우에는 그 투표구의 선거인수를 전국선거인수로 나눈 수에 비례대표국회의원 의석정수를 곱하여 얻은 수의 정수(1 미만의 단수는 1로 본다)를 비례대표국회의원 의석정수에서 뺀 다음 제1항부터 제4항까지의 규정에 따라 비례대표국회의원의석을 배분하고 당선인을 결정한다. 다만, 재투표결과에 따라 의석할당정당이 추가될 것으로 예상되는 경우에는 추가가 예상되는 정당마다 비례대표국회의원 의석정수의 100분의 3에 해당하는 정수(1미만의 단수는 1로 본다)의 의석을 별도로 빼야 한다.

⑦ 비례대표국회의원의 당선인이 결정된 때에는 중앙선거관리위원회위원장은 그 명단을 공고하고 지체없이 각 정당에 통지하며, 당선인에게 당선증을 교부하여야 한다.

⑧ 제187조(대통령당선인의 결정·공고·통지) 제4항의 규정은 비례대표국회의원당선인의 결정에 이를 준용한다.

**기출지문**

- ◎ 비례대표국회의원선거에서 유효투표총수의 100분의 3 이상을 득표한 정당은 비례대표국회의원선거에서 얻은 득표비율에 따라 비례대표국회의원의석을 배분받을 수 있다(제189조 제1항). [2013. 국가직 7급]
- ◎ 비례대표국회의원의 의석배분을 위한 득표비율은 각 의석 할당정당의 득표수를 모든 의석 할당정당의 득표수의 합계로 나누어 산출한다(제189조 제2항). [2017. 국가직 9급, 2013. 국가직 7급]
- ◎ 비례대표국회의원의석은 의석할당정당의 득표비율에 비례 대표국회의원 의석정수를 곱하여 산출된 수의 정수(整數)의 의석을 당해 정당에 먼저 배분하고 잔여의석은 소수점 이하 수가 큰 순으로 각 정당에 1석씩 배분하되, 그 수가 같은 때에는 당해 정당 사이의 추첨에 의한다(제189조 제3항). [2017. 국가직 9급]
- ◎ 정당에 배분된 비례대표국회의원의석수가 그 정당이 추천한 비례대표국회의원후보자수를 넘는 때에는 그 넘는 의석은 공석으로 한다(제189조 제5항). [2015·2013. 국가직 9급]
- ✕ 비례대표국회의원선거에서 유효투표총수의 100분의 3 이상을 득표하고 지역구국회의원총선거에서 5석 이상의 의석을 차지한 각 정당에 대하여 당해 의석할당정당이 비례대표국회의원 선거에서 얻은 득표비율에 따라 비례대표국회의원의석을 배분한다. (✕) [2013. 국가직 9급]
  - PLUS 중앙선거관리위원회는 비례대표국회의원선거에서 유효투표총수의 100분의 3 이상을 득표하였거나 지역구국회의원총선거에서 5석 이상의 의석을 차지한 각 정당에 대하여 당해 의석할당정당이 비례대표국회의원선거에서 얻은 득표비율에 따라 비례대표국회의원의석을 배분한다(제189조 제1항).
- ✕ 정당에 배분된 비례대표국회의원의석수가 그 정당이 추천한 비례대표국회의원후보자수를 넘는 때에는 그 넘는 의석만큼 추가로 후보자를 추천받는다. (✕) [2017. 국가직 9급]
  - PLUS 정당에 배분된 비례대표국회의원의석수가 그 정당이 추천한 비례대표국회의원후보자수를 넘는 때에는 그 넘는 의석은 공석으로 한다(제189조 제5항).
- ✕ 정당에 배분된 비례대표국회의원의석수가 그 정당이 추천한 비례대표국회의원후보자수를 넘는 때에는 그 넘는 의석은 득표율이 가장 높은 정당에 배분한다. (✕) [2013. 국가직 7급]
  - PLUS 정당에 배분된 비례대표국회의원의석수가 그 정당이 추천한 비례대표국회의원후보자수를 넘는 때에는 그 넘는 의석은 공석으로 한다(제189조 제5항).

✦✦ **제190조 【지역구지방의회의원당선인의 결정·공고·통지】** ✦ ① 지역구시·도의원 및 지역구자치구·시·군의원의 선거에 있어서는 선거구선거관리위원회가 당해 선거구에서 유효투표의 다수를 얻은 자(지역구자치구·시·군의원선거에 있어서는 유효투표의 다수를 얻은 자 순으로 의원정수에 이르는 자를 말한다. 이하 이 조에서 같다)를 당선인으로 결정한다. 다만, 최고득표자가 2인 이상인 때에는 연장자순에 의하여 당선인을 결정한다.

✦ ② 후보자등록마감시각에 후보자가 당해 선거구에서 선거할 의원정수를 넘지 아니하거나 후보자등록마감 후 선거일 투표개시시각까지 후보자가 사퇴·사망하거나 등록이 무효로 되어 후

보자수가 당해 선거구에서 선거할 의원정수를 넘지 아니하게 된 때에는 투표를 실시하지 아니하고, 선거일에 그 후보자를 당선인으로 결정한다.
③ 제187조(대통령당선인의 결정 · 공고 · 통지) 제4항 및 제188조(지역구국회의원당선인의 결정 · 공고 · 통지) 제3항 내지 제6항의 규정은 지역구지방의회의원의 당선인의 결정 · 공고 · 통지에 이를 준용한다. 이 경우 "지역구국회의원후보자"는 "지역구지방의회의원후보자"로, "1인이 된 때"는 "의원정수를 넘지 아니하게 된 때"로, "그 국회의원지역구"는 "그 선거구"로 본다.

> **기출지문**
>
> ◎ 지역구지방의회의원선거에서 후보자등록마감시각에 후보자가 당해 선거구에서 선거할 의원정수를 넘지 아니하게 된 때에는 투표를 실시하지 아니하고, 선거일에 그 후보자를 당선인으로 결정한다(제190조 제1항). [2013. 국가직 9급]

✦✦ **제190조의2 【비례대표지방의회의원당선인의 결정 · 공고 · 통지】** ✦✦ ① 비례대표지방의회의원선거에 있어서는 당해 선거구선거관리위원회가 유효투표총수의 100분의 5 이상을 득표한 각 정당(이하 이 조에서 "의석할당정당"이라 한다)에 대하여 당해 선거에서 얻은 득표비율에 비례대표지방의회의원정수를 곱하여 산출된 수의 정수의 의석을 그 정당에 먼저 배분하고 잔여의석은 단수가 큰 순으로 각 의석할당정당에 1석씩 배분하되, 같은 단수가 있는 때에는 그 득표수가 많은 정당에 배분하고 그 득표수가 같은 때에는 당해 정당 사이의 추첨에 의한다. 이 경우 득표비율은 각 의석할당 정당의 득표수를 모든 의석할당정당의 득표수의 합계로 나누고 소수점 이하 제5위를 반올림하여 산출한다.

✦✦ ② 비례대표시 · 도의원선거에 있어서 하나의 정당에 의석정수의 3분의 2 이상의 의석이 배분될 때에는 그 정당에 3분의 2에 해당하는 수의 정수(整數)의 의석을 먼저 배분하고, 잔여의석은 나머지 의석할당정당간의 득표비율에 잔여의석을 곱하여 산출된 수의 정수(整數)의 의석을 각 나머지 의석할당정당에 배분한 다음 잔여의석이 있는 때에는 그 단수가 큰 순위에 따라 각 나머지 의석할당정당에 1석씩 배분한다. 다만, 의석정수의 3분의 2에 해당하는 수의 정수(整數)에 해당하는 의석을 배분받는 정당 외에 의석할당정당이 없는 경우에는 의석할당정당이 아닌 정당간의 득표비율에 잔여의석을 곱하여 산출된 수의 정수(整數)의 의석을 먼저 그 정당에 배분하고 잔여의석이 있을 경우 단수가 큰 순으로 각 정당에 1석씩 배분한다. 이 경우 득표비율의 산출 및 같은 단수가 있는 경우의 의석배분은 제1항의 규정을 준용한다.
[2018. 국가직 7급]

③ 관할선거구선거관리위원회는 비례대표지방의회의원선거에 있어서 제198조(천재 · 지변 등으로 인한 재투표)의 규정에 의한 재투표 사유가 발생한 때에는 그 투표구의 선거인수를 당해 선거구의 선거인수로 나눈 수에 비례대표지방의회의원의석정수를 곱하여 얻은 수의 정수(1 미만의 단수는 1로 본다)를 비례대표지방의회의원의석정수에서 뺀 다음 제1항 및 제2항의 규정

에 따라 비례대표지방의회의원의석을 배분하고 당선인을 결정한다. 다만, 비례대표지방의회의원의석배분이 배제된 정당 중재투표결과에 따라 의석할당정당이 추가될 것으로 예상되는 때에는 추가가 예상되는 정당마다 비례대표지방의회의원정수의 100분의 5에 해당하는 정수(1 미만의 단수는 1로 본다)의 의석을 별도로 빼야 한다.

④ 제187조(대통령당선인의 결정·공고·통지)제4항, 제189조제4항·제5항 및 제7항은 비례대표지방의회의원 당선인의 결정에 이를 준용한다. 이 경우 "중앙선거관리위원회"는 "관할선거구선거관리위원회"로, "비례대표국회의원"은 "비례대표지방의회의원"으로 본다.

> 기출지문

- 비례대표지방의회의원선거에 있어서는 유효투표총수의 100분의 5 이상을 득표한 각 정당이 의석을 배분받을 수 있다(제190조의2 제1항). [2013. 국가직 7급]
- 비례대표지방의회의원선거에 있어서는 유효투표총수의 100분의 3 이상을 득표한 각 정당에 대하여 의석을 배분한다. (×) [2013. 국가직 9급]
  + PLUS 비례대표지방의회의원선거에 있어서는 당해 선거구선거관리위원회가 유효투표총수의 100분의 5 이상을 득표한 각 정당에 대하여 당해 선거에서 얻은 득표비율에 비례대표지방의회의원정수를 곱하여 산출된 수의 정수의 의석을 그 정당에 먼저 배분하고 잔여의석은 단수가 큰 순으로 각 의석할당정당에 1석씩 배분하되, 같은 단수가 있는 때에는 그 득표수가 많은 정당에 배분하고 그 득표수가 같은 때에는 당해 정당 사이의 추첨에 의한다. 이 경우 득표비율은 각 의석할당정당의 득표수를 모든 의석할당정당의 득표수의 합계로 나누고 소수점 이하 제5위를 반올림하여 산출한다(제190조의2 제1항).
- 비례대표시·도의원선거에 있어서 하나의 정당에 의석정수의 5분의 3 이상의 의석이 배분될 때에는 그 정당에 5분의 3에 해당하는 수의 정수(整數)의 의석을 먼저 배분한다. [2013. 국가직 9급]
  + PLUS 비례대표시·도의원선거에 있어서 하나의 정당에 의석정수의 3분의 2 이상의 의석이 배분될 때에는 그 정당에 3분의 2에 해당하는 수의 정수(整數)의 의석을 먼저 배분하고, 잔여의석은 나머지 의석할당정당간의 득표비율에 잔여의석을 곱하여 산출된 수의 정수(整數)의 의석을 각 나머지 의석할당정당에 배분한 다음 잔여의석이 있는 때에는 그 단수가 큰 순위에 따라 각 나머지 의석할당정당에 1석씩 배분한다. 다만, 의석정수의 3분의 2에 해당하는 수의 정수(整數)에 해당하는 의석을 배분받는 정당 외에 의석할당정당이 없는 경우에는 의석할당정당이 아닌 정당간의 득표비율에 잔여의석을 곱하여 산출된 수의 정수(整數)의 의석을 먼저 그 정당에 배분하고 잔여의석이 있을 경우 단수가 큰 순으로 각 정당에 1석씩 배분한다. 이 경우 득표비율의 산출 및 같은 단수가 있는 경우의 의석배분은 제1항의 규정을 준용한다(제190조의2 제2항).

✦ **제191조 【지방자치단체의 장의 당선인의 결정·공고·통지】** ① 지방자치단체의장 선거에 있어서는 선거구선거관리위원회가 유효투표의 다수를 얻은 자를 당선인으로 결정하고, 이를 당해 지방의회의장에게 통지하여야 한다. 다만, 최고득표자가 2인 이상인 때에는 연장자를 당선인으로 결정한다.
② 삭제〈2010.1.25.〉
③ 제187조 제4항 및 제188조 제2항부터 제6항까지의 규정은 지방자치단체의 장의 당선인의 결정에 이를 준용한다.

> (1) 공직선거법 제191조 제3항 등 위헌확인(헌재 2016.10.27, 2014헌마797) : 기각
> ① 지방자치단체의 장 선거권 역시 다른 선거권과 마찬가지로 헌법 제24조에 의해 보호되는 헌법상의 권리이다.
> ② 지방자치단체의 장 선거에서 후보자등록 마감시간까지 후보자 1인만이 등록한 경우 투표를 실시하지 않고 그 후보자를 당선인으로 결정하도록 하는 공직선거법 조항은 지방자치단체의 장 선거권을 침해하지 않는다. [2017. 국가직 7급]

**기출지문**

🅞 지방자치단체의 장 선거에서 최고득표자가 2인 이상인 때에는 연장자를 당선인으로 결정한다(제191조 제1항). [2022. 국가직 7급, 2017. 국가직 9급]

🅞 지방자치단체의 장의 선거에서 후보자등록마감시각에 후보자가 1인인 경우에는 투표를 실시하지 아니하고 선거일에 그 후보자를 당선인으로 결정한다(제191조 제3항-제188조 제2항 준용). [2013. 국가직 7급]

❌ 지방자치단체의 장 선거에서 최고득표자가 2인 이상일 때에 지방의회는 재적의원 과반수가 출석한 공개회의에서 다수표를 얻은 자를 당선인으로 결정한다. (×) [2014. 국가직 9급]
  ⁺ᴾᴸᵁˢ 지방자치단체의 장 선거에 있어서는 선거구선거관리위원회가 유효투표의 다수를 얻은 자를 당선인으로 결정하고, 이를 당해 지방의회의장에게 통지하여야 한다. 다만, 최고득표자가 2인 이상인 때에는 연장자를 당선인으로 결정한다(제191조 제1항).

❌ 지방자치단체의 장 선거에서 후보자등록마감시각에 후보자가 1인이 된 때에는 투표를 실시하여 그 득표수가 투표자총수의 3분의 1 이상에 달하여야 당선인으로 결정한다. (×) [2013. 국가직 9급]
  ⁺ᴾᴸᵁˢ 지방자치단체장 선거에서 후보자등록마감시각에 후보자가 1인이거나 후보자등록마감 후 선거일 투표개시시각 전까지 후보자가 사퇴·사망하거나 등록이 무효로 되어 후보자 수가 1인이 된 때에는 투표를 실시하지 아니하고, 선거일에 그 후보자를 당선인으로 결정한다(제191조 제3항).

✦ **제191조의2 【당선인 사퇴의 신고】** 당선인이 임기개시 전에 사퇴하려는 때에는 직접 해당 선거구선거관리위원회에 서면으로 신고하여야 하고, 비례대표국회의원선거 또는 비례대표지방의회의원선거의 당선인이 사퇴하려는 때에는 소속정당의 사퇴승인서를 첨부하여야 한다.

> **기출지문**
>
> ☒ 지방자치단체의 장 선거에서 당선인이 임기개시 전에 사퇴 하려는 때에는 직접 해당 선거구선거관리위원회에 서면으로 신고하여야 하고, 정당추천으로 입후보하여 당선된 경우 소속정당의 사퇴승인서를 첨부하여야 한다. ( × ) [2017. 국가직 9급]
>
> ⁺PLUS 당선인이 임기개시 전에 사퇴하려는 때에는 직접 해당 선거구선거관리위원회에 서면으로 신고하여야 하고, 비례대표국회의원선거 또는 비례대표지방의회의원선거의 당선인이 사퇴하려는 때에는 소속정당의 사퇴승인서를 첨부하여야 한다(제191조의2).

**제192조 【피선거권상실로 인한 당선무효 등】** ① 선거일에 피선거권이 없는 자는 당선인이 될 수 없다.

② 당선인이 임기개시 전에 피선거권이 없게 된 때에는 당선의 효력이 상실된다.

✦✦ ③ 당선인이 임기개시전에 다음 각 호의 어느 하나에 해당되는 때에는 그 당선을 무효로 한다.
1. 당선인이 제1항의 규정에 위반하여 당선된 것이 발견된 때
2. 당선인이 제52조제1항 각 호의 어느 하나 또는 같은 조 제2항부터 제4항까지의 등록무효사유에 해당하는 사실이 발견된 때
3. 비례대표국회의원 또는 비례대표지방의회의원의 당선인이 소속정당의 합당·해산 또는 제명 외의 사유로 당적을 이탈·변경하거나 2 이상의 당적을 가지고 있는 때(당선인결정시 2 이상의 당적을 가진 자를 포함한다)

④ 비례대표국회의원 또는 비례대표지방의회의원이 소속정당의 합당·해산 또는 제명외의 사유로 당적을 이탈·변경하거나 2 이상의 당적을 가지고 있는 때에는 「국회법」 제136조(퇴직) 또는 「지방자치법」 제90조(의원의 퇴직)의 규정에 불구하고 퇴직된다. 다만, 비례대표국회의원이 국회의장으로 당선되어 「국회법」 규정에 의하여 당적을 이탈한 경우에는 그러하지 아니하다.

⑤ 제2항 및 제3항의 경우 관할선거구선거관리위원회[제187조(대통령당선인의 결정·공고·통지) 제2항의 규정에 의하여 국회에서 대통령당선인을 결정한 경우에는 국회]는 그 사실을 공고하고 당해 당선인 및 그 당선인의 추천정당에 통지하여야 하며, 당선의 효력이 상실되거나 무효로 된 자가 대통령당선인 및 국회의원당선인인 때에는 국회의장에게, 지방자치단체의 의회의원 및 장의 당선인인 때에는 당해 지방의회장에게 통지하여야 한다.

> 기출지문

- ◎ 국회의원선거의 당선인이 임기개시 전에 피선거권이 없게 된 때에는 당선의 효력이 상실된다(제192조 제2항). [2015. 국가직 9급]
- ◎ 정당 추천으로 지방의회의원선거에 입후보한 자가 당선인으로 결정되었더라도 해당 선거에서 후보등록기간 중 당적을 이탈한 경우 그 당선을 무효로 한다(제192조 제3항 제2호). [2013. 국가직 7급]

### 제193조【당선인결정의 착오시정】

① 선거구선거관리위원회[제187조(대통령당선인의 결정·공고·통지) 제2항의 규정에 의하여 국회에서 대통령당선인을 결정하는 경우에는 국회는 당선인결정에 명백한 착오가 있는 것을 발견한 때에는 선거일 후 10일 이내에 당선인의 결정을 시정하여야 한다.

② 선거구선거관리위원회(중앙선거관리위원회를 제외한다)가 제1항의 규정에 의한 시정을 하는 때에는 지역구국회의원선거, 비례대표시·도의원선거, 지역구세종특별자치시의회의원선거 및 시·도지사선거에 있어서는 중앙선거관리위원회의, 지역구시·도의원선거(지역구세종특별자치시의회의원선거는 제외한다) 및 자치구·시·군의 의회의원과 장의 선거에 있어서는 시·도선거관리위원회의 심사를 받아야 한다.

> 기출지문

- ◎ 선거구선거관리위원회가 당선인 결정에 명백한 착오가 있는 것을 발견한 때에는 선거일 후 ( 10 )일 이내에 당선인의 결정을 시정하여야 한다(제193조 제1항). [2016. 국가직 9급]
- ✕ 선거구선거관리위원회가 당선인 결정에 명백한 착오가 있어 이를 시정하려는 때에는 후보자를 추천한 정당과 협의하여야 한다. (✕) [2013. 국가직 7급]
  - ⁺PLUS 선거구선거관리위원회(중앙선거관리위원회를 제외한다)가 제1항의 규정에 의한 시정을 하는 때에는 지역구국회의원선거, 비례대표시·도의원선거, 지역구세종특별자치시의회의원선거 및 시·도지사선거에 있어서는 중앙선거관리위원회의, 지역구시·도의원선거 (지역구세종특별자치시의회의원선거는 제외한다) 및 자치구·시·군의 의회의원과 장의 선거에 있어서는 시·도선거관리위원회의 심사를 받아야 한다(제193조 제2항).

제194조【당선인의 재결정과 비례대표국회의원의석 및 비례대표지방의회의원의석의 재배분】✦ ① 제187조(대통령당선인의 결정·공고·통지)·제188조(지역구국회의원당선인의 결정·공고·통지)·제190조 제1항 내지 제3항 또는 제191조(지방자치단체의 장의 당선인의 결정·공고·통지)의 규정에 의한 당선인결정의 위법을 이유로 당선무효의 판결이나 결정이 확정된 때에는 당해 선거구선거관리위원회(제187조 제2항의 규정에 의하여 국회에서 대통령당선인을 결정한 경우에는 국회)는 지체없이 당선인을 다시 결정하여야 한다.

② 제189조 및 제190조의2(비례대표지방의회의원당선인의 결정·공고·통지)의 규정에 따른 비례대표국회의원의석 또는 비례대표지방의회의원의석의 배분 및 그 당선인결정의 위법을 이유로 당선무효의 판결이나 결정이 있는 때 또는 제197조의 사유로 인한 재선거를 실시한 때에는 관할선거구선거관리위원회는 지체없이 의석을 재배분하고 다시 당선인을 결정하여야 한다.

✦✦ ③ 선거구선거관리위원회는 비례대표국회의원선거 또는 비례대표지방의회의원선거의 당선인이 그 임기개시전에 사퇴·사망하거나 제192조(피선거권상실로 인한 당선무효 등) 제2항의 규정에 의하여 당선의 효력이 상실되거나 같은조 제3항의 규정에 의하여 당선이 무효로 된 때에는 그 선거 당시의 소속정당이 추천한 후보자를 비례대표국회의원후보자명부 또는 비례대표지방의회의원후보자명부에 기재된 순위에 따라 당선인으로 결정한다.

④ 선거구선거관리위원회는 비례대표국회의원선거 또는 비례대표지방의회의원선거에 있어서 제198조의 사유로 인한 재투표를 실시한 때에는 당초 선거에서의 득표수와 재투표에서의 득표수를 합하여 득표비율을 산출하고 그 득표비율에 당해 선거구의 의석정수를 곱하여 얻은 수에서 각 정당이 이미 배분받은 의석수를 뺀 수가 큰 순위에 따라 잔여의석을 배분하고 당선인을 결정한다. 이 경우 비례대표국회의원선거에 있어서는 제189조제1항부터 제5항까지의 규정을, 비례대표지방의회의원선거에 있어서는 제190조의2의 규정을 준용한다.

> **기출지문**
>
> ◉ 비례대표지방의회의원선거의 당선인이 그 임기개시 전에 사퇴·사망한 때에, 선거구선거관리위원회는 그 선거 당시의 소속정당이 추천한 후보자를 비례대표지방의회의원후보자명부에 기재된 순위에 따라 당선인으로 결정한다(제194조 제3항). [2014. 국가직 7급]

# 제13장 재선거와 보궐선거

✦✦ **제195조【재선거】** ① 다음 각 호의 1에 해당하는 사유가 있는 때에는 재선거를 실시한다.
  1. 당해 선거구의 후보자가 없는 때
  2. 당선인이 없거나 지역구자치구·시·군의원선거에 있어 당선인이 당해 선거구에서 선거할 지방의회의원정수에 달하지 아니한 때
  3. 선거의 전부무효의 판결 또는 결정이 있는 때
  4. 당선인이 임기개시 전에 사퇴하거나 사망한 때
  5. 당선인이 임기개시 전에 제192조(피선거권상실로 인한 당선무효 등) 제2항의 규정에 의하여 당선의 효력이 상실되거나 같은조 제3항의 규정에 의하여 당선이 무효로 된 때
  6. 제263조(선거비용의 초과지출로 인한 당선무효) 내지 제265조(선거사무장 등의 선거범죄로 인한 당선무효)의 규정에 의하여 당선이 무효로 된 때

② 하나의 선거의 같은 선거구에 제200조(보궐선거)의 규정에 의한 보궐선거의 실시사유가 확정된 후 재선거 실시사유가 확정된 경우로서 그 선거일이 같은 때에는 재선거로 본다.

### 기출지문

- 당해 선거구의 후보자가 없거나, 당선인이 없을 때에는 재선거를 실시한다(제195조 제1항 제1·2호). [2022. 국가직 7급, 2015. 국가직 9급]
- 대통령선거에서 후보자가 1인인 경우에 그 득표수가 선거권자총수의 3분의 1 이상이 되지 아니한 것은 당선인이 없는 때에 해당하여 재선거를 실시한다(제195조 제1항 제2호). [2014. 국가직 9급]
- 선거의 전부무효의 판결 또는 결정이 있는 때에는 재선거를 실시한다(제195조 제1항 제3호). [2014. 국가직 9급]
- 지역구자치구·시·군의회의원선거의 당선인이 임기개시 전에 사퇴한 때에는 재선거를 실시한다(제195조 제1항 제4호). [2018. 국가직 7급, 2015. 국가직 9급]
- 당선인이 임기개시 전에 피선거권이 없게 된 때에는 당선의 효력이 상실되어 재선거를 실시한다(제195조 제1항 제5호). [2014. 국가직 9급]
- 당선인이 당해 선거에 있어 선거비용의 초과지출로 인하여 공직선거법을 위반한 결과 임기개시 후에 당선이 무효로 된 때에는 보궐선거를 실시한다. (×) [2013. 국가직 7급]

> **PLUS** 제263조(선거비용의 초과지출로 인한 당선무효) 내지 제265조(선거사무장 등의 선거범죄로 인한 당선무효)의 규정에 의하여 당선이 무효로 된 때에는 재선거를 실시한다(제195조 제1항 제6호).

## 제196조 【선거의 연기】 ✦ ① 천재·지변 기타 부득이한 사유로 인하여 선거를 실시할 수 없거나 실시하지 못한 때에는 대통령선거와 국회의원선거에 있어서는 대통령이, 지방의회의원 및 지방자치단체의 장의 선거에 있어서는 관할선거구선거관리위원회위원장이 당해 지방자치단체의 장(직무대행자를 포함한다)과 협의하여 선거를 연기하여야 한다.
② 제1항의 경우 선거를 연기한 때에는 처음부터 선거절차를 다시 진행하여야 하고, 선거일만을 다시 정한 때에는 이미 진행된 선거절차에 이어 계속하여야 한다.
③ 제1항의 규정에 의하여 선거를 연기하는 때에는 대통령 또는 관할선거구선거관리위원회위원장은 연기할 선거명과 연기사유 등을 공고하고, 지체없이 대통령은 관할선거구선거관리위원회위원장에게, 관할선거구선거관리위원회위원장은 당해 지방자치단체의 장에게 각각 통보하여야 한다.

> **기출지문**
>
> ⓞ 천재·지변 기타 부득이한 사유로 인하여 선거를 실시할 수 없거나 실시하지 못한 때에는 대통령선거와 국회의원선거에 있어서는 대통령이, 지방의회의원 및 지방자치단체의 장의 선거에 있어서는 관할선거구선거관리위원회위원장이 당해 지방자치단체의 장과 협의하여 선거를 연기하여야 한다(제196조 제1항). [2018·2016. 국가직 9급, 2023·2013. 국가직 7급]
> ☒ 천재·지변 기타 부득이한 사유로 인하여 선거를 실시할 수 없는 경우, 지방의회의원 및 지방자치단체의 장의 선거에 있어서는 당해 지방자치단체의 장(직무대행자를 포함한다)이 관할선거구선거관리위원회위원장과 협의하여 선거를 연기하여야 한다. (×) [2017. 국가직7급]
>> **PLUS** 천재·지변 기타 부득이한 사유로 인하여 선거를 실시할 수 없거나 실시하지 못한 때에는 대통령선거와 국회의원선거에 있어서는 대통령이, 지방의회의원 및 지방자치단체의 장의 선거에 있어서는 관할선거구선거관리위원회위원장이 당해지방자치단체의 장(직무대행자를 포함한다)과 협의하여 선거를 연기하여야 한다(제196조 제1항)

## 제197조 【선거의 일부무효로 인한 재선거】 ✦✦ ① 선거의 일부무효의 판결 또는 결정이 확정된 때에는 관할선거구선거관리위원회는 선거가 무효로 된 당해 투표구의 재선거를 실시한 후 다시 당선인을 결정하여야 한다.
✦✦ ② 제1항의 재선거를 실시함에 있어서 판결 또는 결정에 특별한 명시가 없는 한 제44조 제1항에도 불구하고 당초 선거에 사용된 선거인명부를 사용한다.

✦ ③ 제1항의 재선거를 실시함에 있어서 정당이 합당한 경우 합당된 정당은 그 재선거의 선거기간개시일부터 그 다음날까지 당해 선거구선거관리위원회에 합당 전 후보자 중 1인을 후보자로 추천하고, 비례대표국회의원선거 및 비례대표지방의회의원선거에 있어서는 하나의 후보자명부를 제출하되 합당 전 각 정당이 제출한 후보자명부에 등재되지 아니한 자를 추가할 수 없다.
④ 제3항의 기간 내에 추천이 없는 때에는 합당 전 정당의 당해 선거구의 후보자의 등록은 모두 무효로 한다.
✦ ⑤ 합당된 정당의 후보자(비례대표국회의원선거 및 비례대표지방의회의원선거에 있어서는 후보자를 추천한 정당을 말한다)의 기호는 당초 선거 당시의 그 후보자의 기호로 한다.
⑥ 제3항의 규정에 의하여 추천된 후보자의 득표계산에 있어서는 합당으로 인하여 추천을 받지 못한 후보자의 득표는 이를 계산하지 아니한다.
⑦ 비례대표국회의원선거 및 비례대표지방의회의원선거에 있어서 제1항의 규정에 의한 재선거 사유가 확정된 경우에는 그 투표구의 선거인수를 당해 선거구의 선거인수로 나눈 수에 당해 선거구의 의석정수를 곱하여 얻은 수의 정수(1 미만의 단수는 1로 본다)를 의석정수에서 뺀 다음 제189조제1항부터 제4항까지 또는 제190조의2의 규정에 따라 의석을 재배분하고, 그 재배분에서 제외된 비례대표국회의원 및 비례대표지방의회의원의 당선은 무효로 한다.
⑧ 비례대표국회의원선거 및 비례대표지방의회의원선거에 있어서 제1항의 규정에 의한 재선거를 실시한 때의 의석 재배분 및 당선인결정에 있어서는 제194조 제4항의 규정을 준용한다.
⑨ 제1항의 규정에 의한 재선거에 있어서의 선거운동 및 선거비용 기타 필요한 사항은 이 법의 범위 안에서 중앙선거관리위원회규칙으로 정한다.

(1) 선거유형 및 실시사유

| 선거의 유형 | 실시사유 |
|---|---|
| 총선거 | 임기만료로 인해 국회의원 전체를 선출하는 선거 |
| 재선거 | ① 당해 선거구의 후보자가 없는 경우<br>② 당선인이 없거나 지역자치구·시·군의원선거에서 당선인이 당해 선거구에서 선거할 지방의회의원정수에 미달하는 경우<br>③ 선거의 전부무효판결 또는 결정이 있는 경우<br>④ 당선인이 임기개시 전에 사퇴·사망한 경우<br>⑤ 당선인이 임기개시 전에 피선거권 상실 등으로 인하여 당선이 무효로 된 경우<br>⑥ 선거비용의 초과지출, 당선인·선거사무장 등의 선거범죄 등으로 인하여 당선이 무효로 된 경우 |
| 연기된 선거 | 천재·지변 기타 부득이한 사유로 인하여 선거를 실시할 수 없거나 실시하지 못한 때 실시하는 선거 |
| 보궐선거 | 임기 중 사망·사퇴 등을 사유로 궐원 또는 궐위가 발생하여 실시하는 선거 |

기출지문

- 선거의 일부무효의 판결이 확정되어 재선거를 실시하는 때에는 판결 또는 결정에 특별한 명시가 없는 한 당초 선거에 사용된 선거인명부를 사용한다(제197조 제2항).
[2017. 국가직 7급, 2015. 국가직 9급]
- 선거의 일부무효판결이 확정되어 당해 투표구의 재선거를 실시함에 있어서 정당이 합당한 경우, 합당된 정당은 그 재선거의 선거기간개시일부터 그 다음 날까지 당해 선거구선거관리위원회에 합당 전 후보자 중 1인을 후보자로 추천하고, 비례대표국회의원선거 및 비례대표지방의회의원선거에 있어서는 하나의 후보자명부를 제출하되 합당 전 각 정당이 제출한 후보자명부에 등재되지 아니한 자를 추가할 수 없다(제197조 제3항). [2017. 국가직 7급]
- 재선거를 실시함에 있어서 정당이 합당된 경우, 합당된 정당은 합당 전 후보자 중 1인을 후보자로 추천하여야 한다(제197조 제3항). [2014. 국가직 9급]
- 재선거를 실시함에 있어서 합당된 정당의 후보자의 기호는 당초 선거 당시의 그 후보자의 기호로 한다(제197조 제5항). [2022. 국가직 7급, 2014. 국가직 9급]
- 재선거를 실시함에 있어서 판결 또는 결정에 특별한 명시가 없는 한 선거인명부를 다시 작성하여야 한다. (×) [2014. 국가직 9급]
  > PLUS 선거의 일부무효로 인한 재선거를 실시함에 있어서 판결 또는 결정에 특별한 명시가 없는 한 제44조 제1항에도 불구하고 당초 선거에 사용된 선거인명부를 사용한다(제197조 제2항).

**제198조【천재·지변 등으로 인한 재투표】** ✦ ① 천재·지변 기타 부득이한 사유로 인하여 어느 투표구의 투표를 실시하지 못한 때와 투표함의 분실·멸실 등의 사유가 발생한 때에는 관할선거구선거관리위원회는 당해 투표구의 재투표를 실시한 후 당해 선거구의 당선인을 결정한다.
② 제1항의 규정에 의한 재투표가 당해 선거구의 선거결과에 영향을 미칠 염려가 없다고 인정되는 때에는 재투표를 실시하지 아니하고 당선인을 결정한다.
③ 제1항의 재투표를 실시함에 있어서 합당된 정당이 있는 경우 제194조의 비례대표국회의원 및 비례대표지방의회의원의 의석재배분을 위한 득표수의 계산은 그 후보자의 합당전 정당의 득표수에 합산한다.
④ 제197조(선거의 일부무효로 인한 재선거) 제3항 내지 제6항의 규정은 천재·지변 등으로 인한 재투표에 이를 준용한다.
⑤ 제1항의 규정에 의한 재투표에 있어서의 선거운동 및 선거비용 기타 필요한 사항은 이 법의 범위 안에서 중앙선거관리위원회규칙으로 정한다.

기출지문

◎ 천재·지변 기타 부득이한 사유로 인하여 어느 투표구의 투표를 실시하지 못한 때, 관할선거구선거관리위원회는 당해 투표구의 재투표를 실시하여야 하나, 재투표가 당해 선거구의 선거결과에 영향을 미칠 염려가 없다고 인정되는 때에는 재투표를 실시하지 아니하고 당선인을 결정한다(제198조 제1·2항). [2022·2017. 국가직 7급]

제199조【연기된 선거 등의 실시】제196조(선거의 연기) 제1항의 연기된 선거 또는 제198조(천재·지변 등으로 인한 재투표) 제1항의 재투표는 가능한 한 제35조(보궐선거 등의 선거일)의 규정에 의한 선거와 함께 실시하여야 한다.

✦✦ 제200조【보궐선거】✦✦ ① 지역구국회의원·지역구지방의회의원 및 지방자치단체의 장에 궐원 또는 궐위가 생긴 때에는 보궐선거를 실시한다.
✦ ② 비례대표국회의원 및 비례대표지방의회의원에 궐원이 생긴 때에는 선거구선거관리위원회는 궐원통지를 받은 후 10일이내에 그 궐원된 의원이 그 선거 당시에 소속한 정당의 비례대표국회의원후보자명부 및 비례대표지방의회의원후보자명부에 기재된 순위에 따라 궐원된 국회의원 및 지방의회의원의 의석을 승계할 자를 결정하여야 한다.
✦ ③ 제2항에도 불구하고 의석을 승계할 후보자를 추천한 정당이 해산되거나 임기만료일 전 120일 이내에 궐원이 생긴 때에는 의석을 승계할 사람을 결정하지 아니한다.
④ 대통령권한대행자는 대통령이 궐위된 때에는 중앙선거관리위원회, 국회의장은 국회의원이 궐원된 때에는 대통령과 중앙선거관리위원회에 그 사실을 지체 없이 통보하여야 한다.
✦ ⑤ 지방의회의장은 당해 지방의회의원에 궐원이 생긴 때에는 당해 지방자치단체의 장과 관할선거구선거관리위원회에 이를 통보하여야 하며, 지방자치단체의 장이 궐위된 때에는 궐위된 지방자치단체의 장의 직무를 대행하는 자가 당해 지방의회의장과 관할선거구선거관리위원회에 이를 통보하여야 한다. [2018. 국가직 7급]
⑥ 국회의원 또는 지방의회의원이 제53조(공무원 등의 입후보)의 규정에 의하여 그 직을 그만두었으나 후보자등록신청시까지 제4항 또는 제5항의 규정에 의한 궐원통보가 없는 경우에는 후보자로 등록된 때에 그 통보를 받은 것으로 본다.

기출지문

◎ 지역구국회의원·지역구지방의회의원 및 지방자치단체의 장에 궐원 또는 궐위가 생긴 때에는 보궐선거를 실시한다(제200조 제1항). [2014. 국가직 9급]

◉ 비례대표지방의회의원에 궐원이 생긴 때에, 선거구선거관리위원회는 그 궐원된 의원이 그 선거 당시에 소속한 정당이 해산되거나 임기만료일 전 120일 이내에 궐원이 생긴 때에는 궐원된 지방의회의원의 의석을 승계할 자를 결정하지 아니한다(제200조 제2항).
[2014. 국가직 7급]

☒ 비례대표국회의원에 궐원이 생긴 때라 하더라도 그 궐원된 의원이 그 선거 당시에 소속한 정당이 해산되거나 임기만료일 전 180일에 궐원이 생긴 때에는 궐원된 의석을 승계하지 않는다. (×) [2015. 국가직 9급]

  ⁺PLUS 비례대표국회의원 및 비례대표지방의회의원에 궐원이 생긴 때에는 선거구선거관리위원회는 궐원통지를 받은 후 10일이내에 그 궐원된 의원이 그 선거 당시에 소속한 정당의 비례대표국회의원후보자명부 및 비례대표지방의회의원후보자명부에 기재된 순위에 따라 궐원된 국회의원 및 지방의회의원의 의석을 승계할 자를 결정하여야 한다. 다만, 그 정당이 해산되거나 임기만료일 전 120일 이내에 궐원이 생긴 때에는 그러하지 아니하다(제200조 제2항).

☒ 국회의원의 임기만료일 전 180일에 비례대표국회의원 중 궐원이 생긴 때에는 그 궐원된 의석을 승계할 자를 결정하지 아니한다. (×) [2013. 국가직 7급]

  ⁺PLUS 비례대표국회의원 및 비례대표지방의회의원에 궐원이 생긴 때에는 선거구선거관리위원회는 궐원통지를 받은 후 10일 이내에 그 궐원된 의원이 그 선거 당시에 소속한 정당의 비례대표국회의원후보자명부 및 비례대표지방의회의원후보자명부에 기재된 순위에 따라 궐원된 국회의원 및 지방의회의원의 의석을 승계할 자를 결정하여야 한다. 다만, 그 정당이 해산되거나 임기만료일 전 120일 이내에 궐원이 생긴 때에는 그러하지 아니하다(제200조 제2항).

☒ 대통령이 궐위된 때에는 국회의장이 중앙선거관리위원회에 지체없이 이를 통보하여야 한다. (×) [2013. 국가직 7급]

  ⁺PLUS 대통령권한대행자는 대통령이 궐위된 때에는 지체없이 중앙선거관리위원회에 이를 통보하여야 한다(제200조 제3항).

---

**제201조【보궐선거 등에 관한 특례】** ① 보궐선거 등(대통령선거 · 비례대표국회의원선거 및 비례대표지방의회의원선거를 제외한다. 이하 이 항에서 같다)은 그 선거일부터 임기만료일까지의 기간이 1년 미만이거나, 지방의회의 의원정수의 4분의 1 이상이 궐원(임기만료일까지의 기간이 1년 이상인 때에 재선거 · 연기된 선거 또는 재투표사유로 인한 경우를 제외한다)되지 아니한 경우에는 실시하지 아니할 수 있다. 이 경우 지방의회의 의원정수의 4분의 1 이상이 궐원되어 보궐선거 등을 실시하는 때에는 그 궐원된 의원 전원에 대하여 실시하여야 한다.
② 제219조(선거소청) 제2항 또는 제223조(당선소송)의 규정에 의하여 당선의 효력에 관한 쟁송이 계속중인 때에는 보궐선거를 실시하지 아니한다.

③ 지방의회의원의 보궐선거·재선거·연기된 선거 또는 재투표를 실시하는 경우에 지방자치단체의 관할구역의 변경에 따라 그 선거구의 구역이 그 지방의회의원이 속하는 지방자치단체에 상응하는 다른 지방자치단체의 관할구역에 걸치게 된 때에는 당해 지방자치단체에 속한 구역만을 그 선거구의 구역으로 한다.

④ 보궐선거 등의 사유가 발생하였으나 제1항 전단의 규정에 해당되어 보궐선거 등을 실시하지 아니하고자 하는 때에는 보궐선거 등의 실시사유가 확정된 날부터 10일 이내에 그 뜻을 공고하고, 국회의원보궐선거 등에 있어서는 대통령이 관할선거구선거관리위원회에, 지방자치단체의 의회의원 및 장의 보궐선거 등에 있어서는 관할선거구선거관리위원회위원장이 당해 지방의회의장 및 지방자치단체의 장에게 통보하여야 한다. 이 경우에는 제35조 제5항의 규정에 불구하고 선거의 실시사유가 확정되지 아니한 것으로 본다.

⑤ 제1항 후단에 따라 보궐선거 등을 실시하게 된 때에는 제35조 제2항 제1호에도 불구하고 그 실시사유가 확정된 때부터 60일 이내에 실시하여야 하며, 관할선거구선거관리위원회 위원장은 선거일 전 30일까지 선거일을 정하여 공고하여야 한다. 다만, 그 보궐선거 등의 선거일이 제35조 제2항 제1호에 따른 4월 중 첫 번째 수요일에 실시되는 보궐선거 등의 선거기간개시일 전 40일부터 선거일 후 30일까지의 사이에 있는 경우에는 그 보궐선거 등과 함께 선거를 실시한다.

⑥ 제1항 후단 및 제5항에 따라 실시하는 보궐선거 등의 "선거의 실시사유가 확정된 때"란 제35조 제5항에도 불구하고 관할선거구선거관리위원회가 해당 지방의회의장으로부터 그 지방의회 의원정수의 4분의 1 이상의 궐원에 해당하는 의원의 궐원을 통보받은 날을 말한다.

⑦ 보궐선거 등(대통령의 궐위로 인한 선거·재선거 및 연기된 선거, 임기만료에 따른 선거와 동시에 실시하는 보궐선거 등은 제외한다)에서 제38조 제4항 제1호부터 제5호까지에 해당하는 사람 외에 보궐선거 등이 실시되는 선거구(선거구가 해당 구·시·군의 관할구역보다 작은 경우에는 해당 구·시·군의 관할구역을 말한다) 밖에 거소를 둔 사람도 거소투표신고를 하고 제158조의2에 따른 거소투표자의 예에 따라 투표할 수 있다.

> **기출지문**
>
> ◎ 지역구국회의원과 지역구지방의회의원의 보궐선거는 그 선거일부터 임기만료일까지의 기간이 1년 미만인 경우에는 실시하지 아니할 수 있다(제201조 제1항). [2015. 국가직 9급]

# 제14장 동시선거에 관한 특례

**제202조 【동시선거의 정의와 선거기간】** ① 이 법에서 "동시선거"라 함은 선거구의 일부 또는 전부가 서로 겹치는 구역에서 2 이상의 다른 종류의 선거를 같은 선거일에 실시하는 것을 말한다.
② 동시선거에 있어 선거기간 및 선거사무일정이 서로 다른 때에는 이 법의 다른 규정에 불구하고 선거기간이 긴 선거의 예에 의한다.

**제203조 【동시선거의 범위와 선거일】** ① 임기만료일이 같은 지방의회의원 및 지방자치단체의 장의 선거는 그 임기만료에 의한 선거의 선거일에 동시실시한다.
② 제35조 제2항 제2호에 따른 지방자치단체의 장 선거가 다음 각호에 해당되는 때에는 임기만료에 의한 선거의 선거일에 동시실시한다.
1. 임기만료에 의한 선거의 선거기간중에 그 선거를 실시할 수 있는 기간의 만료일이 있는 보궐선거 등
2. 선거를 실시할 수 있는 기간의 만료일이 임기만료에 의한 선거의 선거일후에 해당되나 그 선거의 실시사유가 임기만료에 의한 선거의 선거일 30일전까지 확정된 보궐선거 등

③ 임기만료에 따른 국회의원선거 또는 지방의회의원 및 지방자치단체의 장의 선거가 실시되는 연도에는 제35조 제2항 제1호에 따라 4월 첫 번째 수요일에 실시하는 보궐선거등은 임기만료에 따른 선거의 선거일에 동시 실시한다. 이 경우 4월 30일까지 실시사유가 확정된 보궐선거등은 임기만료에 따른 지방의회의원 및 지방자치단체의 장의 선거의 선거일에 동시 실시한다.
④ 임기만료에 따른 대통령선거가 실시되는 연도에는 1월 31일까지 실시사유가 확정된 제35조제2항제1호가목 본문 및 나목에 따른 보궐선거등은 해당 임기만료에 따른 대통령선거의 선거일에 동시 실시한다.
⑤ 제35조 제2항 제1호 각 목(가 목 단서에 따른 보궐선거등은 제외한다)에 따른 보궐선거등의 후보자등록신청개시일 전일까지 대통령의 궐위로 인한 선거 또는 재선거의 실시사유가 확정된 경우 그 보궐선거등은 대통령의 궐위로 인한 선거 또는 재선거의 선거일에 동시 실시한다.

> **기출지문**
>
> ◎ 동시선거에 있어서 선거인명부와 거소·선상투표신고인명부는 각각 하나의 선거인명부와 거소·선상투표신고인명부로 한다(제204조 제1항). [2013. 국가직 7급]

제205조【선거운동기구의 설치 및 선거사무관계자의 선임에 관한 특례】✦✦ ① 동시선거에 있어서 같은 정당의 추천을 받은 2인 이상의 후보자(비례대표지방의회의원선거에 있어서는 후보자를 추천한 정당을 포함한다. 이하 이 조에서 같다)는 선거사무소와 선거연락소를 공동으로 설치할 수 있다.

✦ ② 동시선거에 있어서 같은 정당의 추천을 받은 2인 이상의 후보자는 선거사무장·선거연락소장 또는 선거사무원을 공동으로 선임할 수 있다.

③ 제1항 및 제2항의 경우 그 설치 또는 선임은 후보자가 각각 설치·선임한 것으로 보며, 그 설치·선임신고서에 그 사실을 명시하여야 하고 공동설치·선임에 따른 비용은 당해 후보자간의 약정에 의하여 분담할 수 있되, 그 분담내역을 설치·선임신고서에 명시하여야 한다.

④ 후보자는 다른 선거의 후보자의 선거사무장·선거연락소장·선거사무원 또는 회계책임자가 될 수 없다.

⑤ 선거사무소·선거연락소의 공동설치와 선거사무관계자의 공동선임에 따른 설치·선임신고 및 신분증명서의 서식 기타 필요한 사항은 중앙선거관리위원회규칙으로 정한다.

> **기출지문**
>
> ◉ 동시선거에 있어서 같은 정당의 추천을 받은 2인 이상의 후보자(비례대표지방의회의원선거에 있어서는 후보자를 추천한 정당을 포함한다)는 선거사무소와 선거연락소를 공동으로 설치할 수 있다(제205조 제1항). [2013. 국가직 7급]
> ◉ 동시선거에 있어서 같은 정당의 추천을 받은 2인 이상의 후보자는 선거사무장·선거연락소장 또는 선거사무원을 공동으로 선임할 수 있다(제205조 제2항). [2022. 국가직 7급, 2017. 국가직 9급]

✦ 제206조【선거벽보에 관한 특례】제203조 제1항에 따라 동시선거를 실시하는 때의 선거벽보의 매수는 2개의 선거를 동시에 실시하는 때에는 제64조 제1항에 따른 기준매수의 3분의 2, 3개 이상의 선거를 동시에 실시하는 때에는 기준매수의 2분의 1에 각 상당하는 수로 한다.

제207조【책자형 선거공보에 관한 특례】✦ ① 동시선거에 있어서 같은 정당의 추천을 받은 2인 이상의 후보자(대통령선거의 정당추천후보자와 비례대표국회의원선거 및 비례대표지방의회의원선거에 있어서는 후보자를 추천한 정당을 말한다. 이하 이 조에서 같다)는 제65조(선거공보)의 규정에 따른 책자형 선거공보를 공동으로 작성할 수 있으며, 책자형 선거공보는 공동으로 작성한 때에는 후보자마다 각각 1종을 작성한 것으로 본다.

✦ ② 관할구역이 큰 선거구의 후보자가 책자형 선거공보의 일부 지면에 작은 선거구의 후보자에 관한 내용을 선거구에 따라 달리 게재하는 방법으로 공동작성하였을 경우 큰 선거구의 후보자에 관한 내용이 동일한 책자형 선거공보는 1종으로 본다.

③ 제1항의 규정에 의하여 책자형 선거공보를 공동으로 작성하는 경우에는 후보자간의 약정에 의하여 그 비용을 분담할 수 있다. 이 경우 그 분담내역을 관할구·시·군선거관리위원회에 책자형 선거공보를 제출하는 때에 각각 서면으로 신고하여야 한다.

제208조 삭제 〈2004.3.12.〉

✦✦ 제209조【공개장소에서의 연설·대담에 관한 특례】 동시선거에 있어서 같은 정당의 추천을 받은 2인 이상의 후보자는 한 장소에서 제79조에 따른 공개장소에서의 연설·대담을 공동으로 할 수 있다.

> 기출지문
>
> ◎ 동시선거에 있어서 같은 정당의 추천을 받은 2인 이상의 후보자는 하나의 공개장소에서의 연설·대담을 공동으로 할 수 있다(제209조). [2022·2013. 국가직 7급]

제210조【선거와 관련있는 정당활동의 규제에 관한 특례】 동시선거에 있어서 제9장 선거와 관련있는 정당활동의 규제의 적용에 있어서 기준이 되는 선거는 동시에 실시하는 선거의 수에 불구하고 하나의 선거를 기준으로 하되, 임기만료에 의한 선거와 제35조(보궐선거 등의 선거일) 제2항 및 제3항의 보궐선거 등이나 제36조(연기된 선거 등의 선거일)의 연기된 선거를 동시에 실시하는 경우에는 임기만료에 의한 선거를 기준으로 하고, 제35조 제2항 및 제3항의 규정에 의한 보궐선거 등을 동시에 실시하는 때의 "그 선거의 실시사유가 확정된 때"는 "동시에 실시하는 보궐선거 등 가운데 최초로 그 선거의 실시사유가 확정된 보궐선거 등의 실시사유가 확정된 때"로 본다.

제211조【투표용지·투표안내문 등에 관한 특례】✦ ① 동시선거에 있어서 투표용지는 색도 또는 지질 등을 달리하는 등 중앙선거관리위원회규칙이 정하는 바에 따라 선거별로 구분이 되도록 작성·교부할 수 있다.
② 삭제 〈2005.8.4.〉
③ 동시선거에 있어서 시·도지사선거 및 비례대표시·도의원선거의 투표용지는 제151조(투표용지와 투표함의 작성) 제1항의 규정에 불구하고 중앙선거관리위원회규칙이 정하는 바에 따라 당해 시·도선거관리위원회가 작성한다. 이 경우 투표용지에는 당해 시·도선거관리위원회의 청인을 날인하되, 인쇄날인으로 갈음할 수 있다.
④ 동시선거에 있어서 투표안내문(점자형 투표안내문을 포함한다. 이하 이 항에서 같다)은 제153조에도 불구하고 중앙선거관리위원회규칙으로 정하는 바에 따라 하나의 투표안내문으로 할 수 있다.

⑤ 동시선거에 있어서 투표소의 수·설치·설비와 투표용지의 작성·교부자와 교부방법 및 투표절차 기타 필요한 사항은 중앙선거관리위원회규칙으로 정한다.

> **기출지문**
>
> ◎ 동시선거에 있어서 투표용지는 색도 또는 지질 등을 달리하는 등 중앙선거관리위원회규칙이 정하는 바에 따라 선거별로 구분이 되도록 작성·교부할 수 있다(제211조 제1항). [2017. 국가직 9급]

제212조【거소투표·사전투표의 투표용지 발송과 회송 등에 관한 특례】동시선거에서 다음 각 호의 어느 하나에 해당하는 경우에는 해당 선거인마다 하나의 회송용 봉투 또는 발송용 봉투를 사용하여 행할 수 있다.
1. 거소투표자에 대한 투표용지의 발송 및 투표지 회송
2. 사전투표소에서 투표한 선거인의 투표지 회송

> **기출지문**
>
> ◎ 동시선거에서 거소투표자에 대한 투표용지의 발송 및 투표지 회송의 경우 해당 선거인마다 하나의 회송용 봉투 또는 발송용 봉투를 사용하여 행할 수 있다(제212조). [2017. 국가직 9급]

제213조【투표참관인선정 및 지정 등에 관한 특례】① 동시선거에 있어 투표참관인은 제161조(투표참관) 제2항의 규정에 의한 선정·신고인원수에 불구하고 후보자를 추천한 정당과 무소속후보자마다 2인을 선정·신고하여야 한다.
② 동시선거의 투표참관인의 지정에 있어 제161조 제4항의 "후보자"는 "정당 또는 후보자"로, "후보자별"은 "정당·후보자별"로 본다.
③ 동시선거에서 사전투표참관인은 제162조 제2항에 따른 선정·신고인원수에 불구하고 당해 선거에 참여한 정당마다 2인을, 무소속후보자는 1인을 선정·신고하여야 한다.
④ 동시선거에 있어서 사전투표참관인은 8명 이내로 하되, 제3항의 규정에 의하여 선정·신고한 인원수가 8명을 넘는 때에는 관할선거관리위원회는 정당이 선정·신고한 자를 우선 지정하고 나머지 인원은 무소속후보자가 선정·신고한 자 중에서 8명에 달할 때까지 추첨에 의하여 지정한다. 이 경우 정당이 선정·신고한 인원수가 12인을 넘는 때에는 제150조 제3항부터 제5항까지의 규정에 따른 정당순위의 앞순위의 정당이 선정·신고한 자부터 12인에 달할 때까지 지정한다.

✦✦ 제214조【투표함의 개함 등에 관한 특례】동시선거에 있어서 제175조(개표개시) 제2항의 규정에 의한 개표순서는 선거별 또는 그 선거구의 관할구역이 작은 선거구별로 구분하여 행한다.

> **기출지문**
>
> ◎ 동시선거에 있어서 개표순서는 선거별 또는 그 선거구의 관할구역이 큰 선거구별로 구분하여 행한다. (×) [2022. 국가직 7급, 2017. 국가직 9급]
>
> †PLUS  동시선거에 있어서 개표순서는 선거별 또는 그 선거구의 관할구역이 작은 선거구별로 구분하여 행한다(제214조).

**제215조【개표참관인 등에 관한 특례】** ① 동시선거에 있어서 개표참관인은 제181조(개표참관) 제2항의 규정에 의한 선정·신고인원수에 불구하고 후보자를 추천한 정당마다 8인을, 무소속후보자는 2인을 선정·신고하여야 한다. 다만, 구·시·군선거관리위원회는 거소투표·선상투표 및 사전투표의 개표를 하는 때에는 정당 또는 후보자가 선정·신고한 자 중에서 정당은 4인씩을, 무소속후보자는 1인씩을 참관하게 한다.

② 동시선거에 있어서 관람증의 매수는 제182조(개표관람) 제2항의 규정에 불구하고 정당별로 균등하게 우선 배부한 후 무소속후보자별로 균등하게 배부하되, 후보자마다 1매 이상 배부하여야 한다.

**제216조【4개 이상 선거의 동시실시에 관한 특례】** ① 4개 이상 동시선거에 있어 지역구자치구·시·군의원선거의 후보자는 제79조(공개장소에서의 연설·대담)의 연설·대담을 위하여 자동차 1대와 휴대용 확성장치 1조를 사용할 수 있다. 이 경우 휴대용 확성장치는 제79조제8항 제2호 본문에 따른 소음기준을 초과할 수 없다. 〈개정 2022.1.18.〉

② 임기만료에 의한 지방자치단체의 의회의원 및 장의 선거를 동시에 실시하는 경우 개표진행 및 결과공표는 제178조 제1항·제3항에도 불구하고 읍·면·동을 단위로 할 수 있다.

③ 삭제 〈2010.1.25.〉

④ 삭제 〈2000.2.16.〉

⑤ 4개 이상 선거를 동시에 실시하는 경우 제1항 및 제2항 외에 투표소에 설치하는 투표함의 수, 투표와 개표의 절차·방법, 제2항의 개표절차 그 밖에 필요한 사항은 중앙선거관리위원회 규칙으로 정한다.

✦ **제217조【투표록·개표록 등 작성에 관한 특례】** 동시선거에 있어 투표록 및 개표록은 선거의 구분없이 하나의 투표록 및 개표록으로 각각 작성할 수 있다.

> **기출지문**
>
> ☒ 동시선거에 있어 투표록 및 개표록은 선거별로 각각 구분하여 작성되어야 한다. (×)
> [2013. 국가직 7급]
>
> ⁺PLUS 동시선거에 있어 투표록 및 개표록은 선거의 구분없이 하나의 투표록 및 개표록으로 각각 작성할 수 있다(제217조).

# 제14장의2 재외선거에 관한 특례

**제218조【재외선거관리위원회 설치·운영】** ✦ ① 중앙선거관리위원회는 대통령선거와 임기만료에 따른 국회의원선거를 실시하는 때마다 선거일 전 180일부터 선거일 후 30일까지「대한민국재외공관 설치법」제2조에 따른 공관(공관이 설치되지 아니한 지역에서 영사사무를 수행하는 사무소와 같은 법 제3조에 따른 분관 또는 출장소를 포함하고, 영사사무를 수행하지 아니하거나 영사관할구역이 없는 공관 및 영사관할구역 안에 공관사무소가 설치되지 아니한 공관은 제외한다. 이하 이 장에서 "공관"이라 한다)마다 재외선거의 공정한 관리를 위하여 재외선거관리위원회를 설치·운영하여야 한다. 다만, 대통령의 궐위(闕位)로 인한 선거 또는 재선거는 그 선거의 실시사유가 확정된 날부터 10일 이내에 재외선거관리위원회를 설치하여야 한다.
② 재외선거관리위원회는 중앙선거관리위원회가 지명하는 2명 이내의 위원과 국회에 교섭단체를 구성한 정당이 추천하는 각 1명, 공관의 장 또는 공관의 장이 공관원 중에서 추천하는 1명을 중앙선거관리위원회가 위원으로 위촉하여 구성하되, 그 위원 정수는 홀수로 한다. 다만, 재외선거관리위원회를 구성한 후에 국회에 교섭단체를 구성한 정당의 수에 변경이 있는 때에는 현원을 위원 정수로 본다.
③ 다음 각 호의 어느 하나에 해당하는 사람은 재외선거관리위원회의 위원이 될 수 없다.
1. 국회의원의 선거권이 없는 사람
2. 정당의 당원인 사람
3. 재외투표관리관
✦ ④ 재외선거관리위원회에 위원장과 부위원장 각 1명을 두되, 위원 중에서 호선한다. 다만, 공관의 장과 그가 추천하는 공관원은 위원장이 될 수 없다.
✦ ⑤ 재외선거관리위원회는 재외선거의 관리를 위하여 필요한 때에는 해당 공관의 장에게 협조를 요구할 수 있으며, 그 협조를 요구받은 공관의 장은 우선적으로 이에 따라야 한다.
⑥ 재외선거관리위원회위원장은 해당 공관의 장과 협의하여 해당 공관의 소속 직원 중에서 간사·서기 및 선거사무종사원을 위촉할 수 있다.
⑦ 새로이 구성된 재외선거관리위원회의 최초의 회의소집에 관하여는 공관의 장이 해당 재외선거관리위원회위원장의 직무를 대행한다.
⑧ 재외선거관리위원회의 관할구역은 해당 공관의 영사관할구역(공관의 장이 다른 대사관의 장을 겸하는 경우에는 그 다른 대사관의 영사관할구역을 포함한다)으로 하고, 그 명칭은 해당 공관명을 붙여 표시하되 약칭을 사용할 수 있다.

⑨ 중앙선거관리위원회는 재외선거관리위원회의 운영기간 중 또는 운영기간 만료 후 6개월 이내에 다른 선거의 재외선거관리위원회 설치·운영기간이 시작되는 경우에는 제1항에도 불구하고 다른 선거의 재외선거관리위원회를 설치하지 아니하고, 운영 중인 재외선거관리위원회를 다른 선거의 재외선거관리위원회로 본다.

⑩ 「선거관리위원회법」 제4조 제3항 단서, 제4조 제7항부터 제11항까지, 제4조 제12항 본문, 제5조 제3항·제5항, 제7조, 제9조 제1호부터 제4호까지, 제10조, 제11조 제1항·제3항, 제12조 제1항·제3항, 제13조 및 제14조의2는 재외선거관리위원회의 설치·운영에 준용한다. 이 경우 "관계선거관리위원회"·"하급선거관리위원회"·"각급선거관리위원회" 및 "구·시·군선거관리위원회"는 각각 "재외선거관리위원회"로, "선거기간개시일(위탁선거는 제외한다. 이하 같다) 또는 국민투표안공고일"·"선거기간개시일 또는 국민투표안공고일" 및 "선거인명부작성기준일 또는 국민투표안공고일"은 각각 "재외투표소 설치일"로, "당해 또는 읍·면·동선거관리위원회"는 "해당 재외선거관리위원회"로, "구·시·군선거관리위원회위원장"은 "재외선거관리위원회위원장"으로, "각 상급선거관리위원회"는 "중앙선거관리위원회"로, "상임위원 또는 부위원장"은 "부위원장"으로, "위원장·상임위원·부위원장"은 "위원장·부위원장"으로, "개표종료시"는 "재외투표 마감일"로 본다.

### 기출지문

- 중앙선거관리위원회는 대통령의 궐위로 인한 선거 또는 재선거의 경우, 그 선거의 실시사유가 확정된 날부터 10일 이내에 재외선거관리위원회를 설치하여야 한다(제218조 제1항). [2014. 국가직 7급]
- 중앙선거관리위원회는 임기만료로 인한 대통령선거를 실시하는 경우, 선거일 전 150일부터 선거일 후 30일까지 공관마다 재외선거관리위원회를 설치·운영하여야 한다. (×) [2016. 국가직 9급]
  - **PLUS** 중앙선거관리위원회는 대통령선거와 임기만료에 따른 국회의원선거를 실시하는 때마다 선거일 전 180일부터 선거일 후 30일까지 공관마다 재외선거관리위원회를 설치·운영하여야 한다(제218조 제1항).

**제218조의2 【재외투표관리관의 임명】** ✦ ① 재외선거에 관한 사무를 처리하기 위하여 공관마다 재외투표관리관을 둔다.

② 재외투표관리관은 공관의 장으로 한다. 다만, 공관의 장과 총영사를 함께 두고 있는 공관의 경우 그 공관의 장이 총영사를 재외투표관리관으로 지정할 수 있다.

**제218조의3 【재외선거관리위원회와 재외투표관리관의 직무】** ✦ ① 재외선거관리위원회는 재외선거에 관한 다음 각 호의 사무를 처리한다.
1. 재외투표소 설치장소와 운영기간 등의 결정·공고

2. 재외투표소의 투표관리
3. 재외투표소 투표사무원 위촉 및 투표참관인 선정
4. 재외투표관리관이 행하는 선거관리사무 감독
5. 선거범죄 예방 및 단속에 관한 사무
6. 그 밖에 재외투표관리관이 필요하다고 인정하여 재외선거관리위원회에 부의하는 사항
② 재외투표관리관은 다음 각 호의 사무를 처리한다.
1. 재외선거인 등록신청·변경등록신청과 국외부재자 신고의 접수 및 처리
2. 재외국민의 선거권 행사에 필요한 사항의 홍보·지원
3. 재외투표소 설비
4. 재외투표 국내 회송 등 재외선거사무(국외부재자투표사무를 포함한다. 이하 같다) 총괄 관리
5. 재외선거관리위원회 운영 지원

✦✦ **제218조의4【국외부재자 신고】** ✦ ① 주민등록이 되어 있는 사람으로서 다음 각 호의 어느 하나에 해당하여 외국에서 투표하려는 선거권자(지역구국회의원선거에서는 「주민등록법」 제6조 제1항 제3호에 해당하는 사람과 같은 법 제19조 제4항에 따라 재외국민으로 등록·관리되는 사람은 제외한다)는 대통령선거와 임기만료에 따른 국회의원선거를 실시하는 때마다 선거일 전 150일부터 선거일 전 60일까지(이하 이 장에서 "국외부재자 신고기간"이라 한다) 서면·전자우편 또는 중앙선거관리위원회 홈페이지를 통하여 관할 구·시·군의 장에게 국외부재자 신고를 하여야 한다. 이 경우 외국에 머물거나 거주하는 사람은 공관을 경유하여 신고하여야 한다.

✦ 1. 사전투표기간 개시일 전 출국하여 선거일 후에 귀국이 예정된 사람
2. 외국에 머물거나 거주하여 선거일까지 귀국하지 아니할 사람
② 제1항에 따라 국외부재자 신고를 하려는 사람은 그 신고서에 다음 각 호의 사항을 적어야 한다.
1. 성명
2. 주민등록번호
3. 주소
4. 거소(로마자 대문자로 적되, 구체적인 방법은 중앙선거관리위원회규칙으로 정한다. 이하 제218조의5 제2항 제4호에서 같다)
5. 여권번호
③ 제1항에 따른 전자우편을 이용하여 국외부재자 신고를 하려는 때에는 재외투표관리관 또는 구·시·군의 장이 공고하는 전자우편 주소로 국외부재자신고서를 전송하는 방법으로 하여야 한다. 이 경우 본인 명의의 전자우편 주소로 자신의 국외부재자 신고에 한하여 할 수 있다.

④ 재외투표관리관 또는 구·시·군의 장은 전자우편을 이용한 국외부재자 신고를 접수하기 위하여 전자우편 계정을 별도로 개설하는 등 필요한 조치를 하여야 한다.
⑤ 재외투표관리관 또는 구·시·군의 장은 국외부재자신고서에 제2항 각 호에 따른 기재사항 중 여권번호의 누락이 있는 때에는 해당 선거권자에게 국외부재자 신고기간 만료일까지 보완할 것을 통보하여야 하며, 이를 통보받은 선거권자가 국외부재자 신고기간 만료일까지 보완하지 아니한 때에는 그 신고를 접수하지 아니한다.

### 기출지문

◎ 주민등록이 되어 있는 사람이 사전투표기간 개시일 전 출국하여 선거일 후에 귀국이 예정된 경우, 외국에서 대통령선거에 대한 투표를 하려면 선거일 전 150일부터 선거일 전 60일까지 서면·전자우편 또는 중앙선거관리위원회 홈페이지를 통하여 관할 구·시·군의 장에게 국외부재자 신고를 하여야 한다(제218조의4 제1항 제1호). [2014. 국가직 7급]

**제218조의5【재외선거인 등록신청】✦✦** ① 주민등록이 되어 있지 아니하고 재외선거인명부에 올라 있지 아니한 사람으로서 외국에서 투표하려는 선거권자는 대통령선거와 임기만료에 따른 비례대표국회의원선거를 실시하는 때마다 해당 선거의 선거일 전 60일까지(이하 이 장에서 "재외선거인 등록신청기한"이라 한다) 다음 각 호의 어느 하나에 해당하는 방법으로 중앙선거관리위원회에 재외선거인 등록신청을 하여야 한다.
1. 공관을 직접 방문하여 서면으로 신청하는 방법. 이 경우 대한민국 국민은 가족(본인의 배우자와 본인·배우자의 직계존비속을 말한다)의 재외선거인 등록신청서를 대리하여 제출할 수 있다.
2. 관할구역을 순회하는 공관에 근무하는 직원에게 직접 서면으로 신청하는 방법. 이 경우 제1호 후단을 준용한다.
3. 우편 또는 전자우편을 이용하거나 중앙선거관리위원회 홈페이지를 통하여 신청하는 방법. 이 경우 외국에 머물거나 거주하는 사람은 공관을 경유하여 신고하여야 한다.

② 재외선거인 등록신청(제3항에 따른 변경등록신청을 포함한다. 이하 이 장에서 같다)을 하려는 사람은 그 신청서에 다음 각 호의 사항을 적어야 한다.
1. 성명
2. 여권번호·생년월일 및 성별
3. 국내의 최종주소지(국내의 최종주소지가 없는 사람은 「가족관계의 등록 등에 관한 법률」에 따른 등록기준지)
4. 거소
5. 「가족관계의 등록 등에 관한 법률」 제15조 제1항 제1호에 따른 가족관계증명서에 기재된 부 또는 모의 성명 등 중앙선거관리위원회규칙으로 정하는 사항

③ 재외선거인명부에 올라 있는 선거인은 그 기재사항의 변경이 있는 경우에는 제1항 각 호의 어느 하나에 해당하는 방법으로 해당 선거의 선거일 전 60일까지 재외선거인 변경등록신청을 하여야 한다.

④ 재외투표관리관은 매년 1월 31일까지 비자·영주권증명서·장기체류증 또는 거류국의 외국인등록증 등 재외선거인의 국적확인에 필요한 서류의 종류를 공고하여야 한다. 이 경우 둘 이상의 공관을 둔 국가에서는 대사관의 재외투표관리관이 일괄하여 공고한다.

⑤ 재외선거인 등록신청에 관하여는 제218조의4 제3항부터 제5항까지의 규정을 준용한다. 이 경우 "국외부재자 신고"는 "재외선거인 등록신청"으로, "재외투표관리관 또는 구·시·군의 장"은 "재외투표관리관"으로, "국외부재자신고서"는 "재외선거인 등록신청서 또는 변경등록신청서"로, "국외부재자 신고기간 만료일"은 "재외선거인 등록신청기한"으로, "여권번호"는 "여권번호 및 「가족관계의 등록 등에 관한 법률」 제15조 제1항 제1호에 따른 가족관계증명서에 기재된 부 또는 모의 성명"으로 본다.

> **기출지문**
>
> ◎ 「공직선거법」상 주민등록이 되어 있지 아니하고 재외선거인명부에 올라 있지 아니한 사람으로서 외국에서 투표하려는 선거권자는, 공관을 직접 방문하여 서면으로 신청하는 방법, 관할구역을 순회하는 공관에 근무하는 직원에게 직접 서면으로 신청하는 방법, 공관을 경유하여 전자우편을 이용하여 신청하는 방법, 중앙선거관리위원회 홈페이지를 통하여 신청하는 방법으로 재외선거인 등록신청을 할 수 있다(제218조의5 제1항). [2016. 국가직 9급]
>
> ◎ 주민등록이 되어 있지 아니한 사람으로서 외국에서 투표하려는 선거권자는 대통령선거와 임기만료에 따른 비례대표국회의원선거를 실시하는 때마다 선거일 전 150일부터 선거일 전 60일까지 중앙선거관리위원회에 재외선거인 등록신청을 하여야 하며, 이 경우 전자우편을 이용하여 신청하는 방법을 사용할 수 있다(제218조의5 제1항). [2014·2013. 국가직 7급]
>
> ◎ 재외선거인에게 국회의원 재·보궐선거의 선거권을 인정하지 않은 재외선거인 등록신청조항이 재외선거인의 선거권을 침해하거나 보통선거원칙에 위배된다고 볼 수 없다(헌재 2014.7.24, 2009헌마256). [2017. 국가직 7급]
>
> **관련판례** 재외선거권자로 하여금 선거를 실시할 때마다 재외선거인 등록신청을 하도록 규정한 조항은 재외선거인의 선거권을 침해하지 않는다(헌재 2014.7.24, 2009헌마256). [2016. 국가직 9급]

**제218조의6 【공관부재자신고인명부 등 작성】** ① 재외투표관리관이 국외부재자신고서 또는 재외선거인 등록신청서(변경등록신청서를 포함한다. 이하 이 장에서 같다)를 접수하면 기재사항의 적정 여부, 정당한 신고·신청 여부를 확인한 다음 제218조의4제1항 각 호의 어느 하나에 해당하는 사람을 대상으로는 공관부재자신고인명부를, 제218조의5제1항 및 제3항에 해당하는 사람을

대상으로는 재외선거인 등록신청자명부를 각각 작성(전산정보자료를 포함한다. 이하 이 장에서 같다)하여야 한다.
② 재외투표관리관은 제1항에 따른 확인을 위하여 필요한 경우에는 「주민등록법」 제30조에 따른 주민등록전산정보자료 또는 「가족관계의 등록 등에 관한 법률」 제11조에 따른 등록전산정보자료, 그 밖에 국가가 관리하는 전산정보자료를 이용할 수 있다.
③ 재외투표관리관이 공관부재자신고인명부와 재외선거인 등록신청자명부를 작성하는 때에는 신고서 또는 신청서의 내용에 따라 정확하게 작성하여야 한다.

**제218조의7 【공관부재자신고인명부 등의 송부】** ① 재외투표관리관이 공관부재자신고인명부와 재외선거인 등록신청자명부를 작성하면 이를 즉시 구·시·군별로 분류하여 국외부재자신고서 및 재외선거인 등록신청서와 함께 외교부장관을 경유하여 중앙선거관리위원회에 보낸다.
② 중앙선거관리위원회가 제1항에 따라 공관부재자신고인명부와 국외부재자신고서를 접수하면 이를 해당 구·시·군의 장에게 보낸다.
③ 제1항 및 제2항에 따른 공관부재자신고인명부, 재외선거인 등록신청자명부, 국외부재자신고서 및 재외선거인 등록신청서의 송부는 전산조직을 이용한 전산정보자료의 전송으로 갈음할 수 있다. 이 경우 해당 서류 원본의 보관, 그 밖에 필요한 사항은 중앙선거관리위원회규칙으로 정한다.

**제218조의8 【재외선거인명부의 작성】** ① 중앙선거관리위원회는 해당 선거의 선거일 전 60일 현재의 최종주소지 또는 등록기준지를 기준으로 선거일 전 49일부터 선거일 전 40일까지 10일간 해당 선거 직전에 실시한 대통령선거 또는 임기만료에 따른 비례대표국회의원선거에서 확정된 재외선거인명부와 재외투표관리관이 송부한 재외선거인 등록신청서에 따라 재외선거인명부를 작성한다. 이 경우 같은 사람이 2 이상의 재외선거인 등록신청을 한 사실이 발견된 때에는 그 중 가장 나중에 접수된 재외선거인 등록신청서에 따라 재외선거인명부를 작성한다.
② 중앙선거관리위원회는 해당 선거의 선거일 전 60일까지 해당 선거 직전에 실시한 대통령선거 또는 임기만료에 따른 비례대표국회의원선거에서 확정된 재외선거인명부에 올라 있는 선거인의 선거권 유무 등을 확인하여 그 재외선거인명부를 정비하여야 한다.
〈신설 2015.12.24, 2022.1.21.〉
③ 거짓으로 재외선거인 등록신청을 한 사람이나 자신의 의사에 따라 신청한 것으로 인정되지 아니하는 사람은 재외선거인명부에 올릴 수 없다.
④ 다음 각 호의 어느 하나에 해당하는 정보를 관리하는 기관의 장은 선거일 전 150일부터 중앙선거관리위원회가 재외선거인명부의 작성 및 해당 선거 직전에 실시한 대통령선거 또는 임기만료에 따른 비례대표국회의원선거에서 확정된 재외선거인명부의 정비를 위하여 필요한 범위에서 해당 정보를 전산조직으로 조회할 수 있도록 필요한 조치를 하여야 한다.

1. 「주민등록법」제30조에 따른 주민등록에 관한 정보
2. 「가족관계의 등록 등에 관한 법률」제11조에 따른 가족관계 등록에 관한 정보
3. 제18조 제1항 제1호에 해당하는 금치산자에 관한 정보. 이 경우 행정안전부장관은 해당 정보를 관리하는 구·시·읍·면의 장으로부터 통보받은 자료를 데이터베이스로 구축하여 손쉽게 활용할 수 있도록 하여야 한다.
4. 제18조 제1항 제2호부터 제4호까지의 규정에 해당하는 사람에 관한 정보

⑤ 중앙선거관리위원회는 재외선거인 등록을 신청한 사람이 정당한 신청인인지를 확인하기 위하여 관계 행정기관에 필요한 지시를 할 수 있다.

⑥ 국가는 재외선거인명부의 정확한 작성을 위하여 필요한 제도적·재정적 조치를 하여야 한다.

**제218조의9 【국외부재자신고인명부의 작성】** ① 구·시·군의 장은 국외부재자 신고기간만료일 현재의 주소지를 기준으로 선거일 전 49일부터 선거일 전 40일까지 10일간(이하 이 장에서 "국외부재자신고인명부 작성기간"이라 한다) 중앙선거관리위원회가 송부한 국외부재자신고서와 해당 구·시·군의 장이 직접 접수한 국외부재자신고서에 따라 국외부재자신고인명부를 작성한다. 이 경우 같은 사람이 2 이상의 국외부재자신고를 한 사실이 발견된 때에는 그 중 가장 나중에 접수된 국외부재자신고서에 따라 국외부재자신고인명부를 작성한다.

✦ ② 거짓으로 국외부재자 신고를 한 사람이나 자신의 의사에 따라 신고한 것으로 인정되지 아니하는 사람은 국외부재자신고인명부에 올릴 수 없다.

③ 국외부재자신고인명부 작성의 감독 등에 관하여는 제39조를 준용한다. 이 경우 "선거인명부"는 "국외부재자신고인명부"로, "선거인명부작성기간"은 "국외부재자신고인명부 작성기간"으로 본다.

**제218조의10 【재외선거인명부 등의 열람】** ✦ ① 중앙선거관리위원회와 구·시·군의 장(이하 이 장에서 "명부작성권자"라 한다)은 재외선거인명부 및 국외부재자신고인명부(이하 "재외선거인명부 등"이라 한다)의 작성기간 만료일의 다음 날부터 5일간(이하 이 장에서 "재외선거인명부 등의 열람기간"이라 한다) 장소를 정하여 재외선거인명부 등을 열람할 수 있도록 하여야 한다. 다만, 재외선거인명부는 인터넷 홈페이지에서의 열람에 한한다.

② 선거권자는 누구든지 재외선거인명부 등의 열람기간 중 자유로이 재외선거인명부 등을 열람할 수 있다.

③ 명부작성권자는 재외선거인명부 등의 열람기간 동안 자신이 개설·운영하는 인터넷 홈페이지에서 국외부재자 신고를 한 사람이나 재외선거인등록을 신청한 사람이 자신의 정보에 한하여 재외선거인명부 등을 열람할 수 있도록 하는 기술적 조치를 하여야 한다.

④ 행정안전부장관은 명부작성권자의 협조를 받아 재외선거인 및 국외부재자신고인(이하 "재외선거인 등"이라 한다)이 재외선거인명부 등의 열람기간 동안 행정안전부가 개설·운영하는 인터넷 홈페이지에서 자신이 재외선거인명부 등에 올라 있는지 여부를 확인할 수 있도록 기술적 조치를 하여야 한다.
⑤ 재외투표관리관은 재외선거인명부 등의 열람기간 동안 중앙선거관리위원회가 전송하는 재외선거인명부 등을 이용하여 재외선거인 등이 재외선거인명부 등에 올라 있는지 여부를 확인할 수 있도록 하여야 한다.
⑥ 재외선거인명부 등의 사본은 교부하지 아니한다.

- 재외선거인명부 작성권자 : 중앙선거관리위원회
- 국외부재자신고인명부 작성권자 : 구·시·군의 장

### 기출지문

☒ 대통령선거에서 선거인명부와 재외선거인명부 열람기간은 3일로 같다. (×)
[2015. 국가직 7급]

**+PLUS** 선거인명부열람기간은 선거인명부작성기간 만료일의 다음 날부터 3일이며(제40조 제1항), 재외선거인명부열람기간은 재외선거인명부 작성기간 만료일의 다음 날부터 5일이다(제218조의10 제1항).

---

**제218조의11 【재외선거인명부 등에 대한 이의 및 불복신청 등】** ① 선거권자는 재외선거인명부 등의 열람기간 중 재외선거인명부 등에 정당한 선거권자가 빠져 있거나 잘못 써진 내용이 있거나 자격이 없는 사람이 올라 있으면 말 또는 서면으로 명부작성권자에게 이의를 신청할 수 있고, 해당 명부작성권자는 그 신청이 있는 날의 다음 날까지 심사·결정하여야 한다.
② 제1항의 이의신청에 따른 구·시·군의 장의 결정에 대하여 불복이 있는 이의신청인이나 관계인은 그 통지를 받은 날의 다음 날까지 관할 구·시·군선거관리위원회에 서면으로 불복을 신청할 수 있다.
③ 제1항에 따른 이의신청기간 만료일의 다음 날부터 재외선거인명부 등의 확정일 전일까지 명부작성권자의 착오나 그 밖의 사유로 재외선거인 등록신청 또는 국외부재자 신고를 한 사람 중 정당한 선거권자가 재외선거인명부 등에 빠진 것이 발견된 경우 해당 선거권자는 명부작성권자에게 소명자료를 붙여 서면으로 등재신청을 할 수 있다.
④ 선거권자는 재외선거인 등록신청서를 대리하여 제출한 사람과 재외선거인 등록신청을 한 사람의 관계가 제218조의5 제1항 제1호 후단에 따른 가족이 아닌 경우 제1항에 따라 이의신청을 할 수 있다. 이 경우 중앙선거관리위원회는 「가족관계의 등록 등에 관한 법률」 제15조(증명서의 종류 및 기록사항) 제1항 각 호에 따른 증명서를 관계 기관으로부터 교부받아 가족관계를

확인하여야 하며, 제218조의5 제1항 제1호 후단에 따른 가족이 아닌 것으로 확인되면 그 등록신청을 한 사람을 재외선거인명부에서 삭제하여야 한다.
⑤ 이의신청·불복신청 또는 재외선거인명부등 등재신청에 대한 결정 내용의 통지는 명부작성권자가 개설·운영하는 인터넷 홈페이지에 게시하거나 전자우편을 전송하는 방법으로 갈음할 수 있다.
⑥ 명부작성권자가 재외선거인명부 등의 확정일 전일까지 같은 사람이 재외선거인명부와 국외부재자신고인명부에 각각 올라 있는 사실을 발견한 때에는 그 중 나중에 접수된 재외선거인등록신청서 또는 국외부재자신고서에 따라 재외선거인명부 또는 국외부재자신고인명부 중 어느 하나에 올려야 한다.

> **기출지문**

🔍 대통령선거에서 선거인명부와 재외선거인명부 비교지문 [2015. 국가직 7급]

❌ 선거인명부에 대해서는 선거권자나 정당이 이의신청을 할 수 있으나, 재외선거인명부에 대해서는 선거권자만 이의신청을 할 수 있다. (×)
  ⁺PLUS 이의신청은 모두 선거권자가 할 수 있다(제41조 제1항 및 제218조의11 제1항).
❌ 이의신청을 구·시·군의 장에게 하는 것은 같다. (×)
  ⁺PLUS 선거인명부에 대하여 당해 구·시·군의 장에게 이의를 신청할 수 있고(제41조 제1항), 재외선거인명부에 대하여 명부작성권자인 중앙선거관리위원회에 이의를 신청할 수 있다(제218조의11 제1항).
❌ 이의신청에 대한 불복신청을 이의신청인이나 관계인이 할 수 있는 것은 같다. (×)
  ⁺PLUS 선거인명부 이의신청 결정에 대한 불복신청은 이의신청인이나 관계인이 할 수 있다(제42조 제1항). 재외선거인명부에 대하여 이의신청은 가능하나, 이의신청에 따른 결과에 대하여 불복신청은 할 수 없다(제218조의11 제2항). 왜냐하면 제218조의11 제2항은 이의신청에 따른 구·시·군의 장의 결정에 불복이 있는 경우 신청할 수 있다고 규정하고 있는데, 구·시·군의 장은 제218조의10에서 본 바와 같이 국외부재자신고인명부작성권자이기 때문이다.
❌ 이의신청에 대한 불복신청을 관할구·시·군선거관리위원회에 하는 것은 같다. (×)
  ⁺PLUS 불복신청에 대한 절차는 선거인명부와 국외부재자신고인명부에만 적용되며, 이의신청인이나 관계인이 관할구·시·군선거관리위원회에 서면으로 신청할 수 있다.

**제218조의12 【대통령의 궐위선거 및 재선거에서 기한 등의 단축】** 제218조의4부터 제218조의 11까지의 규정에도 불구하고 대통령의 궐위로 인한 선거 또는 재선거를 실시하는 경우에 재외선거인 등록신청기한과 국외부재자 신고기간 등은 다음 각 호에 따른다. 이 경우 재외선거인명부등에 대한 열람과 이의신청을 위한 기간은 따로 두지 아니한다.
1. 재외선거인 등록신청기한 및 국외부재자 신고기간
   선거의 실시사유가 확정된 때부터 선거일 전 40일까지
2. 재외선거인명부 등의 작성기간
   선거일 전 34일부터 선거일 전 30일까지

> **기출지문**
>
> ☒ 대통령의 궐위로 인한 대통령선거를 실시하는 경우, 외국에서 투표하려는 선거권자는 선거의 실시사유가 확정된 때부터 선거일 전 60일까지 중앙선거관리위원회에 재외선거인 등록신청을 하여야 한다. (×) [2016. 국가직 9급]
>
> ⁺PLUS 대통령의 궐위로 인한 선거 또는 재선거를 실시하는 경우에 재외선거인 등록신청기한은 선거의 실시사유가 확정된 때부터 선거일 전 40일까지이다(제218조의12 제1호).

✦✦ **제218조의13 【재외선거인명부등의 확정과 송부】** ① 재외선거인명부등은 선거일 전 30일에 확정되며, 국외부재자신고인명부는 해당 선거에 한정하여 효력을 가진다. [개정 2015.12.24]
② 명부작성권자는 재외선거인명부등이 확정되면 즉시 그 전산자료 복사본을 관할 구·시·군선거관리위원회에 보내야 한다. 이 경우 구·시·군의 장은 국외부재자신고서(제218조의7 제3항에 따라 전산정보자료로 전송받은 경우에는 그 전산정보자료 복사본을 포함한다)를 함께 보내야 한다. [개정 2011.7.28, 2018.4.6]
③ 중앙선거관리위원회는 제1항에 따라 확정된 재외선거인명부등을 하나로 합하여 재외선거관리위원회에 송부하여야 하며, 그 절차와 방법, 그 밖에 필요한 사항은 중앙선거관리위원회규칙으로 정한다. [신설 2011.7.28, 2015.8.13]
✦✦ ④ 누구든지 재외선거인등이 투표한 후에는 그 재외선거인등의 해당 선거의 선거권 유무에 대하여 대한민국 국민이 아니라는 이유로 법적·행정적 이의를 제기할 수 없다. [신설 2011.7.28.]

> **기출지문**
>
> ◎ 대통령선거에 있어서 선거인명부는 선거일 전 12일에 확정되나, 재외선거인명부는 선거일 전 30일에 확정된다(제44조 제1항, 제218조의13 제1항). [2015. 국가직 7급]

✦✦ **제218조의14 【국외선거운동 방법에 관한 특례】** ① 재외선거권자(재외선거인명부 등에 올라 있거나 오를 자격이 있는 사람을 말한다. 이하 같다)를 대상으로 하는 선거운동은 다음 각 호에서 정한 방법으로만 할 수 있다.

1. 제59조제2호부터 제5호까지의 규정에 따른 선거운동
2. 위성방송시설(「방송법」에 따른 방송사업자가 관리·운영하는 국외송출이 가능한 국내의 방송시설을 말한다. 이하 이 장에서 같다)을 이용한 제70조에 따른 방송광고
3. 위성방송시설을 이용한 제71조에 따른 방송연설
4. 삭제 〈2012.2.29.〉
5. 제82조의7에 따른 인터넷광고
✦ 6. 삭제 〈2020.12.29.〉

② 제1항 제2호에 따른 방송광고의 횟수는 다음 각 호에 따른다.
1. 대통령선거
   텔레비전 및 라디오 방송시설별로 각 10회 이내
2. 비례대표국회의원선거
   텔레비전 및 라디오 방송시설별로 각 5회 이내

③ 제1항 제3호에 따른 방송연설의 횟수는 다음 각 호에 따른다.
1. 대통령선거
   후보자와 그가 지명한 연설원이 각각 텔레비전 및 라디오 방송시설별로 각 5회 이내
2. 비례대표국회의원선거
   정당별로 정당의 대표자가 선임한 2명이 각각 텔레비전 및 라디오 방송시설별로 각 1회

④ 중앙선거관리위원회는 대통령선거 및 임기만료에 따른 비례대표국회의원선거에서 정당·후보자에 대한 정보를 재외선거인 등에게 알리기 위하여 중앙선거관리위원회규칙으로 정하는 바에 따라 정당·후보자 정보자료를 작성하여 다음 각 호에 따른 방법으로 재외선거인 등에게 제공하여야 한다.

1. 공관 게시판 게시
〔개정〕 2. 중앙선거관리위원회, 외교부, 재외동포청 및 공관의 인터넷 홈페이지 게시 〈개정 2023. 3. 4.〉
3. 전자우편 전송(수신을 원하는 재외선거인 등에 한한다)

⑤ 방송시설을 관리 또는 운영하는 자는 자신의 부담으로 제82조의2 제1항에 따른 대담·토론회와 제82조의3에 따른 정책토론회를 중계방송할 수 있다.

✦✦ ⑥ 다음 각 호의 어느 하나에 해당하는 단체의 상근 임직원 및 이들 단체의 대표자는 재외선거권자를 대상으로 선거운동을 할 수 없다.
✦ 1. 「한국국제협력단법」에 따라 설립된 한국국제협력단
2. 「한국국제교류재단법」에 따라 설립된 한국국제교류재단

개정 3. 삭제 〈2023. 3. 4.〉

⑦ 제87조 제1항에도 불구하고 단체(그 대표자와 임직원 또는 구성원을 포함한다)는 그 단체의 명의 또는 그 대표의 명의로 재외선거권자를 대상으로 선거운동을 할 수 없다.

> **기출지문**
>
> ◎ 대통령의 궐위로 인한 대통령선거를 실시하는 경우, 후보자는 재외선거권자를 대상으로 위성방송시설을 이용한 방송광고 선거운동을 텔레비전 및 라디오 방송시설별로 각 10회 이내에서 할 수 있다(제218조의14 제2항 제1호). [2016. 국가직 9급]
> ◎ 한국국제교류재단법에 따라 설립된 한국국제교류재단의 상근 임직원 및 대표자는 재외선거권자를 대상으로 선거운동을 할 수 없다(제218조의14 제6항). [2013. 국가직 9급]
> ✕ 전화(송·수화자간 직접 통화하는 방식)를 이용하거나 말로 하는 선거운동의 방법에 의하여 재외선거권자(재외선거인명부 등에 올라 있거나 오를 자격이 있는 사람)를 대상으로 한 선거운동은 허용되지 아니한다. (✕) [2013. 국가직 7급]
> +PLUS 재외선거권자(재외선거인명부 등에 올라 있거나 오를 자격이 있는 사람)를 대상으로 전화(송·수화자 간 직접 통화하는 방식에 한한다)를 이용하거나 말로 하는 선거운동은 가능하다(제218조의14 제1항 제6호).

✦✦ **제218조의15 【선거비용에 대한 특례】** 제119조 제1항에도 불구하고 재외선거권자를 대상으로 하는 선거운동을 위하여 국외에서 지출한 비용은 선거비용으로 보지 아니한다.

> **기출지문**
>
> ✕ 후보자가 국외에서 재외선거권자를 대상으로 하는 선거운동을 위하여 지출한 비용은 선거비용으로 본다. (✕) [2013. 국가직 9급]
> +PLUS 제119조 제1항에도 불구하고 재외선거권자를 대상으로 하는 선거운동을 위하여 국외에서 지출한 비용은 선거비용으로 보지 아니한다(제218조의15).

**제218조의16 【재외선거의 투표방법】** ✦✦ ① 재외선거의 투표는 제159조 본문에 따른 기표에 의한 방법으로 한다.

✦ ② 재외투표는 선거일 오후 6시(대통령의 궐위로 인한 선거 또는 재선거는 오후 8시를 말한다)까지 관할 구·시·군선거관리위원회에 도착되어야 한다.

개정 ③ 제218조의13제1항에 따라 재외선거인명부등에 등재된 사람이 재외투표소에서 투표를 하지 아니하고 귀국한 때에는 선거 전 8일부터 선거일까지 주소지 또는 최종 주소지(최종 주소지가 없는 사람은 등록기준지를 말한다)를 관할하는 구·시·군선거관리위원회에 신고한 후 선거일에 해당 선거관리위원회가 지정하는 투표소에서 투표할 수 있다. 〈개정 2023. 3. 29.〉 [2018. 국가직 7급]

④ 제3항의 신고에 관한 구체적인 절차 및 그 밖에 필요한 사항은 중앙선거관리위원회규칙으로 정한다.

> **기출지문**
>
> ☒ 임기만료로 인한 대통령선거를 실시하는 경우, 재외투표는 선거일 오후 8시까지 관할 구·시·군선거관리위원회에 도착되어야 한다. (×) **[2016. 국가직 9급]**
>
> ✚ PLUS 재외투표는 선거일 오후 6시(대통령의 궐위로 인한 선거 또는 재선거는 오후 8시를 말한다)까지 관할 구·시·군선거관리위원회에 도착되어야 한다(제218조의16 제2항).

**제218조의17【재외투표소의 설치·운영】** ① 재외선거관리위원회는 선거일 전 14일부터 선거일 전 9일까지의 기간 중 6일 이내의 기간(이하 이 장에서 "재외투표기간"이라 한다)을 정하여 공관에 재외투표소를 설치·운영하여야 한다. 이 경우 공관의 협소 등의 사유로 부득이 공관에 재외투표소를 설치할 수 없는 경우에는 공관의 대체시설에 재외투표소를 설치할 수 있다.
② 재외선거관리위원회는 제1항에도 불구하고 다음 각 호의 어느 하나에 해당하는 사유가 있는 경우에는 재외투표기간 중 기간을 정하여 제1항에 따른 공관 또는 공관의 대체시설 외의 시설·병영 등에 추가로 재외투표소를 설치·운영할 수 있다. 다만, 제1호에 따른 사유로 추가하여 설치하는 재외투표소의 경우에는 재외국민수가 3만명을 넘으면 이후 매 3만명까지마다 1개소씩 추가로 설치·운영하되, 추가되는 재외투표소의 총 수는 3개소를 초과할 수 없다. 〈개정 2016.1.15, 2022.1.21.〉
1. 관할구역의 재외국민수가 3만명 이상인 것으로 추정되는 경우
2. 공관의 관할구역 또는 관할구역의 인접한 지역에 재외선거인등이 소속된 국군부대가 있는 경우
③ 재외선거관리위원회는 선거일 전 20일까지 재외투표소의 명칭·소재지와 운영기간 등을 인터넷 홈페이지 등에 공고하여야 한다.
④ 재외선거관리위원회는 공정하고 중립적인 사람 중에서 재외투표소에 투표사무원을 두어야 한다.
⑤ 재외선거관리위원회는 정당추천위원이 아닌 1명의 위원을 책임위원으로 지정하여 재외투표소의 투표관리를 행하게 한다. 다만, 책임위원으로 지정되지 아니한 위원도 본인의 의사에 따라 투표관리에 참여할 수 있으며, 재외투표소의 책임위원에게 투표관리에 관하여 의견을 개진할 수 있다.
⑥ 재외선거관리위원회는 제5항에도 불구하고 제2항에 따라 설치하는 재외투표소에는 재외선거관리위원회가 지정하는 재외투표소관리자로 하여금 투표관리를 행하게 할 수 있다.

⑦ 재외투표소는 재외투표기간 중 공휴일에도 불구하고 매일 오전 8시에 열고 오후 5시에 닫는다. 다만, 다음 각 호의 어느 하나에 해당하는 경우 재외선거관리위원회는 예상 투표자 수 등을 고려하여 투표시간을 조정할 수 있되, 중앙선거관리위원회와 협의하여야 한다. 〈개정 2022.1.21.〉
1. 천재지변 또는 전쟁·폭동, 그 밖에 부득이한 사유가 있는 경우
2. 제2항제2호에 따라 추가로 설치·운영하는 재외투표소의 경우
⑧ 제2항에 따른 재외투표소의 설치·운영, 국군부대에 재외투표소를 설치·운영할 재외선거관리위원회 지정 및 그 밖에 필요한 사항은 중앙선거관리위원회규칙으로 정한다.
⑨ 제163조·제166조·제166조의2 및 제167조(제2항 단서는 제외한다)는 재외투표소에 준용한다. 이 경우 "읍·면·동선거관리위원회 및 그 상급선거관리위원회"는 "중앙선거관리위원회 및 재외선거관리위원회"로, "투표소"는 "재외투표소"로, "투표관리관"은 "재외투표소의 책임위원 또는 재외투표소관리자"로, "선거일에"는 "재외투표소 안에서"로 본다.

### 기출지문

◯ 재외선거관리위원회가 선거일 전 14일부터 선거일 전 9일까지의 기간 중 6일 이내의 기간을 정하여 공관에 설치·운영하는 재외투표소는 재외투표기간 중 공휴일에도 불구하고 매일 오전 8시에 열고 오후 5시에 닫는다(제218조의17 제1·7항). [2013. 국가직 7급]

✕ 재외선거관리위원회는 재외투표소의 투표관리를 행하기 위하여 정당추천위원이 아닌 1명의 위원을 책임위원으로 지정하되, 책임위원으로 지정되지 아니한 위원은 재외투표소의 투표관리에 참여할 수 없다. (✕) [2014. 국가직 7급]

**PLUS** 재외선거관리위원회는 정당추천위원이 아닌 1명의 위원을 책임위원으로 지정하여 재외투표소의 투표관리를 행하게 한다. 다만, 책임위원으로 지정되지 아니한 위원도 본인의 의사에 따라 투표관리에 참여할 수 있으며, 재외투표소의 책임위원에게 투표관리에 관하여 의견을 개진할 수 있다(제218조의17 제5항).

**관련판례** 입법자가 재외선거에서 우편투표방법을 채택하지 아니하고 원칙적으로 공관에 설치된 재외투표소에 직접 방문하여 투표하는 방법을 채택한 것은 재외선거인의 선거권을 침해하지 않는다(헌재 2014.7.24, 2009헌마256). [2016. 국가직 9급]

### 제218조의18【투표용지 작성 등】

① 중앙선거관리위원회는 재외투표소의 책임위원 또는 재외투표소관리자(이하 "책임위원등"이라 한다)로 하여금 재외투표소에서 투표용지 발급기를 이용하여 투표용지를 작성·교부하게 한다. 이 경우 투표용지에 인쇄하는 일련번호에 관하여는 제151조 제6항 후단을 준용한다.

② 중앙선거관리위원회는 투표용지의 작성을 위하여 제151조 제1항에 따라 작성한 투표용지원고를 재외투표기간 개시일 전 2일까지 전산조직을 이용하여 재외투표관리관에게 보내야 한다.

③ 중앙선거관리위원회는 투표용지의 작성 및 투표용지원고의 송부에 필요한 기술적 조치를 하여야 한다.
④ 재외투표소의 책임위원등은 투표용지 발급기의 장애 등으로 인하여 투표용지를 작성·교부할 수 없는 때에는 중앙선거관리위원회가 전산조직으로 송부한 투표용지원고를 이용하여 투표용지를 작성·교부한다. 이 경우 제218조의16 제1항에도 불구하고 국회의원선거의 투표는 후보자의 성명이나 정당의 명칭 또는 기호를 한글 또는 아라비아숫자로 투표용지에 직접 적는 방법으로 한다.
⑤ 투표용지 작성방법, 재외선거인등에 대한 투표안내, 그 밖에 필요한 사항은 중앙선거관리위원회규칙으로 정한다.

**제218조의19【재외선거의 투표 절차】** ① 재외선거인등은 신분증명서(여권·주민등록증·공무원증·운전면허증 등 사진이 첨부되어 본인임을 확인할 수 있는 대한민국의 관공서나 공공기관이 발행한 증명서 또는 사진이 첨부되고 성명과 생년월일이 기재되어 본인임을 확인할 수 있는 거류국의 정부가 발행한 증명서를 말한다. 이하 이 조에서 같다)를 제시하여 본인임을 확인받은 다음 전자적 방식으로 손도장을 찍거나 서명한 후 투표용지를 받아야 한다. 다만, 재외선거인은 제218조의5제4항에 따라 재외투표관리관이 공고한 서류의 원본을 제시하여 국적 및 본인 여부를 확인받은 다음 투표용지를 받아야 하며, 제시한 서류에 본인임을 확인할 수 있는 사진이 첨부되지 아니한 경우에는 신분증명서를 함께 제시하여야 한다.
② 재외투표소의 책임위원등은 투표용지 발급기로 투표용지를 인쇄하여 "책임위원"칸에 자신의 도장을 찍거나 서명(한글성명이 모두 나타나야 한다)한 후 일련번호를 떼지 아니하고 회송용 봉투와 함께 교부한다.
③ 투표용지와 회송용 봉투를 받은 재외선거인등은 기표소에 들어가 투표용지에 1명의 후보자(비례대표국회의원선거에서는 하나의 정당을 말한다)를 선택하여 투표용지의 해당 칸에 기표한 다음 그 자리에서 기표내용이 다른 사람에게 보이지 아니하게 접어 이를 회송용 봉투에 넣어 봉함한 후 투표함에 넣어야 한다.
④ 투표용지 발급기의 봉함·봉인, 그 밖에 필요한 사항은 중앙선거관리위원회규칙으로 정한다.

**제218조의20【재외투표소의 투표참관】** ✦ ① 재외투표소의 책임위원등은 투표참관인이 투표상황을 참관할 수 있도록 하여야 한다.
② 대통령선거의 경우 후보자(정당추천후보자의 경우에는 후보자를 추천한 정당을 말한다)가, 국회의원선거의 경우 「정치자금법」 제27조에 따라 보조금의 배분 대상이 되는 정당이 선거일 전 17일까지 재외선거관리위원회에 재외투표소별로 재외선거인 등 중 2명을 투표참관인으로 신고할 수 있다.
③ 제2항에 따라 신고한 투표참관인은 언제든지 교체할 수 있으며, 재외투표기간에는 그 재외투표소에서 교체신고를 할 수 있다.

④ 제2항에 따른 투표참관인의 선정이 없거나 한 후보자 또는 한 정당이 선정한 투표참관인밖에 없는 경우에는 재외선거관리위원회가 재외선거인 등 중 2명을 본인의 승낙을 얻어 투표참관인으로 선정한다. 이 경우 재외선거관리위원회가 제218조의17 제2항 제2호에 따른 재외투표소의 투표참관인을 선정할 때에는 군인이 아닌 사람을 우선하여 선정하여야 한다.
⑤ 제4항에 따라 선정된 투표참관인은 정당한 사유 없이 참관을 거부하거나 그 직을 사임할 수 없다.
⑥ 재외투표소의 책임위원등은 원활한 투표관리를 위하여 필요한 때에는 투표참관인을 교대로 참관하게 할 수 있다. 이 경우 정당·후보자별로 투표참관인 수의 2분의 1씩 교대하여 참관하게 하여야 한다.

**제218조의21【재외투표의 회송】✦** ① 재외투표소의 책임위원등은 매일의 재외투표 마감 후 투표참관인의 참관 아래 투표함을 열고 투표자수를 계산한 다음 재외투표를 포장·봉인(封印)하여 재외투표관리관에게 인계하여야 한다. 다만, 제218조의17 제2항에 따라 설치하는 재외투표소는 공관과의 거리 등의 사유로 매일의 재외투표를 인계할 수 없는 부득이한 경우에는 해당 재외투표소 운영기간 종료 후 그 기간 중의 재외투표를 일괄하여 인계할 수 있다.
② 재외투표관리관은 제1항에 따른 재외투표를 재외투표기간 만료일 후 지체 없이 국내로 회송하고, 외교부장관은 외교행낭의 봉함·봉인 상태를 확인한 후 중앙선거관리위원회에 보내야 한다. 이 경우 재외투표의 수가 많은 때에는 재외투표기간 중 그 일부를 먼저 보낼 수 있다.
③ 중앙선거관리위원회는 제2항에 따라 인수한 재외투표를 관할 구·시·군선거관리위원회에 등기우편으로 보내야 한다.
④ 제1항 단서에 따른 재외투표의 인계, 제2항에 따른 재외투표의 국내 회송방법, 그 밖에 필요한 사항은 중앙선거관리위원회규칙으로 정한다.

**제218조의22【재외투표소투표록 등의 작성·송부】✦** ① 재외투표소의 책임위원등은 재외투표소에 재외투표소투표록을 비치하고 매일의 투표자 수, 재외투표관리관에 대한 재외투표의 인계, 그 밖에 재외투표소의 투표관리에 관한 사항을 기록하여야 한다.
② 재외투표소의 책임위원등은 재외투표소의 투표가 모두 끝난 때에는 투표함과 그 열쇠, 재외투표소투표록, 그 밖에 재외투표소의 투표에 관한 모든 서류를 재외투표관리관에게 인계하여야 한다.
③ 재외투표관리관은 재외선거관리록을 비치하고 재외선거인 등록신청과 국외부재자 신고의 접수 및 처리, 재외투표소 설치·운영, 그 밖에 재외선거 및 국외부재자투표의 관리에 관한 사항을 적어야 한다.
④ 재외투표관리관이 제218조의21 제2항 전단에 따라 재외투표를 중앙선거관리위원회에 보내는 때에는 재외투표소투표록을 함께 보내야 한다.

제218조의23【재외투표의 접수】① 구·시·군선거관리위원회는 선거일 전 10일부터 재외투표의 투입과 보관을 위하여 국외부재자 투표함과 재외선거인 투표함(이하 이 조와 제218조의24에서 "재외투표함"이라 한다)을 각각 갖추어 놓아야 한다.

② 구·시·군선거관리위원회가 접수한 재외투표는 정당추천위원의 참여하에 재외투표함에 넣어야 한다. 이 경우 재외투표함의 보관에 관하여는 제176조제3항을 준용한다.

제218조의24【재외투표의 개표】✦ ① 재외투표는 구·시·군선거관리위원회가 개표한다.

② 재외투표함은 개표참관인의 참관 아래 선거일 오후 6시(대통령의 궐위로 인한 선거 또는 재선거는 오후 8시를 말한다. 이하 이 조에서 같다) 후에 개표소로 옮겨서 다른 투표함의 투표지와 별도로 먼저 개표할 수 있다.

✦ ③ 제1항에도 불구하고 중앙선거관리위원회는 천재지변 또는 전쟁·폭동, 그 밖에 부득이한 사유로 재외투표가 선거일 오후 6시까지 관할 구·시·군선거관리위원회에 도착할 수 없다고 인정하는 때에는 해당 재외선거관리위원회로 하여금 재외투표를 보관하였다가 개표하게 할 수 있다.

④ 재외선거관리위원회가 제3항에 따라 개표하는 때에는 선거일 오후 6시 이후에 개표참관인의 참관 아래 공관에서 개표하고, 그 결과를 중앙선거관리위원회에 보고하며, 중앙선거관리위원회는 관할 선거구선거관리위원회에 그 결과를 통지한다.

⑤ 제3항에 따라 개표하는 경우 개표참관인 선정·신고 등에 관하여는 제218조의20제2항부터 제5항까지를 준용한다. 이 경우 "재외투표소별로"는 "개표소별로"로, "투표참관인"은 "개표참관인"으로, "선거일 전 17일"은 "선거일 전 3일"로, "재외투표기간에는 그 재외투표소에서"는 "개표일에는 개표소에서"로 본다.

⑥ 재외선거관리위원회가 재외투표를 개표하는 경우 재외투표의 보관, 개표의 진행 및 절차, 개표결과의 보고·통지, 그 밖에 필요한 사항은 중앙선거관리위원회규칙으로 정한다.

✦ 제218조의25【재외투표의 효력】① 재외투표의 효력에 관하여는 제179조(같은 조 제3항 및 제4항 제7호·제10호는 제외한다)를 준용한다. 이 경우 "사전투표 및 거소투표"는 "재외투표"로, "비례대표국회의원선거 및 비례대표지방의회의원선거"는 "비례대표국회의원선거"로, "거소투표자 또는 선상투표자가"는 "재외선거인등이"로, "거소투표 또는 선상투표"는 "재외투표"로 본다.

② 제218조의18제4항 후단의 방법으로 투표를 한 경우 후보자의 성명이나 정당의 명칭 또는 기호를 모두 한글 또는 아라비아숫자가 아닌 그 밖의 문자(한글 또는 아라비아숫자와 그 밖의 문자를 병기한 것은 한글 또는 아라비아숫자로 적은 것으로 본다)로 적거나 비례대표국회의원선거에서 후보자의 성명을 적은 재외투표(정당의 명칭 또는 기호를 함께 적은 것을 포함한다)는 무효로 한다. 다만, 다음 각 호의 어느 하나에 해당하는 재외투표는 무효로 하지 아니한다.

1. 같은 후보자의 성명이나 정당의 명칭 또는 기호를 2회 이상 적은 것
2. 후보자의 성명이나 정당의 명칭 또는 기호가 일부 틀리게 적혀 있으나 어느 후보자 또는 정당에게 투표하였는지 명확한 것

③ 같은 선거에서 한 사람이 2회 이상 투표를 한 경우 해당 선거에서 본인이 한 재외투표는 모두 무효로 한다.

**제218조의26 【국외선거범에 대한 공소시효 등】 ✦✦** ① 제268조 제1항 본문에도 불구하고 국외에서 범한 이 법에 규정된 죄의 공소시효는 해당 선거일 후 5년을 경과함으로써 완성한다.

② 국외에서 이 법에 규정된 죄를 범한 자로서 「형사소송법」에 따라 법원의 관할을 특정할 수 없는 자의 제1심 재판 관할은 서울중앙지방법원으로 한다.

> **기출지문**
>
> ◎ 국외에서 범한 공직선거법에 규정된 죄의 공소시효는 해당 선거일 후 5년을 경과함으로써 완성한다(제218조의26 제1항). [2022·2013. 국가직 9급]

**제218조의27 【재외선거의 공정성 확보 의무】** ① 중앙선거관리위원회와 재외투표관리관은 재외선거인 등록신청, 재외투표의 방법, 그 밖에 재외선거인의 선거권 행사를 위한 사항을 홍보하는 등 재외선거인의 투표참여와 재외선거의 공정성을 확보하기 위하여 노력하여야 한다.

② 중앙선거관리위원회는 재외선거인이 전화 또는 인터넷을 통하여 후보자를 추천한 정당의 명칭, 후보자의 성명, 기호 및 선거공약 등을 알 수 있도록 필요한 조치를 하여야 한다.

③ 중앙선거관리위원회는 외국의 선거·정당·정치자금제도와 그 운영현황, 정당 발전방안 등에 관한 조사·연구를 추진하여 재외선거제도의 개선과 정치발전을 위하여 필요한 노력을 하여야 한다.

**제218조의28 【재외선거사무의 지원 등】** ① 중앙선거관리위원회, 법무부, 경찰청 등은 재외선거관리위원회 또는 재외투표관리관이 행하는 재외선거사무를 지원하고 위법행위 예방 및 자료수집 등을 위하여 필요한 경우에는 공관에 소속 직원을 파견할 수 있다.

② 제1항에 따라 공관에 파견된 중앙선거관리위원회 소속 직원이 제272조의2 또는 「정치자금법」 제52조에 따라 조사를 하는 경우에는 다른 법령에도 불구하고 중앙선거관리위원회의 지휘·감독을 받는다. 다만, 조사에 착수하는 때에는 조사와 관련하여 공관의 장과 협의하여야 한다.

✦✦ **제218조의29 【천재지변 등의 발생 시 재외선거사무의 처리】** ① 중앙선거관리위원회는 천재지변 또는 전쟁·폭동, 그 밖에 부득이한 사유로 해당 공관 관할구역에서 재외선거를 실시할 수 없다고 인정하는 때에는 해당 공관에 재외선거관리위원회를 설치하지 아니하거나 설치·운영 중인 재외선거관리위원회 및 재외투표관리관의 재외선거사무를 중지할 것을 결정할 수 있다.

② 제1항에 따른 재외선거사무 중지결정에 따라 재외투표기간 중에 투표를 마치지 못한 경우에도 재외투표기간이 지난 후에는 다시 투표를 실시하지 아니한다. 이 경우 재외투표관리관은 이미 실시된 재외투표를 제218조의21 제2항에 따라 국내로 회송하여야 한다.

③ 중앙선거관리위원회는 제1항에 따른 결정 후 재외투표기간 전에 사정 변경으로 재외선거를 실시할 수 있다고 인정하는 때에는 지체 없이 재외선거관리위원회를 설치하거나 재외선거사무가 중지된 해당 재외선거관리위원회 및 재외투표관리관으로 하여금 재외선거사무를 재개하도록 하여야 하고, 이 경우 처리기한이 경과된 재외선거사무는 이 법에 따라 처리한 것으로 본다. 다만, 재외선거관리위원회는 제218조의17에 따른 기한이 경과된 경우라도 지체 없이 재외투표소의 명칭·소재지와 운영기간 등을 공고하여야 한다.

**제218조의30 【국외선거범에 대한 여권발급 제한 등】** ✦ ① 외교부장관은 다음 각 호의 어느 하나에 해당하는 사람에 대하여 중앙선거관리위원회 또는 검사의 요청이 있는 때에는 「여권법」에 따른 여권의 발급·재발급(이하 "여권발급 등"이라 한다)을 제한하거나 반납(이하 "제한 등"이라 한다)을 명하여야 한다.

1. 국외에서 이 법에 따른 장기 3년 이상의 형에 해당하는 죄를 범한 혐의를 인정할 만한 상당한 이유가 있으나 중앙선거관리위원회의 조사에 불응하거나 소재가 불명하여 조사를 종결할 수 없는 사람
2. 국외에서 이 법에 따른 장기 3년 이상의 형에 해당하는 죄를 범하여 기소중지된 사람

② 중앙선거관리위원회 또는 검사가 제1항에 따라 여권발급 등의 제한 등을 요청할 때에는 그 요청사유, 제한기간 또는 반납 후의 보관기간(이하 "보관기간"이라 한다) 등을 적은 서면으로 하여야 한다.

③ 중앙선거관리위원회 또는 검사는 제2항에 따른 제한기간 또는 보관기간을 연장할 필요가 있다고 인정되는 때에는 그 제한기간 또는 보관기간 만료일 전 30일까지 서면으로 연장을 요청할 수 있다.

④ 제2항 및 제3항에 따른 제한기간 또는 보관기간은 해당 선거의 선거일 후 5년 이내로 하되, 중앙선거관리위원회 또는 검사는 제한기간 또는 보관기간 중이라도 요청사유가 소멸되었다고 인정될 때에는 여권발급 등의 제한 등을 해제하여 줄 것을 외교부장관에게 요청할 수 있다.

⑤ 제3항과 제4항에 따른 요청이 있는 경우 외교부장관은 특별한 사정이 없는 한 그 요청에 따라야 한다.

⑥ 제1항에 따른 여권발급 등의 제한 등과 관련하여 이 조에서 정한 것을 제외하고는 여권발급 등의 제한 등의 절차, 반납명령을 이행하지 않는 경우 여권의 효력상실과 회수, 그 밖의 사항에 관하여는 「여권법」을 준용한다.

✦✦ **제218조의31【외국인의 입국금지】** ✦✦ ① 법무부장관은 국외에서 이 법에서 금지하는 행위를 하였다고 인정할 만한 상당한 이유가 있는 외국인에 대하여 입국을 금지할 수 있다. 다만, 수사에 응하기 위하여 입국하려는 때에는 그러하지 아니하다.
② 중앙선거관리위원회는 제1항에 따른 입국금지대상에 해당하는 외국인을 법무부장관에게 통보할 수 있다.
③ 제1항에 따른 입국 금지기간은 해당 선거 당선인의 임기만료일까지로 한다.
④ 제1항에 따른 입국금지 절차 등에 관하여는 「출입국관리법」을 준용한다.

> **기출지문**
>
> 📌 법무부장관은 국외에서 공직선거법상 금지행위를 하였다고 인정할 만한 상당한 이유가 있는 외국인에 대하여는, 수사에 응하는 경우를 제외하고는, 해당 선거 당선인의 임기만료일까지 입국을 금지할 수 있다(제218조의31 제1항). [2018. 국가직 7급, 2013. 국가직 9급]

**제218조의32【국외선거범에 대한 영사조사】** ① 영사는 법원 또는 검사의 의뢰를 받아 대한민국 재외공관 등에서 「형사소송법」 제200조, 제221조에 따라 이 법의 위반행위와 관련된 피의자 또는 피의자 아닌 자의 출석을 요구하여 진술을 들을 수 있다.
② 법원 또는 검사가 영사에게 진술 청취를 의뢰할 때에는 법무부 및 외교부를 경유하여야 한다. 사법경찰관은 검사에게 영사에 대한 진술 청취의 의뢰를 신청할 수 있다.
③ 영사는 제1항에 따라 진술을 들을 경우 그 진술 내용을 기재한 조서를 작성하거나 진술서를 제출받을 수 있고, 그 과정을 영상녹화할 수 있다. 다만, 피의자 아닌 자의 경우에는 동의를 받아야 영상녹화할 수 있다.
④ 영사가 법원의 의뢰를 받아 진술을 들을 경우 그 절차 및 방식에 관하여는 「형사소송법」 제48조, 제50조 및 제161조의2부터 제164조까지를 준용한다.
⑤ 영사가 검사의 의뢰를 받아 진술을 들을 경우 그 절차 및 방식에 관하여는 「형사소송법」 제241조, 제242조, 제243조의2부터 제245조까지를 준용한다.
⑥ 영사는 제3항에 따라 작성한 조서, 진술인으로부터 제출받은 진술서 또는 영상녹화물을 즉시 외교부 및 법무부를 경유하여 법원 또는 검사에게 송부하여야 한다.

**제218조의33 【국외선거범에 대한 인터넷 화상조사】** ✦ ① 검사 또는 사법경찰관은 「형사소송법」 제200조, 제221조에 따라 재외공관에 출석한 이 법의 위반행위와 관련된 피의자 또는 피의자 아닌 자를 상대로 인터넷 화상장치를 이용하여 진술을 들을 수 있다.

② 제1항에 따라 진술을 들을 경우 검사 또는 사법경찰관은 법무부 및 외교부를 경유하여 해당 재외공관의 장에게 조사할 사건에 관하여 통보하여야 하고, 진술을 들을 때에는 영사가 참여하여야 한다.

③ 검사 또는 사법경찰관은 제1항에 따라 진술을 들을 경우 그 진술 내용을 기재한 조서를 작성할 수 있고, 그 과정을 영상 녹화하여야 한다. 다만, 피의자가 아닌 자의 경우에는 동의를 받아야 영상녹화할 수 있다.

④ 검사 또는 사법경찰관은 작성한 조서를 재외공관에 전송하고, 영사는 이를 출력하여 진술자에게 열람케 하여야 한다.

⑤ 제1항에 따른 진술 청취의 절차 및 방식에 관하여는 「형사소송법」 제241조, 제242조, 제243조의2부터 제245조까지를 준용한다.

⑥ 영사는 완성된 조서를 외교부 및 법무부를 경유하여 검사 또는 사법경찰관에게 송부하여야 한다.

⑦ 제1항부터 제6항까지에 따라 작성된 조서는 국내에서 검사 또는 사법경찰관이 작성한 조서와 동일한 것으로 본다.

**제218조의34 【준용규정 등】** ① 재외선거에 관하여, 이 장에 정한 것을 제외하고는 그 성질에 반하지 아니하는 범위에서 이 법의 다른 규정을 준용한다.

② 이 장에서 날짜로 정한 기간을 계산하는 때에는 대한민국 표준시를 기준으로 한다.

③ 재외선거와 관련한 공관의 선거관리경비의 사용 잔액에 대하여는 「재외공관 수입금 등 직접사용에 관한 법률」 제2조·제3조를 준용한다. 이 경우 "외교부장관"은 "중앙선거관리위원회 사무총장"으로, "대한민국 재외공관의 장" 또는 "재외공관의 장"은 "재외투표관리관"으로, "수입금 및 관서 운영경비"는 "선거관리경비"로 본다.

**제218조의35 【시행규칙】** 국외부재자투표와 재외선거의 실시를 위하여 필요한 사항은 중앙선거관리위원회규칙으로 정한다.

# 제15장 선거에 관한 쟁송

✦✦ **제219조【선거소청】** ✦✦ ① 지방의회의원 및 지방자치단체의 장의 선거에 있어서 선거의 효력에 관하여 이의가 있는 선거인·정당(후보자를 추천한 정당에 한한다. 이하 이 조에서 같다) 또는 후보자는 선거일부터 14일 이내에 당해 선거구선거관리위원회위원장을 피소청인으로 하여 지역구시·도의원선거(지역구세종특별자치시의회의원선거는 제외한다), 자치구·시·군의원선거 및 자치구·시·군의 장 선거에 있어서는 시·도선거관리위원회에, 비례대표시·도의원선거, 지역구세종특별자치시의회의원선거 및 시·도지사선거에 있어서는 중앙선거관리위원회에 소청할 수 있다.

② 지방의회의원 및 지방자치단체의 장의 선거에 있어서 당선의 효력에 관하여 이의가 있는 정당 또는 후보자는 당선인결정일부터 14일 이내에 제52조 제1항부터 제3항까지 또는 제192조 제1항부터 제3항까지의 사유에 해당함을 이유로 하는 때에는 당선인을, 제190조(지역구지방의회의원당선인의 결정·공고·통지) 내지 제191조(지방자치단체의 장의 당선인의 결정·공고·통지)의 규정에 의한 결정의 위법을 이유로 하는 때에는 당해 선거구선거관리위원회위원장을 각각 피소청인으로 하여 지역구시·도의원선거(지역구세종특별자치시의회의원선거는 제외한다), 자치구·시·군의원선거 및 자치구·시·군의 장 선거에 있어서는 시·도선거관리위원회에, 비례대표시·도의원선거, 지역구세종특별자치시의회의원선거 및 시·도지사선거에 있어서는 중앙선거관리위원회에 소청할 수 있다.

③ 제1항 및 제2항의 규정에 의하여 피소청인으로 될 당해 선거구선거관리위원회위원장이 궐위된 때에는 당해 선거구선거관리위원회위원 전원을 피소청인으로 한다.

④ 제2항의 규정에 의하여 피소청인으로 될 당선인이 사퇴 또는 사망하거나 제192조 제2항의 규정에 의하여 당선의 효력이 상실되거나 같은조 제3항의 규정에 의하여 당선이 무효로 된 때에는 당해 선거구선거관리위원회위원장을, 당해 선거구선거관리위원회위원장이 궐위된 때에는 당해 선거구선거관리위원회위원 전원을 피소청인으로 한다.

⑤ 제1항 및 제2항에 따른 소청은 서면으로 하여야 하되, 다음 각 호의 사항을 기재한 후 기명하고 날인하여야 한다. 이 경우 소청장에는 당사자수에 해당하는 부본을 첨부하여야 한다.
1. 소청인의 성명과 주소
2. 피소청인의 성명과 주소
3. 소청의 취지 및 이유
4. 소청의 대상이 되는 처분의 내용

5. 대리인 또는 선정대표자가 있는 경우에는 그 성명과 주소

⑥ 제5항의 규정에 의한 소청장을 접수한 중앙선거관리위원회 또는 시·도선거관리위원회는 지체없이 소청장 부본을 당사자에게 송달하여야 한다.

⑦ 제6항의 규정에 의하여 소청장 부본을 송달받은 피소청인은 중앙선거관리위원회 또는 시·도선거관리위원회가 지정한 기일까지 답변서를 제출하여야 한다. 이 경우 당사자수에 상응하는 부본을 첨부하여야 하며, 답변서를 접수한 중앙선거관리위원회 또는 시·도선거관리위원회는 그 부본을 당사자에게 송달하여야 한다.

## (1) 선거무효소청과 당선무효소청

| 구분 | 선거무효소청 | 당선무효소청 |
|---|---|---|
| 소청인 | 후보자, 정당(후보자를 추천한 정당에 한함), 선거인 | 후보자, 정당(후보자를 추천한 정당에 한함) |
| 피소청인 | 당해 선거구선거관리위원회의 위원장 | ① 후보자등록의 무효사유나 피선거권상실 등으로 인한 당선무효사유에 해당함을 이유로 하는 때 : 당선인(사안에 따라 당해 선관위 위원장)<br>② 당선인 결정과정의 위법을 이유로 하는 때 : 당해 선거구선거관리위원회의 위원장 |
| 소청제기기간 | 선거일부터 14일 이내 | 당선인 결정일부터 14일 이내 |
| 소청대상기관 | ① 지역구시·도의원선거, 자치구·시·군의원선거, 자치구·시·군의 장선거 : 시·도선거관리위원회(→ 고등법원에 선거소송)<br>② 비례대표시·도의원선거, 지역구세종특별자치시의회의원선거, 시·도지사선거 : 중앙선거관리위원회(→ 대법원에 선거소송) | |

### 기출지문

◉ 당해 선거에 후보자를 추천하지 않은 정당은 선거소청을 제기할 수 없다(제219조 제1항). [2016. 국가직 7급, 2022. 국가직 9급]

◉ 선거인은 당선의 효력에 관하여 이의가 있는 경우 선거소청을 제기할 수 없다(제219조 제1항). [2016. 국가직 7급]

◉ 선거소청에서 피소청인으로 될 당해 선거구선거관리위원회위원장이 궐위된 때에는 당해 선거구선거관리위원회위원 전원을 피소청인으로 한다(제219조 제3항). [2016. 국가직 7급]

✕ 선거소청은 지방의회의원 및 지방자치단체의 장 선거에서 인정되고, 선거소청을 거칠 것인지에 대하여는 임의적 전치주의가 적용된다. ( ✕ ) [2017. 국가직 9급]

⁺PLUS 선거소청은 지방의회의원 및 지방자치단체의 장의 선거에 있어서 인정되고, 필요적 전치주의가 적용된다(제219조 제1항).

☒ 국회의원선거에서 선거인이 선거소송을 하기 위해서는 우선 중앙선거관리위원회위원장을 피소청인으로 하여 선거소청을 제기하여야 한다. (×) [2013. 국가직 7급]
  ⁺PLUS 선거소청을 먼저 제기하여야 하는 것은 지방의회의원 및 지방자치단체의 장의 선거이다 (제219조 제1항).

☒ 선거소청은 대통령선거와 지역구국회의원선거 및 지방선거에서 인정된다. (×) [2016. 국가직 7급]
  ⁺PLUS 선거소청은 지방의회의원 및 지방자치단체의 장의 선거에 있어서 인정된다(제219조 제1항).

☒ 군의회의원선거에서 선거의 효력에 이의가 있는 선거인은 선거일부터 14일 이내에 중앙선거관리위원회에 소청할 수 있다. (×) [2013. 국가직 7급]
  ⁺PLUS 자치구·시·군의원선거 및 자치구·시·군의 장 선거에 있어서는 시·도선거관리위원회에 선거소청을 제기한다(제219조 제1항).

---

**제220조【소청에 대한 결정】**✦✦ ① 제219조(선거소청) 제1항 또는 같은조 제2항의 소청을 접수한 중앙선거관리위원회 또는 시·도선거관리위원회는 소청을 접수한 날부터 60일 이내에 그 소청에 대한 결정을 하여야 한다.

✦ ② 제1항의 결정은 다음 각 호의 사항을 기재한 서면으로 하여야 하며, 결정에 참여한 위원이 기명하고 서명 또는 날인하여야 한다.
  1. 사건번호와 사건명
  2. 당사자·참가인 및 대리인의 성명과 주소
  3. 주문
  4. 소청의 취지
  5. 이유
  6. 결정한 날짜

③ 중앙선거관리위원회 또는 시·도선거관리위원회는 지체없이 제2항의 결정서의 정본을 소청인·피소청인 및 참가인에게 송달하여야 하며, 그 결정요지를 공고하여야 한다.

✦ ④ 소청의 결정은 소청인에게 제3항의 규정에 의한 송달이 있는 때에 그 효력이 생긴다.

> 기출지문

- ✅ 선거소청제도는 대통령선거 및 국회의원선거에는 적용되지 않고 지방의회의원 및 지방자치단체의 장의 선거에 적용된다(제219조 제1항). **[2013. 국가직 9급]**
- ✅ 선거의 효력을 다투는 선거소청의 경우 당해 선거구선거관리위원회위원장이 피소청인이 된다(제219조 제1항). **[2013. 국가직 9급]**
- ✅ 당선의 효력을 다투는 선거소청의 경우 후보자를 추천한 정당 또는 후보자는 소청인이 되나, 선거인은 소청인이 될 수 없다(제219조 제2항). **[2013. 국가직 9급]**
- ❌ 선거소청의 결정은 결정의 요지를 공고한 때에 그 효력이 생긴다. (×) **[2013. 국가직 9급]**
  - ⁺PLUS 소청의 결정은 소청인에게 송달이 있는 때에 그 효력이 생긴다(제220조 제4항).

**제221조 【「행정심판법」의 준용】** ✦ ① 선거소청에 관하여는 이 법에 규정된 것을 제외하고는 「행정심판법」 제10조(위원의 제척·기피·회피)(이 경우 "위원장"은 "중앙선거관리위원회 또는 시·도선거관리위원회"로 본다), 제15조(선정대표자), 제16조(청구인의 지위 승계) 제2항부터 제4항까지(이 경우 "법인"은 "정당"으로 본다), 제17조(피청구인의 적격 및 경정) 제2항부터 제6항까지, 제18조(대리인의 선임), 제19조(대표자 등의 자격), 제20조(심판참가), 제21조(심판참가의 요구), 제22조(참가인의 지위), 제29조(청구의 변경), 제30조(집행정지) 제1항, 제32조(보정), 제33조(주장의 보충), 제34조(증거서류 등의 제출), 제35조(자료의 제출 요구 등) 제1항부터 제3항까지, 제36조(증거조사), 제37조(절차의 병합 또는 분리), 제38조(심리기일의 지정과 변경), 제39조(직권심리), 제40조(심리의 방식), 제41조(발언 내용 등의 비공개), 제42조(심판청구 등의 취하), 제43조(재결의 구분) 제1항·제2항, 제51조(행정심판 재청구의 금지), 제55조(증거서류 등의 반환), 제56조(주소 등 송달장소 변경의 신고의무), 제57조(서류의 송달) 및 제61조(권한의 위임)의 규정을 준용하고, 선거소청비용에 관하여는 「민사소송법」을 준용하되, 행정심판법을 준용하는 경우 "행정심판"은 "선거소청"으로, "청구인"은 "소청인"으로, "피청구인"은 "피소청인"으로, "심판청구 또는 심판"은 "소청"으로, "심판청구서"는 "소청장"으로, "재결"은 "결정"으로, "재결기간"은 "결정기간"으로, "위원회"는 "중앙선거관리위원회 또는 시·도선거관리위원회"로, "재결서"는 "결정서"로 본다.
② 소청에 관하여 기타 필요한 사항은 중앙선거관리위원회규칙으로 정한다.

> 기출지문

- ◉ 「행정심판법」상 사정재결(행정심판법 제44조)에 관한 규정은 선거소청에 준용되지 아니한다(제221조 제1항). [2014. 국가직 7급]
- ◉ 정당인 소청인이 합병에 따라 소멸하였을 때에는 합병 후 존속하는 정당이나 합병에 따라 설립된 정당이 소청인의 지위를 승계한다(행정심판법 제16조 제2항 준용). [2014. 국가직 7급]
- ◉ 소청인이 피소청인을 잘못 지정한 경우에는 중앙선거관리위원회 또는 시·도선거관리위원회는 직권으로 또는 당사자의 신청에 의하여 결정으로써 피소청인을 경정할 수 있으며, 이때 종전의 피소청인에 대한 소청은 취하되고 종전의 피소청인에 대한 선거소청이 청구된 때에 새로운 피소청인에 대한 선거소청이 청구된 것으로 본다(행정심판법 제17조 준용). [2014. 국가직 7급]
- ✗ 중앙선거관리위원회에서 심리·결정하는 소청의 경우 당해 선거구선거관리위원회위원장은 의견서를 제출하거나 중앙선거관리위원회에 출석하여 의견을 진술할 수 있다. (✗) [2014. 국가직 7급]
  - ⁺PLUS 행정심판법 제35조 제4항(중앙행정심판위원회에서 심리·재결하는 심판청구의 경우 소관 중앙행정기관의 장은 의견서를 제출하거나 위원회에 출석하여 의견을 진술할 수 있다.)은 준용되지 않는다(제221조 제1항).
- ✗ 선거에 관한 소청에 필요한 경비는 소청인이 부담한다. (✗) [2013. 국가직 7급]
  - ⁺PLUS 선거소청비용에 관하여는 민사소송법을 준용하기 때문에, 소송비용은 패소한 당사자가 부담하는 것이 원칙이다(제221조 제1항).

---

제222조 【선거소송】 ✦✦ ① 대통령선거 및 국회의원선거에 있어서 선거의 효력에 관하여 이의가 있는 선거인·정당(후보자를 추천한 정당에 한한다) 또는 후보자는 선거일부터 30일 이내에 당해 선거구선거관리위원회위원장을 피고로 하여 대법원에 소를 제기할 수 있다.
✦✦ ② 지방의회의원 및 지방자치단체의 장의 선거에 있어서 선거의 효력에 관한 제220조의 결정에 불복이 있는 소청인(당선인을 포함한다)은 해당 소청에 대하여 기각 또는 각하 결정이 있는 경우(제220조 제1항의 기간 내에 결정하지 아니한 때를 포함한다)에는 해당 선거구선거관리위원회 위원장을, 인용결정이 있는 경우에는 그 인용결정을 한 선거관리위원회 위원장을 피고로 하여 그 결정서를 받은 날(제220조 제1항의 기간 내에 결정하지 아니한 때에는 그 기간이 종료된 날)부터 10일 이내에 비례대표시·도의원선거 및 시·도지사선거에 있어서는 대법원에, 지역구시·도의원선거, 자치구·시·군의원선거 및 자치구·시·군의 장 선거에 있어서는 그 선거구를 관할하는 고등법원에 소를 제기할 수 있다.
③ 제1항 또는 제2항에 따라 피고로 될 위원장이 궐위된 때에는 해당 선거관리위원회 위원 전원을 피고로 한다.

(1) 선거소송

| 구분 | 대통령·국회의원선거 | 지방선거 |
|---|---|---|
| 제소권자 | 선거인, 정당, 후보자 | 선거소청의 결정에 불복이 있는 소청인(당선인 포함) |
| 기한 | 선거일로부터 30일 이내 | 소청결정서를 받은 날로부터 10일 이내 |
| 피고 | 당해 선거구 선관위 위원장 | • 기각, 각하 결정 : 해당 선거구 선관위 위원장<br>• 인용결정 : 인용결정을 한 선관위 위원장 |
| 제소법원 | 대법원 | • 비례대표시·도의원선거 및 시·도지사선거 : 대법원<br>• 그 밖의 지방선거 : 고등법원 |

(2) 선거소송과 당선소송의 비교

| 구분 | 선거소송 | 당선소송 |
|---|---|---|
| 원고 | ① 대통령선거·국회의원선거 : 후보자, 정당(후보자를 추천한 정당에 한함), 선거인<br><br>② 지방의회의원선거·지방자치단체장선거 : 선거에 관한 소청의 결정에 불복이 있는 소청인(당선인 포함) | ① 대통령선거·국회의원선거 : 후보자, 정당(후보자를 추천한 정당에 한함)<br><br>② 지방의회의원선거·지방자치단체장선거 : 선거에 관한 소청의 결정에 불복이 있는 소청인(당선인 포함) |
| 피고 | ① 대통령선거·국회의원선거 : 당해 선거구선거관리위원회의 위원장(위원장 궐위 시는 위원전원)<br>② 지방의회의원선거·지방자치단체장선거<br>• 기각, 각하결정 : 해당 선거구선관위 위원장<br>• 인용결정 : 인용 결정한 선거구 선관위 위원장(위원장 궐위 시는 위원전원) | ① 대통령선거·국회의원선거<br>• 후보자등록무효사유(제52조 제1·2항) 및 피선거권상실 등으로 인한 등록무효사유(제192조 제1~3항)에 해당함을 이유로 하는 때에는 당선인(당선인이 사퇴·사망·당선효력의 상실 또는 등록무효로 된 때에는 대통령선거에 있어서는 법무부장관, 국회의원선거에 있어서는 관할 고등검찰청검사장)<br>• 당선인 결정의 위법을 이유로 하는 때에는 대통령선거에 있어서는 중앙선거관리위원회의 위원장(국회에서 당선인을 결정한 때에는 국회의장), 국회의원선거에 있어서는 당해 선거구선거관리위원회의 위원장(위원장 궐위 시는 위원전원) |

| | | |
|---|---|---|
| | | ② 지방의회의원선거・지방자치단체장 선거<br>• 기각, 각하결정 : 당선인<br>• 인용결정 : 인용 결정한 선거구 선관위 위원장(위원장 궐위 시는 위원전원) |
| 소송제기 기간 | ① 대통령선거・국회의원선거 : 선거일부터 30일 이내<br>② 지방의회의원선거・지방자치단체장 선거 : 선거에 관한 소청의 결정서를 받은 날부터 10일 이내. 단, 소청접수후 60일 이내에 결정이 없는 때에는 그 기간종료일부터 10일 이내 | ① 대통령선거・국회의원선거 : 당선인 결정일부터 30일 이내<br>② 지방의회의원선거・지방자치단체장선거 : 선거에 관한 소청의 결정서를 받은 날부터 10일 이내. 단, 소청접수 후 60일 이내에 결정이 없는 때에는 그 기간 종료일부터 10일 이내 |
| 관할 법원 | ① 대통령선거・국회의원선거 : 대법원<br>② 비례대표시・도의회의원선거, 시・도지사선거 : 대법원<br>③ 지역구시・도의회의원선거, 자치구・시・군의회의원선거, 자치구청장・시장・군수선거 : 그 선거구를 관할하는 고등법원 | |

---

**기출지문**

- 대통령선거 및 국회의원선거에 있어서 선거의 효력에 관하여 이의가 있는 선거인・정당(후보자를 추천한 정당에 한한다) 또는 후보자는 선거일로부터 30일 이내에 당해 선거구선거관리 위원회위원장을 피고로 하여 대법원에 소를 제기할 수 있다(제222조 제1항). [2022・2017. 국가직 9급]

- 대통령선거의 후보자를 추천한 정당은 선거효력에 이의가 있는 경우 선거일부터 30일 이내에 대법원에 소(訴)를 제기할 수 있다(제222조 제1항). [2014. 국가직 9급]

- 지역구시・도의원선거에서 선거소청결정에 불복이 있는 소청인은 해당 소청에 대한 기각결정 또는 각하결정이 있는 경우 그 결정서를 받은 날부터 10일 이내에 지역구시・도의원선거구를 관할하는 고등법원에 소를 제기할 수 있다(제222조 제2항). [2013. 국가직 7급]

- 대통령선거에서 선거의 효력에 관하여 이의가 있는 선거인・정당 또는 후보자는 선거일부터 30일 이내에 당해 선거구선거관리위원회위원장을 피고로 하여 헌법재판소에 소를 제기할 수 있다. (×) [2015. 국가직 7급]

  +PLUS 대통령선거 및 국회의원선거에 있어서 선거의 효력에 관하여 이의가 있는 선거인・정당(후보자를 추천한 정당에 한한다) 또는 후보자는 선거일부터 30일 이내에 당해 선거구선거관리위원회위원장을 피고로 하여 대법원에 소를 제기할 수 있다(제222조 제1항).

☒ 지역구국회의원선거에서 선거인은 중앙선거관리위원회위원장을 피고로 하여 대법원에 선거소송을 제기할 수 있다. (×) [2013. 국가직 7급]

> PLUS  대통령선거 및 국회의원선거에 있어서 선거의 효력에 관하여 이의가 있는 선거인·정당(후보자를 추천한 정당에 한한다) 또는 후보자는 선거일부터 30일 이내에 <u>당해 선거구 선거관리위원회위원장</u>을 피고로 하여 대법원에 소를 제기할 수 있다(제222조 제1항).

☒ 비례대표시·도의원선거의 효력에 관한 소청 결정에 불복이 있는 소청인은 결정서를 받은 날부터 10일 이내에 그 선거구를 관할하는 고등법원에 소(訴)를 제기할 수 있다. (×) [2014. 국가직 9급]

> PLUS  지방의회의원 및 지방자치단체의 장의 선거에 있어서 선거의 효력에 관한 제220조의 결정에 불복이 있는 소청인(당선인을 포함한다)은 해당 소청에 대하여 기각 또는 각하 결정이 있는 경우(제220조 제1항의 기간 내에 결정하지 아니한 때를 포함한다)에는 해당 선거구선거관리위원회 위원장을, 인용결정이 있는 경우에는 그 인용결정을 한 선거관리위원회 위원장을 피고로 하여 그 결정서를 받은 날(제220조 제1항의 기간 내에 결정하지 아니한 때에는 그 기간이 종료된 날)부터 10일 이내에 비례대표시·도의원선거 및 시·도지사선거에 있어서는 <u>대법원</u>에, 지역구시·도의원선거, 자치구·시·군의원선거 및 자치구·시·군의 장 선거에 있어서는 그 선거구를 관할하는 고등법원에 소를 제기할 수 있다(제222조 제2항).

☒ 선거소송에서 피고가 될 선거구선거관리위원회위원장이 궐위된 때에는 해당 선거관리위원회 위원 중 최고 연장자를 피고로 한다. (×) [2015. 국가직 7급]

> PLUS  피고로 될 위원장이 궐위된 때에는 <u>해당 선거관리위원회 위원 전원</u>을 피고로 한다(제222조 제3항).

---

✦✦ **제223조【당선소송】** ✦✦ ① 대통령선거 및 국회의원선거에 있어서 당선의 효력에 이의가 있는 정당 또는 후보자는 당선인결정일부터 30일이내에 제52조제1항·제3항 또는 제192조제1항부터 제3항까지의 사유에 해당함을 이유로 하는 때에는 당선인을, 제187조제1항·제2항, 제188조제1항 내지 제4항, 제189조) 또는 제194조(당선인의 재결정과 비례대표국회의원의석 및 비례대표지방의회의원의석의 재배분)제4항의 규정에 의한 결정의 위법을 이유로 하는 때에는 대통령선거에 있어서는 그 당선인을 결정한 중앙선거관리위원회위원장 또는 국회의장을, 국회의원선거에 있어서는 당해 선거구선거관리위원회위원장을 각각 피고로 하여 대법원에 소를 제기할 수 있다.

② 지방의회의원 및 지방자치단체의 장의 선거에 있어서 당선의 효력에 관한 제220조의 결정에 불복이 있는 소청인 또는 당선인인 피소청인(제219조 제2항 후단에 따라 선거구선거관리위원회 위원장이 피소청인인 경우에는 당선인을 포함한다)은 해당 소청에 대하여 기각 또는 각하 결정이 있는 경우(제220조 제1항의 기간 내에 결정하지 아니한 때를 포함한다)에는 당선인(제219조 제2항 후단을 이유로 하는 때에는 관할선거구선거관리위원회 위원장을 말한다)을, 인용결정이 있는

경우에는 그 인용결정을 한 선거관리위원회 위원장을 피고로 하여 그 결정서를 받은 날(제220조 제1항의 기간 내에 결정하지 아니한 때에는 그 기간이 종료된 날)부터 10일 이내에 비례대표시·도의원선거 및 시·도지사선거에 있어서는 대법원에, 지역구시·도의원선거, 자치구·시·군의원선거 및 자치구·시·군의 장 선거에 있어서는 그 선거구를 관할하는 고등법원에 소를 제기할 수 있다.

③ 제1항 또는 제2항에 따라 피고로 될 위원장이 궐위된 때에는 해당 선거관리위원회 위원 전원을, 국회의장이 궐위된 때에는 부의장 중 1인을 피고로 한다.

✦ ④ 제1항 및 제2항의 규정에 의하여 피고로 될 당선인이 사퇴·사망하거나 제192조 제2항의 규정에 의하여 당선의 효력이 상실되거나 같은조 제3항의 규정에 의하여 당선이 무효로 된 때에는 대통령선거에 있어서는 법무부장관을, 국회의원선거·지방의회의원 및 지방자치단체의 장의 선거에 있어서는 관할고등검찰청검사장을 피고로 한다.

**기출지문**

○ 국회의원선거에 있어서 당선의 효력에 이의가 있는 후보자는 당선인결정일부터 30일 이내에 당선인에게 피선거권이 없는 것을 이유로 당선인을 피고로 하여 대법원에 소를 제기할 수 있다(제223조 제1항). [2017. 국가직 9급]

○ 국회의원선거의 후보자는 당선의 효력에 이의가 있는 경우 당선인결정일부터 30일 이내에 대법원에 소(訴)를 제기할 수 있다(제223조 제1항). [2014. 국가직 9급]

✦ **제224조【선거무효의 판결 등】** 소청이나 소장을 접수한 선거관리위원회 또는 대법원이나 고등법원은 선거쟁송에 있어 선거에 관한 규정에 위반된 사실이 있는 때라도 선거의 결과에 영향을 미쳤다고 인정하는 때에 한하여 선거의 전부나 일부의 무효 또는 당선의 무효를 결정하거나 판결한다.

**기출지문**

✗ 대법원이나 고등법원은 선거에 관한 규정에 위반된 사실이 있으면 선거의 전부나 일부의 무효 또는 당선의 무효를 판결해야 한다. ( ✗ ) [2022·2015. 국가직 7급]

> PLUS 소청이나 소장을 접수한 선거관리위원회 또는 대법원이나 고등법원은 선거쟁송에 있어 선거에 관한 규정에 위반된 사실이 있는 때라도 선거의 결과에 영향을 미쳤다고 인정하는 때에 한하여 선거의 전부나 일부의 무효 또는 당선의 무효를 결정하거나 판결한다(제224조). [2023. 국가직 9급]

✦✦ **제225조【소송 등의 처리】** 선거에 관한 소청이나 소송은 다른 쟁송에 우선하여 신속히 결정 또는 재판하여야 하며, 소송에 있어서는 수소법원은 소가 제기된 날부터 180일 이내에 처리하여야 한다.

> **기출지문**
>
> ◎ 선거에 관한 소송은 다른 쟁송에 우선하여 신속히 재판하여야 하며 수소법원은 소(訴)가 제기된 날부터 180일 이내에 처리하여야 한다(제225조). [2014. 국가직 9급]

**제226조【소송 등에 관한 통지】** ① 이 장의 규정에 의하여 소청이 제기된 때 또는 소청이 계속되지 아니하게 되거나 결정된 때에는 중앙선거관리위원회 또는 시·도선거관리위원회는 당해 지방자치단체와 지방의회 및 관할선거구선거관리위원회에 통지하여야 한다.

② 이 장의 규정에 의하여 소가 제기된 때 또는 소송이 계속되지 아니하게 되거나 판결이 확정된 때에는 대법원장 또는 고등법원장은 대통령선거 및 국회의원선거에 있어서는 국회와 중앙선거관리위원회 및 관할선거구선거관리위원회에, 지방의회의원 및 지방자치단체의 장의 선거에 있어서는 당해 지방자치단체와 지방의회 및 관할선거구선거관리위원회에 통지하여야 한다.

**제227조【「행정소송법」의 준용 등】** 선거에 관한 소송에 관하여는 이 법에 규정된 것을 제외하고는 「행정소송법」 제8조(법적용례) 제2항 및 제26조(직권심리)의 규정을 준용한다. 다만, 같은 법 제8조 제2항에서 준용되는 「민사소송법」 제145조(화해의 권고), 제147조(제출기간의 제한) 제2항, 제149조(실기한 공격·방어방법의 각하), 제150조(자백간주) 제1항, 제220조(화해, 청구의 포기·인낙조서의 효력), 제225조(결정에 의한 화해권고), 제226조(결정에 대한 이의신청), 제227조(이의신청의 방식), 제228조(이의신청의 취하), 제229조(이의신청권의 포기), 제230조(이의신청의 각하), 제231조(화해권고결정의 효력), 제232조(이의신청에 의한 소송복귀 등), 제284조(변론준비절차의 종결) 제1항, 제285조(변론준비기일을 종결한 효과) 및 제288조(불요증사실)의 규정을 제외한다.

**제228조【증거조사】** ① 정당(후보자를 추천한 정당에 한한다) 또는 후보자는 개표완료후에 선거쟁송을 제기하는 때의 증거를 보전하기 위하여 그 구역을 관할하는 지방법원 또는 그 지원에 투표함·투표지 및 투표록 등의 보전신청을 할 수 있다.

② 법관은 제1항의 신청이 있는 때에는 현장에 출장하여 조서를 작성하고 적절한 보관방법을 취하여야 한다. 다만, 소청심사에 필요한 경우 중앙선거관리위원회 또는 시·도선거관리위원회는 증거보전신청자의 신청에 의하여 관여법관의 입회하에 증거보전물품에 대한 검증을 할 수 있다.

③ 제2항의 처분은 제219조(선거소청)의 규정에 의한 소청의 제기가 없거나 제222조(선거소송) 및 제223조(당선소송)의 규정에 의한 소의 제기가 없는 때에는 그 효력을 상실한다.

④ 선거에 관한 소송에 있어서는 대법원 및 고등법원은 고등법원·지방법원 또는 그 지원에 증거조사를 촉탁할 수 있다.

> **기출지문**
>
> ◉ 후보자를 추천한 정당 또는 후보자는 개표완료 후에 선거쟁송을 제기하는 때의 증거를 보전하기 위하여 그 구역을 관할하는 지방법원 또는 그 지원에 투표함·투표지 및 투표록 등의 보전신청을 할 수 있다(제228조 제1항). [2015. 국가직 7급]

✦ **제229조【인지 첩부 및 첨부에 관한 특례】** 선거에 관한 소송에 있어서는 「민사소송 등 인지법」의 규정에 불구하고 소송서류에 붙여야 할 인지는 「민사소송 등 인지법」에 규정된 금액의 10배로 한다.

> **기출지문**
>
> ◉ 선거에 관한 소송에 있어서는 민사소송 등 인지법의 규정에 불구하고 소송서류에 붙여야 할 인지는 민사소송 등 인지법에 규정된 금액의 10배로 한다(제229조). [2017. 국가직 9급]

# 제16장 벌칙 〈출제범위 제외됨〉

**제230조【매수 및 이해유도죄】** ① 다음 각 호의 어느 하나에 해당하는 자는 5년 이하의 징역 또는 3천만원 이하의 벌금에 처한다.

1. 투표를 하게 하거나 하지 아니하게 하거나 당선되거나 되게 하거나 되지 못하게 할 목적으로 선거인(선거인명부 또는 재외선거인명부등을 작성하기 전에는 그 선거인명부 또는 재외선거인명부 등에 오를 자격이 있는 사람을 포함한다. 이하 이 장에서 같다) 또는 다른 정당이나 후보자(예비후보자를 포함한다)의 선거사무장·선거연락소장·선거사무원·회계책임자·연설원(제79조 제1항·제2항에 따라 연설·대담을 하는 사람과 제81조 제1항·제82조 제1항 또는 제82조의2 제1항·제2항에 따라 대담·토론을 하는 사람을 포함한다. 이하 이 장에서 같다) 또는 참관인(투표참관인·사전투표참관인과 개표참관인을 말한다. 이하 이 장에서 같다)·선장·입회인에게 금전·물품·차마·향응 그 밖에 재산상의 이익이나 공사의 직을 제공하거나 그 제공의 의사를 표시하거나 그 제공을 약속한 자
2. 선거운동에 이용할 목적으로 학교, 그 밖에 공공기관·사회단체·종교단체·노동단체·청년단체·여성단체·노인단체·재향군인단체·씨족단체 등의 기관·단체·시설에 금전·물품 등 재산상의 이익을 제공하거나 그 제공의 의사를 표시하거나 그 제공을 약속한 자
3. 선거운동에 이용할 목적으로 야유회·동창회·친목회·향우회·계모임 기타의 선거구민의 모임이나 행사에 금전·물품·음식물 기타 재산상의 이익을 제공하거나 그 제공의 의사를 표시하거나 그 제공을 약속한 자
4. 제135조(선거사무관계자에 대한 수당과 실비보상) 제3항의 규정에 위반하여 수당·실비 기타 자원봉사에 대한 보상 등 명목여하를 불문하고 선거운동과 관련하여 금품 기타 이익의 제공 또는 그 제공의 의사를 표시하거나 그 제공을 약속한 자
5. 선거에 영향을 미치게 하기 위하여 이 법에 따른 경우를 제외하고 문자·음성·화상·동영상 등을 인터넷 홈페이지의 게시판·대화방 등에 게시하거나 전자우편·문자메시지로 전송하게 하고 그 대가로 금품, 그 밖에 이익의 제공 또는 그 제공의 의사표시를 하거나 그 제공을 약속한 자
6. 정당의 명칭 또는 후보자(후보자가 되려는 사람을 포함한다)의 성명을 나타내거나 그 명칭·성명을 유추할 수 있는 내용으로 제58조의2에 따른 투표참여를 권유하는 행위를 하게 하고 그 대가로 금품, 그 밖에 이익의 제공 또는 그 제공의 의사표시를 하거나 그 제공을 약속한 자
7. 제1호부터 제6호까지에 규정된 이익이나 직의 제공을 받거나 그 제공의 의사표시를 승낙한 자(제261조 제9항 제2호에 해당하는 자는 제외한다)

② 정당·후보자(후보자가 되고자 하는 자를 포함한다) 및 그 가족·선거사무장·선거연락소장·선거사무원·회계책임자·연설원 또는 제114조(정당 및 후보자의 가족 등의 기부행위제한) 제2항의 규정에 의한 후보자 또는 그 가족과 관계 있는 회사 등이 제1항 각 호의 1에 규정된 행위를 한 때에는 7년 이하의 징역 또는 5천만원 이하의 벌금에 처한다.
③ 제1항 각 호의 1 또는 제2항에 규정된 행위에 관하여 지시·권유·요구하거나 알선한 자는 7년 이하의 징역 또는 5천만원 이하의 벌금에 처한다.
④ 당선되거나 되게하거나 되지 못하게 할 목적으로 선거기간중 포장된 선물 또는 돈봉투 등 다수의 선거인에게 배부하도록 구분된 형태로 되어 있는 금품을 운반하는 자는 5년 이하의 징역 또는 3천만원 이하의 벌금에 처한다.
⑤ 선거관리위원회의 위원·직원(투표관리관 및 사전투표관리관을 포함한다. 이하 이 장에서 같다) 또는 선거사무에 관계있는 공무원(선장을 포함한다)이나 경찰공무원(사법경찰관리 및 군사법경찰관리를 포함한다)이 제1항 각 호의 1 또는 제2항에 규정된 행위를 하거나 하게 한 때에는 7년 이하의 징역에 처한다.
⑥ 제47조의2 제1항 또는 제2항을 위반한 자는 5년 이하의 징역 또는 500만원 이상 3천만원 이하의 벌금에 처한다.
⑦ 당내경선과 관련하여 다음 각 호의 어느 하나에 해당하는 자는 3년 이하의 징역 또는 1천만원 이하의 벌금에 처한다.
1. 제57조의5(당원 등 매수금지) 제1항 또는 제2항의 규정을 위반한 자
2. 후보자로 선출되거나 되게 하거나 되지 못하게 하거나, 경선선거인(당내경선의 선거인명부에 등재된 자를 말한다. 이하 이 조에서 같다)으로 하여금 투표를 하게 하거나 하지 아니하게 할 목적으로 경선후보자·경선운동관계자·경선선거인 또는 참관인에게 금품·향응 그 밖의 재산상의 이익이나 공사의 직을 제공하거나 그 제공의 의사를 표시하거나 그 제공을 약속한 자
3. 제57조의5 제1항 또는 제2항에 규정된 이익이나 직의 제공을 받거나 그 제공의 의사표시를 승낙한 자
⑧ 제7항 제2호·제3호에 규정된 행위에 관하여 지시·권유·요구하거나 알선한 자 또는 제57조의5 제3항의 규정을 위반한 자는 5년 이하의 징역 또는 3천만원 이하의 벌금에 처한다.

**제231조 【재산상의 이익목적의 매수 및 이해유도죄】** ① 다음 각 호의 어느 하나에 해당하는 사람은 7년 이하의 징역 또는 300만원 이상 5천만원 이하의 벌금에 처한다.
1. 재산상의 이익을 얻거나 얻을 목적으로 정당 또는 후보자(후보자가 되려는 사람을 포함한다)를 위하여 선거인·선거사무장·선거연락소장·선거사무원·회계책임자·연설원 또는 참관인에게 제230조 제1항 각 호의 어느 하나에 해당하는 행위를 한 사람

2. 제1호에 규정된 행위의 대가로 또는 그 행위를 하게 할 목적으로 금전·물품, 그 밖에 재산상의 이익 또는 공사의 직을 제공하거나 그 제공의 의사를 표시하거나 그 제공을 약속한 사람
3. 제1호에 규정된 행위의 대가로 또는 그 행위를 약속하고 제2호에 규정된 이익 또는 직의 제공을 받거나 그 제공의 의사표시를 승낙한 사람
② 제1항에 규정된 행위에 관하여 지시·권유·요구하거나 알선한 자(제261조 제1항에 해당하는 자는 제외한다)는 10년 이하의 징역 또는 500만원 이상 7천만원 이하의 벌금에 처한다.

제232조【후보자에 대한 매수 및 이해유도죄】 ① 다음 각 호의 1에 해당하는 자는 7년 이하의 징역 또는 500만원 이상 5천만원 이하의 벌금에 처한다.
1. 후보자가 되지 아니하게 하거나 후보자가 된 것을 사퇴하게 할 목적으로 후보자가 되고자 하는 자나 후보자에게 제230조(매수 및 이해유도죄) 제1항 제1호에 규정된 행위를 한 자 또는 그 이익이나 직의 제공을 받거나 제공의 의사표시를 승낙한 자
2. 후보자가 되고자 하는 것을 중지하거나 후보자를 사퇴한데 대한 대가를 목적으로 후보자가 되고자 하였던 자나 후보자이었던 자에게 제230조 제1항 제1호에 규정된 행위를 한 자 또는 그 이익이나 직의 제공을 받거나 제공의 의사표시를 승낙한 자
② 제1항 각 호의 1에 규정된 행위에 관하여 지시·권유·요구하거나 알선한 자는 10년 이하의 징역 또는 500만원 이상 7천만원 이하의 벌금에 처한다.
③ 선거관리위원회의 위원·직원 또는 선거사무에 관계있는 공무원이나 경찰공무원(사법경찰관리 및 군사법경찰관리를 포함한다)이 당해 선거에 관하여 제1항 각 호의 1 또는 제2항에 규정된 행위를 한 때에는 10년 이하의 징역에 처한다.

제233조【당선인에 대한 매수 및 이해유도죄】 ① 다음 각 호의 1에 해당하는 자는 1년 이상 10년 이하의 징역에 처한다.
1. 당선을 사퇴하게 할 목적으로 당선인에 대하여 금전·물품·차마·향응 기타 재산상의 이익 또는 공사의 직을 제공하거나 그 제공의 의사를 표시하거나 그 제공을 약속한 자
2. 제1호에 규정된 이익 또는 직의 제공을 받거나 그 제공의 의사표시를 승낙한 자
② 제1항 각 호의 1에 규정된 행위에 관하여 지시·권유·요구하거나 알선한 자는 1년 이상 10년 이하의 징역에 처한다.

제234조【당선무효유도죄】 제263조(선거비용의 초과지출로 인한 당선무효) 또는 제265조(선거사무장등의 선거범죄로 인한 당선무효)에 해당되어 후보자의 당선을 무효로 되게 할 목적으로 제263조 또는 제265조에 규정된 자를 유도 또는 도발하여 그 자로 하여금 제230조(매수 및 이해유도죄) 제1항 내지 제5항·제231조(재산상의 이익목적의 매수 및 이해유도죄) 내지 제233조(당선인에 대한 매수 및 이해유도죄)·제257조(기부행위의 금지제한등 위반죄) 제1항 또는 제258조(선거비용부정지출등 죄) 제1항에 규정된 행위를 하게 한 자는 1년 이상 10년 이하의 징역에 처한다.

제235조【방송·신문 등의 불법이용을 위한 매수죄】① 제97조(방송·신문의 불법이용을 위한 행위 등의 제한) 제1항·제3항의 규정에 위반한 자는 5년 이하의 징역 또는 1천만원 이하의 벌금에 처한다.
② 제97조 제2항의 규정에 위반한 자는 7년 이하의 징역 또는 2천만원 이하의 벌금에 처한다.

제236조【매수와 이해유도죄로 인한 이익의 몰수】제230조(매수 및 이해유도죄) 내지 제235조(방송·신문 등의 불법이용을 위한 매수죄)의 죄를 범한 자가 받은 이익은 이를 몰수한다. 다만, 그 전부 또는 일부를 몰수할 수 없는 때에는 그 가액을 추징한다.

제237조【선거의 자유방해죄】① 선거에 관하여 다음 각 호의 어느 하나에 해당하는 자는 10년 이하의 징역 또는 500만원 이상 3천만원 이하의 벌금에 처한다.
1. 선거인·후보자·후보자가 되고자 하는 자·선거사무장·선거연락소장·선거사무원·활동보조인·회계책임자·연설원 또는 당선인을 폭행·협박 또는 유인하거나 불법으로 체포·감금하거나 이 법에 의한 선거운동용 물품을 탈취한 자
2. 집회·연설 또는 교통을 방해하거나 위계·사술 기타 부정한 방법으로 선거의 자유를 방해한 자
3. 업무·고용 기타의 관계로 인하여 자기의 보호·지휘·감독하에 있는 자에게 특정 정당이나 후보자를 지지·추천하거나 반대하도록 강요한 자
② 검사 또는 경찰공무원(사법경찰관리를 포함한다)이 제1항 각 호의 1에 규정된 행위를 하거나 하게 한 때에는 1년 이상 10년 이하의 징역과 5년 이하의 자격정지에 처한다.
③ 이 법에 규정된 연설·대담장소 또는 대담·토론회장에서 위험한 물건을 던지거나 후보자 또는 연설원을 폭행한 자는 다음 각 호의 구분에 따라 처벌한다.
1. 주모자는 5년 이상의 유기징역
2. 다른 사람을 지휘하거나 다른 사람에 앞장서서 행동한 자는 3년 이상의 유기징역
3. 부화하여 행동한 자는 7년 이하의 징역
④ 제1항 내지 제3항의 죄를 범한 경우에 그 범행에 사용하기 위하여 지닌 물건은 이를 몰수한다.
⑤ 당내경선과 관련하여 다음 각 호의 어느 하나에 해당하는 자는 5년 이하의 징역 또는 1천만원 이하의 벌금에 처한다.
1. 경선후보자(경선후보자가 되고자 하는 자를 포함한다) 또는 후보자로 선출된 자를 폭행·협박 또는 유인하거나 체포·감금한 자
2. 경선운동 또는 교통을 방해하거나 위계·사술 그 밖의 부정한 방법으로 당내경선의 자유를 방해한 자
3. 업무·고용 그 밖의 관계로 인하여 자기의 보호·지휘·감독을 받는 자에게 특정 경선후보자를 지지·추천하거나 반대하도록 강요한 자

⑥ 당내경선과 관련하여 다수인이 경선운동을 위한 시설·장소 등에서 위험한 물건을 던지거나 경선후보자를 폭행한 자는 다음 각 호의 구분에 따라 처벌한다.
1. 주모자는 3년 이상의 유기징역
2. 다른 사람을 지휘하거나 다른 사람에 앞장서서 행동한 자는 7년 이하의 징역
3. 다른 사람의 의견에 동조하여 행동한 자는 2년 이하의 징역

제238조 【군인에 의한 선거자유방해죄】 군인(군수사기관소속 군무원을 포함한다)이 제237조(선거의 자유방해죄) 제1항 각 호의 1에 규정된 행위를 하거나, 특정한 후보자를 당선되게 하거나 되지 못하게 하기 위하여 그 영향하에 있는 군인 또는 군무원의 선거권행사를 폭행·협박 또는 그밖의 방법으로 방해하거나 하게 한 때에는 1년 이상 10년 이하의 징역과 5년 이하의 자격정지에 처한다.

제239조 【직권남용에 의한 선거의 자유방해죄】 선거에 관하여 선거관리위원회의 위원·직원, 선거사무에 종사하는 공무원 또는 선거인명부(재외선거인명부 등을 포함한다. 이하 이 장에서 같다)작성에 관계있는 자나 경찰공무원(사법경찰관리 및 군사법경찰관리를 포함한다)이 직권을 남용하여 다음 각 호의 어느 하나에 해당하는 행위를 하거나 하게 한 때에는 7년 이하의 징역에 처한다.
1. 선거인명부의 열람을 방해하거나 그 열람에 관한 직무를 유기한 때
2. 정당한 사유없이 후보자를 미행하거나 그 주택·선거사무소 또는 선거연락소에 승낙없이 들어가거나 퇴거요구에 불응한 때

제239조의2 【선장 등에 의한 선거자유방해죄 등】 ① 선장 또는 입회인이 다음 각 호의 어느 하나에 해당하는 행위를 하거나 하게 한 때에는 1년 이상 10년 이하의 징역에 처한다.
1. 선상투표신고 또는 선상투표를 하지 못하게 하거나 선상투표용지에의 서명을 거부하는 등 투표를 방해하는 행위
2. 다른 사람의 선상투표용지를 이용하여 선상투표를 하는 행위
3. 선상투표자에게 특정 정당이나 후보자를 지지·추천하거나 반대하도록 강요하는 등 부정한 방법으로 선거의 자유를 방해하는 행위
4. 선상투표소에서 특정 정당이나 후보자에게 투표하도록 권유하는 등 투표에 영향을 미치는 행위
② 선장이 다음 각 호의 어느 하나에 해당하는 행위를 한 때에는 10년 이하의 징역 또는 500만원 이상 3천만원 이하의 벌금에 처한다.
1. 제158조의3 제1항을 위반하여 선상투표의 일시와 장소를 선상투표자에게 알리지 아니하는 행위
2. 제158조의3 제1항을 위반하여 선상투표소를 설치하지 아니하거나 같은 조 제2항을 위반하여 선상투표소를 설비하는 행위

3. 제158조의3 제3항을 위반하여 입회인을 입회시키지 아니하는 행위
4. 제158조의3 제7항에 따른 선상투표지 봉투와 선상투표용지 봉투를 보관하지 아니하는 행위
5. 제158조의3 제8항을 위반하여 선상투표관리기록부를 작성·전송하지 아니하거나 선상투표관리기록부와 제158조의3 제7항에 따른 선상투표지 봉투와 선상투표용지 봉투를 제출하지 아니하는 행위

제240조【벽보, 그 밖의 선전시설 등에 대한 방해죄】 ① 정당한 사유없이 이 법에 의한 벽보·현수막 기타 선전시설의 작성·게시·첩부 또는 설치를 방해하거나 이를 훼손·철거한 자는 2년 이하의 징역 또는 400만원 이하의 벌금에 처한다.

② 선거관리위원회의 위원·직원 또는 선거사무에 관계있는 공무원이나 경찰공무원(사법경찰관리 및 군사법경찰관리를 포함한다)이 제1항에 규정된 행위를 하거나 하게 한 때에는 3년 이하의 징역 또는 600만원 이하의 벌금에 처한다.

③ 선거관리위원회의 위원·직원 또는 선거사무에 종사하는 자가 제64조의 선거벽보·제65조의 선거공보(같은 조 제9항의 후보자정보공개자료를 포함한다) 또는 제153조의 투표안내문(점자형 투표안내문을 포함한다)을 부정하게 작성·첩부·발송하거나 정당한 사유없이 이에 관한 직무를 행하지 아니한 때에는 3년 이하의 징역 또는 600만원 이하의 벌금에 처한다.

제241조【투표의 비밀침해죄】 ① 제167조(제218조의17 제9항에서 준용하는 경우를 포함한다)를 위반하여 투표의 비밀을 침해하거나 선거일의 투표마감시각 종료 이전에 선거인에 대하여 그 투표하고자 하는 정당이나 후보자 또는 투표한 정당이나 후보자의 표시를 요구한 자와 투표결과를 예상하기 위하여 투표소로부터 50미터 이내에서 질문하거나 투표마감시각 전에 그 경위와 결과를 공표한 자는 3년 이하의 징역 또는 600만원 이하의 벌금에 처한다.

② 선거관리위원회의 위원·직원, 선거사무에 관계있는 공무원, 검사, 경찰공무원(사법경찰관리를 포함한다) 또는 군인(군수사기관소속 군무원을 포함한다)이 제1항에 규정된 행위를 하거나 하게 한 때에는 5년 이하의 징역에 처한다.

제242조【투표·개표의 간섭 및 방해죄】 ① 다음 각 호의 어느 하나에 해당하는 사람은 3년 이하의 징역에 처한다.
1. 투표를 방해하기 위하여 이 법에서 규정한 투표에 필요한 신분증명서를 맡기게 하거나 이를 인수한 사람 또는 투표소(재외투표소·사전투표소 및 선상투표소를 포함한다. 이하 이 장에서 같다)나 개표소에서 정당한 사유 없이 투표나 개표에 간섭한 사람 또는 투표소에서 특정 정당이나 후보자에게 투표를 권유하거나 투표를 공개하는 등 투표 또는 개표에 영향을 미치는 행위를 한 사람
2. 정당한 사유 없이 거소투표자의 투표를 간섭하거나 방해한 사람, 거소투표자의 투표를 공개하거나 하게 하는 등 거소투표에 영향을 미치는 행위를 한 사람

② 개표소에서 제181조(개표참관)의 규정에 의하여 개표참관인이 설치한 통신설비를 파괴 또는 훼손한 자는 5년 이하의 징역에 처한다.

③ 검사·경찰공무원(사법경찰관리를 포함한다) 또는 군인(군수사기관소속 군무원을 포함한다)이 제1항에 규정된 행위를 하거나 하게 한 때에는 1년 이상 10년 이하의 징역에 처한다.

**제242조의2【공무원의 재외선거사무 간섭죄】** ① 공무원이 선거에 있어서 특정 정당이나 후보자(후보자가 되고자 하는 자를 포함한다)에게 유리 또는 불리하게 할 목적으로 재외선거관리위원회 위원이나 공무원에게 재외선거사무 처리와 관련하여 부당한 영향력을 행사한 때에는 3년 이하의 징역 또는 600만원 이하의 벌금에 처한다.

② 자신의 지휘·감독하에 있는 공무원에게 제1항에 따른 행위를 한 때에는 1년 이상 5년 이하의 징역에 처한다.

**제243조【투표함 등에 관한 죄】** ① 법령에 의하지 아니하고 투표함을 열거나 투표함(빈 투표함을 포함한다)이나 투표함안의 투표지를 취거·파괴·훼손·은닉 또는 탈취한 자는 1년 이상 10년 이하의 징역에 처한다.

② 검사·경찰공무원(사법경찰관리를 포함한다) 또는 군인(군수사기관소속 군무원을 포함한다)이 제1항에 규정된 행위를 하거나 하게 한 때에는 2년 이상 10년 이하의 징역에 처한다.

**제244조【선거사무관리관계자나 시설등에 대한 폭행·교란죄】** ① 선거관리위원회의 위원·직원, 공정선거지원단원·사이버공정선거지원단원, 투표사무원·사전투표사무원·개표사무원, 참관인 기타 선거사무에 종사하는 자를 폭행·협박·유인 또는 불법으로 체포·감금하거나, 폭행이나 협박을 가하여 투표소·개표소 또는 선거관리위원회 사무소(재외선거사무를 수행하는 공관과 그 분관 및 출장소의 사무소를 포함한다. 이하 제245조 제1항에서 같다)를 소요·교란하거나, 투표용지·투표지·투표보조용구·전산조직등 선거관리 및 단속사무와 관련한 시설·설비·장비·서류·인장 또는 선거인명부(거소·선상투표신고인명부를 포함한다)를 은닉·손괴·훼손 또는 탈취한 자는 1년 이상 10년 이하의 징역 또는 500만원 이상 3천만원 이하의 벌금에 처한다. [개정 2004.3.12, 2009.2.12, 2014.1.17, 2018.4.6]

② 제57조의4(당내경선사무의 위탁)의 규정에 따라 위탁한 당내경선에 있어 제1항에 규정된 행위를 한 자는 10년 이하의 징역 또는 2천만원 이하의 벌금에 처한다. [신설 2005.8.4]

**제245조【투표소 등에서의 무기휴대죄】** ① 무기·흉기·폭발물, 그 밖에 사람을 살상할 수 있는 물건을 지니고 투표소(제149조 제3항 및 제4항에 따른 기표소가 설치된 장소를 포함한다)·개표소 또는 선거관리위원회 사무소에 함부로 들어간 자는 7년 이하의 징역에 처한다.

② 정당한 사유없이 제1항에 규정된 물건을 지니고 이 법에 규정된 연설·대담장소 또는 대담·토론회장에 들어간 자는 3년 이하의 징역 또는 600만원 이하의 벌금에 처한다.

③ 제1항 또는 제2항의 죄를 범한 경우에는 그 지닌 무기 등 사람을 살상할 수 있는 물건은 이를 몰수한다.

**제246조【다수인의 선거방해죄】** ① 다수인이 집합하여 제243조(투표함 등에 관한 죄) 내지 제245조(투표소 등에서의 무기휴대죄)에 규정된 행위를 한 때에는 다음 각 호의 구분에 따라 처벌한다.
1. 주모자는 3년 이상의 유기징역
2. 다른 사람을 지휘하거나 다른 사람에 앞장서서 행동한 자는 2년 이상 10년 이하의 징역
3. 부화하여 행동한 자는 5년 이하의 징역

② 제243조 내지 제245조에 규정된 행위를 할 목적으로 집합한 다수인이 관계공무원으로부터 3회 이상의 해산명령을 받았음에도 불구하고 해산하지 아니한 때에는 그 주도적 행위자는 5년 이하의 징역에 처하고, 기타의 자는 1년 이하의 징역 또는 200만원 이하의 벌금에 처한다.

**제247조【사위등재 · 허위날인죄】** ① 사위(詐僞)의 방법으로 선거인명부(거소 · 선상투표신고인명부를 포함한다. 이하 이 조에서 같다)에 오르게 한 자, 거짓으로 거소투표신고 · 선상투표신고 또는 국외부재자신고를 하거나 재외선거인 등록신청 또는 변경등록신청을 한 자, 특정한 선거구에서 투표할 목적으로 선거인명부작성기준일 전 180일부터 선거인명부작성만료일까지 주민등록에 관한 허위의 신고를 한 자 또는 제157조 제1항의 경우에 있어서 허위의 서명이나 날인 또는 무인을 한 자는 3년 이하의 징역 또는 500만원 이하의 벌금에 처한다.

② 선거관리위원회의 위원 · 직원, 선거사무에 종사하는 공무원 또는 선거인명부작성에 관계있는 자가 선거인명부에 고의로 선거권자를 기재하지 아니하거나 허위의 사실을 기재하거나 하게 한 때에는 5년 이하의 징역 또는 1천만원 이하의 벌금에 처한다.

**제248조【사위투표죄】** ① 성명을 사칭하거나 신분증명서를 위조 · 변조하여 사용하거나 기타 사위의 방법으로 투표하거나 하게 하거나 또는 투표를 하려고 한 자는 5년 이하의 징역 또는 1천만원 이하의 벌금에 처한다.

② 선거관리위원회의 위원 · 직원 또는 선거사무에 관계있는 공무원(투표사무원 · 사전투표사무원 및 개표사무원을 포함한다)이 제1항에 규정된 행위를 하거나 하게 한 때에는 7년 이하의 징역에 처한다.

**제249조【투표위조 또는 증감죄】** ① 투표를 위조하거나 그 수를 증감한 자는 1년 이상 7년 이하의 징역에 처한다.

② 선거관리위원회의 위원 · 직원 또는 선거사무에 관계있는 공무원(투표사무원 · 사전투표사무원 및 개표사무원을 포함한다)이나 종사원이 제1항에 규정된 행위를 한 때에는 3년 이상 10년 이하의 징역에 처한다.

제250조【허위사실공표죄】 ① 당선되거나 되게 할 목적으로 연설·방송·신문·통신·잡지·벽보·선전문서 기타의 방법으로 후보자(후보자가 되고자 하는 자를 포함한다. 이하 이 조에서 같다)에게 유리하도록 후보자, 후보자의 배우자 또는 직계존비속이나 형제자매의 출생지·가족관계·신분·직업·경력등·재산·행위·소속단체, 특정인 또는 특정단체로부터의 지지여부 등에 관하여 허위의 사실[학력을 게재하는 경우 제64조 제1항의 규정에 의한 방법으로 게재하지 아니한 경우를 포함한다]을 공표하거나 공표하게 한 자와 허위의 사실을 게재한 선전문서를 배포할 목적으로 소지한 자는 5년이하의 징역 또는 3천만원이하의 벌금에 처한다.
② 당선되지 못하게 할 목적으로 연설·방송·신문·통신·잡지·벽보·선전문서 기타의 방법으로 후보자에게 불리하도록 후보자, 그의 배우자 또는 직계존·비속이나 형제자매에 관하여 허위의 사실을 공표하거나 공표하게 한 자와 허위의 사실을 게재한 선전문서를 배포할 목적으로 소지한 자는 7년 이하의 징역 또는 500만원 이상 3천만원 이하의 벌금에 처한다.
③ 당내경선과 관련하여 제1항(제64조 제1항의 규정에 따른 방법으로 학력을 게재하지 아니한 경우를 제외한다)에 규정된 행위를 한 자는 3년 이하의 징역 또는 6백만원 이하의 벌금에, 제2항에 규정된 행위를 한 자는 5년 이하의 징역 또는 1천만원 이하의 벌금에 처한다. 이 경우 "후보자" 또는 "후보자(후보자가 되고자 하는 자를 포함한다)"는 "경선후보자"로 본다.
〈신설〉 ④ 제82조의8제2항을 위반하여 중앙선거관리위원회규칙으로 정하는 사항을 딥페이크영상 등에 표시하지 아니하고 제1항에 규정된 행위를 한 자는 5년 이하의 징역 또는 5천만원 이하의 벌금에, 제2항에 규정된 행위를 한 자는 7년 이하의 징역 또는 1천만원 이상 5천만원 이하의 벌금에 처한다. 〈신설 2023. 12. 28.〉

제251조【후보자비방죄】 당선되거나 되게 하거나 되지 못하게 할 목적으로 연설·방송·신문·통신·잡지·벽보·선전문서 기타의 방법으로 공연히 사실을 적시하여 후보자(후보자가 되고자 하는 자를 포함한다), 그의 배우자 또는 직계존·비속이나 형제자매를 비방한 자는 3년 이하의 징역 또는 500만원 이하의 벌금에 처한다. 다만, 진실한 사실로서 공공의 이익에 관한 때에는 처벌하지 아니한다.

제252조【방송·신문 등 부정이용죄】 ① 제96조 제2항을 위반한 자는 7년 이하의 징역 또는 500만원 이상 3천만원 이하의 벌금에 처한다.
② 제96조 제1항을 위반한 자는 5년 이하의 징역 또는 300만원 이상 2천만원 이하의 벌금에 처한다.
③ 제82조의7 제5항·제94조·제95조 제1항·제96조·제98조 또는 제99조의 규정에 위반한 자는 3년 이하의 징역 또는 600만원 이하의 벌금에 처한다.
④ 제71조(후보자 등의 방송연설) 제12항[제72조(방송시설주관 후보자연설의 방송) 제4항, 제73조(경력방송) 제4항, 제74조(방송시설주관경력방송) 제2항, 제81조(단체의 후보자 등 초청 대담·토론회) 제8항, 제82조(언론기관의 후보자 등 초청 대담·토론회) 제4항, 제137조의2(정강·정책의

방송연설의 제한) 제6항에서 준용하는 경우를 포함한다] 및 제82조의2(선거방송토론위원회 주관 대담·토론회) 제13항 후단[제82조의3(선거방송토론위원회 주관 정책토론회) 제2항에서 준용하는 경우를 포함한다]의 규정에 위반한 자는 2년 이하의 징역 또는 400만원 이하의 벌금에 처한다.

**제253조【성명 등의 허위표시죄】** 당선되거나 되게 하거나 되지 못하게 할 목적으로 진실에 반하는 성명·명칭 또는 신분의 표시를 하여 우편이나 전보 또는 전화 기타 전기통신의 방법에 의한 통신을 한 자는 3년 이하의 징역 또는 600만원 이하의 벌금에 처한다.

**제254조【선거운동기간위반죄】** ① 선거일에 투표마감시각전까지 이 법에 규정된 방법을 제외하고 선거운동을 한 자는 3년 이하의 징역 또는 600만원 이하의 벌금에 처한다.
② 선거운동기간 전에 이 법에 규정된 방법을 제외하고 선전시설물·용구 또는 각종 인쇄물, 방송·신문·뉴스통신·잡지, 그 밖의 간행물, 정견발표회·좌담회·토론회·향우회·동창회·반상회, 그 밖의 집회, 정보통신, 선거운동기구나 사조직의 설치, 호별방문, 그 밖의 방법으로 선거운동을 한 자는 2년 이하의 징역 또는 400만원 이하의 벌금에 처한다.

**제255조【부정선거운동죄】** ① 다음 각 호의 어느 하나에 해당하는 자는 3년 이하의 징역 또는 600만원 이하의 벌금에 처한다.
1. 제57조의6 제1항을 위반하여 당내경선에서 경선운동을 한 사람
2. 제60조(선거운동을 할 수 없는 자) 제1항의 규정에 위반하여 선거운동을 하거나 하게 한 자 또는 같은조 제2항이나 제205조(선거운동기구의 설치 및 선거사무관계자의 선임에 관한 특례) 제4항의 규정에 위반하여 선거사무장 등으로 되거나 되게 한 자
3. 제61조(선거운동기구의 설치) 제1항의 규정에 위반하여 선거운동기구를 설치하거나 이를 설치하여 선거운동을 한 자
4. 제62조 제1항부터 제4항까지의 규정을 위반하여 선거사무장·선거연락소장·선거사무원 또는 활동보조인을 선임한 자
5. <sub>개정</sub> 제68조 제2항 또는 제3항(소품등의 규격을 말한다)을 위반하여 소품등을 사용한 선거운동을 한 사람 〈개정 2023. 8. 30.〉
6. 제80조(연설금지장소)의 규정에 위반하여 선거운동을 위한 연설·대담을 한 자
7. 제81조(단체의 후보자 등 초청 대담·토론회) 제1항의 규정에 위반하여 후보자 등 초청 대담·토론회를 개최한 자
8. 제81조 제7항[제82조(언론기관의 후보자등 초청 대담·토론회) 제4항에서 준용하는 경우를 포함한다]의 규정에 위반하여 대담·토론회를 개최한 자
9. 제85조 제3항 또는 제4항에 위반한 행위를 하거나 하게 한 자
10. 제86조 제1항 제1호부터 제3호까지·제2항 또는 제5항을 위반한 사람 또는 같은 조 제6항을 위반한 행위를 한 사람

11. 제87조(단체의 선거운동금지) 제1항의 규정을 위반하여 선거운동을 하거나 하게 한 자 또는 동조 제2항의 규정을 위반하여 사조직 기타 단체를 설립·설치하거나 하게 한 자
12. 제88조(타후보자를 위한 선거운동금지) 본문의 규정에 위반하여 다른 정당이나 후보자를 위한 선거운동을 한 자
13. 제89조(유사기관의 설치금지) 제1항 본문의 규정에 위반하여 유사기관을 설립·설치하거나 기존의 기관·단체·조직 또는 시설을 이용한 자
14. 삭제 〈2004.3.12.〉
15. 제92조(영화 등을 이용한 선거운동금지)의 규정에 위반하여 저술·연예·연극·영화나 사진을 배부·공연·상연·상영 또는 게시하거나 하게 한 자
16. 제105조(행렬등의 금지) 제1항의 규정에 위반하여 무리를 지어 거리행진·인사 또는 연달아 소리 지르는 행위를 한 사람
17. 제106조(호별방문의 제한) 제1항 또는 제3항의 규정에 위반하여 호별로 방문하거나 하게 한 자
18. 제107조(서명·날인운동의 금지)의 규정에 위반하여 서명이나 날인을 받거나 받게 한 자
19. 제109조 제1항 또는 제2항을 위반하여 서신·전보·모사전송·전화 그 밖에 전기통신의 방법을 이용하여 선거운동을 하거나 하게 한 자나 같은 조 제3항을 위반하여 협박하거나 하게 한 자
20. 제218조의14 제1항·제6항 또는 제7항을 위반하여 재외선거권자를 대상으로 선거운동을 한 자

② 다음 각 호의 어느 하나에 해당하는 자는 2년 이하의 징역 또는 400만원 이하의 벌금에 처한다. 〈개정 2022.1.18.〉

1. 제60조의3 제1항 제4호 후단을 위반하여 예비후보자홍보물을 작성한 자
1의2. 대통령선거 및 지방자치단체의 장선거의 예비후보자가 아닌 자로서 제60조의4 제1항의 예비후보자공약집을 발간·배부한 자, 같은 항을 위반하여 1종을 넘어 예비후보자공약집을 발간·배부한 자, 같은 항을 위반하여 예비후보자공약집을 통상적인 방법으로 판매하지 아니하거나 방문판매의 방법으로 판매한 자, 같은 조 제2항을 위반하여 예비후보자공약집을 발간·배부한 자
1의3. 제64조 제1항·제9항, 제65조 제1항·제2항, 제66조 제1항부터 제5항까지를 위반하여 선거벽보·선거공보 또는 선거공약서를 선거운동을 위하여 작성·사용하거나 하게 한 자
2. 삭제 〈2010.1.25.〉
3. 제57조의3(당내경선운동) 제1항의 규정을 위반하여 경선운동을 한 자
4. 제91조(확성장치와 자동차 등의 사용제한) 제1항·제3항 또는 제216조(4개 이상 선거의 동시실시에 관한 특례) 제1항 전단의 규정에 위반하여 확성장치나 자동차를 사용하여 선거운동을 하거나 하게 한 자

5. 제93조(탈법방법에 의한 문서·도화의 배부·게시 등 금지) 제1항의 규정에 위반하여 문서·도화 등을 배부·첩부·살포·게시·상영하거나 하게 한 자, 같은 조 제2항의 규정에 위반하여 광고 또는 출연을 하거나 하게 한 자 또는 제3항의 규정에 위반하여 신분증명서·문서 기타 인쇄물을 발급·배부 또는 징구하거나 하게 한 자
6. 제100조(녹음기 등의 사용금지)의 규정에 위반하여 녹음기 또는 녹화기를 사용하여 선거운동을 하거나 하게 한 자
7. 삭제 〈1995.12.30.〉
8. 제271조의2(선거에 관한 광고의 제한) 제1항의 규정에 의한 광고중지요청에 불응하여 광고를 하거나 광고게재를 의뢰한 자

③ 다음 각 호의 어느 하나에 해당하는 사람은 5년 이하의 징역에 처한다.
1. 제57조의6 제2항을 위반하여 경선운동을 한 사람
2. 제85조 제2항을 위반하여 선거운동을 한 사람

④ 제82조의5(선거운동정보의 전송제한) 제1항의 규정을 위반하여 선거운동정보를 전송한 자, 동조 제2항의 규정을 위반하여 선거운동정보에 해당하는 사실 등을 선거운동정보에 명시하지 아니하거나 허위로 명시한 자, 동조 제4항의 규정을 위반하여 기술적 조치를 한 자, 동조 제5항의 규정을 위반하여 비용을 수신자에게 부담하도록 한 자, 동조 제6항의 규정을 위반하여 선거운동정보를 전송한 자는 1년 이하의 징역 또는 100만원 이하의 벌금에 처한다.

개정 ⑤ 제82조의8제1항을 위반한 자는 7년 이하의 징역 또는 1천만원 이상 5천만원 이하의 벌금에 처한다.

신설 ⑥ 제85조제1항을 위반한 자는 5년 이하의 징역 또는 2천만원 이하의 벌금에 처한다. 〈개정 2023. 12. 28.〉

### 제256조【각종제한규정위반죄】 ① 다음 각 호의 어느 하나에 해당하는 자는 3년 이하의 징역 또는 600만원 이하의 벌금에 처한다.
1. 제57조의8 제7항 제3호(제108조의2 제5항에서 준용하는 경우를 포함한다)를 위반하여 이용자의 정보를 제공한 자, 같은 항 제4호(제108조의2 제5항에서 준용하는 경우를 포함한다)를 위반하여 해당 정당 또는 선거여론조사기관 외의 자에게 휴대전화 가상번호를 제공한 자, 같은 항 제5호(제108조의2 제5항에서 준용하는 경우를 포함한다)를 위반하여 명시적으로 거부의사를 밝힌 이용자의 휴대전화 가상번호를 제공한 자 또는 같은 항 제6호(제108조의2 제5항에서 준용하는 경우를 포함한다)를 위반하여 휴대전화 가상번호를 생성하여 제공한 자
2. 제57조의8 제9항 제1호(제108조의2 제5항에서 준용하는 경우를 포함한다)를 위반하여 휴대전화 가상번호를 제57조의8 제1항에 따른 여론조사·여론수렴 또는 제108조의2 제1항에 따른 여론조사가 아닌 목적으로 사용하거나 제57조의8 제9항 제2호(제108조의2 제5항에서 준용하는 경우를 포함한다)를 위반하여 다른 자에게 제공한 자

3. 제57조의8 제10항(제108조의2 제5항에서 준용하는 경우를 포함한다)을 위반하여 유효기간이 지난 휴대전화 가상번호를 즉시 폐기하지 아니한 자
4. 제103조 제2항을 위반하여 모임을 개최한 자
5. 제108조 제5항을 위반하여 여론조사를 한 자, 같은 조 제9항에 따른 요구를 받고 거짓의 자료를 제출한 자, 같은 조 제11항 제1호를 위반하여 지시·권유·유도한 자, 같은 항 제2호를 위반하여 여론조사에 응답하거나 이를 지시·권유·유도한 자 또는 같은 조 제12항을 위반하여 선거에 관한 여론조사의 결과를 공표·보도한 자

② 다음 각 호의 어느 하나에 해당하는 통보를 받고 지체 없이 이를 이행하지 아니한 자는 2년 이하의 징역 또는 1천500만원 이하의 벌금에 처한다. [신설 2014.2.13, 2017.2.8]
1. 제8조의2 제5항 및 제6항(제8조의3 제6항에서 준용하는 경우를 포함한다)에 따른 제재조치 등
2. 제8조의3 제3항 제1호부터 제3호까지의 규정에 따른 제재조치
3. 제8조의4 제3항에 따른 반론보도의 결정
4. 제8조의6 제1항 또는 제3항에 따른 조치 또는 같은 조 제6항에 따른 반론보도의 결정

③ 다음 각 호의 어느 하나에 해당하는 자는 2년 이하의 징역 또는 400만원 이하의 벌금에 처한다.
1. 선거운동과 관련하여 다음 각 목의 어느 하나에 해당하는 자
   가. 제67조의 규정에 위반하여 현수막을 게시한 자
   나. 제59조 제2호 후단을 위반하여 후보자 또는 예비후보자가 아닌 자로서 자동 동보통신의 방법으로 문자메시지를 전송한 자, 같은 조 같은 호 후단을 위반하여 8회를 초과하여 자동 동보통신의 방법으로 문자메시지를 전송한 자, 같은 조 제3호 후단을 위반하여 후보자 또는 예비후보자가 아닌 자로서 전송대행업체에 위탁하여 전자우편을 전송한 자
   다. 제79조 제10항에 따른 녹음기 또는 녹화기의 사용대수를 초과하여 사용한 사람
   라. 제84조를 위반하여 특정 정당으로 부터의 지지 또는 추천받음을 표방한 자
   마. 제82조의4 제4항에 따라 선거관리위원회로부터 2회 이상 요청을 받고 이행하지 아니한 자
   바. 제86조 제1항 제5호부터 제7호까지 또는 제7항을 위반한 행위를 한 사람
   사. 제89조(유사기관의 설치금지) 제2항의 규정에 위반하여 선거에 영향을 미치는 행위 또는 선전행위를 하거나 하게 한 자
   아. 제90조(시설물설치 등의 금지)의 규정에 위반하여 선전물을 설치·진열·게시·배부하거나 하게 한 자 또는 상징물을 제작·판매하거나 하게 한 자
   자. 제101조(타연설회 등의 금지)의 규정에 위반하여 타연설회 등을 개최하거나 하게 한 자
   차. 제102조 제1항을 위반하여 연설·대담 또는 대담·토론회를 개최한 자

**개정** 카. 제103조(각종집회등의 제한)제1항 및 제3항 내지 제5항의 규정에 위반하여 각종집회등을 개최하거나 하게 한 자 〈개정 2023. 8. 30.〉
타. 제104조(연설회장에서의 소란행위등의 금지)의 규정에 위반하여 연설·대담장소등에서 질서를 문란하게 하거나 횃불을 사용하거나 하게 한 자
파. 제108조 제1항을 위반하여 여론조사의 경위와 그 결과를 공표 또는 인용하여 보도한 자, 같은 조 제2항을 위반하여 여론조사를 한 자, 같은 조 제6항을 위반하여 여론조사와 관련 있는 자료일체를 해당 선거의 선거일 후 6개월까지 보관하지 아니한 자, 같은 조 제9항을 위반하여 정당한 사유 없이 여론조사와 관련된 자료를 제출하지 아니한 자 또는 같은 조 제10항을 위반하여 여론조사를 한 자
하. 제57조의8 제7항 제1호(제108조의2 제5항에서 준용하는 경우를 포함한다)를 위반하여 휴대전화 가상번호에 유효기간을 설정하지 아니하고 제공하거나 휴대전화 가상번호를 제공하는 날부터 당내경선의 선거일까지의 기간, 여론수렴 기간 또는 여론조사 기간을 초과하는 유효기간을 설정하여 제공한 자 또는 같은 항 제2호(제108조의2 제5항에서 준용하는 경우를 포함한다)를 위반하여 요청받은 휴대전화 가상번호 수를 초과하여 휴대전화 가상번호를 제공한 자
거. 제108조의3을 위반하여 비교평가를 하거나 그 결과를 공표한 자 또는 비교평가와 관련 있는 자료 일체를 해당 선거의 선거일 후 6개월까지 보관하지 아니한 자
너. 제111조(의정활동 보고) 제1항 단서의 규정에 위반하여 선거일전 90일부터 선거일까지 의정활동을 보고한 자
2. 선거질서와 관련하여 다음 각 목의 어느 하나에 해당하는 자
  가. 제39조 제8항(제218조의9 제3항에서 준용하는 경우를 포함한다)의 규정에 위반하여 선거인명부작성사무를 방해하거나 영향을 주는 행위를 한 자
  나. 제44조의2 제5항을 위반하여 선거인명부를 열람·사용 또는 유출한 자
  다. 제46조(명부사본의 교부) 제4항[제60조의3(예비후보자 등의 선거운동) 제5항 및 제111조(의정활동 보고) 제4항에서 준용하는 경우를 포함한다]의 규정을 위반하여 선거인명부 및 거소·선상투표신고인명부(전산자료복사본을 포함한다)의 사본이나 세대주명단을 다른 사람에게 양도·대여 또는 재산상의 이익 기타 영리를 목적으로 사용하거나 하게 한 자
  라. 제161조 제7항(제162조 제4항에서 준용하는 경우를 포함한다) 또는 제181조 제11항을 위반하여 참관인이 되거나 되게 한 자
  마. 제163조(제218조의17 제9항에서 준용하는 경우를 포함한다)를 위반하여 투표소(제149조 제3항 및 제4항에 따른 기표소가 설치된 장소를 포함한다)에 들어가거나, 표지를 하지 아니하거나, 표지 외의 표시물을 달거나 붙이거나, 표지를 양도·양여하거나 하게 한 자

바. 제166조(제218조의17 제9항에서 준용하는 경우를 포함한다)에 따른 명령에 불응한 자 또는 같은 규정을 위반한 표지를 하거나 하게 한 자
사. 제166조의2 제1항(제218조의17 제9항에서 준용하는 경우를 포함한다)을 위반하여 투표지를 촬영한 사람
아. 제183조(개표소의 출입제한과 질서유지) 제1항의 규정에 위반하여 개표소에 들어간 자 또는 같은조 제2항의 규정에 위반하여 표지를 하지 아니하거나 표지외의 표시물을 달거나 붙이거나 표지를 양도·양여하거나 하게 한 자
3. 이 법에 규정되지 아니한 방법으로 제58조의2 단서를 위반하여 투표참여를 권유하는 행위를 한 자
4. 제262조의2(선거범죄신고자 등의 보호) 제2항의 규정을 위반한 자

④ 정당(당원협의회를 포함한다)이 다음 각 호의 어느 하나에 해당하는 행위를 한 때에는 해당 정당에 대하여는 1천만원 이하의 벌금에 처하고, 해당 정당의 대표자·간부 또는 소속 당원으로서 위반행위를 하거나 하게 한 자는 2년 이하의 징역 또는 400만원 이하의 벌금에 처한다.
1. 제137조(정강·정책의 신문광고 등의 제한)의 규정에 위반하여 일간신문 등에 광고를 한 자
2. 제137조의2(정강·정책의 방송연설의 제한) 제1항 내지 제3항의 규정에 위반하여 정강·정책의 방송연설을 한 자
3. 제138조(정강·정책홍보물의 배부제한 등)의 규정(제4항을 제외한다)에 위반하여 정강·정책홍보물을 제작·배부한 자
3의2. 제138조의2(정책공약집의 배부제한 등)의 규정(제3항을 제외한다)을 위반하여 정책공약집을 발간·배부한 자
4. 제139조(정당기관지의 발행·배부제한)의 규정(제3항을 제외한다)에 위반하여 정당기관지를 발행·배부한 자
5. 제140조(창당대회 등의 개최와 고지의 제한) 제1항 및 제2항의 규정에 위반하여 창당대회 등을 개최한 자
6. 제141조(당원집회의 제한) 제1항 및 제4항(철거하지 아니한 경우를 제외한다)의 규정에 위반하여 당원집회를 개최한 자
7. 삭제 〈2004.3.12.〉
8. 삭제 〈2004.3.12.〉
9. 제144조(정당의 당원모집 등의 제한) 제1항의 규정에 위반하여 당원을 모집하거나 입당원서를 배부한 자
10. 제61조의2(정당선거사무소의 설치) 제1항의 규정을 위반하여 정당선거사무소를 설치하거나, 동조 제2항의 규정을 위반하여 소장 또는 유급사무직원을 둔 자

⑤ 다음 각 호의 어느 하나에 해당하는 자는 1년 이하의 징역 또는 200만원 이하의 벌금에 처한다. 〈개정 2022.1.18.〉

1. 제48조 제3항 제1호를 위반하여 검인되지 아니한 추천장에 의하여 선거권자의 추천을 받거나 받게 한 사람, 같은 항 제2호를 위반하여 선거운동을 위하여 추천선거권자수의 상한수를 넘어 선거권자의 추천을 받거나 받게 한 사람, 같은 항 제3호를 위반하여 허위의 추천을 받거나 받게 한 사람
2. 제61조(선거운동기구의 설치) 제5항[제61조의2(정당선거사무소의 설치) 제7항에서 준용하는 경우를 포함한다]의 규정에 위반하여 선거사무소나 선거연락소를 설치한 자
2의2. 제61조(선거운동기구의 설치) 제7항의 규정에 의하여 선거사무소의 폐쇄명령을 받고도 이를 이행하지 아니한 자
3. 제62조 제7항을 위반하여 선거사무장·선거연락소장 또는 선거사무원을 선임한 자 또는 같은 조 제8항을 위반하여 선거운동을 하는 자를 모집한 자
4. 제63조(선거운동기구 및 선거사무관계자의 신고) 제1항 후단의 규정에 위반하여 선거사무원 수의 2배수를 넘어 두거나 두게 한 자
5. 제64조 제8항(제65조 제12항 및 제66조 제8항에서 준용하는 경우를 포함한다)을 위반하여 선거벽보·선거공보 또는 선거공약서의 수량을 넘게 인쇄하여 제공한 자
6. 제69조 제1항의 횟수에 관한 규정을 위반하지 아니하였으나 같은 조 제5항을 위반하여 광고한 사람
7. 삭제 [2010.1.25]
8. 제79조 제1항·제3항부터 제5항까지·제6항(표지를 부착하지 아니한 경우는 제외한다)·제7항을 위반하여 공개장소에서의 연설·대담을 한 자
9. 제81조(단체의 후보자 등 초청 대담·토론회) 제3항 또는 제4항의 규정에 위반하여 대담·토론회의 개최신고를 하지 아니하거나 표지를 게시 또는 첨부하지 아니한 자
10. 제102조제2항을 위반하여 녹음기 또는 녹화기를 사용한 자. 다만, 오후 9시부터 오후 11시까지의 사이에 소리를 출력하여 녹화기를 사용한 자는 제외한다.
10의2. 제110조 제2항을 위반하여 특정 지역·지역인 또는 성별을 공연히 비하·모욕한 자
11. 제118조(선거일후 답례금지)의 규정에 위반한 자
12. 제272조의2 제3항(제8조의8 제11항에서 준용하는 경우를 포함한다)을 위반하여 출입을 방해하거나 자료제출요구에 응하지 아니한 자 또는 허위의 자료를 제출한 자

**제257조【기부행위의 금지제한 등 위반죄】** ① 다음 각 호의 1에 해당하는 자는 5년 이하의 징역 또는 1천만원 이하의 벌금에 처한다.
1. 제113조(후보자 등의 기부행위제한)·제114조(정당 및 후보자의 가족 등의 기부행위제한) 제1항 또는 제115조(제삼자의 기부행위제한)의 규정에 위반한 자
2. 제81조(단체의 후보자 등 초청 대담·토론회) 제6항[제82조(언론기관의 후보자 등 초청 대담·토론회) 제4항에서 준용하는 경우를 포함한다]의 규정을 위반한 자

② 제81조 제6항·제82조 제4항·제113조·제114조 제1항 또는 제115조에서 규정하고 있는 정당(창당준비위원회를 포함한다)·정당의 대표자·정당선거사무소의 소장, 국회의원·지방의회의원·지방자치단체의 장, 후보자(후보자가 되고자 하는 자를 포함한다. 이하 이 조에서 같다), 후보자의 배우자, 후보자나 그 배우자의 직계존비속과 형제자매, 후보자의 직계비속 및 형제자매의 배우자, 선거사무장, 선거연락소장, 선거사무원, 회계책임자, 연설원,대담·토론자, 후보자 또는 그 가족과 관계있는 회사 등이나 그 임·직원과 제삼자[제116조(기부의 권유·요구 등의 금지)에 규정된 행위의 상대방을 말한다]에게 기부를 지시·권유·알선·요구하거나 그로부터 기부를 받은 자(제261조 제9항 제1호·제6호에 해당하는 사람은 제외한다)는 3년 이하의 징역 또는 500만원 이하의 벌금에 처한다.

③ 제117조(기부받는 행위 등의 금지)의 규정에 위반한 자는 3년 이하의 징역 또는 500만원 이하의 벌금에 처한다.

④ 제1항 내지 제3항의 죄를 범한 자가 받은 이익은 이를 몰수한다. 다만, 그 전부 또는 일부를 몰수할 수 없을 때에는 그 가액을 추징한다.

**제258조 【선거비용부정지출 등 죄】** ① 다음 각 호의 어느 하나에 해당하는 때에는 5년 이하의 징역 또는 2천만원 이하의 벌금에 처한다.

1. 정당·후보자·선거사무장·선거연락소장·회계책임자 또는 회계사무보조자가 제122조(선거비용제한액의 공고)의 규정에 의하여 공고한 선거비용제한액의 200분의 1 이상을 초과하여 선거비용을 지출한 때
2. 삭제 〈2005.8.4.〉

② 삭제 〈2005.8.4.〉

**제259조 【선거범죄선동죄】** 연설·벽보·신문 기타 어떠한 방법으로든지 제230조(매수 및 이해유도죄) 내지 제235조(방송·신문 등의 불법이용을 위한 매수죄)·제237조(선거의 자유방해죄)의 죄(당내경선과 관련한 죄를 제외한다)를 범할 것을 선동한 자는 3년 이하의 징역 또는 600만원 이하의 벌금에 처한다.

〈개정〉 **제260조 【양벌규정】** ① 정당·회사, 그 밖의 법인·단체(이하 이 조에서 "단체 등"이라 한다)의 대표자, 그 대리인·사용인, 그 밖의 종업원과 정당의 간부인 당원이 그 단체 등의 업무에 관하여 제230조 제1항부터 제4항까지·제6항부터 제8항까지, 제231조, 제232조 제1항·제2항, 제235조, 제237조 제1항·제5항, 제240조 제1항, 제241조 제1항, 제244조, 제245조 제2항, 제246조 제2항, 제247조 제1항, 제248조 제1항, 제250조부터 제254조까지, 제255조제1항·제2항, 같은 조 제4항부터 제6항까지, 제256조, 제257조 제1항부터 제3항까지, 제258조, 제259조의 어느 하나에 해당하는 위반행위를 하면 그 행위자를 벌하는 외에 그 단체 등에도 해당 조문의 벌금형을 과한다. 다만, 단체 등이 그 위반행위를 방지하기 위하여 해당

업무에 관하여 상당한 주의와 감독을 게을리하지 아니한 경우에는 그러하지 아니하다. 〈개정 2014. 2. 13., 2023. 12. 28.〉

② 단체 등의 대표자, 그 대리인·사용인, 그 밖의 종업원과 정당의 간부인 당원이 그 단체 등의 업무에 관하여 제233조, 제234조, 제237조 제3항·제6항, 제242조 제1항·제2항, 제243조 제1항, 제245조 제1항, 제246조 제1항, 제249조 제1항, 제255조 제3항의 어느 하나에 해당하는 위반행위를 하면 그 행위자를 벌하는 외에 그 단체 등에도 3천만원 이하의 벌금에 처한다. 다만, 단체 등이 그 위반행위를 방지하기 위하여 해당 업무에 관하여 상당한 주의와 감독을 게을리하지 아니한 경우에는 그러하지 아니하다.

**제261조【과태료의 부과·징수 등】** ① 제231조 제1항 제1호에 규정된 행위를 하는 것을 조건으로 정당 또는 후보자(후보자가 되려는 사람을 포함한다)에게 금전·물품, 그 밖의 재산상의 이익 또는 공사의 직의 제공을 요구한 자에게는 5천만원 이하의 과태료를 부과한다.

② 다음 각 호의 어느 하나에 해당하는 행위를 한 자에게는 3천만원 이하의 과태료를 부과한다.
1. 제8조의8 제10항에 따른 시정명령·정정보도문의 게재명령을 통보받고 이를 이행하지 아니한 자
2. 제108조 제6항을 위반하여 선거여론조사기준으로 정한 사항을 함께 공표 또는 보도하지 아니한 자
3. 제108조 제7항을 위반하여 선거여론조사기준으로 정한 사항을 등록하지 아니한 자. 이 경우 해당 여론조사를 의뢰한 자가 여론조사 결과의 공표·보도 예정일시를 통보하지 아니하여 등록하지 못한 때에는 그 여론조사 의뢰자를 말한다.
4. 제108조 제8항을 위반하여 여론조사를 실시하거나 그 결과를 공표 또는 보도한 자

③ 다음 각 호의 어느 하나에 해당하는 행위를 한 자에게는 1천만원 이하의 과태료를 부과한다. 〈개정 2010.1.25, 2014.2.13, 2015.8.13, 2017.2.8, 2018.4.6, 2022.1.18.〉
1. 제6조의2 제2항을 위반하여 투표시간을 보장하여 주지 아니한 자
2. 제59조 제2호 후단을 위반하여 신고한 전화번호가 아닌 전화번호를 정당한 이유 없이 사용하여 자동 동보통신의 방법으로 문자메시지를 전송한 사람
3. 제65조 제4항 단서를 위반하여 점자형 선거공보의 전부 또는 일부를 제출하지 아니한 사람
3의2. 제79조제8항 또는 제216조제1항 후단을 위반하여 소음기준을 초과한 확성장치를 사용하거나 사용하게 한 자
3의3. 제82조의2제4항 각 호 외의 부분 후단을 위반하여 정당한 사유 없이 대담·토론회에 참석하지 아니한 사람
**개정** 4. 제82조의8제2항을 위반하여 중앙선거관리위원회규칙으로 정하는 사항을 딥페이크영상 등에 표시하지 아니한 자 〈개정 2023. 12. 28.〉

4의2. 제102조제2항 단서를 위반하여 오후 9시부터 오후 11시까지의 사이에 소리를 출력하여 녹화기를 사용한 자
5. 제108조제3항을 위반하여 관할 선거여론조사심의위원회에 신고하지 아니하거나 신고내용과 다르게 여론조사를 실시하거나 같은 조 제4항을 위반하여 보완사항을 보완하지 아니하고 여론조사를 실시한 자

④ 제147조 제3항(제148조 제4항 및 제173조 제3항에서 준용하는 경우를 포함한다)을 위반하여 정당한 사유 없이 협조요구에 따르지 아니한 자에게는 500만원 이하의 과태료를 부과한다.
⑤ 삭제 〈2018.4.6.〉
⑥ 다음 각 호의 어느 하나에 해당하는 행위를 한 자는 300만원 이하의 과태료를 부과한다.
1. 제70조 제3항·제71조 제10항·제72조 제3항(제74조 제2항에서 준용하는 경우를 포함한다)·제73조 제1항(관할 선거구선거관리위원회가 제공하는 내용에 한한다) 및 제2항·제272조의3 제4항 또는 제275조의 규정을 위반한 자
2. 「형사소송법」 제211조(현행범인과 준현행범인)에 규정된 현행범인 또는 준현행범인으로서 제272조의2 제4항(제8조의8 제11항에서 준용하는 경우를 포함한다)에 따른 동행요구에 응하지 아니한 자

〔개정〕 3. 삭제 〈2023. 8. 30.〉
4. 제82조의4 제4항을 위반하여 선거관리위원회의 요청을 이행하지 아니한 자. 다만, 2회 이상 요청을 받고 이행하지 아니한 자는 그러하지 아니하다.

⑦ 다음 각 호의 어느 하나에 해당하는 행위를 한 자는 이 법에 다른 규정이 있는 경우를 제외하고는 200만원 이하의 과태료를 부과한다.
1. 선거에 관하여 이 법이 규정하는 신고·제출의 의무를 해태한 자
2. 다음 각목의 어느 하나에 해당하는 자
  가. 제205조(선거운동기구의 설치 및 선거사무관계자의 선임에 관한 특례) 제3항의 규정에 위반하여 그 분담내역을 선거사무소·선거연락소의 설치신고서에 명시하지 아니한 자
  나. 제205조 제3항의 규정에 위반하여 그 분담내역을 선거사무장·선거연락소장·선거사무원의 선임신고서에 명시하지 아니한 자
  다. 제207조(책자형 선거공보에 관한 특례) 제3항 후단의 규정을 위반하여 그 분담내역을 선거공보를 제출하는 때에 서면으로 신고하지 아니한 자
  라. 삭제 〈2010.1.25.〉
  마. 제69조(新聞廣告) 제3항 후단 및 제82조의7(인터넷광고) 제3항 후단의 규정에 위반하여 그 분담내역을 광고계약서에 명시하지 아니한 자
  바. 삭제 〈2010.1.25.〉
  사. 제146조의2 제3항이나 제147조 제10항(제148조 제4항에서 준용하는 경우를 포함한다) 또는 제174조 제3항을 위반하여 정당한 사유 없이 협조요구에 따르지 아니한 자
  아. 제149조 제3항·제4항을 위반한 사람

3. 삭제 〈2005.8.4.〉
4. 제152조(투표용지모형 등의 공고) 제1항의 규정에 의하여 첨부한 투표용지모형을 훼손·오손한 자
5. 제271조(불법시설물 등에 대한 조치 및 대집행) 제1항의 규정에 의한 대집행을 한 것으로서 사안이 경미한 행위를 한 자. 이 경우 과태료를 부과하지 아니한 때에는 관할수사기관에 고발 또는 수사의뢰 등을 하여야 한다.
6. 제276조(선거일후 선전물 등의 철거)의 규정에 위반하여 선전물 등을 철거하지 아니 한 자

⑧ 다음 각 호의 어느 하나에 해당하는 행위를 한 자는 100만원 이하의 과태료를 부과한다.
1. 제161조 제3항 단서, 제162조 제3항, 제181조 제3항 또는 제218조의20 제4항에 따라 선거관리위원회·재외선거관리위원회가 선정한 참관인이 정당한 사유 없이 참관을 거부하거나 게을리한 경우
1의2. 제8조의9 제4항을 위반하여 변경등록신청을 제때 하지 아니한 자
2. 다음 각 목의 어느 하나에 해당하는 자
    가. 제61조 제6항을 위반하여 선거사무소, 선거연락소 또는 선거대책기구에 간판·현판·현수막을 설치·게시하거나 하게 한 자
    나. 제61조의2(정당선거사무소의 설치) 제4항의 규정을 위반하여 정당선거사무소에 간판·현판·현수막을 설치 또는 게시하거나 하게 한 자
    다. 제63조 제2항을 위반하여 표지를 패용하지 아니하고 선거운동을 하거나 하게 한 자
    라. 제79조 제6항 또는 제10항 후단을 위반하여 자동차, 확성장치, 녹음기 또는 녹화기에 표지를 부착하지 아니하고 연설·대담을 한 사람
    마. 제91조(확성장치와 자동차 등의 사용제한) 제4항의 규정에 위반하여 표지를 부착하지 아니하고 자동차 또는 선박을 운행한 자
    바. 제147조 제9항, 제148조 제3항 또는 제174조(개표사무원) 제2항의 규정에 의하여 투표사무원·사전투표사무원 또는 개표사무원으로 위촉된 자가 정당한 사유없이 그 직무수행을 거부·유기하거나 해태한 자
2의2. 다음 각 목의 어느 하나에 해당하는 자
    가. 제60조의4 제3항을 위반하여 예비후보자공약집을 제출하지 아니한 자
    나. 제66조 제6항을 위반하여 선거공약서를 제출하지 아니한 자
3. 제111조(의정활동 보고) 제2항의 규정에 위반하여 고지벽보와 표지를 게시하거나, 의정보고회가 끝난후 지체없이 고지벽보와 표지를 철거하지 아니한 자
4. 다음 각 목의 어느 하나에 해당하는 자
    가. 제138조(정강·정책홍보물의 배부·제한 등) 제4항의 규정에 위반하여 정강·정책홍보물을 제출하지 아니한 자
    나. 제138조의2(정책공약집의 배부제한 등) 제3항의 규정을 위반하여 정책공약집을 제출하지 아니한 자

다. 제139조(정당기관지의 발행·배부제한) 제3항의 규정에 위반하여 기관지를 제출하지 아니한 자
라. 제140조(창당대회등의 개최와 고지의 제한) 제4항의 규정에 위반하여 창당대회등의 표지를 지체없이 철거하지 아니한 자
마. 제141조(당원집회의 제한) 제2항에 규정된 장소가 아닌 장소에서 당원집회를 개최하거나 동조 제4항의 규정에 위반하여 당원집회의 표지를 지체없이 철거하지 아니한 자
바. 삭제 〈2004.3.12.〉
사. 제145조(당사게시 선전물 등의 제한)의 규정에 위반하여 당사 또는 후원회의 사무소에 선전물 등을 설치·게시한 자
5. 제8조의3 제4항의 규정에 위반하여 정당한 사유없이 정기간행물등을 제출하지 아니한 자
6. 제272조의2 제4항(제8조의8 제11항에서 준용하는 경우를 포함한다)에 따른 출석요구에 정당한 사유없이 응하지 아니한 자

⑨ 다음 각 호의 어느 하나에 해당하는 자(그 제공받은 금액 또는 음식물·물품 등의 가액이 100만원을 초과하는 자는 제외한다)는 그 제공받은 금액 또는 음식물·물품 등의 가액의 10배 이상 50배 이하에 상당하는 금액(주례의 경우에는 200만원)의 과태료를 부과하되, 그 상한은 3천만원으로 한다. 다만, 제1호 또는 제2호에 해당하는 자가 그 제공받은 금액 또는 음식물·물품(제공받은 것을 반환할 수 없는 경우에는 그 가액에 상당하는 금액을 말한다) 등을 선거관리위원회에 반환하고 자수한 경우에는 중앙선거관리위원회규칙으로 정하는 바에 따라 그 과태료를 감경 또는 면제할 수 있다.
1. 제116조를 위반하여 금전·물품·음식물·서적·관광 기타 교통편의를 제공받은 자
2. 제230조 제1항 제7호에 규정된 자로서 같은 항 제5호의 자로부터 금품, 그 밖의 이익을 제공받은 자
3. 삭제 〈2008.2.29.〉
4. 삭제 〈2008.2.29.〉
5. 삭제 〈2008.2.29.〉
6. 제116조를 위반하여 제113조에 규정된 자로부터 주례행위를 제공받은 자

⑩ 과태료는 중앙선거관리위원회규칙으로 정하는 바에 따라 당해 선거관리위원회(선거여론조사심의위원회를 포함한다. 이하 이 조에서 "부과권자"라 한다)가 부과한다. 이 경우 제1항부터 제8항까지에 따른 과태료는 당사자(「질서위반행위규제법」 제2조 제3호에 따른 당사자를 말한다. 이하 이 조에서 같다)가 정당·후보자(예비후보자를 포함한다. 이하 이 조에서 같다) 및 그 가족·선거사무장·선거연락소장·선거사무원·회계책임자·연설원 또는 활동보조인인 때에는 제57조에 따라 해당 후보자의 기탁금 중에서 공제하여 국가 또는 지방자치단체에 납입하고, 그 밖의 자와 제9항에 따른 과태료의 과태료처분대상자에 대하여는 위반자가 납부하도록 하며, 납부기한까지 납부하지 아니한 때에는 관할세무서장에게 위탁하고 관할세무서장이

국세체납처분의 예에 따라 이를 징수하여 국가 또는 지방자치단체에 납입하여야 한다.

⑪ 이 법에 따른 과태료의 부과·징수 등의 절차에 관하여는 「질서위반행위규제법」 제5조에도 불구하고 다음 각 호에서 정하는 바에 따른다.
1. 당사자는 「질서위반행위규제법」 제16조 제1항 전단에도 불구하고 부과권자로부터 사전통지를 받은 날부터 3일까지 의견을 제출하여야 한다.
2. 「질서위반행위규제법」 제17조 제3항에도 불구하고 이 조 제10항 후단에 따라 해당 후보자의 기탁금에서 공제하는 과태료에 대하여는 「국세징수법」 제15조부터 제20조까지의 규정을 준용하지 아니한다.
3. 이 조 제10항 전단에 따른 과태료 처분에 불복이 있는 당사자는 「질서위반행위규제법」 제20조 제1항 및 제2항에도 불구하고 그 처분의 고지를 받은 날부터 20일 이내에 부과권자에게 이의를 제기하여야 하며, 이 경우 그 이의제기는 과태료 처분의 효력이나 그 집행 또는 절차의 속행에 영향을 주지 아니한다.
4. 「질서위반행위규제법」 제24조에도 불구하고 이 조 제10항 후단에 따라 해당 후보자의 기탁금에서 공제하지 아니하는 과태료를 당사자가 납부기한까지 납부하지 아니한 경우 부과권자는 체납된 과태료에 대하여 100분의 5에 상당하는 가산금을 더하여 관할세무서장에게 징수를 위탁하고, 관할세무서장은 국세 체납처분의 예에 따라 이를 징수하여 국가 또는 지방자치단체에 납입하여야 한다.
5. 「질서위반행위규제법」 제21조 제1항 본문에도 불구하고 이 조 제10항에 따라 과태료 처분을 받은 당사자가 제3호에 따라 이의를 제기한 경우 부과권자는 지체 없이 관할 법원에 그 사실을 통보하여야 한다.

⑫ 「질서위반행위규제법」 제37조에 따라 과태료 재판의 결정을 고지 받은 검사는 과태료 처분을 한 관할 선거관리위원회에 그 결정을 지체 없이 통보하여야 한다.

**제262조 【자수자에 대한 특례】** ① 다음 각 호의 어느 하나에 해당하는 사람이 자수한 때에는 그 형을 감경 또는 면제한다.
1. 제230조 제1항·제2항, 제231조 제1항 및 제257조 제2항을 위반한 사람 중 금전·물품, 그 밖의 이익 등을 받거나 받기로 승낙한 사람(후보자와 그 가족 또는 사위의 방법으로 이익 등을 받거나 받기로 승낙한 사람은 제외한다)
2. 다른 사람의 지시에 따라 제230조 제1항·제2항 또는 제257조 제1항을 위반하여 금전·물품, 그 밖의 재산상의 이익이나 공사의 직을 제공하거나 그 제공을 약속한 사람

② 제1항에 규정된 자가 각급선거관리위원회(읍·면·동선거관리위원회를 제외한다)에 자신의 선거범죄사실을 신고하여 선거관리위원회가 관계수사기관에 이를 통보한 때에는 선거관리위원회에 신고한 때를 자수한 때로 본다.

**제262조의2 【선거범죄신고자 등의 보호】** ① 선거범죄[제16장 벌칙에 규정된 죄(제261조 제9항의 과태료에 해당하는 위법행위를 포함한다)와 「국민투표법」 위반의 죄를 말한다. 이하 같다]에 관한 신고·진정·고소·고발 등 조사 또는 수사단서의 제공, 진술 또는 증언 그 밖의 자료제출행위 및 범인검거를 위한 제보 또는 검거활동을 한 자가 그와 관련하여 피해를 입거나 입을 우려가 있다고 인정할 만한 상당한 이유가 있는 경우 그 선거범죄에 관한 형사절차 및 선거관리위원회의 조사과정에서는 「특정범죄신고자 등 보호법」 제5조·제7조·제9조부터 제12조까지 및 제16조를 준용한다.

② 누구든지 제1항의 규정에 의하여 보호되고 있는 선거범죄신고자 등이라는 정을 알면서 그 인적사항 또는 선거범죄신고자 등임을 알 수 있는 사실을 다른 사람에게 알려주거나 공개 또는 보도하여서는 아니된다.

**제262조의3 【선거범죄신고자에 대한 포상금 지급】** ① 각급선거관리위원회(읍·면·동선거관리위원회를 제외한다. 이하 이 조에서 같다)는 선거범죄에 대하여 선거관리위원회가 인지하기 전에 그 범죄행위의 신고를 한 사람에게 포상금을 지급할 수 있다.

② 중앙선거관리위원회 및 시·도선거관리위원회는 제1항에 따른 포상금 지급의 심사를 위하여 중앙선거관리위원회규칙으로 정하는 바에 따라 각각 포상금심사위원회를 설치·운영하여야 한다.

③ 각급선거관리위원회는 제1항에 따라 포상금을 지급한 후 다음 각 호의 어느 하나에 해당하는 사유가 있는 경우에는 그 포상금의 지급결정을 취소한다.
1. 담합 등 거짓의 방법으로 신고한 사실이 발견된 경우
2. 불기소처분이 있는 경우
3. 무죄의 판결이 확정된 경우

④ 각급선거관리위원회는 제3항에 따라 포상금의 지급결정을 취소한 때에는 해당 신고자에게 그 취소 사실과 지급받은 포상금에 해당하는 금액을 반환할 것을 통지하여야 하며, 해당 신고자는 통지를 받은 날부터 30일 이내에 그 금액을 해당 선거관리위원회에 납부하여야 한다.

⑤ 각급선거관리위원회는 제4항에 따라 포상금의 반환을 통지받은 해당 신고자가 납부기한까지 반환할 금액을 납부하지 아니한 때에는 해당 신고자의 주소지를 관할하는 세무서장에게 징수를 위탁하고 관할 세무서장이 국세 체납처분의 예에 따라 징수한다.

⑥ 제4항 또는 제5항에 따라 납부 또는 징수된 금액은 국가에 귀속된다.

⑦ 포상금의 지급 기준 및 절차, 포상금심사위원회의 구성 및 심의사항, 제3항 제2호 및 제3호의 경우 포상금의 반환사유, 반환금액의 납부절차, 그 밖에 필요한 사항은 중앙선거관리위원회규칙으로 정한다.

# 보칙 〈출제범위 제외됨〉

**제263조【선거비용의 초과지출로 인한 당선무효】** ① 제122조(선거비용제한액의 공고)의 규정에 의하여 공고된 선거비용제한액의 200분의 1 이상을 초과지출한 이유로 선거사무장, 선거사무소의 회계책임자가 징역형 또는 300만원 이상의 벌금형의 선고를 받은 때에는 그 후보자의 당선은 무효로 한다. 다만, 다른 사람의 유도 또는 도발에 의하여 당해 후보자의 당선을 무효로 되게 하기 위하여 지출한 때에는 그러하지 아니하다.

② 「정치자금법」 제49조(선거비용관련 위반행위에 관한 벌칙) 제1항 또는 제2항 제6호의 죄를 범함으로 인하여 선거사무소의 회계책임자가 징역형 또는 300만원 이상의 벌금형의 선고를 받은 때에는 그 후보자(대통령후보자, 비례대표국회의원후보자 및 비례대표지방의회의원후보자를 제외한다)의 당선은 무효로 한다. 이 경우 제1항 단서의 규정을 준용한다.

> **기출지문**
>
> 🔖 **관련판례** 선거사무장이 그 지위상실 전후로 연속하여 공직선거법상 선거비용초과지출로 인한 당선무효의 죄를 범한 경우에는 연속된 여러 개의 행위를 지위상실 시점을 기준으로 구분하여 범죄관계를 평가하여야 한다(부산고법 2013.5.31, 2013노755). [2015. 국가직 9급]

**제264조【당선인의 선거범죄로 인한 당선무효】** 당선인이 당해 선거에 있어 이 법에 규정된 죄 또는 「정치자금법」 제49조의 죄를 범함으로 인하여 징역 또는 100만원 이상의 벌금형의 선고를 받은 때에는 그 당선은 무효로 한다.

> **기출지문**
>
> ⓞ 당선인이 당해 선거에 있어 공직선거법에 규정된 죄를 범하여 100만원의 벌금형의 선고를 받은 때에는 그 당선은 무효로 한다(제264조). [2013. 국가직 9급]

**제265조【선거사무장 등의 선거범죄로 인한 당선무효】** 선거사무장·선거사무소의 회계책임자(선거사무소의 회계책임자로 선임·신고되지 아니한 자로서 후보자와 통모하여 당해 후보자의 선거비용으로 지출한 금액이 선거비용제한액의 3분의 1 이상에 해당되는 자를 포함한다) 또는 후보자(후보자가 되려는 사람을 포함한다)의 직계존비속 및 배우자가 해당 선거에 있어서 제230조부터 제234조까지, 제257조 제1항 중 기부행위를 한 죄 또는 「정치자금법」 제

45조 제1항의 정치자금 부정수수죄를 범함으로 인하여 징역형 또는 300만원 이상의 벌금형의 선고를 받은 때(선거사무장, 선거사무소의 회계책임자에 대하여는 선임·신고되기 전의 행위로 인한 경우를 포함한다)에는 그 선거구 후보자(대통령후보자, 비례대표국회의원후보자 및 비례대표지방의회의원후보자를 제외한다)의 당선은 무효로 한다. 다만, 다른 사람의 유도 또는 도발에 의하여 당해 후보자의 당선을 무효로 되게 하기 위하여 죄를 범한 때에는 그러하지 아니하다.

### 기출지문

- ◎ 대통령후보자의 아버지가 해당 선거에서 기부행위를 한 죄를 범하여 징역형의 선고를 받고 형이 확정된 때에도 그 후보자의 당선은 무효로 되지 아니한다(제265조). [2013. 국가직 9급]
- ☒ 선거사무장이 당해 선거에 있어 공직선거법에 규정된 죄를 범하여 100만원의 벌금형의 선고를 받은 때에는 그 후보자의 당선은 무효로 한다. (×) [2013. 국가직 9급]
  - ᐩPLUS 선거사무장이 당해 선거에 있어 공직선거법에 규정된 죄를 범함으로 인하여 징역형 또는 300만원 이상의 벌금형의 선고를 받은 때(선거사무장, 선거사무소의 회계책임자에 대하여는 선임·신고되기 전의 행위로 인한 경우를 포함한다)에는 그 선거구 후보자(대통령후보자, 비례대표국회의원후보자 및 비례대표지방의회의원후보자를 제외한다)의 당선은 무효로 한다. 다만, 다른 사람의 유도 또는 도발에 의하여 당해 후보자의 당선을 무효로 되게 하기 위하여 죄를 범한 때에는 그러하지 아니하다(제265조).
- ☒ 후보자의 배우자가 범한 선거범죄로 인해 후보자의 당선을 무효로 하는 것은 헌법 제13조 제3항에서 금지하는 연좌제에 해당된다. (×) [2015. 국가직 9급]
  - ᐩPLUS 배우자가 선거범죄로 300만 원 이상의 벌금형을 선고받은 경우 그 선거구 후보자의 당선을 무효로 하는 공직선거법 제265조는, '친족인 배우자의 행위와 본인 간에 실질적으로 의미 있는 아무런 관련성을 인정할 수 없음에도 불구하고 오로지 배우자라는 사유 그 자체만으로' 불이익한 처우를 가하는 것이 아니라, 후보자와 불가분의 선거운명공동체를 형성하여 활동하게 마련인 배우자의 실질적 지위와 역할을 근거로 후보자에게 연대책임을 부여한 것이므로, 헌법 제13조 제3항에서 금지하고 있는 연좌제에 해당하지 아니하고, 자기책임의 원칙에도 위배되지 아니한다(헌재 2011.9.29, 2010헌마68).

제265조의2【당선무효된 자 등의 비용반환】✦✦ ① 제263조부터 제265조까지의 규정에 따라 당선이 무효로 된 사람(그 기소 후 확정판결 전에 사직한 사람을 포함한다)과 당선되지 아니한 사람으로서 제263조부터 제265조까지에 규정된 자신 또는 선거사무장 등의 죄로 당선무효에 해당하는 형이 확정된 사람은 제57조와 제122조의2에 따라 반환·보전받은 금액을 반환하여야 한다. 이 경우 대통령선거의 정당추천후보자는 그 추천 정당이 반환하며, 비례대표국회의원선거 및 비례대표지방의회의원선거의 경우 후보자의 당선이 모두 무효로 된 때에 그 추천 정당이 반환한다.

✦ ② 관할선거구선거관리위원회는 제1항의 규정에 의한 반환사유가 발생한 때에는 지체없이 당해 정당·후보자에게 반환하여야 할 금액을 고지하여야 하고, 당해 정당·후보자는 그 고지를 받은 날부터 30일 이내에 선거구선거관리위원회에 이를 납부하여야 한다.

③ 관할선거구선거관리위원회는 제2항의 납부기한까지 당해 정당·후보자가 납부하지 아니한 때에는 당해 후보자의 주소지(정당에 있어서는 중앙당의 사무소 소재지를 말한다)를 관할하는 세무서장에게 징수를 위탁하고 관할세무서장이 국세체납처분의 예에 따라 이를 징수한다.

④ 제2항 또는 제3항의 규정에 의하여 납부 또는 징수된 금액은 국가 또는 지방자치단체에 귀속된다.

⑤ 제2항의 규정에 따른 고지방법·절차 기타 필요한 사항은 중앙선거관리위원회규칙으로 정한다.

---

**기출지문**

◎ 당선인의 선거범죄로 인하여 그 당선이 무효로 된 경우 반환받은 기탁금과 선거비용으로 보전받은 금액을 반환하여야 한다(제265조의2 제1항). **[2013. 국가직 7급]**

◎ 배우자의 선거범죄로 당선이 무효로 된 사람은 반환받은 기탁금과 보전받은 선거비용을 반환하여야 한다(제265조의2 제1항). **[2013. 국가직 9급]**

---

✦✦ **제266조 【선거범죄로 인한 공무담임 등의 제한】** ✦ ① 다른 법률의 규정에도 불구하고 제230조부터 제234조까지, 제237조부터 제255조까지, 제256조 제1항부터 제3항까지, 제257조부터 제259조까지의 죄(당내경선과 관련한 죄는 제외한다) 또는 「정치자금법」 제49조의 죄를 범함으로 인하여 징역형의 선고를 받은 자는 그 집행을 받지 아니하기로 확정된 후 또는 그 형의 집행이 종료되거나 면제된 후 10년간, 형의 집행유예의 선고를 받은 자는 그 형이 확정된 후 10년간, 100만원 이상의 벌금형의 선고를 받은 자는 그 형이 확정된 후 5년간 다음 각 호의 어느 하나에 해당하는 직에 취임하거나 임용될 수 없으며, 이미 취임 또는 임용된 자의 경우에는 그 직에서 퇴직된다.

1. 제53조 제1항 각 호의 어느 하나에 해당하는 직(제53조 제1항 제1호의 경우 「고등교육법」 제14조 제1항·제2항에 따른 교원을, 같은 항 제5호의 경우 각 조합의 조합장 및 상근직원을 포함한다)
2. 제60조(선거운동을 할 수 없는 자) 제1항 제6호 내지 제8호에 해당하는 직
✦ 3. 「공직자윤리법」 제3조 제1항 제12호 또는 제13호에 해당하는 기관·단체의 임·직원
4. 「사립학교법」 제53조(학교의 장의 임면) 또는 같은 법 제53조의2(학교의 장이 아닌 교원의 임면)의 규정에 의한 교원
✦ 5. 방송통신심의위원회의 위원

② 다음 각 호의 어느 하나에 해당하는 사람은 당선인의 당선무효로 실시사유가 확정된 재선거(당선인이 그 기소 후 확정판결 전에 사직함으로 인하여 실시사유가 확정된 보궐선거를 포

함한다)의 후보자가 될 수 없다.
1. 제263조 또는 제265조에 따라 당선이 무효로 된 사람(그 기소 후 확정판결 전에 사직한 사람을 포함한다)
2. 당선되지 아니한 사람(후보자가 되려던 사람을 포함한다)으로서 제263조 또는 제265조에 규정된 선거사무장 등의 죄로 당선무효에 해당하는 형이 확정된 사람

③ 다른 공직선거(교육의원선거 및 교육감선거를 포함한다)에 입후보하기 위하여 임기 중 그 직을 그만 둔 국회의원·지방의회의원 및 지방자치단체의 장은 그 사직으로 인하여 실시사유가 확정된 보궐선거의 후보자가 될 수 없다.

> **기출지문**
>
> ◎ 국립대학의 교수가 「정치자금법」 제49조(선거비용관련 위반행위에 관한 벌칙)에 규정된 죄를 범하여 100만 원 이상의 벌금형이 확정되면 당연퇴직된다(제266조 제1항). [2016. 국가직 9급]
> ◎ 서울특별시의회의원이 임기 중 서울시장선거에 입후보하기 위하여 그 직을 그만둔 경우 그로 인한 서울특별시의회의원 보궐선거에 입후보할 수 없다(제266조 제3항).
> [2013. 국가직 7급]

**제267조【기소·판결에 관한 통지】** ① 선거에 관한 범죄로 당선인, 후보자, 후보자의 직계존·비속 및 배우자, 선거사무장, 선거사무소의 회계책임자를 기소한 때에는 당해 선거구선거관리위원회에 이를 통지하여야 한다.

② 제230조(매수 및 이해유도죄) 내지 제235조(방송·신문 등의 불법이용을 위한 매수죄)·제237조(선거의 자유방해죄) 내지 제259조(선거범죄선동죄)의 범죄에 대한 확정판결을 행한 재판장은 그 판결서등본을 당해 선거구선거관리위원회에 송부하여야 한다.

**제268조【공소시효】** ✦✦ ① 이 법에 규정한 죄의 공소시효는 당해 선거일 후 6개월(선거일 후에 행하여진 범죄는 그 행위가 있는 날부터 6개월)을 경과함으로써 완성한다. 다만, 범인이 도피한 때나 범인이 공범 또는 범죄의 증명에 필요한 참고인을 도피시킨 때에는 그 기간은 3년으로 한다.

✦✦ ② 제1항 본문에도 불구하고 선상투표와 관련하여 선박에서 범한 이 법에 규정된 죄의 공소시효는 범인이 국내에 들어온 날부터 6개월을 경과함으로써 완성된다.

③ 제1항 및 제2항에도 불구하고 공무원(제60조 제1항 제4호 단서에 따라 선거운동을 할 수 있는 사람은 제외한다)이 직무와 관련하여 또는 지위를 이용하여 범한 이 법에 규정된 죄의 공소시효는 해당 선거일 후 10년(선거일 후에 행하여진 범죄는 그 행위가 있는 날부터 10년)을 경과함으로써 완성된다.

> **기출지문**
>
> ◎ 선상투표와 관련하여 선박에서 범한 공직선거법에 규정된 죄의 공소시효는 범인이 국내에 들어온 날부터 6개월을 경과함으로써 완성된다(제268조 제2항). [2013. 국가직 7급]

**제269조【재판의 관할】** 선거범과 그 공범에 관한 제1심재판은 「법원조직법」 제32조(합의부의 심판권) 제1항의 규정에 의한 지방법원합의부 또는 그 지원의 합의부의 관할로 한다. 다만, 군사법원이 재판권을 갖는 선거범과 그 공범에 관한 제1심재판은 「군사법원법」 제11조에 따른 군사법원의 관할로 한다.

> **기출지문**
>
> ◎ 군사법원이 재판권을 갖는 선거범과 그 공범에 관한 제1심 재판은 「군사법원법」 제11조에 따른 군사법원의 관할로 한다(제269조). [2018 · 2015. 국가직 7급]

✦ **제270조【선거범의 재판기간에 관한 강행규정】** 선거범과 그 공범에 관한 재판은 다른 재판에 우선하여 신속히 하여야 하며, 그 판결의 선고는 제1심에서는 공소가 제기된 날부터 6월 이내에, 제2심 및 제3심에서는 전심의 판결의 선고가 있은 날부터 각각 3월 이내에 반드시 하여야 한다.

> **기출지문**
>
> ◎ 선거범에 대한 제2심 판결의 선고는 제1심 판결의 선고가 있은 날부터 3월 이내에 반드시 하여야 한다(제270조). [2018 · 2015. 국가직 7급]

✦✦ **제270조의2【피고인의 출정】** ✦ ① 선거범에 관한 재판에서 피고인이 공시송달에 의하지 아니한 적법한 소환을 받고서도 공판기일에 출석하지 아니한 때에는 다시 기일을 정하여야 한다.
✦✦ ② 피고인이 정당한 사유없이 다시 정한 기일 또는 그 후에 열린 공판기일에 출석하지 아니한 때에는 피고인의 출석없이 공판절차를 진행할 수 있다.
③ 제2항의 규정에 의하여 공판절차를 진행할 경우에는 출석한 검사 및 변호인의 의견을 들어야 한다.
④ 법원은 제2항의 규정에 따라 판결을 선고한 때에는 피고인 또는 변호인(변호인이 있는 경우에 한한다)에게 전화 기타 신속한 방법으로 그 사실을 통지하여야 한다.

기출지문

❌ 선거범에 관한 재판에서 피고인이 공시송달에 의하지 아니한 적법한 소환을 받고서도 공판기일에 출석하지 아니한 때에는 피고인의 출석 없이 재판을 진행하여야 한다. (×)
[2013. 국가직 7급]

➕PLUS 선거범에 관한 재판에서 피고인이 공시송달에 의하지 아니한 적법한 소환을 받고서도 공판기일에 출석하지 아니한 때에는 다시 기일을 정하여야 한다. 피고인이 정당한 사유 없이 다시 정한 기일 또는 그 후에 열린 공판기일에 출석하지 아니한 때에는 피고인의 출석없이 공판절차를 진행할 수 있다(제270조의2 제1·2항).

**제271조【불법시설물 등에 대한 조치 및 대집행】** ① 각급선거관리위원회는 이 법의 규정에 위반되는 선거에 관한 벽보·인쇄물·현수막 기타 선전물(정당의 당사게시선전물을 포함한다)이나 유사기관·사조직 또는 시설 등을 발견한 때에는 지체없이 그 첩부 등의 중지 또는 철거·수거·폐쇄 등을 명하고, 이에 불응하는 때에는 대집행을 할 수 있다. 이 경우 대집행은 「행정대집행법」에 의하되, 그 절차는 「행정대집행법」 제3조(대집행의 절차)의 규정에 불구하고 중앙선거관리위원회규칙이 정하는 바에 의할 수 있다.
② 각급선거관리위원회는 제1항의 불법시설물 등에 중앙선거관리위원회규칙이 정하는 바에 따라 불법시설물임을 표시하는 표지를 하거나 공고할 수 있다.
③ 제56조 제3항에 따라 기탁금에서 부담하는 대집행비용의 공제·납입·징수위탁 등에 관하여는 제261조 제10항을 준용한다.

기출지문

⭕ 각급선거관리위원회는 공직선거법의 규정에 위반되는 선거에 관한 벽보·인쇄물·현수막 기타 선전물을 발견한 때에는 지체 없이 그 첩부 등의 중지 또는 철거·수거·폐쇄 등을 명하고, 이에 불응할 때에는 대집행을 할 수 있다(제271조 제1항). [2017. 국가직 7급]

**제271조의2【선거에 관한 광고의 제한】** ① 선거관리위원회는 방송·신문·잡지 기타 간행물에 방영·게재하고자 하는 광고내용이 이 법에 위반된다고 인정되는 때에는 당해 방송사 또는 일간신문사 등을 경영·관리하는 자와 광고주에게 광고중지를 요청할 수 있다.
② 제1항의 규정에 의한 중지요청을 받은 자는 이에 따라야 하며, 당해 선거관리위원회는 중지요청에 불응하고 광고를 하는 때에는 지체없이 관할수사기관에 수사의뢰 또는 고발하여야 한다.
③ 제1항의 "광고"라 함은 후보자(후보자가 되고자 하는 자를 포함한다)의 당락이나 특정정당(창당준비위원회를 포함한다)에 유리 또는 불리한 광고(이 법의 규정에 의한 광고를 제외한다)를 말한다.

> 기출지문

- 선거관리위원회는 방송·신문·잡지 기타 간행물에 방영·게재하고자 하는 광고내용이 공직선거법에 위반 된다고 인정되는 때에는 당해 방송사 또는 일간신문사 등을 경영·관리하는 자와 광고주에게 광고중지를 요청할 수 있다(제271조의2 제1항). [2017. 국가직 7급]

제272조【불법선전물의 우송중지】① 각급선거관리위원회(읍·면·동선거관리위원회를 제외한다. 이하 이 조에서 같다)는 직권 또는 정당·후보자의 요청에 의하여 이 법에 규정된 죄에 해당하는 범죄의 혐의가 있는 선전물을 우송하려 하거나 우송중임을 발견한 때에는 당해 우체국장에게 그 선전물에 대한 우송의 금지 또는 중지를 요청할 수 있다.

② 우체국장이 제1항의 우송금지 또는 중지를 요청받은 때에는 그 우편물의 우송을 즉시 중지하고, 발송인에 대하여 그 사실을 통보하여야 한다. 다만, 발송인의 주소가 기재되지 아니한 때에는 발송우체국 게시판에 우송중지의 사실을 공고하여야 한다.

③ 제1항의 규정에 의한 우송의 금지 또는 중지를 요청한 때에는 당해 선거관리위원회는 지체없이 수사기관에 조사를 의뢰하거나 고발하고, 해당 우편물의 압수를 요청하여야 한다.

④ 제3항의 경우 수사기관은 「형사소송법」 제200조의4(긴급체포와 영장청구기간)의 기간 내에 해당 우편물에 대한 압수영장의 발부여부를 당해 선거관리위원회 및 우체국장에게 통보하여야 하되, 이 기간 내에 압수영장을 발부받지 못한 때에는 우체국장은 즉시 그 우편물의 우송중지를 해제하여야 한다.

⑤ 각급선거관리위원회는 이 법에 규정된 죄에 해당하는 범죄의 혐의가 있는 선전물이 우송된 것을 발견한 때에는 그 선전물의 우송에 관련된 자의 성명·주소 등 인적사항과 발송통수·배달지역 기타 선거범죄의 조사에 필요한 자료의 제출을 관계 우체국장에게 요구할 수 있다. 이 경우 자료제출의 요구를 받은 우체국장은 이에 응하여야 한다.

⑥ 우체국장이 각급선거관리위원회의 요청에 의하여 우편물의 우송을 중지하거나 선전물의 우송에 관련된 자의 인적사항 등 자료를 제출한 때에는「우편법」 제3조(우편물의 비밀보장)·제50조(우편취급 거부의 죄)·제51조(서신의 비밀침해의 죄)·제51조의2(비밀 누설의 죄),「우편환법」 제19조(비밀의 보장) 및「통신비밀보호법」 제3조(통신 및 대화비밀의 보호)의 규정을 적용하지 아니한다.

⑦ 각급선거관리위원회는 우편관서에서 취급중에 있는 우편물 중 이 법에 규정된 죄에 해당하는 범죄의 혐의가 있는 불법선전물이 있다고 판단되는 때에는 당해 우체국장에게 제1항의 조치와 함께 「우편법」 제28조(법규 위반 우편물의 개봉)에 의한 조치를 하여 줄 것을 요청할 수 있다. 이 경우 「우편법」 제48조(우편물 개봉 훼손의 죄) 및 「통신비밀보호법」 제16조(벌칙)의 규정은 적용하지 아니한다.

### 기출지문

☒ 읍·면·동선거관리위원회는 직권 또는 정당·후보자의 요청에 의하여 공직선거법에 규정된 죄에 해당하는 범죄의 혐의가 있는 선전물을 우송하려 하거나 우송 중임을 발견한 때에는 당해 우체국장에게 그 선전물에 대한 우송의 금지 또는 중지를 요청할 수 있다. (×) [2017. 국가직 7급]

> PLUS 각급선거관리위원회(읍·면·동선거관리위원회를 제외한다)는 직권 또는 정당·후보자의 요청에 의하여 공직선거법에 규정된 죄에 해당하는 범죄의 혐의가 있는 선전물을 우송하려 하거나 우송중임을 발견한 때에는 당해 우체국장에게 그 선전물에 대한 우송의 금지 또는 중지를 요청할 수 있다(제272조 제1항). [2018. 국가직 9급]

## ✦✦ 제272조의2【선거범죄의 조사 등】✦✦

① 각급선거관리위원회(읍·면·동선거관리위원회를 제외한다. 이하 이 조에서 같다)위원·직원은 선거범죄에 관하여 그 범죄의 혐의가 있다고 인정되거나, 후보자(경선후보자를 포함한다)·예비후보자·선거사무장·선거연락소장 또는 선거사무원이 제기한 그 범죄의 혐의가 있다는 소명이 이유있다고 인정되는 경우 또는 현행범의 신고를 받은 경우에는 그 장소에 출입하여 관계인에 대하여 질문·조사를 하거나 관련서류 기타 조사에 필요한 자료의 제출을 요구할 수 있다.

✦ ② 각급선거관리위원회 위원·직원은 선거범죄 현장에서 선거범죄에 사용된 증거물품으로서 증거인멸의 우려가 있다고 인정되는 때에는 조사에 필요한 범위 안에서 현장에서 이를 수거할 수 있다. 이 경우 당해 선거관리위원회위원·직원은 수거한 증거물품을 그 관련된 선거범죄에 대하여 고발 또는 수사의뢰한 때에는 관계수사기관에 송부하고, 그러하지 아니한 때에는 그 소유·점유·관리하는 자에게 지체없이 반환하여야 한다.

✦ ③ 누구든지 제1항의 규정에 의한 장소의 출입을 방해하여서는 아니되며 질문·조사를 받거나 자료의 제출을 요구받은 자는 이에 응하여야 한다.

✦ ④ 각급선거관리위원회위원·직원은 선거범죄 조사와 관련하여 관계자에게 질문·조사하기 위하여 필요하다고 인정되는 때에는 선거관리위원회에 동행 또는 출석할 것을 요구할 수 있다. 다만, 선거기간 중 후보자에 대하여는 동행 또는 출석을 요구할 수 없다.

⑤ 각급선거관리위원회위원·직원은 선거의 자유와 공정을 현저히 해할 우려가 있는 이 법에 위반되는 행위가 눈앞에 행하여지고 있거나, 행하여질 것이 명백하다고 인정되는 경우에는 그 현장에서 행위의 중단 또는 예방에 필요한 조치를 할 수 있다.

⑥ 각급선거관리위원회위원·직원이 제1항의 규정에 의한 장소에 출입하거나 질문·조사·자료의 제출을 요구하는 경우에는 관계인에게 그 신분을 표시하는 증표를 제시하고 소속과 성명을 밝히고 그 목적과 이유를 설명하여야 한다.

⑦ 각급선거관리위원회 위원·직원이 제1항에 따라 피조사자에 대하여 질문·조사를 하는 경우 질문·조사를 하기 전에 피조사자에게 진술을 거부할 수 있는 권리 및 변호인의 조력을 받을 권리가 있음을 알리고, 문답서에 이에 대한 답변을 기재하여야 한다.

⑧ 각급선거관리위원회 위원·직원은 피조사자가 변호인의 조력을 받으려는 의사를 밝힌 경우 지체 없이 변호인(변호인이 되려는 자를 포함한다)으로 하여금 조사에 참여하게 하거나 의견을 진술하게 하여야 한다.

⑨ 제1항부터 제8항까지의 규정에 따른 소명절차·방법,증거자료의 수거, 증표의 규격 기타 필요한 사항은 중앙선거관리위원회규칙으로 정한다.

**기출지문**

- ✅ 각급선거관리위원회(읍·면·동선거관리위원회 제외) 위원은 선거범죄를 조사할 수 있다 (제272조의2 제1항). [2014. 국가직 9급]
- ✅ 누구든지 선거범죄의 조사에 필요한 장소의 출입을 방해하여서는 아니되며, 질문·조사를 받거나 자료의 제출을 요구받은 자는 이에 응하여야 한다(제272조의2 제3항).
  [2014. 국가직 9급]
- ❌ 읍·면·동선거관리위원회 위원·직원은 선거범죄 현장에서 선거범죄에 사용된 증거물품으로서 증거인멸의 우려가 있다고 인정되는 때에는 조사에 필요한 범위 안에서 현장에서 이를 수거할 수 있다. (×) [2017. 국가직 7급]
  - ✚PLUS 각급선거관리위원회(읍·면·동선거관리위원회를 제외한다) 위원·직원은 선거범죄 현장에서 선거범죄에 사용된 증거물품으로서 증거인멸의 우려가 있다고 인정되는 때에는 조사에 필요한 범위 안에서 현장에서 이를 수거할 수 있다. 이 경우 당해 선거관리위원회 위원·직원은 수거한 증거물품을 그 관련된 선거범죄에 대하여 고발 또는 수사의뢰한 때에는 관계수사기관에 송부하고, 그러하지 아니한 때에는 그 소유·점유·관리하는 자에게 지체없이 반환하여야 한다(제272조의2 제1항).
- ❌ 각급선거관리위원회(읍·면·동선거관리위원회 제외) 위원은 선거기간 중 후보자에 대하여 선거범죄의 조사를 위하여 선거관리위원회에 동행 또는 출석을 요구할 수 있다. (×)
  [2023·2014. 국가직 9급]
  - ✚PLUS 각급선거관리위원회위원·직원은 선거범죄 조사와 관련하여 관계자에게 질문·조사하기 위하여 필요하다고 인정되는 때에는 선거관리위원회에 동행 또는 출석할 것을 요구할 수 있다. 다만, 선거기간 중 후보자에 대하여는 동행 또는 출석을 요구할 수 없다(제272조의2 제4항).

**제272조의3【통신관련 선거범죄의 조사】**✦ ① 각급선거관리위원회(읍·면·동선거관리위원회를 제외한다. 이하 이 조에서 같다)직원은 정보통신망을 이용한 이 법 위반행위의 혐의가 있다고 인정되는 상당한 이유가 있는 때에는 당해 선거관리위원회의 소재지를 관할하는 고등법원

(구·시·군선거관리위원회의 경우에는 지방법원을 말한다) 수석판사 또는 이에 상당하는 판사의 승인을 얻어 정보통신서비스제공자에게 당해 정보통신서비스 이용자의 성명(이용자를 식별하기 위한 부호를 포함한다)·주민등록번호·주소(전자우편주소·인터넷 로그기록자료 및 정보통신망에 접속한 정보통신기기의 위치를 확인할 수 있는 자료를 포함한다)·이용기간·이용요금에 대한 자료의 열람이나 제출을 요청할 수 있다.

② 각급선거관리위원회 직원은 전화를 이용한 이 법 위반행위의 혐의가 있다고 인정되는 상당한 이유가 있는 때에는 당해 선거관리위원회의 소재지를 관할하는 고등법원(구·시·군선거관리위원회의 경우에는 지방법원을 말한다) 수석판사 또는 이에 상당하는 판사의 승인을 얻어 정보통신서비스제공자에게 이용자의 성명·주민등록번호·주소·이용기간·이용요금, 송화자 또는 수화자의 전화번호, 설치장소·설치대수에 대한 자료의 열람이나 제출을 요청할 수 있다.

③ 제1항 및 제2항 또는 다른 법률에도 불구하고 다음 각 호의 어느 하나에 해당하는 자료의 열람이나 제출을 요청하는 때에는 제1항 또는 제2항에 따른 승인이 필요하지 아니하다.
1. 인터넷 홈페이지 게시판·대화방 등에 글이나 동영상 등을 게시하거나 전자우편을 전송한 사람의 성명·주민등록번호·주소 등 인적사항
2. 문자메시지를 전송한 사람의 성명·주민등록번호·주소 등 인적사항 및 전송통수

④ 제1항부터 제3항까지에 따른 요청을 받은 자는 지체없이 이에 응하여야 한다.

⑤ 각급선거관리위원회 직원은 정보통신서비스제공자로부터 제1항부터 제3항까지의 규정에 따라 자료제공을 받은 때에는 30일 이내에 그 사실과 내용을 문서, 팩스, 전자우편, 휴대전화 문자메시지 등으로 해당 이용자에게 알려야 한다. 다만, 선거관리위원회에서 고발·수사의뢰한 경우에는 그 기소 또는 불기소처분을 통지받은 날부터 10일 이내에 알릴 수 있다.

⑥ 각급선거관리위원회 직원은 제1항부터 제3항까지의 규정에 따라 자료제공을 받은 경우에는 해당 자료의 제공요청사실 등 필요한 사항을 기재한 대장과 자료제공요청서 등 관련 자료를 해당 선거관리위원회에 비치하여야 한다.

⑦ 각급선거관리위원회 직원은 정보통신서비스제공자로부터 제1항부터 제3항까지에 따라 제출받은 자료를 이 법 위반행위에 대한 조사목적외의 용도로 사용하여서는 아니되며, 관계 수사기관에 고발 또는 수사의뢰하는 경우를 제외하고는 이를 공개하여서는 아니된다.

⑧ 제1항부터 제3항까지에 따른 요청 기타 필요한 사항은 중앙선거관리위원회규칙으로 정한다.

개정 **제273조 【재정신청】** ① 제230조부터 제234조까지, 제237조부터 제239조까지, 제248조부터 제250조까지, 제255조 제1항 제1호·제2호·제10호·제11호 및 제3항·제5항·제6항, 제257조 또는 제258조의 죄에 대하여 고발을 한 후보자와 정당(중앙당에 한한다) 및 해당 선거관리위원회는 그 검사 소속의 지방검찰청 소재지를 관할하는 고등법원에 그 당부에 관한 재정을 신청할 수 있다. 〈개정 2010.1.25., 2014.2.13., 2023.12.28.〉

② 제1항의 규정에 의한 재정신청에 관하여는 「형사소송법」제260조 제2항부터 제4항까지, 제261조, 제262조, 제262조의4 제2항, 제264조 및 제264조의2의 규정을 적용한다.

③ 제1항의 규정에 의한 재정신청서가 「형사소송법」제260조 제3항에 따른 지방검찰청검사장 또는 지청장에게 접수된 때에는 그때부터 「형사소송법」제262조 제2항의 결정이 있을 때까지 공소시효의 진행이 정지된다.

④ 제1항의 규정에 의한 재정신청에 관하여는 검사가 당해 선거범죄의 공소시효만료일 전 10일까지 공소를 제기하지 아니한 때에는 그 때, 선거관리위원회가 고발한 선거범죄에 대하여 고발을 한 날부터 3월까지 검사가 공소를 제기하지 아니한 때에는 그 3월이 경과한 때 각각 검사로부터 공소를 제기하지 아니한다는 통지가 있는 것으로 본다.

---

**기출지문**

- ○ 후보자비방죄는 재정신청 대상범죄가 아니다(제273조 제1항). [2015. 국가직 9급]
- ○ 재정신청서가 지방검찰청검사장 또는 지청장에게 접수된 때에는 그때부터 재정신청의 기각결정 또는 공소제기의 결정이 있을 때까지 공소시효의 진행이 정지된다(제273조 제3항). [2015. 국가직 9급]
- ○ 재정신청 이후 검사가 당해 선거범죄의 공소시효만료일전 10일 까지 공소를 제기하지 아니한 때에는 그때 검사로부터 공소를 제기하지 아니한다는 통지가 있는 것으로 본다(제273조 제4항). [2015. 국가직 9급]
- ✕ 「공직선거법」상의 재정신청은 고발을 한 후보자와 정당(중앙당에 한한다)만이 할 수 있다. (✕) [2015. 국가직 7급]
  - ✚PLUS 고발을 한 후보자와 정당(중앙당에 한한다) 및 해당 선거관리위원회는 그 검사 소속의 지방검찰청 소재지를 관할하는 고등법원에 그 당부에 관한 재정을 신청할 수 있다(제273조 제1항).
- ✕ 고발을 한 시·도당이 재정신청을 할 수 있다. (✕) [2015. 국가직 9급]
  - ✚PLUS 고발을 한 중앙당이 재정신청을 할 수 있다(제273조 제1항).

제274조【선거에 관한 신고 등】✦ ① 이 법 또는 이 법의 시행을 위한 중앙선거관리위원회규칙에 의하여 후보자등록마감일의 다음날부터 선거일까지 각급행정기관과 각급선거관리위원회에 대하여 행하는 신고·신청·제출·보고 등은 이 법에 특별한 규정이 있는 경우를 제외하고는 공휴일에도 불구하고 매일 오전 9시부터 오후 6시까지 하여야 한다.
② 각급선거관리위원회는 이 법 또는 이 법의 시행을 위한 중앙선거관리위원회규칙에 따른 신고·신청·제출·보고 등을 당해 선거관리위원회가 제공하는 서식에 따라 컴퓨터의 자기디스크 그 밖에 이와 유사한 매체에 기록하여 제출하게 하거나 당해 선거관리위원회가 지정하는 인터넷홈페이지에 입력하는 방법으로 제출하게 할 수 있다.

> **기출지문**
>
> ❌ 「공직선거법」에 특별한 규정이 있는 경우를 제외하고는 선거기간 중 각급행정기관과 각급선거관리위원회에 대하여 행하는 신고·신청·제출·보고 등은 공휴일을 제외하고 매일 오전 9시부터 오후 6시까지 하여야 한다. (×) [2015. 국가직 7급]
>
> ✚ PLUS 이 법 또는 이 법의 시행을 위한 중앙선거관리위원회규칙에 의하여 후보자등록마감일의 다음날부터 선거일까지 각급행정기관과 각급선거관리위원회에 대하여 행하는 신고·신청·제출·보고 등은 이 법에 특별한 규정이 있는 경우를 제외하고는 공휴일에도 불구하고 매일 오전 9시부터 오후 6시까지 하여야 한다(제274조 제1항).

제275조【선거운동의 제한·중지】지역구국회의원선거, 지방의회의원선거 및 지방자치단체의 장선거에서 후보자등록마감 후 후보자가 사퇴·사망하거나 등록이 무효로 된 경우 해당 선거구의 후보자가 그 선거구에서 선거할 정수범위를 넘지 아니하게 되어 투표를 하지 아니하게 된 때에는 그 사유가 확정된 때부터 이 법에 의한 해당 지역구국회의원선거, 해당 지방의회의원선거 및 지방자치단체의 장선거의 선거운동은 이를 중지한다.

✦ 제276조【선거일 후 선전물 등의 철거】선거운동을 위하여 선전물이나 시설물을 첨부·게시 또는 설치한 자는 선거일 후 지체없이 이를 철거하여야 한다.

✦✦ 제277조【선거관리경비】① 대통령선거 및 국회의원선거의 관리준비와 실시에 필요한 다음 각호에 해당하는 경비와 지방의회의원 및 지방자치단체의 장의 선거에 관한 사무중 통일적인 수행을 위하여 중앙선거관리위원회 및 시·도선거관리위원회가 집행하는 경비는 국가가 부담한다. 이 경우 임기만료에 의한 선거에 있어서는 당해 선거의 선거기간개시일이 속하는 연도(제2호에 해당하는 경비는 당해 선거의 선거일전 180일이 속하는 연도를 포함한다)의 본예산에 편성하여야 하되 늦어도 선거기간개시일전 60일(제2호에 해당하는 경비는 당해 선거의 선거일전 240일)까지 중앙선거관리위원회에 배정하여야 하며, 보궐선거등에 있어서는 그 사무의 수행에 지장이 없도록 그 선거의 실시사유가 확정된 때부터 15일[제197조(선거의 일부무

효로 인한 재선거)의 재선거에 있어서는 그 사유확정일부터 5일을, 연기된 선거와 재투표에 있어서는 늦어도 선거일공고일전일을 말한다. 이하 이 조에서 같다]까지 중앙선거관리위원회에 배정하여야 한다. [개정 2000.2.16, 2004.3.12]
1. 이 법의 규정에 의한 선거의 관리준비와 실시에 필요한 경비
2. 선거에 관한 계도·홍보 및 단속사무에 필요한 경비
3. 선거에 관한 소송에 필요한 경비
4. 선거에 관한 소송의 결과로 부담하여야 할 경비
5. 선거결과에 대한 자료의 정리에 필요한 경비
6. 선거관리를 위한 선거관리위원회의 운영 및 사무처리에 필요한 경비
7. 예측할 수 없는 경비 또는 예산초과지출에 충당하기 위한 경비로서 제1호 및 제2호의 규정에 의한 경비의 합계금액의 100분의 1에 상당하는 금액

② 지방의회의원 및 지방자치단체의 장의 선거의 관리준비와 실시에 필요한 다음 각호에 해당하는 경비는 당해 지방자치단체가 부담한다. 이 경우 임기만료에 의한 선거에 있어서는 당해 선거의 선거기간개시일이 속하는 연도(제1항 제2호에 해당하는 경비는 당해 선거의 선거일전 180일이 속하는 연도를 포함한다)의 본예산에 편성하여야 하되 늦어도 선거기간개시일전 60일(제1항 제1호 중 선거의 관리준비에 필요한 경비는 해당 선거의 선거일 전 120일, 제1항 제2호에 해당하는 경비는 해당 선거의 선거일 전 240일)까지 시·도의 의회의원 및 장의 선거에 있어서는 당해 시·도선거관리위원회에, 자치구·시·군의 의회의원 및 장의 선거에 있어서는 당해 선거구선거관리위원회에 납부하여야 하며, 보궐선거등에 있어서는 그 사무의 수행에 지장이 없도록 그 선거의 실시사유가 확정된 때부터 15일까지 시·도의 의회의원 및 장의 선거에 있어서는 해당 시·도선거관리위원회에, 자치구·시·군의회의원 및 장의 선거에 있어서는 당해 선거구선거관리위원회에 납부하여야 한다. [개정 2000.2.16, 2004.3.12, 2018.4.6]
1. 제1항 각호의 경비
2. 선거에 관한 소청에 필요한 경비
3. 선거에 관한 소청의 결과로 부담하여야 할 경비

③ 제1항 및 제2항의 규정에 의하여 국가나 지방자치단체가 선거관리경비를 배정 또는 납부한 후에 이미 그 경비를 배정 또는 납부한 선거와 동시에 선거를 실시하여야 할 새로운 사유가 발생하거나 배정 또는 납부한 경비에 부족액이 발생한 때에는 제4항의 구분에 따른 당해 선거관리위원회의 요구에 의하여 지체없이 추가로 배정 또는 납부하여야 한다.

④ 제1항 내지 제3항의 규정에 의한 경비외의 경비로서 이 법에 의하여 국가 또는 지방자치단체가 부담하는 경비중 국가가 부담하는 경비는 중앙선거관리위원회의, 시·도의 의회의원 및 장의 선거에 따른 경비는 시·도선거관리위원회의, 자치구·시·군의 의회의원 및 장의 선거에 따른 경비는 당해 선거구선거관리위원회의 요구에 의하여 당해 선거의 선거일부터 15일안

에 당해 선거관리위원회에 배정 또는 납부하여야 한다.
⑤ 제2항 내지 제4항의 규정에 의한 경비의 산출기준·납부절차와 방법·집행·검사 및 반환 기타 필요한 사항은 중앙선거관리위원회규칙으로 정한다.

> **기출지문**
>
> ◎ 대통령선거 및 국회의원선거의 관리준비와 실시에 필요한 법정경비는 국가가 부담한다. 지방의회의원 및 지방자치단체의 장의 선거에 관한 사무 중 통일적인 수행을 위하여 중앙선거관리위원회 및 시·도선거관리위원회가 집행하는 경비는 국가가 부담한다(제277조 제1항). [2013. 국가직 7급]

✦✦ **제277조의2 【질병·부상 또는 사망에 대한 보상】** ✦ ① 중앙선거관리위원회는 각급선거관리위원회위원, 투표관리관, 사전투표관리관, 공정선거지원단원, 투표 및 개표사무원(공무원인 자를 제외한다)이 선거기간(공정선거지원단원의 경우 공정선거지원단을 두는 기간을 말한다)중에 선거업무로 인하여 질병·부상 또는 사망한 때에는 중앙선거관리위원회규칙이 정하는 바에 의하여 보상금을 지급하여야 한다. [개정 2004.3.12, 2005.8.4, 2014.1.17, 2018.4.6]

② 중앙선거관리위원회는 제1항의 규정에 의한 보상을 위하여 매년 예산에 재해보상준비금을 계상하여야 한다.

③ 제1항의 보상금 지급사유가 제3자의 행위로 인하여 발생한 경우에는 중앙선거관리위원회는 이미 지급한 보상금의 지급 범위안에서 수급권자가 제3자에 대하여 가지는 손해배상청구권을 취득한다. 다만, 제3자가 공무수행중의 공무원인 경우에는 손해배상청구권의 전부 또는 일부를 행사하지 아니할 수 있다. [신설 2004.3.12]

④ 제3항의 경우 보상금의 수급권자가 그 제3자로부터 동일한 사유로 인하여 이미 손해배상을 받은 경우에는 그 배상액의 범위안에서 보상금을 지급하지 아니한다. [신설 2004.3.12]

✦ ⑤ 제1항의 보상금 지급사유가 그 수급권자의 고의 또는 중대한 과실로 인하여 발생한 경우에는 해당 보상금의 전부 또는 일부를 지급하지 아니할 수 있다. [신설 2010.1.25]

⑥ 제5항의 고의 또는 중대한 과실에 의한 보상금의 감액, 중대한 과실의 적용범위, 그 밖에 필요한 사항은 중앙선거관리위원회규칙으로 정한다. [신설 2010.1.25]

✦ **제278조 【전산조직에 의한 투표·개표】** ✦ ① 중앙선거관리위원회는 투표 및 개표 기타 선거사무의 정확하고 신속한 관리를 위하여 사무전산화를 추진하여야 한다.

✦ ② 투표사무관리의 전산화에 있어서는 투표의 비밀이 보장되고 선거인의 투표가 용이하여야 하며, 정당 또는 후보자의 참관이 보장되어야 하고, 기표착오의 시정, 무효표의 방지 기타 투표의 정확을 기할 수 있도록 하여야 한다.

③ 개표사무관리의 전산화에 있어서는 정당 또는 후보자별 득표수의 계산이 정확하고, 투표결과

를 검증할 수 있어야 하며, 정당 또는 후보자의 참관이 보장되어야 한다.

④ 중앙선거관리위원회는 투표 및 개표 사무관리를 전산화하여 실시하고자 하는 때에는 이를 선거인이 알 수 있도록 안내문 배부·언론매체를 이용한 광고 기타의 방법으로 홍보하여야 하며, 그 실시여부에 대하여는 국회에 교섭단체를 구성한 정당과 협의하여 결정하여야 한다. 다만, 제158조 제2항·제3항 및 제218조의19 제1항·제2항에 따른 본인여부 확인장치 및 투표용지 발급기와 제178조 제2항에 따른 기계장치 또는 전산조직의 사용에 대하여는 그러하지 아니하다.

⑤ 중앙선거관리위원회는 제4항의 협의를 위하여 국회에 교섭단체를 구성한 정당이 참여하는 전자선거추진협의회를 설치·운영할 수 있다.

⑥ 투표 및 개표 기타 선거사무관리의 전산화에 있어서 투표 및 개표절차와 방법, 전산전문가의 투표 및 개표사무원 위촉과 전산조직운영프로그램의 작성·검증 및 보관, 전자선거추진협의회의 구성·기능 및 운영 그 밖에 필요한 사항은 중앙선거관리위원회규칙으로 정한다.

> **기출지문**
>
> 🅞 중앙선거관리위원회는 투표 및 개표 사무관리를 전산화하여 실시하려는 경우 그 실시 여부를 국회에 교섭단체를 구성한 정당과 협의하여 결정하여야 한다(제278조 제4항).
> [2013. 국가직 7급]

**제279조【정당·후보자의 선전물의 공익목적 활용 등】** ✦ ① 각급선거관리위원회(읍·면·동선거관리위원회는 제외한다. 이하 이 조에서 같다)는 이 법(대통령선거·국회의원선거·지방의회의원선거 및 지방자치단체의 장선거에 관한 각 폐지법률을 포함한다)에 따라 정당 또는 후보자(후보자가 되려는 자를 포함한다. 이하 이 조에서 같다)가 선거관리위원회에 제출한 벽보·공보·소형인쇄물 등 각종 인쇄물, 광고, 사진, 그 밖의 선전물을 공익을 목적으로 출판·전시하거나 인터넷홈페이지 게시, 그 밖의 방법으로 활용할 수 있다.

② 제1항에 따라 각급선거관리위원회가 공익을 목적으로 활용하는 정당 또는 후보자의 벽보·공보·소형인쇄물 등 각종 인쇄물, 광고, 사진, 그 밖의 선전물에 대하여는 누구든지 각급선거관리위원회에 대하여 「저작권법」상의 권리를 주장할 수 없다.

# 채한태
## 명품 공직선거법
### 조문해설집

| | |
|---|---|
| **4판 1쇄** | 2024년 2월 20일 |
| **편저자** | 채한태 |
| **발행인** | 손성은 |
| **발행처** | 메가스터디교육(주) |
| **디자인/제작** | 메가스터디DES |
| **주소** | 서울시 서초구 효령로 321(서초동, 덕원빌딩) |
| **전화** | 02-3498-4202 |
| **팩스** | 02-3498-4344 |
| **등록** | 제 2020-000118 호 |
| **ISBN** | 979-11-6722-626-6   13360 |
| **정가** | 13,000원 |

이 책에 실린 모든 내용에 대한 저작권은 메가스터디교육(주)에 있으므로 무단으로 전재하거나 복제, 배포할 수 없습니다.
파본이나 잘못된 책은 구입처에서 바꾸어 드립니다.

# 채한태
## 명품공직선거법

**탁월한 적중률! 합격의 동반자!**